思接千载

Ancient China

中国国家博物馆
NATIONAL MUSEUM OF CHINA

古代中国 2025年国际博物馆日 首发纪念版

中国国家博物馆 编著

115件文物里的古代中国

中信出版集团 | 北京

图书在版编目（CIP）数据

思接千载：115件文物里的古代中国 / 中国国家博物馆编著. -- 北京：中信出版社，2025.5. -- ISBN 978-7-5217-7546-4

Ⅰ．K87-49

中国国家版本馆CIP数据核字第2025MOW374号

思接千载：115件文物里的古代中国

编　著　者：中国国家博物馆
出版发行：中信出版集团股份有限公司
　　　　　（北京市朝阳区东三环北路27号嘉铭中心　邮编　100020）
承　印　者：北京雅昌艺术印刷有限公司

开　　本：889mm×1194mm　1/16　　印　张：37.5　　字　数：622千字
版　　次：2025年5月第1版　　　　　印　次：2025年5月第1次印刷
书　　号：ISBN 978-7-5217-7546-4
定　　价：228.00元

版权所有·侵权必究
如有印刷、装订问题，本公司负责调换。
服务热线：400-600-8099
投稿邮箱：author@citicpub.com

编委会

主任
高　政

副主任
杨　帆　陈成军

编委
丁鹏勃　陈　莉　张伟明

统筹
周靖程　王　溪

编务
杨小燕

撰稿
远古时期：赵婧舒

夏商西周时期：梅松松

春秋战国时期：刘　京

秦汉时期：赵　悦

三国两晋南北朝时期：戴　萌　刘林琳

隋唐五代时期：王　溪

辽宋夏金元时期：杨小燕

明清时期：段丽彬

序言

当你翻开这本书，我想邀请你一起走进中国国家博物馆"古代中国"基本陈列展厅，共赴一场千年之约，去认识一群从岁月皱褶里跋涉而来的"老朋友"。

在书中，你将穿越数千年的时光，走进古人的世界，开启一场跨越时空的对话。你将会遇见 5000 年前的"舞者"，他们在彩陶盆上手拉手跃动，用整齐的舞步与天地对话；看到武王伐纣的"报道"——铸于青铜簋上的铭文，记录下商周鼎革之际的惊心动魄；跟随战国商队用青铜节穿越关卡，感受古人的贸易智慧；欣赏一场东汉俳优艺人的"说唱"表演，听到穿越千年的欢声笑语；聆听九龙九凤冠诉说传奇故事，感叹紫禁城里的沧海桑田。

今天的博物馆，已不再是历史的静态陈列，每个参观者都带着自己的频率，来与博物馆共振。在中国国家博物馆，每天都能感受到文明不息的脉动。作为代表国家收藏、研究、展示、阐释中华文化代表性物证的最高历史文化艺术殿堂，这里珍藏着143万余件见证中华文明辉煌灿烂的珍贵文物，承担着为国护史、为国藏史、为国弘史的重要使命。随着"文博热"持续升温，"来国博，看中国，读世界"已经成为越来越多观众的文化选择。

近两年以来，每年走进中国国家博物馆的700万左右观众，心向往之的第一站就是"古代中国"基本陈列。在近1万平方米的展厅里，2000余件文物书写着中华民族的恢宏史诗。它不仅是目前世界上唯一系统展示中华民族绵延不绝灿烂文明的通史陈列，也是国内博物馆界推动中华优秀传统文化创造性转化、创新性发展的精品佳作。无论春秋寒暑，"古代中国"基本陈列展厅总是人潮如织。当人们穿越展厅，在甲骨的裂纹间寻找星象，在编钟的铭文里认识礼乐，在钧窑的釉色中邂逅彩虹，他们观看的不仅仅是文物，更是在探寻流淌在血脉中的文明密码。

为了帮你更好地读懂"古代中国"基本陈列，把国博最受瞩目的展览带回家，2025年"5·18国际博物馆日"之际，中国国家博物馆与中信出版集团联袂推出《思接千载：115件文物里的古代中国》。本书从"古代中国"基本陈列中精选出115件珍品，由拥有丰富讲解工作经验的国博社教专业人员倾力编写，20余位知名学者严格论证审核，与你分享那些祖先留给我们的记忆和荣光。透过这些文物背后的故事，你可以更好地理解中国百万年的人类史、一万年的文化史、五千多年的文明史，更好地读懂中华文明突出的连续性、创新性、统一性、包容性、和平性，更好地回答"我们是谁，我们从哪里来，我们到哪里去"的古老追问。

全书以近700张超清大图，突破展柜局限，呈现青铜饕餮纹的狞厉神秘、瓷器千年肌理的精妙绝伦；更有350件关联文物构成知识谱系，于器物纹饰的方寸之间，讲述中华文明的生生不息；全书还突破性融入文物三维模型数据，360°立体呈现文物，让千年岁月在你的指尖流转。

这既是一个可捧读的"纸上通史展"，更是一场打破时空界限的血脉基因寻根之旅。愿这本书成为你探索中华文明的钥匙。也许某一天，你也会成为历史的见证者、记录者、讲述者，用新的发现赓续中华文脉、增添中华文明的光彩！

目录

远古时期
约 200 万年前—约公元前 21 世纪
中华文明的起源

003	石锤、石砧	敲打出的旧石器时代
007	饰珠	原始人也爱美
011	陶罐	原始人划时代的创造
015	骨笛	吹响华夏乐章
021	骨耜	耕出一片稻花香
025	人面鱼纹彩陶盆	破解原始信仰的密码
029	小口尖底陶瓶	陶器造型的谜题
035	鹰形陶鼎	仰韶先民的创意"锅具"
041	玉琮	5000 多年文明史的见证
045	舞蹈纹彩陶盆	远古先民的水畔群舞
049	陶水管	远古时代的城市基础建设
052	什么是考古学文化？	

夏商西周时期
公元前 21 世纪—前 771 年
早期国家的形成与初步发展

057	青铜爵	夏朝人的创造
063	"亚启"青铜钺	权力的象征
067	"妇好"青铜鸮尊	殷商文明的信使
073	"后母辛"青铜觥	承载纪念的神兽
077	玉龙	精琢细磨的"吉祥物"
081	"后母戊"青铜方鼎	模范铸造的奇迹
085	"般无咎"全甲刻辞	商代人的占卜术
089	"有出虹自北饮于河"刻辞卜骨	甲骨上的风云变幻
093	"作册般"青铜鼋	背负晚商史事的大鼋
099	四羊青铜方尊	青铜礼器上的"羊文化"
103	龙虎纹青铜尊	神秘的"虎食人"
109	青铜面具	古蜀人的凝望
115	"利"青铜簋	金文里的鲜活历史
119	"召"青铜卣	藏在酒器里的农业信息
123	"盂"青铜鼎	分封册命的物证
127	"盠"青铜驹尊	国有小马初长成
133	"虢季子白"青铜盘	铭"诗"传史的重器
136	中国古代青铜器：青铜器的类别与用途	

春秋战国时期
公元前 770—前 221 年
争霸与争鸣

141　"王子午"青铜鼎　礼崩乐坏时代的楚风鼎韵
145　"吴王夫差"青铜剑　剑指江山问古今
149　"宋公栾"青铜戈　独家定制的"签名版"兵器
153　春秋战国货币组　"钱袋子"里的春秋战国
159　铁犁铧　小农具引领大革命
163　青铜冰鉴　穿越千年的清凉
169　"子禾子"青铜釜　"量"取政权的秘密
173　"司马成公"青铜权　权衡之间
176　从布手知尺到国家标准：中国古代度量衡的文明密码
179　"鄂君启"错金青铜节　跟着"王牌"商队去旅行
183　朱绘黑漆凭几　席地而坐，凭几添彩
187　青铜编钟　礼乐之声，响彻千年
191　《论语》明刊本　穿越时空的思想对话
195　狼噬牛纹金牌饰　黄金上的"动物世界"

201　陶俑　始皇帝的"地下军团"
205　琅琊刻石　千古一帝的不朽丰碑
211　"半两"青铜钱、三宫"五铢"青铜钱　秦汉"孔方兄"
217　"汉并天下"瓦当　秦砖汉瓦里的楚汉之争
221　柘黄菱纹罗"信期绣"　抽丝织作绣神奇
225　封泥　"凿空"者的印证
231　错金银云纹青铜犀尊　万物皆有灵犀
235　诅盟场面青铜贮贝器　神秘古滇国特有的"存钱罐"
239　耧车（模型）　精耕细作的高效能"播种机"
245　金缕玉柙　以玉殓葬的不朽之作
249　青铜染器　百味消融耳杯中
253　旱滩坡带字纸　从"书于简帛"到"绘写于纸"
256　书写姿势的变迁：从"握卷写"到"伏纸写"的发展过程
259　"熹平石经"残石　刻在石头上的官方儒学经典
263　击鼓说唱俑　来自东汉的"说唱"达人
269　宅院画像砖　东汉豪强生活的缩影

秦汉时期
公元前 221—公元 220 年
大一统王朝时代的开启

274	三国两晋南北朝时期：风云变幻三百年
277	陶耳杯　掬水手作杯
281	三体石经　"古今字体对照表"
285	黑釉楼阁佛像陶魂瓶　佛教"落地生根"的物证
291	骑马陶俑　形单影只的马镫
295	青瓷香熏　颜值与实用性兼备的居家好物
299	青瓷托盏　茶香自此传九州
303	《职贡图》卷北宋摹本　图文并茂的使者合影
307	邓县画像砖　线条中的神韵
311	"河内太守"青铜虎符　兵符虽小动千军
315	元羽墓志　鲜卑族的新身份
319	网纹玻璃杯　远道而来的罗马商品
323	"王阿善造"石像　安居乐业的美好期盼
327	《齐民要术》明刊本
	从田间直达餐桌的"全方位"指南
331	黄釉乐舞图瓷扁壶　腾舞缤纷赏胡乐
337	青瓷莲花尊　瓷器烧制的奥秘

三国两晋南北朝时期
220—589 年
变化与交融

隋唐五代时期
581—960 年
鼎盛与壮阔

343	嵌珍珠宝石金项链　串起璀璨的异域文明
349	洛阳含嘉仓第 160 窖存谷与底层结构
	大唐第一粮仓的奥秘
353	"开元通宝"青铜钱　开创新纪元的钱币
357	玄奘题名石佛座　唐僧的最后岁月
361	饺子、点心及食具　舌尖上的千年之旅
365	伏羲女娲像立幅　万里同风一脉传
369	三彩釉陶骆驼载乐俑　塑出盛唐气象
375	三彩釉陶胡服牵马俑　影响深远的服饰变革
381	三彩釉陶马　唐韵胡风"马"上看
387	葵口三足狮子纹鎏金银盘　金银器上的中西合璧
391	花鸟人物螺钿青铜镜　镜中观唐
395	鎏金银香囊　秀外慧中的奇巧之器
399	"成都府成都县龙池坊卞家印卖咒本"陀罗尼经咒
	见证雕版印刷的兴起
403	钱镠铁券　"免死金牌"的含金量
407	白瓷茶具及陆羽像　茶文化的兴盛
412	饮茶法的变迁
415	鎏金铜观音造像　佛教文化的"中国创造"

423　汝窑洗　东方绝色

429　"济南刘家功夫针铺"广告青铜版
　　　穿越千年的商标广告

433　针灸铜人　古代中医的教学智慧

439　磁州窑三色荷花瓷枕　梦的开始

443　"丁都赛"戏曲雕砖　大宋民间的名角掠影

447　蹴鞠纹青铜镜　足球也"出镜"

450　《东京梦华录》：北宋首都的旅行指南

453　海船纹青铜镜　海上丝绸之路的帆影

457　《吉祥遍至口和（合）本续》　活字佛经传吉祥

461　绿釉鸱吻　屋顶上的千年守望

465　《耕织图》刻石　古代农事科普绘本

469　"行在会子库"青铜版　古代的点金"密码"

473　《洗冤集录》清刊本　世界最早的法医学指南

477　乘驿银牌　古代"快递"系统的凭证

481　《水竹居图》轴　文人绘画中的超然美学

明清时期
1368—1911年
统一多民族国家巩固与发展

489　《北京宫城图》轴　绘出中国理想都城的秩序

495　郑和铸铜钟　敲响世界"大航海时代"的前奏

499　青花海水云龙纹扁瓶　景德镇出品的"国货之光"

503　《宪宗元宵行乐图》卷　赏大明元宵盛景

507　"万历十年登州戚氏"军刀　保家卫国的利器

513　"金花银"银锭　开启明代货币的新纪元

519　《河防一览图》卷　力挽狂澜的治河宝典

525　孝端皇后凤冠　欲享其尊，必承其重

531　康熙御用石青实地纱片金边单朝衣　满汉一体的华服

535　《乾隆南巡图》第六卷"驻跸姑苏"
　　　盛世之下的"城市漫步"

538　乾隆皇帝第一次下江南——"皇家旅行团"的112天

541　黑绒嵌银花撒袋　土尔扈特部东归的见证

547　霁青釉金彩海晏河清尊　四海升平的美好祈愿

553　《大观园图》横披　大观园里有大观

557　青玉嵌花把皮鞘腰刀　英国使团的礼物

辽宋夏金元时期
916—1368年
多元并存走向统一

约 200 万年前—约公元前 21 世纪

约 200 万年前，古人类出现在中华大地上，
开启了中国的旧石器时代。
约 1 万年前，农业兴起，
吹响了新石器时代的号角，
文明化进程也悄然拉开了序幕。

远古时期

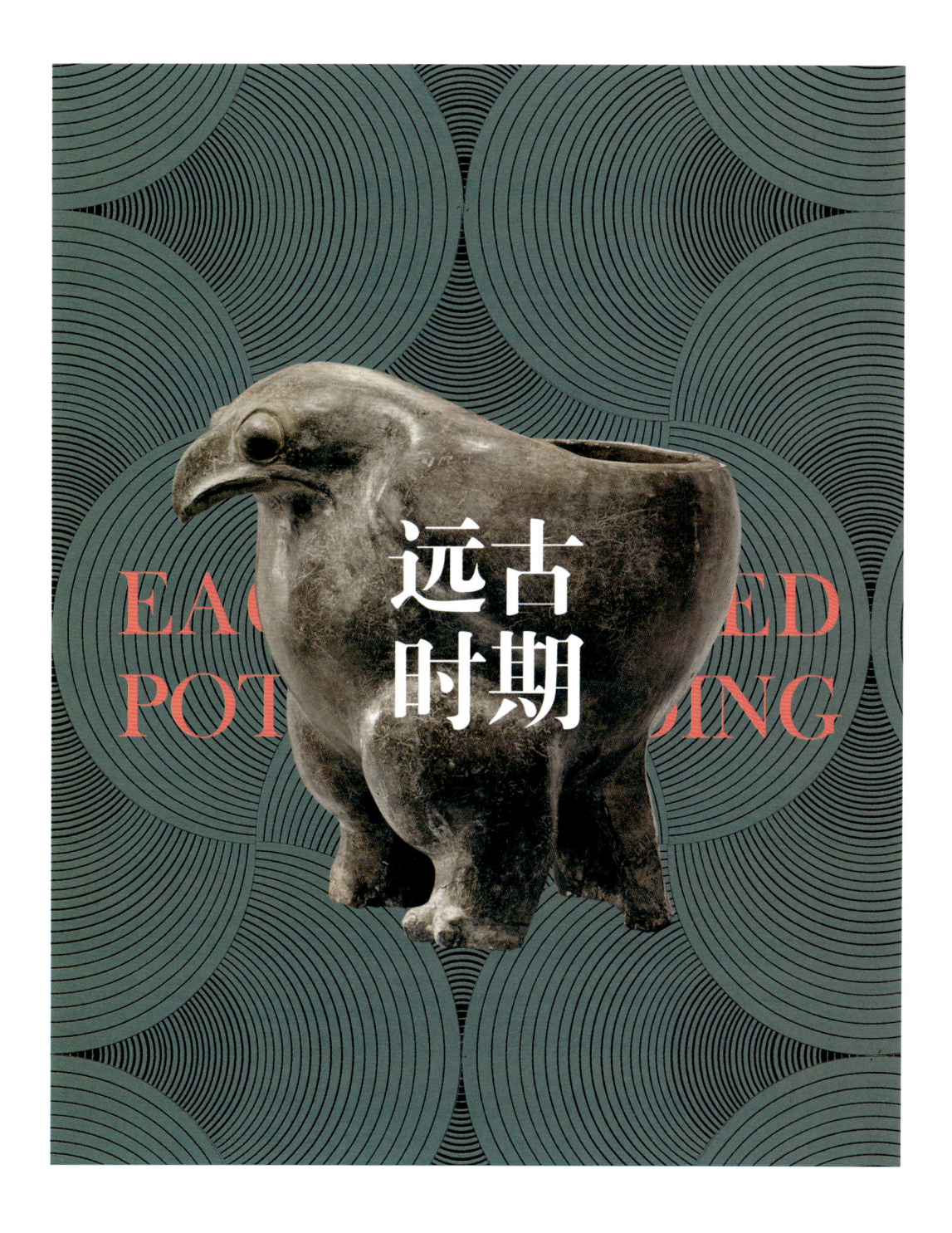

- 石锤、石砧
- 饰珠
- 陶罐
- 骨笛
- 骨耜
- 人面鱼纹彩陶盆
- 小口尖底陶瓶
- 鹰形陶鼎
- 玉琮
- 舞蹈纹彩陶盆
- 陶水管

石砧

石锤

- **石锤、石砧**

时代	旧石器时代	发现时间	1958 年
材质	石	发现地点	北京房山周口店第一地点

尺寸　石砧（上）长 10 厘米，宽 8.5 厘米；
　　　石锤（左下）长 12 厘米，宽 6 厘米；
　　　石砧（右下）长 13 厘米，宽 6.8 厘米

---○---

这些看似不起眼的石头，却是一切人类故事的起点。正是有意识地把石头打制、加工成了最早的工具，我们的祖先才得以从众多的生物中脱颖而出。

石锤、石砧
敲打出的旧石器时代

想象一下,大约200万年前,遥远的旧石器时代,我们的祖先正坐在洞穴的入口,手中轻轻摩挲着一块粗粝的石头,或许是在掂量它的重量,或许是在感受它的形状。也许一次不经意的掉落,他们发现石头撞击地面时,摔出了尖锐的边缘,就是这不期而遇的瞬间,点燃了智慧的火种,激发了他们制作石器的灵感。

石锤与石砧这对工具搭档,便是原始人敲打出"石器时代"的有力见证。从周口店遗址的发现可见,生活在70万~23万年前的"北京人",制作石器时常常用到这两种辅助性打制工具。通常,他们将待加工的石料放在石砧上,并用石锤使劲砸击。伴随着一次次"叮叮咣咣"的敲击声,一些石片被从石料中剥离出来。它们通常尺寸较小,但边缘锋利,足以成为切割、刮削物体的得力"助手"。石料被打下若干石片后,剩余的部分叫石核,经过进一步加工,还能被制成形状各异、功能多样的石器工具,比如刮削器、砍砸器(图1)、尖状器(图2)和石球等。

"北京人"对工具的选择似乎有自己独到的眼光,在选取石砧时,他们偏好那些圆润无棱且厚度适

● 图1 砍砸器
旧石器时代
中国国家博物馆藏

● 图2 尖状器
旧石器时代
中国国家博物馆藏

中的砾石,这样的"工作台"不仅能在石器加工过程中提供平稳的支撑面,还能承受强烈的敲击力。至于石锤,他们则倾向于挑选细长平滑的砾石,以便握得更加稳固,利于操控。经过长时间的使用,石锤和石砧上留下了很多痕迹,这不仅是时间的印记,更是它们作为人类工具的见证。有趣的是,石锤上的痕迹主要集中在左侧,这表明"北京人"已经养成了使用右手握持的操作习惯。

有了趁手的制作工具,又不缺石材资源,"北京人"得以制作出了一系列"多功能"石器工具,每一种都有其独特的用途。

在出土的石器中,刮削器的数量尤为突出,这说明它们在日常生活中非常重要。较大的刮削器可能被用于刮削木棒,制作各种木类工具或武器,而较小的则可以作为刀具切割兽肉和刮削兽皮,以便更好地处理食物和制作衣物。厚重的砍砸器,功能类似于现在的斧头,可以用来劈砍木头。那时,"北京人"还没有学会人工取火,为了保住那难得的天然火种,他们只能不停地添加木柴,让它一直保持燃烧,砍砸器便派上了大用场。而尖状器,或许是一种挖掘工具,用来挖掘可以作为食物的植物根茎或树虫。至于石球,则可能用于砸开坚果。坚果不仅味道可口,而且便于长期储存,因此对"北京人"而言,它们也是不可多得的食物。

这些外形原始粗糙、布满岁月痕迹的石器工具,蕴含着人类最初的智慧火花与生存哲学。它们的诞生与使用,如同催化剂一般,推动了人类的进化与人类社会的发展,展现了人类在恶劣环境中求生存的顽强意志,也见证了人与自然的和谐共生。

◐ 图3 "北京人"背鹿雕塑
现代
中国国家博物馆藏

"北京人"

"北京人",也称北京直立人(图3),生活在约70万~23万年前。"北京人"遗址发现于北京市房山区周口店镇龙骨山,它是目前世界上发现的资料最丰富的旧石器时代早期遗址之一。该遗址被发现之前,达尔文的进化论仅被视为一个充满争议的假说。"北京人"化石的发现证实了确实有介于古猿和现代人之间的古人类存在,填补了达尔文理论中猿与人之间所谓的"缺失环节",使得这一理论得到了有力的证据支持。

○ **饰珠**

时代 旧石器时代
材质 鸵鸟蛋壳
尺寸 长0.5厘米，宽0.5厘米

发现时间 1972—1974年
发现地点 河北阳原虎头梁

旧石器时代的人类用磨制、钻孔技术，将坚硬的蛋壳变成精巧的饰珠，点缀生活，甚至随葬。这些小小的饰珠，不仅是审美的萌芽，更是人类智慧与情感的见证。

饰珠
原始人也爱美

蛋壳,这个看似普通的餐桌废弃物,在我们的日常生活中常被忽视。但是在旧石器时代中晚期的人类眼中,它可是公认的时尚单品加工原料。

10万年前,原始人首次以贝壳为饰,开启了装饰品艺术的历史序章。大约5万年前,非洲的坦桑尼亚原始人更是脑洞大开,将鸵鸟蛋壳制成串珠。随后,大洋洲和亚洲等地的原始人也不约而同地使用这种特殊的材料制作装饰品,其中就包括生活在河北省阳原县虎头梁的古人类。

远古时期,中国的河北、山西、甘肃、青海等地曾生活着大量现已灭绝的安氏鸵鸟。在资源匮乏的远古时期,安氏鸵鸟蛋无疑是不可多得的大宝贝,它不仅是美味的珍馐,就连不能吃的蛋壳也在古人的巧手下焕发了新生,可谓是"既好吃又好用"。

安氏鸵鸟蛋的蛋壳厚度惊人,硬度有鸡蛋壳的5倍多,相当坚固。除此之外,它还拥有象牙般的质地和光泽,弃之实在可惜。于是,原始人的巧思跳跃于蛋壳之上,将较完整的制成容器,将破碎的做成饰珠。就这样,流行几大洲、引领远古时尚潮流的饰品就诞生了。

图 1 饰珠
旧石器时代晚期
中国国家博物馆藏

这枚饰珠是用鸟的腿骨骨管制成的，它们可能是用于穿绳佩戴的饰物。

图 2 赤铁矿
旧石器时代晚期
中国国家博物馆藏

出土于河北省阳原县虎头梁遗址的这枚饰珠，制作于约1.5万年前。同时发现的饰珠共8件，均由鸵鸟蛋壳的碎片制成。它们历经修整、磨光等工序，变得圆润光滑。最厚的一枚饰珠有2.1毫米。饰珠的孔径均约2毫米，从部分饰珠的内孔和外缘均可以看到磨圆的痕迹，应是长期佩戴的缘故。

有趣的是，这批饰珠与世界上其他地区发现的鸵鸟蛋壳饰珠，从外观上来看极其相似。这一方面是受限于材质，另一方面也反映出不同地区的人类对此类饰品的利用和加工方式相差无几。

旧石器时代晚期，人类逐渐掌握了磨制和钻孔技术。这些技术被广泛用于加工骨器和角器，让平凡的材料大放异彩。同时人类审美意识的觉醒，催生了原始艺术的萌芽，继而使其绽放，他们开始使用那些美丽又相对坚固耐用的材料制作装饰品。在虎头梁遗址中，考古学家不仅发现了鸵鸟蛋壳饰珠，还发现了穿孔贝壳、石珠，以及用鸟的骨管制成的饰珠（图1）等。

考古发现，这些装饰品不仅用于美化日常生活，还被用作随葬品，陪伴逝者长眠。在山顶洞人遗址的墓葬中，考古学家还发现了穿孔的兽牙、海蚶壳、青鱼眶上骨、骨管和石珠等装饰。此外，逝者周围还有一圈红色的赤铁矿（图2）粉末，可能象征血液或是灵魂，代表着古人类对于生死轮回的思考，也揭示了原始信仰的初步形成，标志着在旧石器时代晚期，人类已经开始按照特定的葬礼习俗安葬逝者。

这些脱离了实用功能的古老装饰品，被视为人类的抽象思维在实物上的具体表达，是人类认知能力发展的重要指标，也反映出远古人类在物质层面与精神层面的双重发展。

◯ 图3 山顶洞人的装饰品
旧石器时代
中国地质博物馆藏

旧石器时代的装饰品罕见吗？

在旧石器时代中晚期的古人类遗址中，装饰品屡见不鲜（图3）。例如，峙峪遗址出土的钻孔石墨饰件、小孤山遗址出土的穿孔兽牙和蚌壳、兴隆遗址发现的纹饰鹿角等。有时，人们还会在装饰品上涂抹颜料，增强其美观性。在水洞沟遗址中，有些鸵鸟蛋壳制成的饰珠上，仍保留着被赤铁矿粉末浸染的红色，这也反映出古人对色彩与美的追求。

陶罐

时代 旧石器时代晚期
材质 陶
尺寸 口径 20 厘米，高 18 厘米
发现时间 1962 年
发现地点 江西万年仙人洞

是农业的出现催生了陶器，还是陶器的创造推动了农业的发展？江西万年仙人洞出土的陶罐，竟比农业诞生还早！陶器的出现不仅改变了古人的饮食方式，更点燃了人类文明的曙光。

陶罐
原始人划时代的创造

陶器是远古时期人类伟大的发明。一团毫不起眼的泥,被塑造、烧制成形态各异的陶器,进而改变了人类的生活方式。人们不禁好奇,原始先民最初究竟为何要制作陶器?是为了储存越来越多的食物,还是为了烹煮农业生产的硬质谷物?江西万年仙人洞遗址出土的陶片,颠覆了学界对"新石器时代才有陶器"的认知。

测年结果显示,仙人洞遗址出土最早的陶片出现的时间为距今2万~1.9万年,比东亚其他地区发现的陶器早了2000~3000年。那一时期,农业还尚未兴起,人类依靠狩猎和采集维生,并已熟练掌握了火的使用。随着地球进入地质年代的末次冰期冰盛期,气候开始明显变冷,使得许多原本可口的食物资源不复存在,人们不得不开始寻找新的食物作为补充。野生稻谷、螺蚌等在此之前被人们认为"不太好吃"的食物,此时也纷纷被纳入了采集清单,显然,烹煮是处理这类食物的最佳方式。因此,人们对于耐火容器的需求变得尤为迫切。

或许是在篝火

○ 图 1 陶片
旧石器时代
上海博物馆藏

① 捷克发现的距今约 2.9 万～2.5 万年的女性陶塑像，是迄今所见世界上最早的陶塑像。

○ 图 2 陶罐表面绳纹细节

边取暖时，人们注意到火塘周围的泥土经过烘烤会变得坚硬，从而被激发出制作陶器的灵感。早期的先民们可能只是烧制一些小型的手工捏塑①，随着时间的推移，人类开始有意识地利用这种技术，将泥土塑造成各种实用的器皿形状，并烧制成坚实的容器。

仙人洞遗址出土的陶片（图 1）以褐色、灰褐色为主，一些陶片内外壁颜色不一致，有研究认为它们的烧成温度并不高，很有可能是在露天篝火堆烧成的。从陶片的断口和断面分析，当时的人们主要采用两种制陶方式。一种是将预先准备好的泥片逐层贴合从而形成器壁的方法，叫作泥片法，又称泥片贴塑法。这件来自仙人洞的陶罐，就是利用泥片贴塑法制作而成的，其表面装饰有绳纹（图 2），专家们推测这可能是使用绳索缠绕的棍子进行滚压而形成的。另一种是将湿泥搓成条状，然后层层堆叠，直至达到所需的器物高度，这种制陶手法称作泥条盘筑法。最初人们会将搓好的泥条首尾相连围成一个圈，再像搭积木一样，一个圈叠在一个圈上面，做出器形。后来人们不再制作泥圈，而是将长长的泥条盘旋着逐渐向上堆叠，这样能够更好地控制器物的形状和厚度。不过在陶器制作初期，人们还没有完全掌握这种相对复杂的盘筑方法，在仙人洞遗址中仅见一例，虽然如此，也能够看出先民们对陶器制作方式的不懈探索。

或许正是由于采用陶器烹煮，那些原本粗硬的稻谷变得软糯香甜，人们逐渐对山野间的水稻产生了喜爱。数千年后，远古先民勇敢地迈出了新的一步——开始尝试驯化水稻。在仙人洞遗址中，考古人员发现了距今约 1 万年的少量栽培稻的植硅体，这也是目前世界上最早的栽培稻之一。

陶器的出现，不仅为储存和烹饪食物提供了便利，还促进了农业和聚居生活模式的进一步发展。它们来源于泥土，淬炼于烈火之中，见证着人类智慧与文明的发展。

● 图3 野生稻与栽培稻

如何鉴别驯化稻？

在考古发掘的过程中，考古学家会提取土壤或沉积物中保存的植硅体，并通过观察其独特的形态特征来辨识植物的种类。植硅体是指那些在植物的叶片、茎干、根部以及果实中沉积的非晶质二氧化硅颗粒。当植物衰亡后，这些植硅体便会随植物沉降至土壤中。植硅体的性质非常稳定，不易分解，因此能够历经数百万年而基本保持原貌。由于不同种类植物的植硅体形态各异，野生稻与栽培稻（图3）的植硅体形态也存在明显的区别，考古学家通过高倍显微镜观察植硅体的形态，便能够进行准确的鉴别。

/ **骨笛**

时代 新石器时代·裴李岗文化
材质 骨
尺寸 长20.4厘米

发现时间 1987年
发现地点 河南漯河舞阳贾湖村

8000年前,中原大地的贾湖先民以鹤骨为原材料,制作骨笛。它精妙的音孔,不仅能吹奏出完整的七声音阶,更颠覆了人们对远古时期音乐发展的认知。如今,当笛声穿越时空,它不仅是远古乐音的回响,更有中华乐音对世界的深远启迪。

骨笛

吹响华夏乐章

当贾湖的先民首次吹响这支骨笛时，他们可曾预见，那袅袅绕梁的笛声将跨越 8000 年的长河，向未来的我们倾诉远古的乐章？

这件出土于河南舞阳贾湖遗址的骨笛，笛身上钻有七个精心排列的音孔。如果你仔细观察，会发现这些音孔周围还保留着贾湖先民在制作骨笛的过程中留下的深浅不一的刻痕（图1），它们或许是先民钻孔时留下的标记，便于更好地调整骨笛的音准。想象一下，先民们计算好孔距，以石刀为笔，在骨笛上缓缓勾勒着，每一次调整都凝聚着他们对完美的执着追求。难以想象，在生存条件比较有限的情况下，人们仍致力于创造美好生活，享受音乐带来的愉悦，这不禁令人对那个遥远的时代充满了敬意和好奇。

◯ 图1 骨笛局部

　　贾湖遗址共出土了几十支骨笛。早期的骨笛通常只有五孔或六孔，到了中晚期，骨笛的音孔数量逐渐增加至七孔甚至八孔。这些骨笛不仅在数量上令人瞩目，更在制作工艺和音乐性能上展现出了超越时代的"先进"性。

　　在贾湖骨笛被发掘之前，大家普遍认为，春秋战国之前的中国古代音乐，仅使用"宫、商、角、徵、羽"这五声音阶，相当于西方音乐中的"do、re、mi、sol、la"五个音符。然而，贾湖骨笛的出土颠覆了这一传统观念。这种七孔骨笛，不仅可以吹奏出完整的七声音阶，并且具有相当高的音准，而晚期的八孔骨笛，还能够吹出一些七声音阶之外的或高或低的变化音，完全超出了现代人的想象。

　　如此精妙的乐器，其发明必然不是一蹴而就的，而是经过了漫长岁月的逐步发展和演变。在骨笛被创造出来之前，先民们曾经制作过双孔的骨哨（图2），那些骨哨被用来模拟自然界中鹿的鸣叫声，以此来诱捕野鹿。随着时间的推移，人们逐渐从中感受到了音乐的神奇力量，开始意识到那些声音不仅是一种简单的模仿，更是一种能够触动人心的艺术形式。

　　伴随着原始信仰的不断发展和深化，音乐和舞蹈逐渐成为祭祀活动的重要组成部分。人们开始更加重视音乐在祭祀中的作用，认为音乐能够与神灵沟通，表达对神灵的敬仰和祈求。

　　怀揣对神灵的虔诚之心，人们开始思考要选择何种材料来制作出更好的乐器。或许是在一次仰望苍穹时，人们注意到即使鹤在九霄云外翱翔，它清脆悠扬的鸣叫声依然能穿越遥远的天际，回荡在大地之上；又或许是在长时间的观察与记录后，人们发现鹤拥有惊人的寿命，最长可达七八十年。于是鹤被人们赋予了仙灵的色彩。由于鹤的尺骨（位于翅膀中部的骨骼）具有中空结构，它成为制作骨笛的理想材料。

于是，人们用鹤骨制作了一支支音色清脆、悠扬的骨笛。这些骨笛不仅应用于日常娱乐，更在宗教仪式和祭祀活动中扮演着重要角色。

岁月流转，裴李岗文化逐渐淡出历史舞台，但骨笛的旋律仍在华夏大地上回荡不息。如今，当人们再次吹响贾湖骨笛时，仿佛能穿越时空，呼应来自远古的呼唤。

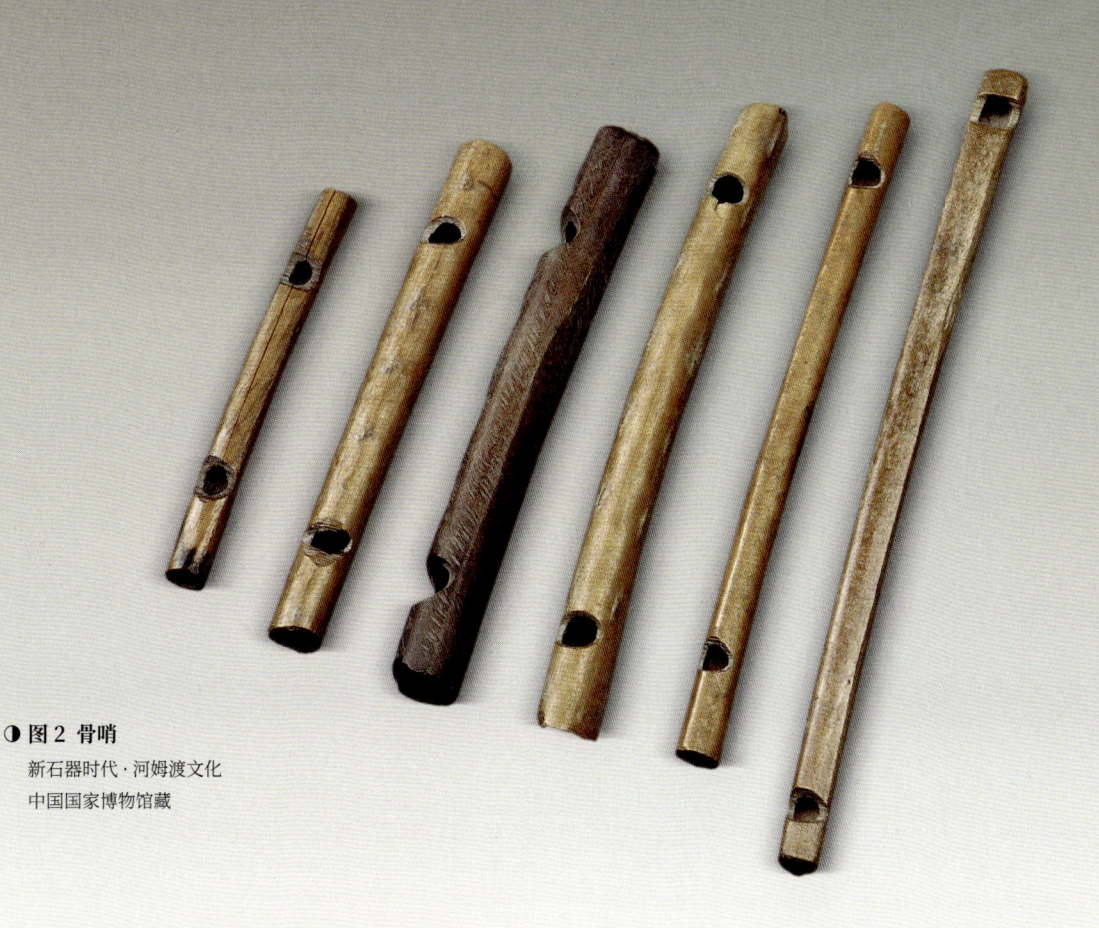

◌ 图 2 骨哨
新石器时代·河姆渡文化
中国国家博物馆藏

◑ **图 3 龟甲响器**
新石器时代·裴李岗文化
河南博物院藏

远古时期的另类乐器

在贾湖遗址出土骨笛的墓葬中,还常见一类特殊的乐器——龟甲响器(图3)。它是由龟背甲与腹甲对扣而成的器物,内部装有小石子,摇晃时可发出清脆的声响。有学者推测它的功能可能与骨笛类似,是与巫术和宗教有关的器具。

骨耜

时代	新石器时代·河姆渡文化	发现时间	1974 年
材质	骨	发现地点	浙江余姚河姆渡村
尺寸	长 16 厘米,宽 10 厘米		

7000 多年前,河姆渡先民手握"骨头铲子",掀起了远古时期的农业革命。河姆渡的骨耜,打破了原始人只会刀耕火种的局限,先民用它翻土、修渠,让稻香飘满长江流域。

骨耜

耕出一片稻花香

沉睡了 6000 多年的稻谷，你还好吗？当阳光与好奇心携手揭开你"头"顶尘封已久的泥土，那一瞬间你仍旧金光闪闪，正跃跃欲试地向这个世界的人们问好。可是，当第一缕来自现代的空气轻轻拂过时，你却不再耀眼，而是迅速变成了腐朽的黑色（图1），像是向人们诉说着千年的沧桑与秘密……

20 世纪 70 年代，考古工作者在河姆渡遗址发现了大量稻谷：从金黄到黢黑。稻谷在出土的瞬息间完成了从重生到灭亡、从古到今的壮丽跨越。河姆渡文化，距今约 7000～6000 年，它以丰富的稻作农业遗存震惊了世界。除了数吨炭化稻谷外，更引人瞩目的当数与它同时出土的 170 多件骨耜。这些实用农具，不仅颠覆了人们对原始社会仅限于"刀耕火种[1]"这一耕作方式的传统认知，更证实了至少从这时开始，中国长江流域的农业发展已步入了"耜耕"时代。

● **图 1 炭化稻谷**
新石器时代·河姆渡文化
中国国家博物馆藏

① 刀耕火种，指的是农业刚起步时的原始耕作方式。一开始，人们采取"砍倒烧光"的方式获得一片相对平整的田地，然后播撒种子便不再打理。人们做着最悠闲的"守望者"，静待收获。但是，既不施肥也不除草，一季过去，土地的肥力大大下降。于是，先民们只得踏上"迁徙耕作"的路途。随着时间的推移，人们逐渐意识到，想要土地优质、年年丰收，必须为它做点什么，比如翻土、除草、平田修渠、施肥灌溉等一系列耕作活动。

● **图 2 苇席残片**
新石器时代·河姆渡文化
中国国家博物馆藏

"耜耕"，顾名思义，用"耜"来耕作。耜是一种翻土的农具，以兽骨为原料制作的耜，便称为骨耜。河姆渡先民往往选择大型哺乳动物的肩胛骨来制作骨耜，这类骨骼上窄下宽，上厚下薄，简直就是一把天然的小铲子。制作方式也极为简单：先在肩胛骨上钻出孔洞，然后凿出一纵向的长方形銎，再用藤条将横木和木柄牢牢绑上去。这样一来，一把用于修整水田、挖掘沟渠的农具就制作完成了。

使用骨耜时，先民们只需脚踩横木，便能轻松将其插入土地，翻土、挖掘，轻松自如。从出土的骨耜来看，表面布满的磨痕说明它们的使用频率较高，一定程度上反映了使用强度也较大。它们如同一条条穿越时空的隧道，引领我们回到河姆渡文化时期，去看那个弥漫着稻花香气的鱼米之乡。

那时的余姚河网纵横，非常适宜种植水稻，堪称水稻"乐园"。田野里，人们手持原始的农具，如骨耜、木耜、石铲等，辛勤地耕作。他们挥汗如雨，用汗水滋润着这片土地，期望着丰收的到来。农闲时，他们会集体出动，狩猎野鹿，补充肉食。

而在干栏式建筑内，女性则用骨笄束起长发，佩戴着由玉石、玛瑙等材料制成的美丽装饰品，端坐在精心编织的芦苇席（图2）上，在猪哼鹅叫的自然旋律中，她们专注地做着手中的针线活，为家人缝制温暖与幸福。

当夜幕降临，炊烟袅袅升起。女人们在炉灶旁用陶釜（图3）烹饪着稻谷，或许还会加入橡子、菱角、芡实等野生植物，以及男人们打猎带回的野味。这些食物不仅滋养了勤劳的河姆渡人，其所散发的混合香气也随着微风飘过稻田，浸润了整个长江流域，并向外界诉说着这片土地的富饶与生机，以及这里人们的勤劳与智慧。

如今，水稻已成为世界上种植面积最广、产量最高的粮食作物之一。正是默默耕耘的中华先民用他们的勤劳与智慧，不断耕种、创新，才使得这份"稻香"成为人类文明的重要支撑。

◉ 图3 陶釜
新石器时代·河姆渡文化
中国国家博物馆藏

干栏式建筑

干栏式建筑（图4）自新石器时代起，便成为中国长江以南地区的一个重要建筑类型，其最早实例在河姆渡被发现。这种建筑采用竹木结构，分为上下两层，上层供人居住，下层则用于饲养家畜和存放杂物。在多雨的江南水乡，这种建筑形式极为实用，它不仅能够防潮，还能在一定程度上防止蛇、虫的侵扰，充分展现了古代先民的智慧。

◉ 图4 干栏式建筑

人面鱼纹彩陶盆

时代 新石器时代·仰韶文化
材质 陶
尺寸 口径 39.8 厘米，高 16.5 厘米

发现时间 1955 年
发现地点 陕西西安半坡村

人面与鱼，这神秘的组合图案出现在儿童葬具之上，仿佛在诉说着一个关于生命、再生与神秘仪式的古老故事。这件陶盆不仅是儿童的葬具，更承载了远古先民对鱼的崇拜与信仰。

人面鱼纹彩陶盆
破解原始信仰的密码

远古时期，先民们开始将各种图案绘于陶盆之上，不过这些精美的手绘陶盆，并不仅是生活用品。仰韶文化时期，流行着一种特殊的葬俗——瓮棺葬，即以瓮为棺，以盆为盖，来安葬逝者。这件人面鱼纹彩陶盆就是一件用来埋葬儿童的瓮棺的棺盖，因其内壁绘有神秘的人面鱼纹而得名。

画面中，人面呈圆形，细长且平直的双目以及细瘦挺直的鼻梁赋予了人物一种严肃的气质，仿佛是在闭目冥思（图1）。他头顶束起尖尖的发髻，戴着鱼鳍般的帽子，前额的一侧被涂满黑色，另一侧是一个黑色的不规则半圆，嘴巴里仿佛正衔着两条大鱼，鱼头与人嘴的轮廓巧妙地重叠在一起，耳侧也各有一条小鱼，像是在对人窃窃私语。

从装扮上看，盆中所画之人，身份应该非常特殊。有学者认为人面鱼纹彩陶盆中的人面与鱼纹共存，构成了人鱼合体，寓意鱼已被神化。原始先民可能是将此种组合形象，作为图腾来加以崇拜。也有

图1 人面鱼纹彩陶盆上的人面纹饰

图2 人面鱼纹彩陶盆上的鱼纹饰

人认为陶盆画面中的人物原型是化了妆的巫师,他正在进行某种特殊的宗教活动仪式。在仪式中,鱼(图2)扮演了十分重要的角色,巫师通过某种神秘的召唤过程,让鱼神附于自己或他人的身躯之上,为早逝孩童招魂和祈福。

或许在仰韶先民看来,能够在深邃的水域中自由潜游的鱼类,可以与冥界进行某种形式的交流,它们具有连接生者与死者世界的神秘能力,所以在招魂和祈福的仪式中占据了重要的地位。

在仰韶文化彩陶器中,鱼的形象频繁出现,它们被描绘得栩栩如生,可见仰韶人对鱼的喜爱和崇拜。这些以鱼为主题纹饰的彩陶,不仅展现了制陶者对鱼的细致观察,也体现了他们对艺术的感知力与表现力,并且进一步证明了鱼在当时社会中的重要性。除了鱼类本身,仰韶先民还会将渔网和渔船作为彩陶的装饰图样(图3),反映出当时的人们结网捕鱼,以鱼为食的真实境况。多数鱼类有很强的生存能力且繁育能力强,所以在许多古代文化中都被视为生命的象征,具有再生和繁衍的寓意。

随着时间的推移,仰韶先民的这种鱼崇拜文化逐渐融入中华民族的文化血脉之中。在中国传统文化中,鱼承载着更加深厚的文化象征意义。例如,在春节等重要节日里,家家户户都会准备鱼,因为"鱼"与"余"谐音,象征着年年有余、富足和吉祥。此外,鱼还常常出现在各种民间艺术作品中,如剪纸、绘画、刺绣等,这些作品不仅美化了人们的生活,也传递了对美好生活的祈愿和祝福,它们共同构成了鱼在中国文化中的丰富内涵。

图3 船形彩陶壶
新石器时代前期·仰韶文化
中国国家博物馆藏

"生死同檐"的葬俗

在陕西姜寨、半坡等仰韶文化遗址中,夭折的儿童通常被安放在瓮棺内,并埋葬在居住区——房前屋后或是灶坑旁,与成人的公共墓地有所区别。这种"生死同檐"的独特葬俗,将死亡转化为屋檐下的守护,反映了仰韶先民对逝去儿童的不舍与怀念。

小口尖底陶瓶

时代 新石器时代·仰韶文化
材质 陶
尺寸 高 46.2 厘米，口径 5.7 厘米

发现时间 1958 年
发现地点 陕西宝鸡北首岭

尖底陶瓶，仰韶文化的代表作，它究竟是水器还是酒器？小口尖底的设计，既能稳稳插地，又能有利于密封发酵，甚至与古埃及的酿酒瓶"撞款"！这件 6000 年前的陶器，藏着远古先民们的智慧与对美的追求。

小口尖底陶瓶

陶器造型的谜题

如果你是一名产品研发人员，需要设计一个用于盛放液体的容器，那你认为什么样的底部最稳当呢？如按常规思路，平底设计无疑是最佳选择。然而，仰韶文化先民却选择了尖底设计，这是为何呢？

中国国家博物馆收藏了一件仰韶文化的代表性器物——小口尖底陶瓶。在仰韶文化半坡类型的墓葬中，这类器物几乎"人手一件"，通常与钵和罐相搭配，是一套相对固定的随葬陶器组合。从功能出发，钵类似于碗，而罐类似于锅，都是日常用器。因此，小口尖底陶瓶很容易让人联想到是用于汲水、饮水或储水的水器。

杯状口部与枣核形瓶身相结合，形成了"杯壶一体"的独特设计。其外扩的腹部不仅美观，还有效提升了储水量；瓶身两侧的环形双耳可以系绳；而细小的瓶颈设计则有助于防止水在背负过程中溢出。瓶身下腹急收，归于尖底，这大概是出于放置时稳定性的考虑——在没有桌椅，甚至没有平整地面的时代，将瓶子插在地里或者特殊的架子上，显然比平放更为稳妥。总体而言，无论是用于汲水、饮水还是储水，这类器物都显得较为便捷。

不过，仰韶人有必要在一件器物上附加如此多的功能吗？复杂设计的背后会不会有更多的考虑呢？这也激发了学术界的广泛讨论。

有一个广为流传的观点认为，小口尖底陶瓶是一种能够"自动"汲水的"神器"。据说这种瓶子空着的时候，重心在上面，一放进水里，瓶口就会朝下。水一灌进去，重心就慢慢往下移，瓶子便会自动立起来。然而，这种说法很快被实验否定，原因在于，绑上绳子后瓶子的重心就无法稳定，所以它们可能并没有那么"神奇"。

一些专家进一步指出，小口尖底陶瓶并不都是用来汲水、储水的水器，其中一部分可能是酿酒器。从外形上看，呈杯形的瓶口设计，便于往里填料；小口易于密封，阻止空气进入，从而促进发酵过程；而尖底的设计使得沉淀物集中于底部，则有助于酒液的澄清，并且能够更好地埋入土中以保证发酵的温度。

这一观点也是有证据支持的：在一些小口尖底陶瓶的内底，专家们发现了类似酒的残留物。据推测，当时酿酒所用的原料包括农业生产的谷物、豆类以及某些野生植物的块根。

人们会先将这些原料蒸熟,然后放入小口尖底陶瓶中,固定位置让其自然发酵。待发酵完成后,利用漏斗形陶器将清水灌入,制成水酒。

还有专家指出,甲骨文的"酉"字(图1)与小口尖底陶瓶形状相似,而古籍中"酉"字与"酒"字常通用。更为巧合的是,这种特定形制的器具不仅在中国存在,古埃及人也曾经制作了几乎一模一样的小口尖底瓶,用于酿造葡萄酒(图2)。这进一步支持了小口尖底陶瓶与酿酒活动之间密切关联的推论。

仰韶文化时期,农业已经取得了显著发展。众多储粮窖穴,以及大量堆积的粟、黍的发现,强有力地证明了这一点。

◯ 图1 甲骨文中的"酉"字

◯ 图2 古埃及第十八王朝时期底比斯官员马哈特墓室(公元前1397—前1387年)壁画:采摘葡萄之后用小口尖底瓶酿酒

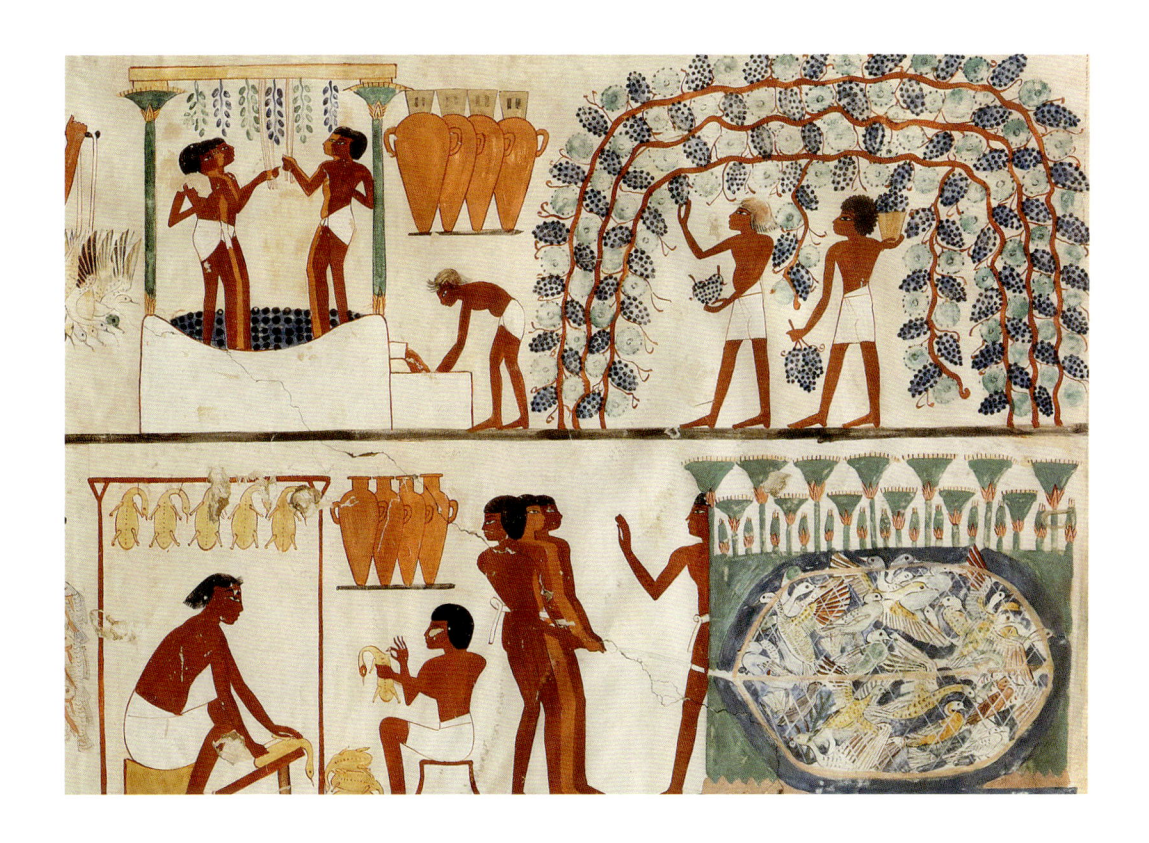

由于当时尚未出现明显的社会阶级分化，生产的粮食属于氏族成员共同所有。人们会利用剩余的粮食来酿造谷酒，并在酒酿成后共同享用。

　　回顾历史，仰韶文化犹如一颗璀璨的明珠，凭借其不断进步的农业技术和众多富有创意的革新，照亮了新石器时代黄河流域的早期文明。继仰韶文化之后，龙山文化迅速崛起，社会阶层逐渐分化。随着财富的集中和礼制的萌芽，酒从原本多人共享的"饮料"演变为少数人的特权。相应地，酒器也从水器中独立出来，鬶（图3）、斝、盉等专门的酒器相继出现。

◐ 图 3 白陶鬶
新石器时代·大汶口文化
中国国家博物馆藏

● 图 4 陶甑
新石器时代·三里桥文化
中国国家博物馆藏

● 图 5 单耳陶鬲
新石器时代·客省庄文化
中国国家博物馆藏

新石器时代已经有蒸具了吗?

在公元前 6000 年左右的新石器时代中期,我们聪明的祖先已经发明了用于蒸煮食物的甑(图 4)。甑的形状类似罐或钵,但其底部设有多个小孔,功能与笼屉相似。使用时,只需在上方加盖,下方配合鬲(图 5)或鼎,便能进行蒸煮。到了公元前 4500 年左右,人们进一步发明了甗,即一套完整的"蒸锅"。正是这些蒸煮器具的创新,开了利用蒸汽烹饪食物的先河,这一传统延续至今,成为中华饮食文化的一个显著特征。

鹰形陶鼎

时代	新石器时代·仰韶文化
材质	陶
尺寸	高 35.8 厘米，口径 23.3 厘米，最大腹径 32 厘米
发现时间	1957 年
发现地点	陕西渭南华县太平庄

将平凡的泥土化作灵动的雕塑艺术品，对远古先民而言仿佛并非难事。敬畏自然的仰韶先民从动物身上获取灵感，制作了这件独一无二的鹰形陶鼎。

鹰形陶鼎

仰韶先民的创意『锅具』

如果要做一种动物造型的锅具，你会挑哪种动物？是萌态可掬的小猫，还是威风凛凛的老虎，抑或圆润优雅的白鲸？大多数人可能会挑那些现实生活中本就体形丰满的动物，毕竟锅就是要"胖"才能装下更多的食物。5000年前的仰韶先民挑选了现实中强健精瘦的老鹰为原型，不过这只"老鹰"最终被做得膘肥体壮、大肚能容。

鼎，中国古代的一种炊具，其功能与现代锅具相仿。这件鹰形陶鼎的设计堪称匠心独运、创意十足，在新石器时代实属罕见。鹰的形态与器物造型浑然一体。头部塑造得简洁而传神，弯钩状的利喙与凸起的圆眼将鹰的威猛之态表现得淋漓尽致，而垂落于地的尾部和敦实的双腿，又恰到好处地平衡了头部的重量，构成了三点支撑。鹰腹即鼎腹，是鼎的主体部分，这个造型仿佛赋予了鼎一种力量和威严。以现代审美视角来看，这种古拙的造型多了几分"萌态"，令人心生喜爱。

从实用角度出发，鹰的腹部被设计得浑圆夸张，加上腿足短粗有力，增添了器物的稳定性；鹰的双翅收拢于鼎的两侧，悄然之间增加了鼎的容积；鼎口被巧妙地

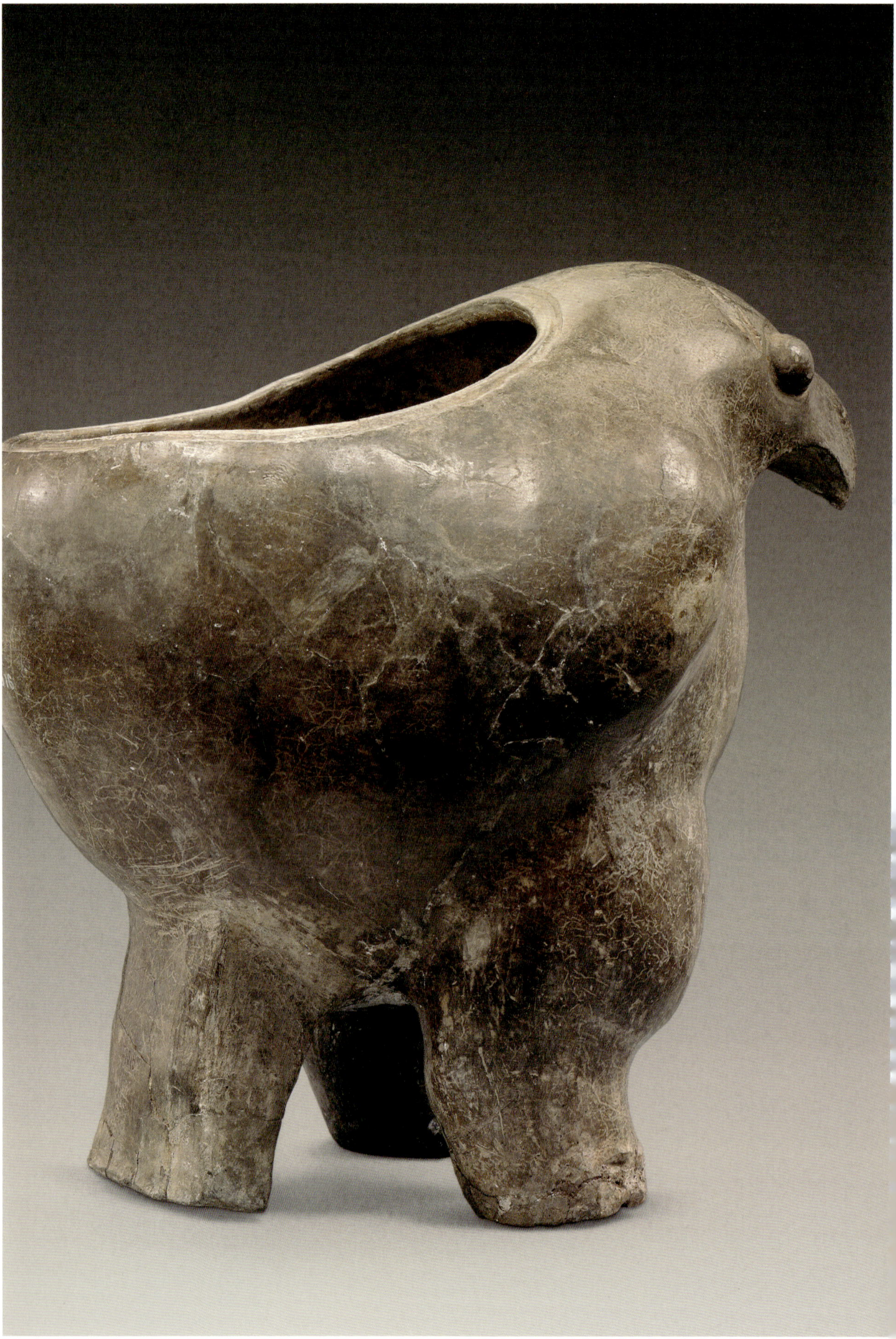

置于鹰的背部，虽然受整体造型的影响而略微倾斜，但是子母口（图1）的设计使得器盖可以牢牢地扣合于器口，可有效防止器盖滑落。

与众多的圆鼎、方鼎相比，这件鹰形陶鼎造型别致、独出心裁，绝非寻常生活用器所能媲美。考古学家推测它很可能在远古时代扮演着祭祀活动中的重要礼器角色，不仅展现了仰韶先民对翱翔蓝天的憧憬，更蕴含了他们对自然与生命的崇高敬意和深深敬畏。

这件仰韶文化遗物中唯一的鹰鼎，更是远古时期不可多得的雕塑艺术珍品。纵观世界雕塑，中国无疑开辟了一条独树一帜的艺术道路。不同于其他早期文明中所常见的人形独立雕塑，中国的原始雕塑以夸张变形的动物形象为主，制作者擅长将造型艺术与器物的实用功能融为一体，使得雕塑工艺不仅服务于器物的装饰之美。以山东省胶州市三里河遗址出土的狗形陶鬶（图2）为例，其生动的造型令人赞叹。陶鬶背部巧妙地设有圆柱形注水口，张开的嘴部恰为出水之处，四足稳立，方便加热，每一处设计都凝聚着制作者的匠心与独特创意。再如，仰韶文化的人头壶、马家窑文化的裸体浮雕彩绘陶壶等，均为艺术性与实用性相结合这一理念的生动体现。

鹰形陶鼎、狗形陶鬶、人头壶等兼顾美观性与实用性的远古雕塑艺术品，正是中国古人独特审美情趣与高超艺术表现力的完美展现，更为世界雕塑艺术贡献了不可或缺的一笔财富。

● 图1 鹰形陶鼎子母口细节
子母口指带盖容器口部的一种结构，其特征是盖内凸圈小于器物口沿，可以插入器口以固定盖子。

● 图2 狗形陶鬶
新石器时代·大汶口文化
中国国家博物馆藏

鸡食盆变国家博物馆珍宝

与多数文物是经过考古发掘而重见天日不同，鹰形陶鼎的发现颇具戏剧色彩。1957年，陕西华县（今渭南市华州区）太平庄的一名农民，在田间劳作时偶然犁出一个外形既似鹰又似鸡的黑色陶罐子。他想到家中的鸡正缺少食盆，便将其带回家中作鸡食盆使用。一年后，北京大学专家来到华县开展考古调查，并向村民普及文物保护的重要性。这名农民在了解了文物知识后，意识到家中那个鸡食盆可能是一件文物。他主动将这件物品上交给考古队。最终，鸡食盆"摇身一变"成为珍贵的国宝——鹰形陶鼎，被珍藏于中国国家博物馆，并作为古代中国展览中远古时期部分的明星展品展出。

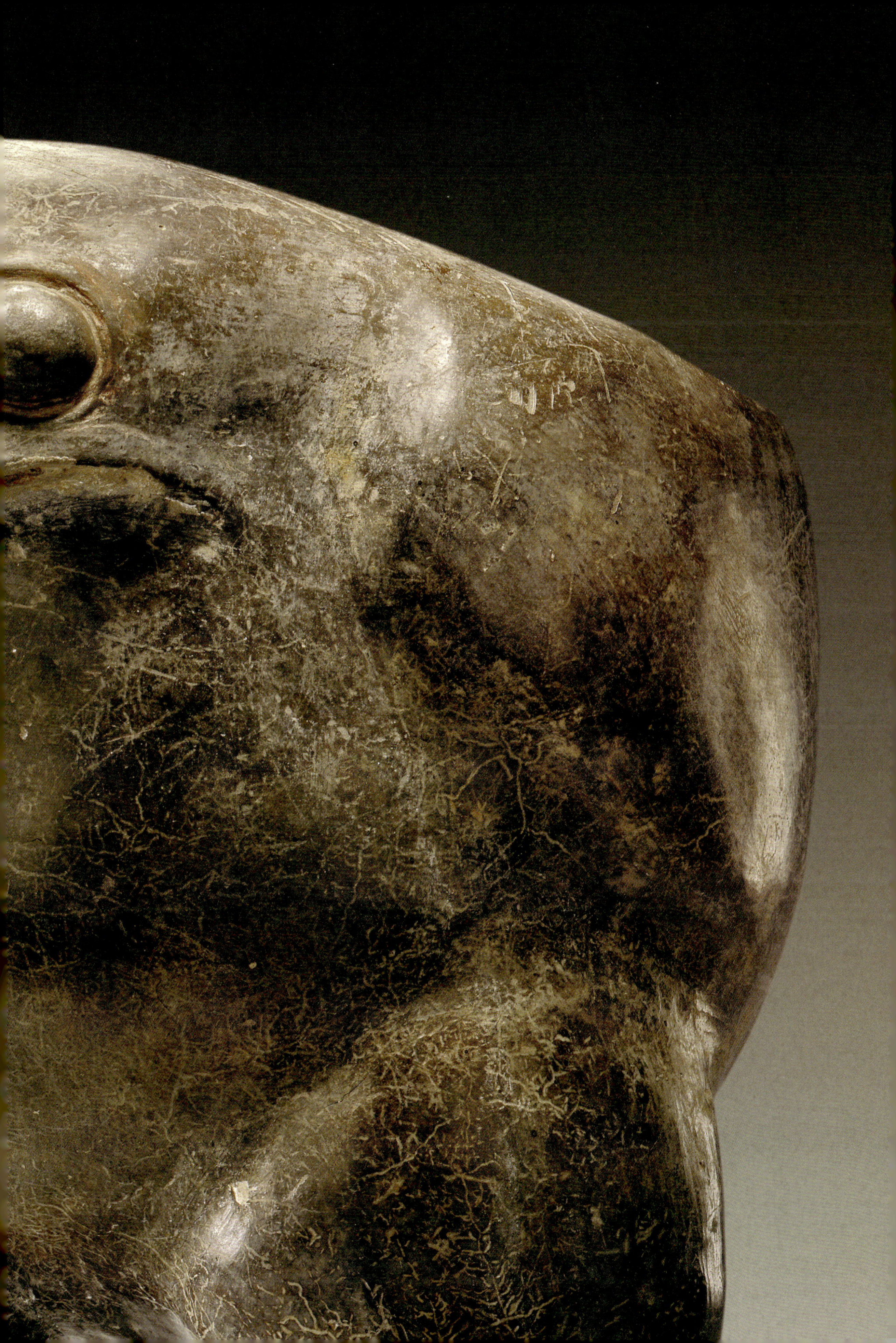

| **玉琮**

时代 新石器时代·良渚文化
材质 玉
尺寸 高 49.7 厘米

5000多年前，一块碧玉雕琢的神秘礼器——玉琮，承载着良渚先民对天地的敬畏与信仰，诉说着王权与神权的交织。这件国家博物馆珍藏的19节玉琮，以近半米的高度和罕见的日月纹，见证了跨地域文化的交融，更成为5000多年中华文明史的重要见证。

玉琮
5000多年文明史的见证

曾经在很长一段时间内,"中华文明五千年"这一说法并未获得国际学术界的广泛认可。部分学者曾以"文字、青铜器、城市"这三大要素,作为衡量人类步入文明社会的标准,并据此推断中华文明的起源最早只可追溯至约3600年前的殷商时期。然而,良渚文化的发现,重新定义了评判标准。

良渚文化,位于长江下游地区,距今5300~4300年。在良渚古城遗址中,虽未发现青铜器和明确的文字,但是规模宏大的宫殿建筑及外围水利系统的发现,证明了统治阶层存在极其强大的组织能力。此外,良渚文化墓葬大小及随葬品的巨大差异,如玉琮、玉钺等玉礼器集中出现于个别贵族大墓之中,也显示出明确的等级分化。这些发现表明,早在文字和青铜器出现之前,中华大地上已经存在着高度发达的文明。2019年,良渚古城遗址申遗成功,被列入《世界遗产名录》,是中华5000多年文明史的有力实证,得到了国际社会的广泛认可。

玉琮作为良渚文化的重要文物,其精美的工艺和复杂的纹饰,反映了当时社会的审

美观念和宗教信仰。中国国家博物馆珍藏着一件目前国内所见最高的良渚玉琮，它高近半米，共 19 节，通体由碧玉雕琢而成，色泽均匀。与多数良渚玉琮相似，这件玉琮也是上宽下窄、外方内圆的形态，中央贯穿着一条竖直的通孔（图1）。这种独特的造型设计似乎蕴含着某种宇宙观或宗教信仰，下窄外方可能象征着大地，上宽内圆可能代表着天空，而贯通其间的孔道，则可能是寓意远古巫师眼中连接天地、沟通人神的神秘通道。这种设计，不仅视觉上引人遐想，更在精神层面传达了良渚人对宇宙和自然的深刻理解。

然而，良渚玉琮的神秘之处远不止独特的形制，其表面精细的纹饰更是令人叹为观止。如玉琮上常见的神人兽面纹，便充满着神秘色彩。反山遗址 12 号墓出土的"玉琮王"上，雕刻有复杂而完整的神人兽面纹（图2），其形象巧妙地融合了神人与神兽两大元素：神人头戴夸张的羽冠，双目怒睁，龇牙咧嘴，骑跨于神兽之上；神兽则拥有圆睁的双眼和锋利的獠牙，其尖锐的前爪收拢在胸前，展现出一种顺从的姿态。随着良渚文化中后期的演进，神人兽面纹逐渐简化，人面纹或兽面纹开始独立出现。例如，这件玉琮上的纹饰，就已经高度抽象化，观者需细细品味和发挥想象力才能领略其中深意。

神人兽面纹不仅出现在玉琮上，还广泛出现在玉钺、玉璧等其他玉器上，甚至在陶器、石器等多种材质的器物上也有发现。这些纹饰的广泛存在，彰显了它们在良渚文化中的重要地位。这类纹饰不仅是权力的象征，更是良渚文化与信仰的核心体现，因此被称为良渚文化的"神徽"。

良渚古国的统治者利用玉琮、玉钺等玉器，强化了对社会的控制和对神权的垄断。此外，同期其他文化遗址中出土的良渚文化玉琮，显示出不同地区的文化交流与融合。

大约 4300 年前，良渚文化突然消失，但是良渚文化的深远影响并未就此停止，它在商周时期继续发展，玉琮成为祭祀中不可或缺的"六器"[①]之一，其影响力一直延续至明清时期。

① 《周礼·春官·大宗伯》载："以玉作六器，礼天地四方。以苍璧礼天，以黄琮礼地，以青圭礼东方，以赤璋礼南方，以白琥礼西方，以玄璜礼北方。"

● 图 3 良渚古城遗址宫殿区航拍图

规模惊人的良渚古城

良渚古城是良渚文化的权力与信仰中心，它由宫殿区、内城和外郭城构成（图 3），这样的三重结构与后世都城的"宫城、皇城、郭城"的结构体系类似。据不完全统计，整个古城及外围水利系统的土石方总量近 1000 万立方米，这无疑是一个需要几十年甚至上百年才能建设完成的庞大工程。

舞蹈纹彩陶盆

时代 新石器时代·马家窑文化
材质 陶
尺寸 高 14.1 厘米，口径 28 厘米，底径 10 厘米
发现时间 1973 年
发现地点 青海大通上孙家寨

手拉手的舞者、摇曳的尾饰、水波倒影的巧思，揭秘马家窑先民如何用陶盆"录播"一场舞蹈——是祈愿丰收，还是演练狩猎？这件文物，藏着远古艺术与信仰的神秘浪漫！

舞蹈纹彩陶盆
远古先民的水畔群舞

5000年前，或许是那初升朝阳的温暖光芒，又或许是那红日西沉的柔情余晖，它们轻轻勾勒出了马家窑舞者们的轮廓。那些剪影深深地打动了彩陶工匠，他们用无尽的热情与技艺，将其永恒地描画在了彩陶之上。

这件舞蹈纹彩陶盆仿佛一扇穿越时空的窗户，让后人得以一窥那场充满神秘与魅力的远古舞蹈——它既非简单粗糙，亦非杂乱无序，而是有着统一的服饰、统一的节奏、整齐划一的动作和规则的队形。

在舞蹈纹彩陶盆的内壁上，舞者们的剪影跃然于人们眼前，竖线和叶片状花纹巧妙地将他们分为3组，每组5人。他们手拉手，面朝右前方，头上的"发辫"如同古木上垂挂的青藤，整齐地摆向左侧，而下身装饰的"尾巴"则如藤上的叶片，朝着相反的方向。这一左一右，展现出舞者们灵动的身姿与动感的韵律。

如果你将这幅图画仅仅视为原始舞蹈中某一瞬间的"静态快照"，那么你便低估了远古彩陶匠人那非凡的创造力与想象力。仔细看，每组舞者左右两端人物的外侧手臂均以两条线描绘（图1），后人推测这并非匠人的笔误，而是意在捕捉舞者

◉ **图 1 舞蹈纹彩陶盆局部**

◉ **图 2 舞蹈纹彩陶盆**
新石器时代·马家窑文化
青海省博物馆藏

们随节拍上下挥动手臂的灵动瞬间。舞者脚下的"地板"是四圈平行的弦带纹,最上面一圈纹路最宽,正好是彩陶盆直径最大的地方。这深思熟虑的设计与精心的布局显然有特别的用意——试想当清水缓缓注入盆内,恰好停留于圈层之间,那画面中的舞者便仿佛置身于池塘之畔,轻轻触碰水面,舞者们整齐划一的身姿则会在荡漾的水面上映下灵动的倒影。而画面中的竖线则朦胧地化身为树丛,增添了几分自然气息。

在马家窑文化的众多彩陶作品中,也可以见到类似的舞蹈纹图案(图2)。不同的地方在于,这些舞者没有戴上尾饰,而是穿着圆圆的"裙子"。虽装扮不同,却也服饰统一,步伐一致,展现出相同的默契与和谐。此时,或许还有音乐相伴,彩陶鼓(图3)低沉而铿锵的节奏,抑或陶埙深邃而悠扬的旋律,它们与舞者的动作完美契合。如此精心编排的舞蹈,显然非马家窑先民随意为之的即兴娱乐。

那么,这场舞蹈究竟因何而作呢?

在原始社会,舞蹈不仅具备与其他艺术形式相似的文化娱乐功能,更常常承载着功利性目的,是远古先民追求特定目标、实现具体功能的重要手段。从彩陶盆上舞者的装扮推测，他们所演绎的或许是古老的图腾舞或狩猎舞，洋溢着原始而神秘的气息。这盛大的群舞，很可能是马家窑先民为了祈求丰收与繁衍后代而策划的一场庄重而神圣的祭祀仪式，其中蕴含着他们向天地自然、祖先神灵表达的深深敬畏与虔诚祈愿；此外，考虑到围猎是远古人生存的必备技能，从这一角度出发，这场舞蹈也可能是狩猎或渔猎活动的模拟演练，展示了马家窑先民对生存技能的训练与传承场面。

时至今日，我们仍无法确定马家窑先民究竟为何而舞，这件舞蹈纹彩陶盆犹如时光的低语，穿越千年尘埃，留下一串串令人心驰神往的未解之谜，也激发着今人对过往的无尽遐想。

● **图 3 彩陶鼓**
新石器时代·马家窑文化
中国国家博物馆藏

● **图 4 涡纹四系彩陶罐（左）**
新石器时代·马家窑文化
中国国家博物馆藏

● **图 5 鹳鱼石斧图彩绘陶缸（右）**
新石器时代·仰韶文化
中国国家博物馆藏

彩陶和彩绘陶有什么区别？

除了彩陶（图4），远古时期还有一类带有图案的陶器，那就是彩绘陶（图5）。彩陶，是以天然矿物质颜料在陶坯上绘制，随后再进行烧制。在这一过程中，颜料会渗进陶坯，使得图案与陶坯融为一体，色彩鲜艳且不易脱落。而彩绘陶则是在陶器烧制完成后再进行上色，颜料通常附着于陶器表面，相对容易磨损或褪色。此外，彩陶多出现在新石器时代，是远古先民文化与艺术的瑰宝，而彩绘陶更多见于后世，承载着不同历史时期的文化特色。

陶水管

时代 新石器时代·龙山文化
材质 陶
尺寸 高 35.4 厘米，直径 23.6 厘米

发现时间 1980 年
发现地点 河南周口淮阳平粮台

地下排水管道是现代人的专利吗？4300 年前，平粮台古城的先民们，用简单的陶土，创造出了史无前例的地下排水管道系统。这些古老的陶水管，不仅见证了远古城市的文明，更彰显了先民们对城市规划的超前意识。

陶水管
远古时代的城市基础建设

在现代城市中，下水道作为基础设施的重要一环，直接关系到城市的环境卫生和居民的生活质量。事实上，早在几千年前，我们的祖先就已经掌握了相当先进的地下排水技术。中国国家博物馆收藏的这件平粮台古城遗址的陶水管，便是先民智慧的最好见证。

平粮台古城，位于今天的河南省周口市淮阳区，是一座距今约有4300年历史的古城遗址。古城中出土的圆筒状的陶水管，外部装饰有绳纹（图1），应是有统一生产标准的，有人猜测这可以增加与周围土壤的摩擦力，保持稳定；而内部则相对光滑，这可以有效降低水流阻力，增加流速。管道设计非常巧妙，两端粗细不同，通过大口套小口的方式，多节管道可形成紧密的连锁结构，一来可以增加稳固性，二来也便于拆卸和维护。

考古发现表明，在城墙尚未出现的年代，人们可以依赖天然河道或自行挖

◑ 图 1 陶水管
　新石器时代·龙山文化
　中国国家博物馆藏

① 江苏泗洪县梅花镇的顺山集遗址发现了周长近 1000 米的环壕，最宽处可达 24 米，最深处超过 3 米。

◐ 图 2 倒"品"字形排水管道示意图

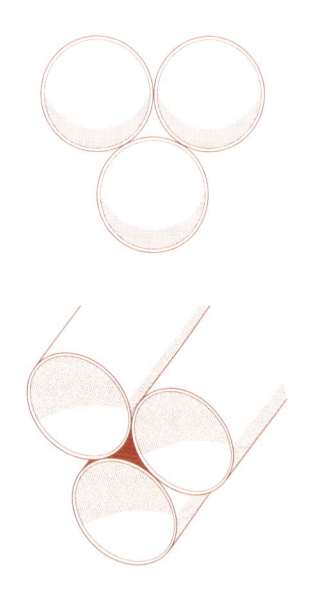

掘的沟渠排放废水。约 8000 年前，人们就开始构筑环绕于村落的壕沟[①]，功能类似于后来的护城河。到了距今 5000 年前后，随着部落冲突的加剧，人们开始修建高大而宽厚的城墙，城市应运而生。不过，建造城墙虽提升了城市的防御能力，但也带来了暴雨季节城市内涝的风险隐患。

聪明的平粮台先民找到了解决之道。由于古城内部排水沟渠无法穿过城墙将水排放至城外的河流等处，所以人们在地下铺设了众多排水管道，与地表交错相连的排水沟渠一起，形成了一个复杂的城市排水网络，尤其是南城门道路下方的排水管道，采用倒"品"字形布局（图 2），确保了即便其中一条管道发生堵塞，其余两条管道仍能维持水流的畅通无阻。此外，管道铺设依据地形和水流的方向精心规划，遵循了内高外低的原则，确保水流通顺流向城外。

有趣的是，考古发现一部分排水管道建设的年代早于城墙。这意味着在修建城墙之前，先民们已预先铺设了排水管道，体现出他们在城市规划方面的前瞻性和创新性。显然，这样先进的规划理念,也源于新石器时代中晚期,人们在城市建设中积累的丰富经验。

平粮台古城排水管道系统的发现,证实了中国的远古先民在城市规划和环境保护方面的超前意识。

◯ 图3 摩亨佐·达罗古城遗址

古印度的城市排水系统

大约4500年前,印度河流域的摩亨佐·达罗古城(图3)也建立了一套令人钦佩的城市排水系统,城内大部分住宅都配备了浴室和排水沟,居民产生的废水通过这些排水沟汇集到道路两旁的公共排水渠中,以便进行集中处理。

什么是考古学文化？

考古学文化是指存在于一定的时间和空间的一组具有特征的实物遗存，用以表示考古遗存（主要是远古时期）中属于同一时期、有地方特征的文化共同体。

想象一下，你是一个时间旅行者，穿越到了几千年前。你发现了一群古代人，他们住在一起，用类似的工具，吃类似的食物，甚至还有相似的装饰品和房子。这群人可能属于同一个"文化圈"，也就是我们说的"考古学文化"。考古学文化其实就是考古学家用来描述一群古代人生活方式的一个"标签"。这个标签包括了他们的工具、陶器、房子、墓葬、装饰品等。其中，陶器因其质地、颜色、造型及装饰特征明显，器类繁多，使用范围广，演变速度较快，在文化属性方面的标定上具有特别重要的意义。通过这些遗留下来的东西，考古学家可以推断出这群人是怎么生活的，他们有什么样的技术，甚至他们可能有什么样的信仰和习俗。

河姆渡文化
距今 7000～6000 年

地域：长江下游

特征：陶器早期以夹炭黑陶为主，中期出现泥质红陶，晚期则以夹砂灰陶为主，出现泥质灰陶、黑衣陶和夹砂红陶。常见器型有腰沿釜、双耳罐、盆和盉等。纹饰主要有拍印绳纹、弦纹和各种划纹、动植物纹。丰富的骨器、角器、牙器及木器是其重要特征之一。

骨耜
新石器时代·河姆渡文化
中国国家博物馆藏

仰韶文化
距今 7000～5000 年

地域：黄河中游

特征：陶器以红陶为主，且彩陶发达。陶器常见器型有小口尖底瓶、细颈壶、盆、钵、碗、罐以及釜、灶等。彩陶纹饰流行宽带、弧线、三角等几何纹和花瓣、鱼、鸟、鹿、人面等图案。石器常见斧、铲、刀、凿、矛等。

花瓣纹彩陶盆
新石器时代·仰韶文化
中国国家博物馆藏

大汶口文化
距今 6100～4600 年

地域：黄河下游

特征：早期以夹砂红陶为主，晚期泥质灰、黑陶比例增加，出现了硬质白陶。陶器主要有鼎、豆、觚形杯、高柄杯、鬶、盉和大口尊等。石器、玉器、骨角牙器的制作较为兴盛，并出现了镶嵌工艺。

白陶鬶
新石器时代·大汶口文化
中国国家博物馆藏

龙山文化
距今 4600～4000 年

地域：黄河中、下游

特征：陶器以黑陶为主，常见罐形鼎、盆形鼎、甗、大平底盆、豆、高柄杯、单耳杯、小口罐、中口罐、高领罐、大口瓮、匜、圈足盘、环足盘和器盖等，蛋壳黑陶器和白陶器等是制作精美的礼器。石器主要有斧、锛、凿、镰、刀、钺和镞等。玉器制作精美，镂雕技术高超，绿松石镶嵌工艺也达到了新的高度。

薄胎黑陶高柄杯
新石器时代·龙山文化
中国国家博物馆藏

红山文化
距今 6500～4800 年

地域：西辽河流域

特征：陶器以之字形戳印纹和多道平行直线刻划纹及彩陶为特色，常见弧壁筒形罐、小口罐、瓮、钵、盆、斜口器和无底筒形器等。石器常见石耜和石刀。玉器发达，典型器有玉猪龙、勾云形玉佩、斜口筒形器等。

玉龙
新石器时代·红山文化
中国国家博物馆藏

良渚文化
距今 5300～4300 年

地域：长江下游

特征：陶器主要为泥质陶，夹砂陶数量少，有灰胎黑皮和橙红胎灰皮等种类。典型器物包括鱼鳍足和T字形足鼎、竹节状把豆、双鼻壶、宽把带流杯等。石器有半月形刀、有段石锛和耘田器等。玉器主要种类有琮、钺、璧、冠状饰、三叉形器等，器身上刻有神人兽面纹的各种变体、鸟纹、卷云纹等各种良渚文化特有的图案。

玉琮
新石器时代·良渚文化
中国国家博物馆藏

公元前 21 世纪—前 771 年

夏商西周三代，
是中国古代早期国家形态形成与初步发展阶段，
发展出成熟的文字，创造了璀璨的青铜文化，
诞生了垂范后世的礼乐制度。
日臻繁盛的中华文明，
于此时开始形成独特的文化基因、民族性格、价值取向和
发展路径，影响深远。

夏商西周时期

- 青铜爵
- "亚启"青铜钺
- "妇好"青铜鸮尊
- "后母辛"青铜觥
- 玉龙
- "后母戊"青铜方鼎
- "般无咎"全甲刻辞
- "有出虹自北饮于河"刻辞卜骨
- "作册般"青铜鼋
- 四羊青铜方尊
- 龙虎纹青铜尊
- 青铜面具
- "利"青铜簋
- "召"青铜卣
- "盂"青铜鼎
- "盠"青铜驹尊
- "虢季子白"青铜盘

青铜爵

时代 夏·二里头文化
材质 青铜
尺寸 长 14.5 厘米，高 13.5 厘米

发现时间 1984 年
发现地点 河南偃师二里头遗址

来自二里头遗址的青铜爵，是中国进入青铜时代的物证之一，它不仅经历了昔日夏朝都城的辉煌，也见证了从中原走出的"最早的中国"。

青铜爵
夏朝人的创造

"夏商与西周,东周分两段……"在我们熟悉的朝代歌里,夏朝位列第一,它是中国迈入早期国家的第一个王朝。司马迁在《史记·夏本纪》中用3000多字,讲述了由禹到桀"家天下"世袭兴亡的历程,勾勒出一个"文献里"的夏王朝。但由于缺乏直接的文字和考古证据,自19世纪末开始,夏朝的真实性一度被海外学者质疑。直到20世纪50年代以后,随着二里头遗址的发现,夏朝的神秘面纱才被逐渐揭开。

二里头地处中原,是今河南省洛阳市偃师区的一个小村子。大约3800~3500年前,现今这个"小地方"可是气势恢宏的"大都会",是夏代中后期的都城。二里头遗址布局严谨,有宫殿区、祭祀区、青铜铸造区、城市主干道

◯ 图1 二里头遗址一号宫殿复原图

◯ 图2 青铜刀
新石器时代·马家窑文化
中国国家博物馆藏

等,其中宫城的面积有10万平方米,相当于14个标准足球场的大小。宫城里最大的一号宫殿的院落(图1),超过一个足球场的面积,达到了1万平方米。规模宏大的宫殿建筑群,是王权国家最显著的标志之一,二里头都邑规划缜密,布局严格,彰显着夏王朝曾屹立中原的辉煌。

不仅如此,遗址中诸多青铜容器的发现,也证实了夏朝作为中国青铜时代开端的历史。

青铜是红铜和锡、铅等金属的合金,具有熔点低、硬度高的特点,便于铸造器物。早在5000多年前的马家窑文化时期,先民就已经能制作青铜刀(图2)等工具,但铸造方法十分原始,只能做出简单的器型。到夏代中后期,铸造青铜器的技术已取得巨大飞跃,能够铸造工艺更复杂的立体青铜容器,比如中国国家博物馆收藏的二里头文化的青铜爵。

这件青铜酒器体形小巧,造型简洁,器壁单薄,没有华丽的纹饰。可别小看它的"朴实无华",这可是当时的人们运用"高科技"制造的物品。夏朝人进一步优化了铜液中的合金配比,有意识地加入锡、铅。锡在降低熔点的同时,还能提高青铜的硬度；铅则可以提升铜液的流动性能。合金配比的改良有利于铸成器壁较薄且薄厚均匀的青铜器。铸造时将青铜液倒进复合模具内，立体的青铜容器就此诞生。二里头遗址的青铜铸造区面积达1万平方米，出土了各种模具、熔铜工具等，从中可知夏朝已经出现冶炼与铸造的分工。

除了熟练的铸造技术外，夏朝人还将青铜器和"礼"结合起来，发展出青铜礼器，成为"别等级，明贵贱"的象征，也形成了原始社会所不具备的中国青铜时代的重要特征。因祭祀、礼仪中需要献祭食物、酒水，用来盛装食品、美酒的青铜食器与酒器，成了礼器的重要组成。根据考古发现，夏朝人使用酒礼器更多一些。他们发明了多种青铜酒器。爵是最常见的，推测是用来给酒加热的温酒器。除了爵，还有同样可以温酒但容量更大的斝（图3），以及类似酒壶的盉（图4）等。

将各种青铜容器有规律地组合使用，是夏朝人开的青铜礼制先河，其中以爵为核心的酒礼器组合影响深远。从夏到商，再到西周早期，一以贯之。能否拥有爵及拥有数量的多少，还成为区分人们社会地位的重要标准。东周以后，爵又成为酒器的指代，在酒礼中发挥了重要作用，爵与爵位也在酒器与酒礼的演变中产生了关联。

自从1959年二里头遗址发掘以来，学界对夏文化探索的脚步从未停歇。2024年秋，在二里头遗址以南300千米的南阳市八里桥遗址，又有了关于夏的新发现，这里是夏朝的一处地方城邑，文化面貌与二里头遗址很接近。正是一个个新的发现，让夏朝的面貌越来越清晰。也正是因为伟大的夏朝和夏朝人的伟大创造，才有了中国的古称——"华夏"。

● **图3 青铜斝**
夏·二里头文化
二里头夏都遗址博物馆藏

● **图4 青铜盉**
夏·二里头文化
中国考古博物馆藏

● 图5 何尊
西周
宝鸡青铜器博物院藏

◉ 图6 何尊铭文拓片

最早的中国

夏王朝是中国从远古邦国时代进入王权国家的开始。西周时期的何尊（图5）及其上面的"宅兹中国"铭文（图6），显示了古人"择天下之中而立国"的传统。而地处中原伊洛平原，作为夏朝后期都城的二里头遗址，则印证了这一传统更早的历史渊源。从中原走出来的夏王朝，拉开了中国古代王朝历史的序幕，被学者誉为"最早的中国"。

"亚启"青铜钺

时代	商·武丁时期	**发现时间**	1976 年
材质	青铜	**发现地点**	河南安阳殷墟妇好墓
尺寸	通长 24.4 厘米,刃宽 14.8 厘米,肩宽 11.8 厘米		

钺,经历了从工具到兵器、由实用到象征的演变过程。这件献给妇好的青铜钺,诠释着她作为女将的身份。

"亚启"青铜钺

权力的象征

在中国古代兵器的浩瀚星空中，刀枪剑戟，斧钺钩叉各自闪耀着独特的光芒。但若要挑选一件，以象征权力与威严，非钺莫属。

为什么选沉甸甸的大斧子呢？甲骨文给了我们答案。

"𠂇"是"王"字的甲骨文写法，它的字形与青铜钺那冷峻庄严的轮廓十分契合。一钺在手，大权在握，这正是商代至高无上的王权的真实写照。

不过，只有商王才能拥有钺吗？在河南安阳殷墟妇好墓中静静躺着的"亚启"青铜钺，悄然给出了回应。

青铜钺上的铭文"亚启"，指的本是这把青铜钺的主人。在妇好去世后，启将包括这把青铜钺在内的两把青铜钺，一并献给了殷商时期这位不寻常的女性。妇好，既是商王武丁的妻子，也以能征善战而为后世所称道，她是明确有文字记载的"女将军"。启将青

● **图 1 "妇好"青铜钺**
商
中国考古博物馆藏

● **图 2 商朝文字中的"钺"（最右部分）**

铜钺献予妇好，是对她非凡地位与卓越才能的最高赞誉，同时还证实了钺不仅属于男性统治者。

其实，妇好也有自己专用的两把青铜钺，规制更宏大，制作更精良。"妇好"钺（图1）的长度近40厘米，重量更是达到了惊人的八九千克。如此大的铜钺，即使妇好英勇过人，也未必真的会挥舞着它征战沙场。那这青铜钺究竟是用来做什么的呢？

商朝的一些文字（图2）揭示了钺的作用之一，是用于砍头的刑罚工具，理应十分锋利。然而细看"妇好"青铜钺，钺刃略薄，寒光闪闪，纹饰异常精美，这显示出它们的权力象征意义也许大于其实用意义。同时代的其他精美青铜钺（图3），也都是作为统帅权力的象征。它们与青铜鼎、尊等器物一样，属于"礼器"的一类，与玉戈等非实用兵器一样，都是仪仗用具。甚至后世帝王的仪仗中也保留了钺，影响极为深远。

"国之大事，在祀与戎。"妇好墓里三分之一的文物为锋利的兵器，尤其是 90 余件戈，是那个时代最真实的见证。还有一枚极为罕见的玉扳指与大量的箭镞悄然共存，似乎在向人们讲述妇好可是精通骑射的女中豪杰呢！从北方的土方到西方的羌方，从东方的夷方到西南的巴方，妇好多次率兵征伐各族，以非凡的勇气和过人的智慧，守护着商朝的每一寸土地。她的赫赫战功不仅巩固了商朝的统治地位，也促进了中原地区与周边各族的交流与融合。

妇好死后被武丁和他的子孙们奉为神灵，就像铜钺具有的象征意义一样，她也成了象征，继续以另一种方式护佑着她的王朝。这把与她同眠的"亚启"青铜钺，不再只是殷商重视祀与戎的物证，更成为连接过去与此刻的纽带，让今人领略商朝史上的峥嵘时刻。

◉ 图 3 人面纹青铜钺
商
中国国家博物馆藏

武丁中兴

武丁时期的对外不断征伐，结束了周边民族和部落对商王朝的侵扰与威胁，殷商在他统治下走向鼎盛，这是武丁的重要历史功绩之一。商朝在开疆拓土的同时，也促进了中原地区和周边各族的交融，一个疆域广大、国势鼎盛的王朝国家自此形成，史称"武丁中兴"。

"妇好"青铜鸮尊

时代	商·武丁时期	发现时间	1976 年
材质	青铜	发现地点	河南安阳殷墟妇好墓
尺寸	高 45.9 厘米，口长径 16.4 厘米，足高 13.2 厘米，盖高 13.2 厘米		

鸮尊作为妇好的"代言人"，又何尝不像一位信使？它带着一封来自商代的信，将妇好鲜活独立的女性形象娓娓道来。

"妇好"青铜鸮尊

殷商文明的信使

鸮，即我们常说的猫头鹰，是黑暗中洞察一切的王者，也是商人刻于血脉中的崇敬对象。它以其独有的智慧与威猛，超越了勇猛的虎、凶狠的狼，乃至神话中的龙，成为商人心目中崇拜的神鸟。殷商女将妇好，对鸮更是情有独钟，她生前身后拥有许多与它相关的器物，最为特别的便是青铜鸮尊。

鸮的造型新颖生动，头微微上扬，头上有双角，警觉地捕捉着周围的信息，时刻准备一跃而起，与危险战斗。为了确保它站得稳、立得正，工匠将它的尾巴拉长，垂落到地面上，和两条粗壮的腿构成三点支撑的结构，稳稳托起了健硕的躯体。

作为古代储酒器种类之一，尊的功能类似于今天的酒桶。然而，这件近半米高的猫头鹰酒桶，看上去更像是一件实心的青铜摆件，

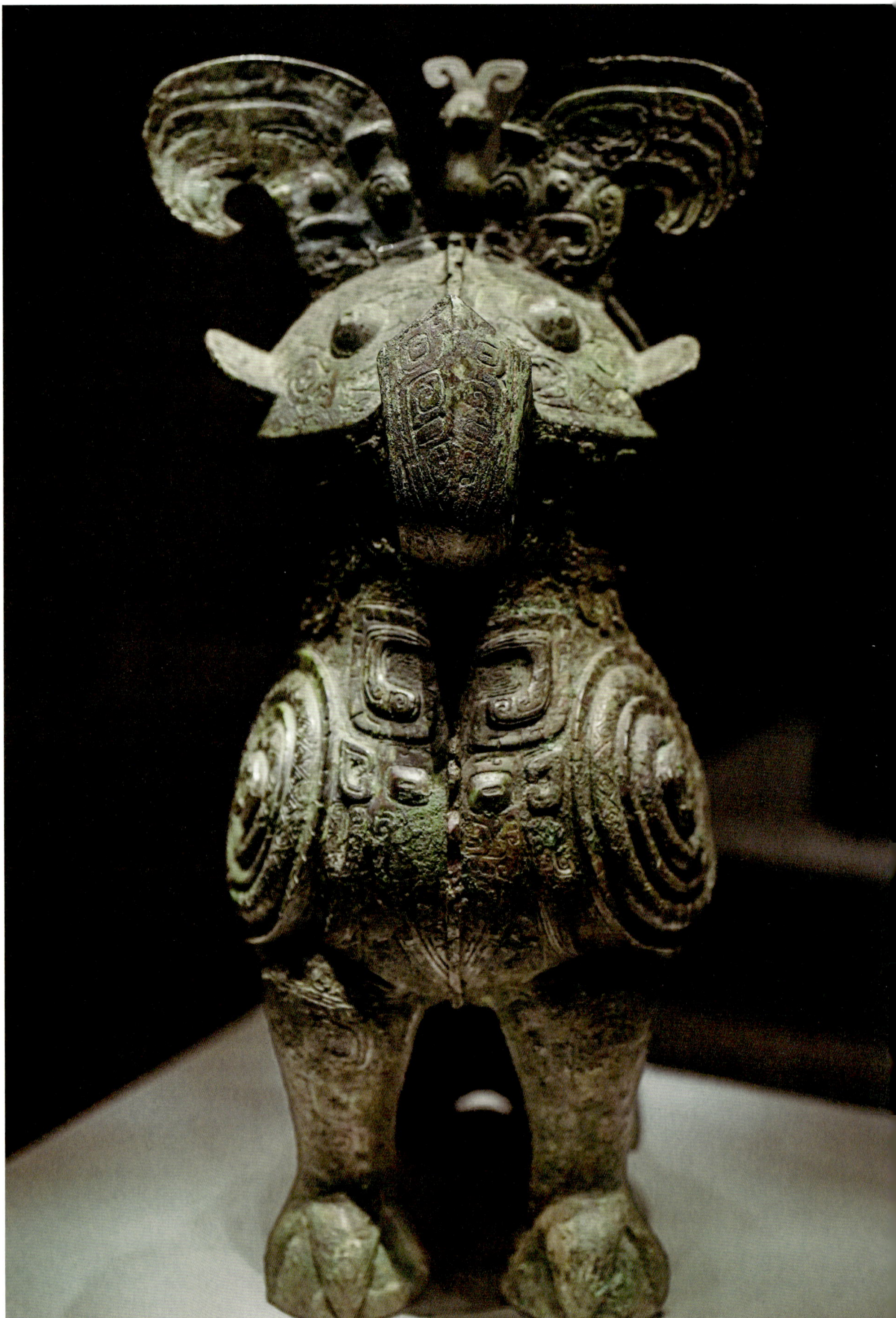

让人不禁好奇，这酒，究竟是从哪里倒入呢？

原来鸮尊由器盖和器身两部分构成。机关就在猫头鹰头部隐藏的"脑洞"上。工匠将猫头鹰的后脑壳设计成了可以活动的盖子，拿起后便可以向内注酒，盖上后又能拼合出完整的头部，浑然一体，设计巧妙。鸮尊背部的龙首形把手，以及头部器盖上的鸟形捉手等，都是为了更方便人们使用它（图1）。

鸮尊装饰华丽，纹饰繁多，仅动物纹就有七八种。说到动物题材装饰，不妨来辨识下鸮尊身上都有哪些动物。盖上的捉手是一只立体的小鸟，鸟身后还有一条活灵活现的小龙，仿佛在追赶着它。鸮尊的两只翅膀上还各盘着一条小蛇。胸前饰蝉纹。尾巴上面还塑造了一只展翅的猫头鹰，它有着桃心形状的脸，双目突出，还有两只伸出的爪子（图2）。这些动物多数以凹凸有致、繁复细密的纹饰呈现，作为主纹被一层一层主次分明地巧妙呈现在鸮尊的身上。突出的主纹周围，并没有过多的留白，而是铺满了呈循环往复状的云雷纹，它们是地纹的一种，作为主纹的衬托。在主纹之上，还加上了以阴刻手法装饰的勾云纹等花纹。这种有主有次、多层表现的装饰手法，被后人称作"三层花"（图3），它是商代后期发展起来的青铜装饰"新风尚"，也是商后期青铜铸造技艺走向鼎盛的标志之一。

这些纹饰呈现出有序的组合形态，犹如铠甲战袍一般，披挂在鸮尊身上，不仅增加了它的庄重感，也让鸮威风凛凛的形象更传神。值得注意的是，商代青铜器上的各类纹饰，尤其是动物纹，并非单纯的、美的装饰，除了体现当时人们的审美意识外，还是表达宗教、文化含义的图像载体，传达着商代人多

● 图1 "妇好"青铜鸮尊侧视图

头部后面为可活动开合的器盖，鸮颈背部有龙首形把手，头部后面的立体雕塑有龙、鸟，翅膀上有盘蛇纹，尾部上面有猫头鹰纹饰。

● 图2 "妇好"青铜鸮尊尾部

图 3 鸮尊局部

层次分明的"三层花"装饰

地纹：云雷纹

主纹：浮雕蛇形纹

主纹上阴刻菱形纹等细部纹饰

元而复杂的思想观念。比如鸮尊勾喙上装饰的蝉纹，或是不死复生的神性的象征。在鸮尊面部、脑后及颈背装饰的饕餮纹，是商代青铜器上最常见的纹饰之一，尤其在青铜鼎上多见，如"子龙"青铜鼎，在其鼎身、腿足上多处装饰有饕餮纹（图4）。它集合了牛、羊、虎等动物的部分形象特征，被称作"复合动物"，虽然面貌多样，但大都狰狞恐怖，夸张又神秘，有观点认为它具有沟通神与人关系的特殊宗教意义。

鸮尊作为礼器，虽然已经不在神坛之上，却依旧那么神气。它气宇轩昂，气势威严，似乎也在向我们发出挑战。在我们反复观看它的同时，它也在默默地注视着我们，或许在期待我们既能大开脑洞，又能小心求证出关于它和它背后的历史文化之谜。

图 4 "子龙"青铜鼎
商后期
中国国家博物馆藏

鼎身装饰有饕餮纹

鼎足部装饰有饕餮纹

图 5 玉鸮
商
中国国家博物馆藏

东西方文化中的"鸱鸮"

在中国，远古时期就出现了与鸮相关的陶器，商代则有青铜和玉制的鸮（图5），反映了古人崇拜鸮的悠久历史。但鸮被误解为具有"不祥"和"不孝"的寓意，则是从西周中期后才发展出的观念。而在西方世界，人们对于猫头鹰的认识也多有不同。在古希腊，猫头鹰被看作智慧的化身，甚至是某种超自然力量的象征，常陪伴于雅典娜身边；而在《圣经》中，猫头鹰则被看作精神上的不洁之鸟。

"后母辛"青铜觥

时代 商·武丁时期	**发现时间** 1976 年
材质 青铜	**发现地点** 河南安阳殷墟妇好墓
尺寸 高 36.5 厘米,长 47.4 厘米	

"后母辛"青铜觥,将与它相关的先人和后代子孙连接起来,而庙号与青铜器的结合,凸显了这件青铜器的纪念意义,体现了中国古人慎终追远的情结。

"后母辛"青铜觥

承载纪念的神兽

逛动物园时，不知你是否看到过脸像马、角像鹿、蹄像牛、尾像驴，也就是俗称"四不像"的麋鹿？除了现实生活中的麋鹿，在中国经典奇书《山海经》中，也记载了许多借各种动物的不同部位"拼装"而成的异兽。有趣的是，这类"四不像"的动物形象，不仅出现在古代传说和文学作品里，还被古人巧妙地应用在各种器物的设计上。

这件"后母辛"青铜觥便是典型的"四不像"造型。它头如马，卷角如羊，身形似牛，尤其生动的是它的四肢前后各异，前肢为蹄，后肢为爪。但更让人惊讶的是它的臀部两侧还装饰有双翅，竟是禽与兽的完美组合！

不仅如此，在它的盖子、器身上，还装饰了龙和兽面形象。这只被古人运用想象力铸造的青铜动物，可以说是神秘感满满。

● 图 1 龙形青铜觥
商
山西博物院藏

青铜觥的造型分为角形（图1）和兽形（图2）两大类，其中兽形觥更为常见，这恰好是商代人对动物崇拜，并寄托其信仰的一种物化体现。

● 图 2 青铜觥
商·武丁时期
中国国家博物馆藏

● 图 3 "后母辛"青铜觥铭文拓片

青铜觥（图1、图2）是商后期酒礼器的"新品"，功能类似于今日的分酒器。西周中期，觥逐渐从酒礼器的家族中消失。不过后来由它衍生出的"觥筹交错"一词，一直沿用至今。在祭祀文化中，觥是绝对的"奢侈品"，考古证实，在商代只有身份地位极高的贵族才能使用。这件青铜觥因器身和器盖内有"后母辛"铭文（图3）而得名，"后"有君主的意思，"后母"为商王母亲之意，"辛"是妇好死后的庙号，连在一起便是对死后的妇好的一种称呼。

你或许会问："庙号是什么呢？"

庙号指古代君王去世后在宗庙里被供奉时的尊号，它盛行于重视祭祖的商代。商代人将历代商王及王后当作神来崇敬，作为主要的祖先神来祭祀，这一仪式，也加深了子孙对祖先的铭记。为了让后世得以区分所祭祀的是哪一代商王、哪一位王后，每位死去的王与后都会拥有属于他们自己的庙号。

在甲骨的卜辞中，可经常看见商代人对祖先的祭祀记载（图4），至商后期，祭祀活动日益复杂和频繁。商代人制定了5种不同祀典对祖先轮番祭祀的祭礼。遍祭一轮次后，再从头来，循环往复，周而复始，形成了固定的"周祭"制度。也是从这一时期起，人们开始在青铜礼器上精心铸造庙号，此外，商代人还将它写在一类特殊的玉柄形器（图5）上。短短的几个文字就成了祖先神的化身。依托祭祀仪式中使用的各类庄重且充满神秘感的青铜礼器，先祖接受后人献祭的酒食。

庙号与青铜器的结合，是商代人敬天法祖思想的体现，青铜器作为人与神沟通的纽带，也强化着器物纪念的作用，寄托着殷商先民的情感，更闪耀着中国古人崇祖敬宗的光芒。先人与后人、过去与现在，通过这种方式被连接起来，并逐渐演化为华夏子孙慎终追远的情结。

◐ 图4 刻有祭祀"母庚"内容的卜甲
商
中国国家博物馆藏

甲骨卜辞中的祭祖内容，就是以庙号来区分祖先神。

◐ 图5 玉柄形器
商
中国国家博物馆藏

商代时人将庙号刻写在一类特殊的玉柄形器上。专家推测，这种玉器就是祭祀祖先行祼礼时所使用的瓒。

商代的"日名"

日名是商代祭祀王或高级贵族的尊号，取自纪日的天干，即甲、乙、丙、丁、戊、己、庚、辛、壬、癸，祭祀日期严格依据天干来排定，如遇到辛日，就祭祀日名带"辛"的王。虽然在周祭卜辞中对被祭祀者的称呼都是固定的，但日名到底是指被祭祀人的生日还是死日，或是通过占卜选定的日子，学界目前尚无定论。

———— 玉龙一侧

———— 玉龙另一侧

玉龙

时代 商·武丁时期
材质 玉
尺寸 高 5.1 厘米，长 7.5 厘米

发现时间 1976 年
发现地点 河南安阳殷墟妇好墓

曾属于妇好的这件玉龙，闪烁着商代治玉技艺的光芒，也默默讲述着商代人与玉的往事、商代人与龙的故事。

玉龙
精琢细磨的"吉祥物"

这件玉龙来自妇好墓，它和我们印象中的龙的形象略有不同，它身形不长，背有高脊，尾巴回绕翻卷在身体一侧，微微遮挡着前趴的龙足。它有着硕大的龙头，瞪着圆圆的大眼，张开的大口露出两排交错的牙齿。头上还有一对胖胖的宝瓶形龙角。玉龙威厉中不失可爱，就像妇好的萌宠，陪伴在她的身边。

这是商代工匠将玉和龙结合的杰作，但他们还不是最早的实践者，比他们早1000多年的红山文化先民，率先创造出了玉龙造型。在远古时期，玉被视为天地的精华，具有沟通神灵的功能，用它制作的龙，似乎也被赋予了一份神性。红山玉龙多是卷曲形，原始特征更显著，它们似乎还"发育不全"，缺少四肢、双角等，其中最经典的要数目前所知最大的"C"形玉龙（图1）了。

商周时期，龙的形象开始变得相对完整和具象。人们制作出各种形态的玉龙，尤其以卷曲的片状玉龙（图2）最为常见，形制上仍带有远古红山玉龙的遗风，常做礼仪之用或为服饰配饰，便于穿缀系挂。

在一众片状玉龙中，妇好墓出土的立体身形的玉龙，便格外引人注目。它似乎是妇好的珍贵收藏品，身形虽小，但形神兼具；底部的设计利于平放，让它看起来

● 图1 玉龙
新石器时代·红山文化
中国国家博物馆藏

① 相料，也叫"量料取材"，意思是工匠在雕刻玉石之前，先观察玉料的形态，结合玉石形状来设计造型，尽量减少对玉石的切割，以起到省工、省料的目的。

● 图2 玉龙
商
中国考古博物馆藏

就像一件可供观赏的雕塑艺术品；随手可握的体量，以及依然莹润的质地，也不排除妇好曾将它把玩于掌中。

玉龙的造型，虽然是由工匠精心设计的，但一定程度上也取决于玉石的天然形态。

妇好玉龙由一整块玉石雕琢加工而成，它最初的形态或许是一块扁球状的玉料。工匠根据玉料的天然形态，在内心构思龙的形象，这便是玉器制作工序中的关键步骤——相料①。因为玉料足够厚实，所以可以将龙的身形立体化处理；又因为玉料较短，就对龙的身形做了灵活处理，让它从身侧回卷，既解决了料不够长的问题，也让龙身的蜿蜒灵动得到体现；由于玉料坚硬，切割、琢磨会极费工，便省略了后肢，只保留前肢，从侧面看龙尾的翻卷，又好似遮掩了后肢。整体虚实相生，设计极为巧妙。

同时期出土的许多其他圆雕玉器，如玉虎（图3）、玉熊（图4），都是商代人熟练运用这一手法的典范，体现出工匠高超与巧妙的琢玉技艺。不仅如此，商代玉器上常琢磨出各种繁复的花纹，这与新石器时代至夏代大部分玉器光素无纹饰的特点形成了鲜明对照。

● 图3 玉虎
商
中国国家博物馆藏

考古发现商代人很是擅长玉石加工，商代的玉器制作已成为独立的手工业部门。在殷商都邑分布着很多玉石作坊遗址，以及玉石从业人员的墓葬，妇好墓一次竟出土玉石器755件，商代玉石加工的规模和实力可见一斑。

● 图4 玉熊
商
中国国家博物馆藏

几千年过去了，当年为妇好把玩的玉龙，仍泛着历史的光芒，默默讲述着商代人与玉的往事、商代人与龙的故事。在它之前，漫长的岁月孕育了中华龙文化的先声；在它之后，龙又进一步发展成为中华民族信仰中的吉祥之物，成为中华儿女凝心聚力的精神纽带。

俏色工艺

● 图5 玉鳖
商
中国考古博物馆藏

由于玉料珍贵，中国古代工匠很早便创造和掌握了巧妙利用玉材的各种工艺，其中的"俏色"或称"巧色""巧作"，是指利用玉石的天然色泽或纹理进行色、形巧妙结合的工艺。殷墟出土的商代玉鳖（图5），玉工将玉料上原有的黑褐色玉皮保留下来，雕琢成鳖的背甲，鳖的头部、腹部、足部则保留玉的青白色，眼睛和爪尖儿均为黑色，让玉鳖更显真实、妙趣横生。这一充满智慧的琢玉技艺是商人因材施艺的体现，为后世所继承，成为中国玉作中的绝活儿之一。

"后母戊"青铜方鼎

时代	商·武丁时期	**重量**	832.84 千克
材质	青铜	**发现时间**	1939 年
尺寸	通耳高 133 厘米,通身高 106 厘米,口长 110 厘米、口宽 79 厘米	**发现地点**	传河南安阳武官村

被誉为"青铜之王"的"后母戊"青铜方鼎,是中国古代青铜铸造史上的奇迹之一,形制巨大,体现了块范铸造法的智慧之光。

「后母戊」青铜方鼎

模范铸造的奇迹

现代 3D 打印技术，可以通过数字建模形成三维模型，"打印"出相应的物品。这种"依模塑形"的原理，早在商代就被匠人们"玩"得得心应手，并以实体模型铸造出无数青铜器具。

"模"与"范（图1）"，便是商代匠人所用的模具。他们用陶泥捏塑出器物形状，并刻上花纹，就成了"模"。接着，将泥贴到模上，紧紧压合，印出造型和纹饰，然后将泥片翻揭下来，形成带花纹的"范"，这就是所谓"倒模"，也叫"翻范"。有时候，工匠也会在素面模上先翻范，于范上雕刻纹饰，再进行后续操作。模与范的手工制作，简直可以被称为"手打 3D"！

就像形态各异的钥匙需要不同造型的模具来呈现一样，青铜器的塑形也是如此。只不过，单片的钥匙只需要"范"这种单层模具。而像鼎、尊等立体的青铜容器，则需要双层模具，往往是内芯、外范的组装拼合。所以，在翻范后，工匠要将模整体刮去一圈，形成一个素面的、小一号的"模芯"。外范大、内模小，它们扣合在一起，中间就形

● 图1 陶鬲外范
商
中国国家博物馆藏

这件陶鬲外范,为完整铸件——鬲的外廓的三分之一。

● 图2 "后母戊"青铜方鼎铭文细节及拓片

成了一层空腔,将铜液注入其中,经过冷却定型,最后打破内芯外范,取出成品,青铜器便有了型。

应用模与范铸造青铜器的方法称为"模范法"或"范铸法"。商朝工匠就是依此法铸造的现存中国古代最重、最大的单体青铜容器——"后母戊"青铜方鼎(图2),是商王专为祭祀他母亲制作的礼器。因其体量宏巨,需要使用众多模范协同作业,后人推测它的用范数量,少则一二十块,多则四五十块;在模范的组装上,它也比小型青铜器更为复杂。

由于"后母戊"鼎又大又重,商朝工匠采取了"倒扣"的方式,将鼎身的芯倒置平放在底范上,再将四面的外范进行拼合(图3)。芯与范之间由榫卯咬合,并在外围抹上草拌泥等上二次保险,以保证组装的稳固和浇铸的成功。

即便如此,浇铸时还是出现了"突发状况"。大鼎其中一面的陶范,没能承受住铜液的冲击,破裂了,所幸有惊无险,并未殃及其他部位,不过工匠修补的痕迹却永久留在了大鼎之上。

铸鼎时,工匠面临的考验还不止这一个。陶范在阴干和烘烤的过程中,会有变形损坏的风险,模范越大,风险也就越大。"后母戊"鼎长边的外范,面积达到了一平方米,轻微变形后口沿出现了外鼓现象。工匠们只能将这面范的两端刮去一部分,才使得它与鼎身两侧的范吻合,但也正是如此,在接缝处也留下了"错位"的痕迹。

不过,这两处"瑕疵"也恰恰体现了大鼎合范塑形的难度。

鼎身的铸造告一段落,那问题来了:大鼎是"倒扣"铸造的,它的双耳是如何制作上去的呢?

此刻，模范灵活组装的优点再次显现。铸造小型青铜器，多用一体浑铸法，而大器则会多次分铸。"后母戊"鼎就采取了二次铸接的方法，在鼎身完成后，又在口沿上附加了模范，铸接成双耳，至此大鼎基本铸成。

　　铸这样一件巨鼎，可以算是一项有统一规划、各部门协作的"国家工程"了。除模范制型、浇铸修整外，还有复杂的采矿、冶炼、合金等环节，正是一环扣一环的成功，才成功造就了大鼎。

　　"后母戊"青铜方鼎铸造的每一个环节，都闪现着古人的智慧之光。陶泥的可塑性，让大鼎有了形；范与芯的灵活组装，让大鼎有了"大肚量"与"大气象"。当大鼎成型之时，完整的模范，终究要被打破，但青铜器上留下的铸造印痕，成为"模范"永恒的见证。

● 图3 "后母戊"青铜方鼎铸型及装配示意图

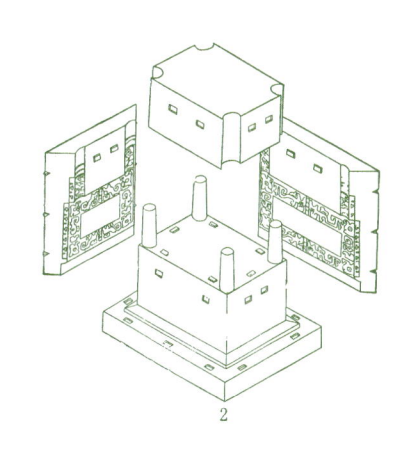

失蜡法

与中国古代制作青铜器主要采用模范法不同，西方常见的铸造方法是"失蜡法"，也称作"熔模法"，是先用蜂蜡做成器物模型，再用其他耐火材料填充、包裹住模型。然后加热烘烤，待蜡模全部熔化流失，形成模型的空腔，再往空腔内浇注铜液，便可铸成器物。

卜甲正面　　　　　　　　卜甲背面

● "般无咎"全甲刻辞

时代　商·武丁时期　　　　　尺寸　长 18.6 厘米，宽 10.2 厘米
材质　龟甲　　　　　　　　发现地点　传河南安阳

商代人契刻于甲骨上的内容，作为他们与神秘力量沟通的记录，却成为宝贵的"文字"遗存，并呈现出商代的"社会万象"，是后人探寻商史的钥匙。

"般无咎"全甲刻辞

商代人的占卜术

世界上许多古老的文明都有一个非凡的共性，便是创造属于自己的文字。人们将它们或写或刻于不同载体上，以记录信息。古埃及人将象形文字写在莎草纸上，苏美尔人将楔形文字刻在泥版上。在古代中国的商朝，有两种被商王和贵族特别选中的坚韧材料——龟甲和兽骨，其上留下的"刻辞"，便是我们熟悉的"甲骨文"。

"般无咎"全甲刻辞是一片商晚期用于占卜的龟甲。在卜甲正面，记述了一位叫"古"的人，向神灵卜问贵族"般"近期是否会有灾祸。在背面则记录了占卜结果——商王亲自占断，般无咎。意思是"般一切顺利"。在那个时代，人们相信通过占卜可以预知未来，而龟甲则是他们与神灵沟通的重要媒介。

商朝人仅用龟甲进行占卜吗？

通过"甲骨"二字不难发现，占卜材料至少有两类。一种为甲，多是指龟的腹甲，也有少数龟背甲；还有一种为骨，一般用牛的肩胛骨（图1），也有少数是鹿、

图1 "土方入侵"涂朱卜骨刻辞
商·武丁时期
中国国家博物馆藏

图2 甲骨的钻凿与工具
商
中国国家博物馆藏

羊、猪、马的肩胛骨。这些材料不仅坚硬实用，而且"神通广大"。无论是牛还是龟，在古代都被认为有通神的本领，所以选用甲、骨来占卜，也体现了古人万物有灵的思想观念。

精挑细选的甲骨原材，还需要历经"考验"才能成为天人之间合格的沟通"媒介"。其中的关键一步，是对甲骨进行所谓"攻治"或"整治"，是指通过锯削和刮磨的方式，对甲骨进行修形，以便于后续占卜环节兆象的显示和刻辞。

占卜时，先用一根燃烧着的柱形树枝对甲骨进行烧灼，这一步称作"灼钻"。甲骨因受热产生的各种裂纹便是"兆"，这是判定吉凶的重要依据。今天我们常说的"兆头"便出自这里。随后，再由专人根据这些裂纹的粗细、长短、曲直、走向等特征，结合自身的经验与知识，来解读占卜结果。

不过，兽骨和龟甲坚硬厚实，占卜时直接灼烧难以显现清晰的裂纹。所以占卜前还要使用特殊的工具，对甲骨进行"钻凿"（图2），处理后的甲骨则更容易"收到"天意的回应。

在今天，仍有不少人认为占卜是一场"自说自话"的游戏，但是对于商代的人而言，占卜是神灵的旨意，是上天的指引。因此，在商朝，占卜有一套极其繁复且严格的流程与规则，它需要多位专人一起协作完成。负责问卜的"贞人"向神灵提出占问事由，执行占卜的"卜人"对甲骨进行灼烧，烧出裂纹后由"占人"解释吉凶，最后由负责记录的"史"将整个过程记录下来，并将文字刻在"兆"的附近。由于记录的文字都是与占卜相关，所以这些文字也称作"卜辞"。像"般无咎"全甲刻辞中，"古"就是贞人，而占人竟然是商王，由此可见"般"的地位很不一般。

其实，商王参与占卜，在当时是常态，他几乎无事不卜、无日不卜,甲骨上大量"王占曰"的记录就是这一情况的反映。大到国家政策的废立、战争的胜负、年景的丰歉,小到出行的吉凶、疾病的医治等,商代的人都会通过占卜来领会神意。例如,在一次卜问中,占卜结果不妙,果然,商王在驾车逐猎圣水牛的路上与随行车队发生了"追尾"事故(图3)。考古学家通过考证发现,有些占卜内容还颇为有趣,例如,商王武丁曾问卜,即将生育的妇好会生个男孩还是女孩。每一片卜骨上细微的裂痕,都尘封了一段商朝的历史和商人的故事。

河南安阳殷墟至今已出土十余万片甲骨,除了占卜的卜辞,还有记录事件的"记事刻辞",相当于日历的"干支表",以及在练习刻字或卜辞的习刻卜辞等,内容十分丰富,俨然一部全面记述殷商历史的百科全书。

3000多年前,商人在通过龟甲和兽骨上的裂纹与神秘力量沟通之时,为后人留下了宝贵的"文字"。他们将"未来"寄托在甲骨占卜上,而作为"未来人"的我们,却通过甲骨和卜辞,走进了他们的现实与精神世界。

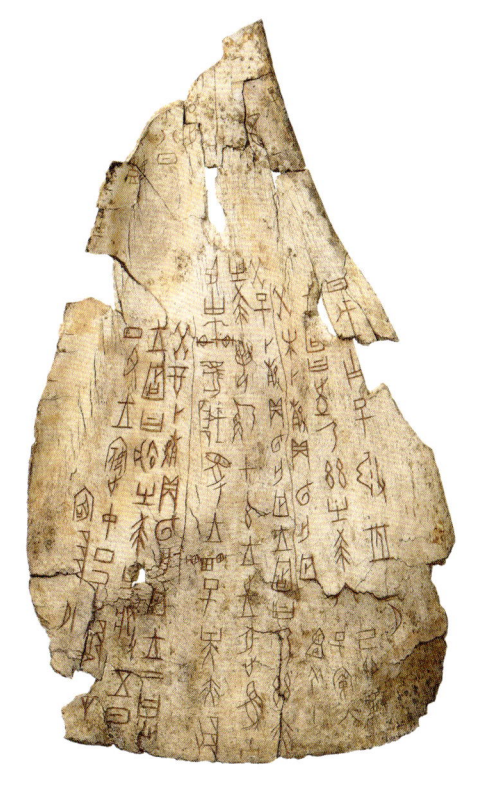

● 图3 "王宾中丁·王往逐兕"卜骨刻辞
商
中国国家博物馆藏

卜辞由哪几部分组成?

一篇完整的卜辞包括叙辞、命辞、占辞、验辞四个部分。叙辞,也称前辞,是卜辞最前面记录占卜日期和贞人名字的部分。命辞,也称贞辞,是贞人卜问的内容。占辞,是根据兆纹对事情是否可行进行的判断和预测,是占卜的结论部分。验辞,是日后对事情应验的追踪记录。全部具备上述四部分的卜辞比较少,比如"土方入侵"涂朱卜骨刻辞(图1),多数刻辞只是记录其中几项内容。

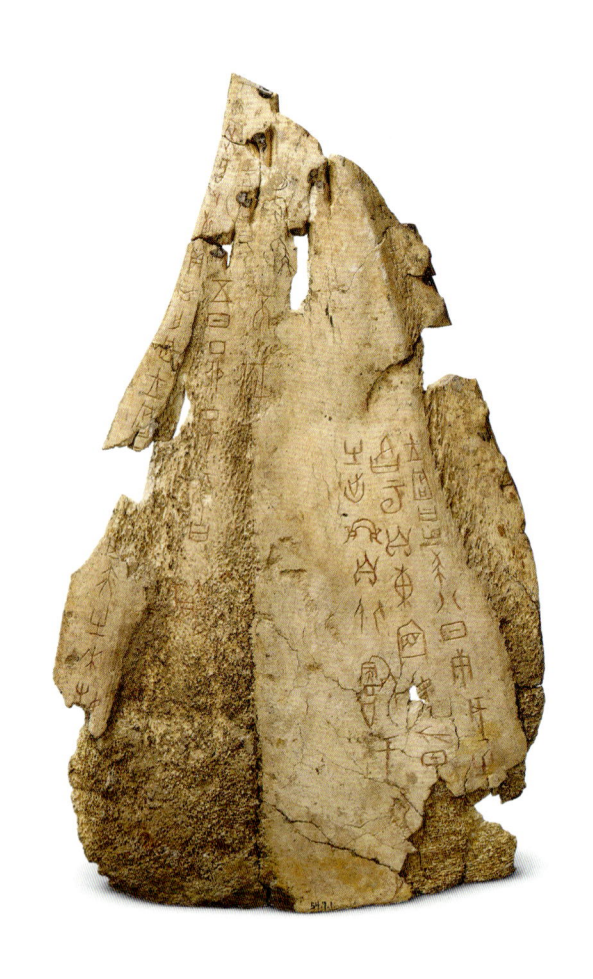

"有出虹自北饮于河"刻辞卜骨

时代 商·武丁时期
材质 牛骨
尺寸 长 32.2 厘米，宽 19.8 厘米
发现地点 传河南安阳

刻在甲骨上的各种天气信息，反映了商代人对气象、天象的详细观察和记录，商代人由实践出经验，由经验成规律，留给后人灿烂的文化遗产。

"有出虹自北饮于河"刻辞卜骨

甲骨上的风云变幻

今天我们运用气象卫星、天气雷达等科技观测手段，获得气象数据，以"天气预报"的方式，告知可能的天气变化，指导人们的生活和出行。遥远的商代人，则采取了一种特别的手段占卜问天。

中国国家博物馆藏有一块完整的"有出虹自北饮于河"刻辞卜骨，它的一面记录了一次有趣的占卜。卜辞内容大体意思是：商王武丁卜问十天之内是否有灾祸，占卜结果不利，预示将有灾祸降临。果然，在占卜后的第八天，从东方天空涌来大片乌云，天空东北方变得昏暗起来，等太阳偏西时，天空自北向南出现了一道彩虹。

你或许会觉得，大雨将至前的昏天黑地是商人卜兆所言的灾祸，其实不然，灾祸竟是雨后的彩虹！

是不是颇感意外？美丽的彩虹怎么就"不吉利"了？不像今天人们看到彩

虹会感到愉悦和兴奋一样，在古代中国，人们看到彩虹唯恐避之不及，商代人就是典型的"恐虹"一族。

仔细看甲骨文的"虹"字（图1），它的字形像一只长身弯曲的怪物，而且是"一身双首"。仔细看，怪物的头上还长着长角，这个"角"的造型与商代的龙角接近。在商人的观念里，彩虹就是这种怪物的化身，它出现的时候，就像怪物横卧在大河上饮水一般。象征"怪兽"的虹字，恰恰是张着大口吸饮的状态，将商代人对彩虹的恐惧心理刻画得淋漓尽致。虹能吸饮河水的传说，自古便流传甚广，直至今日，我们仍在使用"虹吸"这一词，来表示输送或吸出液体的一种物理学现象。

商代人视虹为不祥，归根到底还是因为不懂自然现象，对"双头怪"会给农业生产带来挑战而担忧。一方面，怪兽将水吸走，会导致水源短缺，对年收带来灾难；另一方面，雨后出现的彩虹，表明雨已停，古人因此形成了"虹能截雨"的认识，雨量不足，也会影响作物丰产。在"虹不佳年"卜骨上，就直接卜问出现彩虹会不会影响当年的收成。在商代关系民生的重要生产活动中，农业地位尤为凸显，因此雷、雨、风、电、雹、雪等会影响农业的气象，都是商代人重点关注的预测对象。比如关于风，就有大风、小风、骤风之分。中国国家博物馆所藏的另一块甲骨上（图2），就记录了一场"大骤风"。不仅如此，商代人还对风向有了认知，并给四方来风以东南西北的方向命名。风吹则云来，有云乃降雨。关于雨水的记录，商代人则会关注雨量的多少，如大雨、小雨、多雨、疾雨等。以上种种，无不显示出商代人观测气象的细致。

● 图1 甲骨文"虹"字及拓片
截选自"有出虹自北饮于河"刻辞卜骨

商代人关于气象的占卜，有一天、一旬甚至数月之分，并且已经出现了类似现代气象部门的机构，专门记录天气的变化，为农业、畜牧业及田猎活动等提供及时的"天气预报"。正是有了商代"气象局"关于天气的详细记录，才使我们对商代气候的"风云变幻"有了更真切的感受。

除在观察云卷云舒中掌握具有瞬时性的气象知识之外，商代人已有观测日月星辰的传统，制定出完整的历法体系，总结出一年两季、十二月、天干地支纪日法（图3）等。据古代文献记载，武丁时期还曾进行过大规模的日影观测活动，来确定季节变化的时间点。甲骨卜辞中就有"至日""日中"等记录，反映了立表测影定季节、方向、时刻的方法，为后来更完善农历的形成打下了基础。

在现代科技还未出现的时代里，商代人从未停止追寻真理的脚步，在细致观察、详细记录的过程中，由实践出经验，由经验成规律，留给后人灿烂的文化遗产。

● **图2 Y0712卜骨记录了"大骤风"**
商
中国国家博物馆藏

● **图3 刻干支表卜骨及拓片**
商
中国国家博物馆藏

干支纪日法

干支纪日法是商代历法的最大成就。商代在夏朝天干纪日的基础上，发展出六十循环的干支纪日法，即将"甲乙丙丁戊己庚辛壬癸"十天干，与"子丑寅卯辰巳午未申酉戌亥"十二地支配合，形成甲子、乙丑、丙寅、丁卯等六十干支，称为六十甲子，六十日一周期循环使用，至今仍在民间沿用，成为世界上延续时间最长的纪日方法。

"作册般"青铜鼋

时代	商	发现时间	2003 年
材质	青铜	发现地点	河南安阳
尺寸	通高 10 厘米,通长 21.4 厘米,通宽 16 厘米		

"作册般"青铜鼋是今人了解商代贵族田猎的生动参照,它背负的铭文与甲骨文的记载相得益彰,勾勒出一幅晚商礼仪文化演进的生动画卷。

"作册般"青铜鼋

背负晚商史事的大鼋

这只从历史长河深处"爬"出来的大鼋，是殷商青铜世界不多见的器类。它身中四箭，眼神惊恐，几千年过去，它仿佛仍在奋力挣扎。好奇的观者前来围观时，不禁会想："它到底经历了什么？"秘密就隐藏在它背上的铭文里。专家结合龟背上的4行33字铭文内容，将它命名为"作册般"青铜鼋，"作册"是商代史官的名称，"般"是人名，鼋即大鳖。

虽然鼋背上的铭文简短，但信息量却很丰富，记录着这样一个故事：有一天，商王来到都城附近的洹水，看见一只大鼋，王张弓射箭，一箭便射穿鼋身，后又连射三箭，全部命中，箭无虚发。商王命作册般将这件事铸在铭记功勋的青铜器上。于是，作册般按照鼋被射中的形态，制作了这只青铜鼋，并将射猎过程铸在了它的背上（图1）。

通过青铜鼋背上插入的箭尾可知，命中大鼋的四箭不是"浅射"，而是穿透了鼋身。

这位射艺非凡的王是谁呢？虽然铭文中没有直接提到他的名姓，但这

图1 "作册般"青铜鼋铭文拓片

铭文内容：丙申王○于洹获
　　　　　王射一□射三率无废矢
　　　　　王令寝馗贶于作册
　　　　　般曰奏于庸作汝宝

位名为"般"的史官，却间接提供了破译青铜鼋年代的线索。

"般"常奉王命记录重大事件，在另一件由他铸造的青铜甗上，也有简短的铭文（图2），记录的是商王征伐"夷方"的军事行动。结合其他记载这一征伐史实的铭文、甲骨卜辞以及后世文献可知，征伐"夷方"发生在商末纣王时期，推测作册般侍奉的正是商纣王。

在许多艺术作品中，纣王常被描绘成荒淫无道的亡国暴君。然而，作册般鼋上的铭文，却展示了纣王少为人知的另一面——勇猛果敢、射艺非凡。能四箭射穿大鼋，且箭无虚发，这不仅反映了晚商弓箭装备精良，还体现了纣王拥有过人的身体素质，背后更离不开商代贵族对射箭技能的重视与勤学苦练。

甲骨文显示，商代的贵族学校教育中，习射已是重要内容，往往由射技高超的将帅官员执教。商王和贵族成员，常

图2 "作册般"青铜甗及铭文拓片
商
中国国家博物馆藏

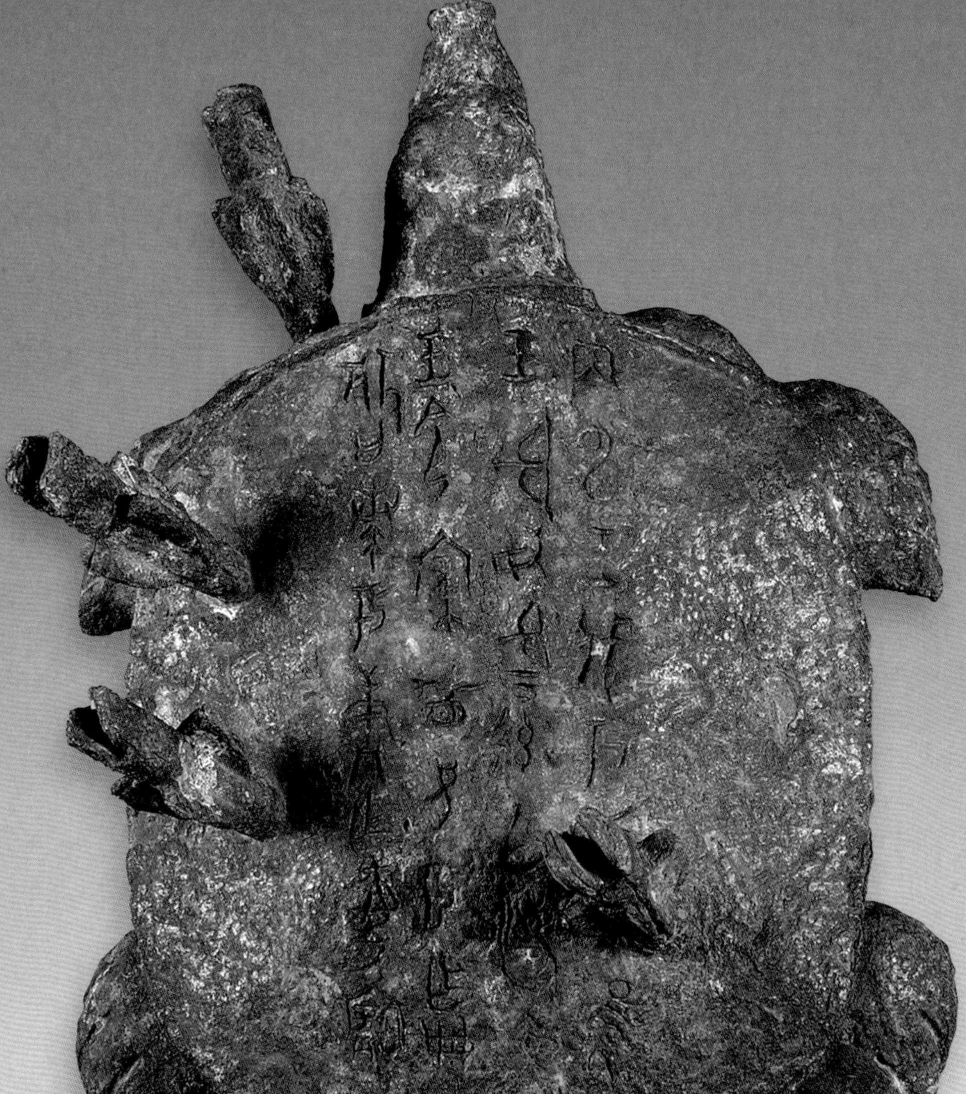

常连续几天在河流沼泽附近习射，他们根据一定的竞技规则，以实物射猎为主要练习方式。习射结束后，还会举行祭祀活动。

到商后期，射箭成为贵族子弟必须熟练掌握的基本技能之一。这与商代军事和田猎活动息息相关。弓箭作为商代作战的标配兵器，它的制作技艺有了极大的进步，三弯状的"反弓"（图3）相比只有一弯的弧形弓（图4），更利于提升射力。与弓配合的箭，箭头则多用青铜制成（图5），杀伤力更强。此外，还出现了一种实用的射箭器具韘（图6），也就是后来所说的扳指，开弓时将它套在右手拇指上，起保护手指和方便扣弦张弓的作用。因此，弓箭除了作为正式作战兵器，还被频繁用于田猎[1]活动。

有意思的是，这只被纣王射中的大鼋，在当时似乎并非田间偶然所获的狩猎对象。结合箭尾与鼋行进方向相反的情况，专家推测商王所射的鼋是官员有意放置的"活靶子"，这

● 图3 商代金文中的"射"字，显示了商代三弯状弓的特点

● 图4 复原的新石器时代后期的"一弯"形弓

● 图5 青铜镞
商
中国国家博物馆藏

● 图6 骨韘
商
中国国家博物馆藏

一安排也透露出田猎活动中的张弓射箭，由征伐性向着仪式化发展，即从重"射"到重"礼"的转变。身为时代产物的"作册般"青铜鼋，其独特的造型与铭文内容，与甲骨文记载的商代"重射"礼仪内容相得益彰，共同勾勒出一幅殷商礼仪文化演进的历史图景。

① 田猎即打猎，是商晚期王室及贵族日常活动的重要组成部分，包括由商王亲自带领贵族进行田猎，以及商王呼、令贵族而不亲自参与田猎两种。商代的田猎活动频繁并与军事活动有紧密关系，通过田猎来举行军队的战阵演习，以达到训练士卒的目的。

射礼

射礼是西周时期形成的"六艺"之一，逐渐演变成了一种强调君子之风、体现个人修养与国家秩序的文化仪式。春秋时期，孔子极力推崇射礼，把射作为学生的必修课之一。《论语》里有很多篇提及射艺。"君子无所争，必也射乎！揖让而升，下而饮。其争也君子。"意思是即使是在竞争性的射箭活动中，也要保持谦逊有礼的态度，这体现了儒家所提倡的"文武双全"的理想人格，也是射礼教育意义和社会功能的彰显。秦汉以后，射礼渐渐丧失了影响力，由它演变而来的，但娱乐性更强的"投壶"取代了它的地位，不过隐含在射礼中的文化传统一直延续了下来。

四羊青铜方尊

时代　商
材质　青铜
尺寸　高 58.6 厘米，口径 44.4 厘米

发现时间　1938 年
发现地点　湖南宁乡

四羊青铜方尊是一件体现商代青铜铸造"技"与"艺"并重的经典青铜器，其上写实的四羊形象，诠释着内涵丰富的"羊文化"。

四羊青铜方尊

青铜礼器上的『羊文化』

四羊青铜方尊一般被称为四羊方尊,可以说是历史教材的"常客",也是一件能体现商代高超铸造工艺、设计巧思的"教科书"级的青铜器,被誉为中国古代青铜铸造艺术的典范。

在殷墟甲骨文中多有关于羊的记录,个别青铜器上也有带"羊"字的铭文,但将羊用作青铜器的装饰却很少见。在一些青铜器上多见有角似羊角的小兽首(图1)。相比之下,四羊方尊上的羊则直观形象得多。工匠以写实的表现手法,将四只立体的卷角羊和体形硕大的方酒尊巧妙地组合在一起,形成了看似四羊"驮"尊的效果。

四羊方尊出土于湖南长沙宁乡,这里集中发现了诸多晚商时期以羊为饰的青铜器,如三羊饕餮纹青铜尊、三羊纹青铜瓿(图2)、四羊首青铜尊等,它们的共同特点都是将羊首的形象铸造在器型高大的礼器上,羊首突出、形象逼

○ 图1 "妇好"青铜瓿上饰有三兽首
商
中国国家博物馆藏

○ 图2 三羊纹青铜鬲
商
湖南博物院藏

真。宁乡一带出土的商周铜器被学术界称为"宁乡铜器群"。这里的青铜器不仅数量多、种类丰富，并且造型优美、装饰华丽、工艺精湛，为同时代中原和其他地区所未见或少见，形成了独具地域特色的青铜器美术传统。四羊方尊等（图3）青铜器，让我们领略到当地青铜艺术的魅力。

晚商时期，青铜器上以羊为饰，除了缘于当时人们对羊的崇拜以外，还与商周时期的祭祀文化相关。羊作为六畜之一，也是商代人用于献祭的重要牺牲。在一条记录武丁祭祀的卜辞上提到"用百犬、百羊"祭祀，还有些甲骨文中提到一次祭祀使用"十五羊""五十羊""五百羊"等献祭，可见商代人常用羊牲，且数量巨大。

商代用牺牲祭祀，已初步形成了焚烧祭天神、埋沉祭地祇和水神等规则。不仅如此，商代祭祀文化中还以祭牲种类体现尊卑贵贱，形成了将牛、羊、猪三种牺牲组合在一起的"太牢"，以及仅由羊、猪组合的"少牢"，两种祭祀规制都可见羊的身影，足以说明羊的重要性。进入西周后，还进一步发展出以"太牢"数量区分等级秩序的制度。

用动物牺牲祭祀时，还需要使用各类青铜礼器，牺牲形象与青铜器的组合，似乎就是在这个过程中应运而生的。那些凸显日常生活中动物造型的器物，会不会承载了祭祀中的特别用意？比如双羊青铜尊（图4）上两头正"徐徐走出"的"全形羊"，是否是对祭祀完整牲羊的象征？虽然答案尚未可知，但这种将牺牲形象"青铜化"呈现的现象，为人们进一步探索历史提供了想象与探知的空间。

从商周祭祀文化中走出的羊，由于其作为牺牲的神圣性，在漫长文化演进中，逐步成为人们追求吉祥、美好的文

化符号。秦汉以后，羊成为吉祥物的化身。人们以"大吉羊"代表大吉祥，推崇羊所具备的"德"，羊形的实用器具等不断涌现，与羊有关的各种文学意象相继生成，塑造并诠释着中国特有的"羊文化"。

◯ 图3 四羊青铜方尊局部

◯ 图4 双羊青铜尊
商
大英博物馆藏

历经"坎坷"的四羊方尊

1938年四羊方尊出土后，经多次辗转才被交予湖南省银行保管。当时时局动荡，由于多种原因，四羊方尊在此间不再完好如初。直到1952年，文物专家蔡季襄在湖南省银行的仓库里，再度发现了破碎的四羊方尊。1954年，经文物修复专家张欣如的妙手，恢复了它"本尊"面貌。

龙虎纹青铜尊

时代　商
材质　青铜
尺寸　通高 50.5 厘米，口径 44.9 厘米，足径 24 厘米，腹深 41.5 厘米

发现时间　1957 年
发现地点　安徽阜南月儿河

神秘的"虎食人"纹，是商代青铜器上流行的艺术奇观。这一特别的艺术图式，记录了商代人特殊的神灵观念，演绎着文明演进过程中古人信仰的故事。

龙虎纹青铜尊

神秘的『虎食人』

想象一下，人与老虎共处，在你的脑海中会浮现出什么画面？是文学作品中武松打虎的激烈场面，还是置身马戏团里看驯虎表演的精彩瞬间？虽然老虎也有虎头虎脑可爱的一面，但作为百兽之王，威风凛凛、霸气逼人才是它的常态。现实中人若与虎相遇，恐怕会危险重重，甚至发生虎食人的悲剧。

收藏在中国国家博物馆的龙虎纹青铜尊，就以直观的手法，再现了一幅"虎食人"的画面。尊的腹部环布了三组人虎相伴的图案。老虎为一首双身的形象，以虎头为轴，左右两侧各平铺有一个虎身。虎头被塑造成了立体造型，双目圆瞪，虎口大张，甚至还露出尖尖的虎牙，生动刻画出老虎威猛的形象。相比之下，站立在虎身下部的人，则显得比较单薄，他仿佛正扎着马步，双臂做出向上托举的动作。整幅画面中，人在虎口之下，仿佛要被老虎吞噬，既恐怖又神秘。

不过，仔细看画面的细节会发现，如此危险的时刻，那人不但没有

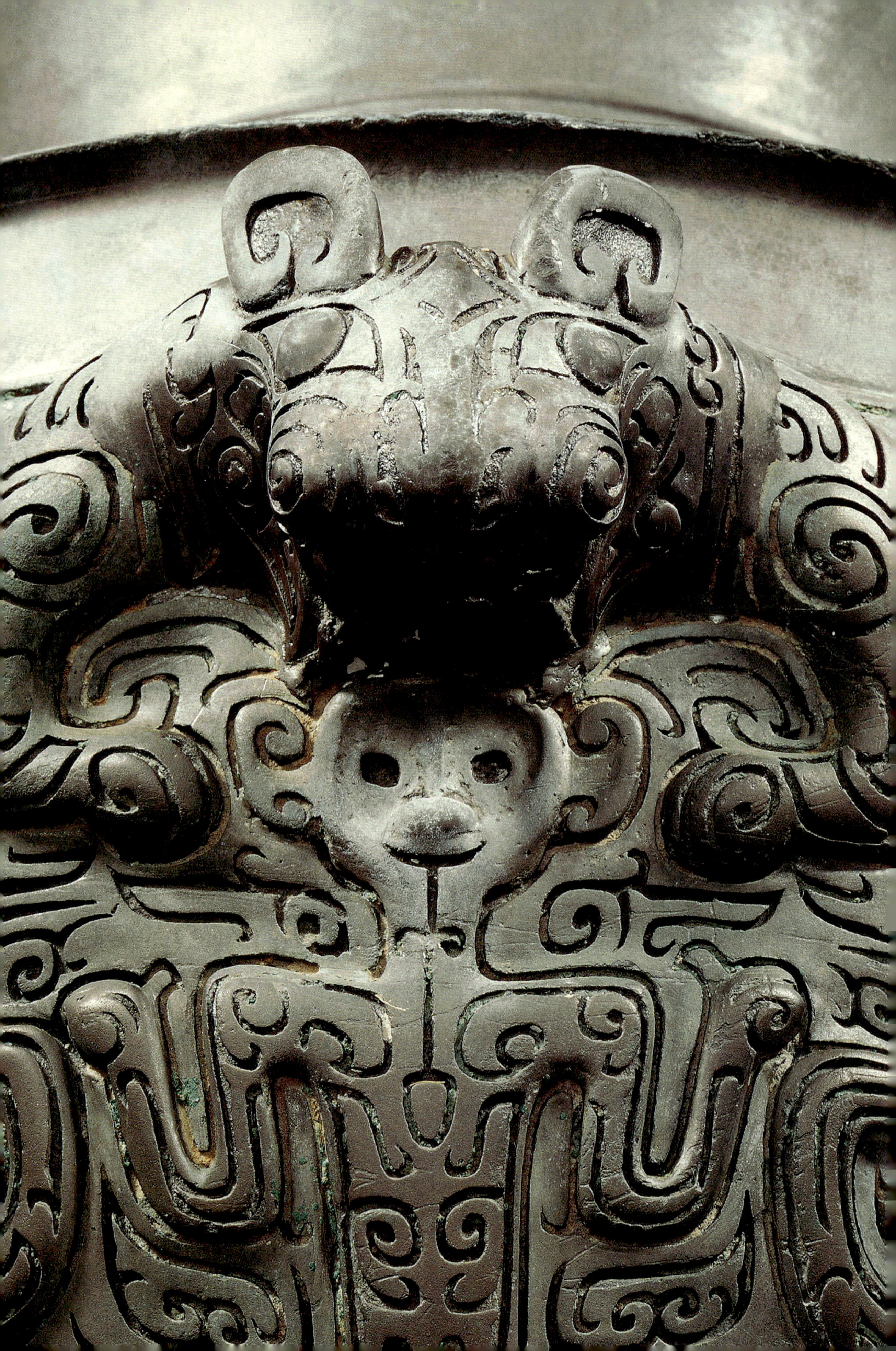

惊恐，反而还面露微笑。甚至人的双手和虎的前爪，都做出类似竖起大拇指的动作，宛如今天人们拍照的姿势，画风顿时又充满了愉悦轻松。难道老虎不发威了？

无独有偶，在三星堆遗址出土的一件龙虎纹青铜尊，也装饰了与这件铜尊上虎食人构图相似的图案（图1）。殷墟遗址出土的青铜器上，则有看似是"双虎食人"的图案，如"妇好"青铜钺两面上、"后母戊"青铜鼎鼎耳上的虎食人纹（图2），老虎张着大口要吞下人头，而人也是嘴角上扬，一副淡定从容的表情。出土于湖南的"虎食人"青铜卣（图3），像一件圆雕"艺术品"，卣体是虎形，人被虎搂抱在怀，由此还有了个"虎乳人"的名称。无论是哪种表现形式，虎食人的场面都丝毫没有虎口求生的残酷血腥，反而有一种人虎和平相处的温馨感。

◉ **图1 龙虎纹青铜尊及其上的"虎食人"形象**
商
三星堆博物馆藏

◉ **图2 "后母戊"青铜方鼎鼎耳上的"虎食人"纹**

● 图 3 "虎食人"青铜卣
日本京都泉屋博物馆藏

● 图 4 濮阳西水坡 45 号墓中的龙虎蚌塑

在这人虎互动、互为依存的过程中，发展为特有的艺术图式，记录下当时人共知的文化信息，演绎着文明演进中古人信仰的故事。"虎食人"到底要表达什么？有学者认为人虎组合中，人可能是巫，虎相当于巫的动物"助理"，张着大口嘘气成风，可以帮助巫羽化升天，起到沟通天地、人神的作用。也有观点认为，龙虎尊上表现的呈蹲踞姿态、双臂上举的人，是披着虎皮作法的巫，正与人神祖先沟通。还有很多其他看法，或认为虎口下的人是配享于帝的祖先之灵魂，或认为虎食人纹饰为虎神食鬼意在辟邪，甚至认为虎食人纹代表了北方边境戎狄等民族与老虎敌对的情形，等等。

回溯历史，其实早在 6000 多年前，人与虎的"互动"便已出现。河南濮阳的仰韶文化墓葬中，就曾发现用蚌壳堆塑的"虎"，其中一只与"龙"一起陪伴于墓主人两侧（图

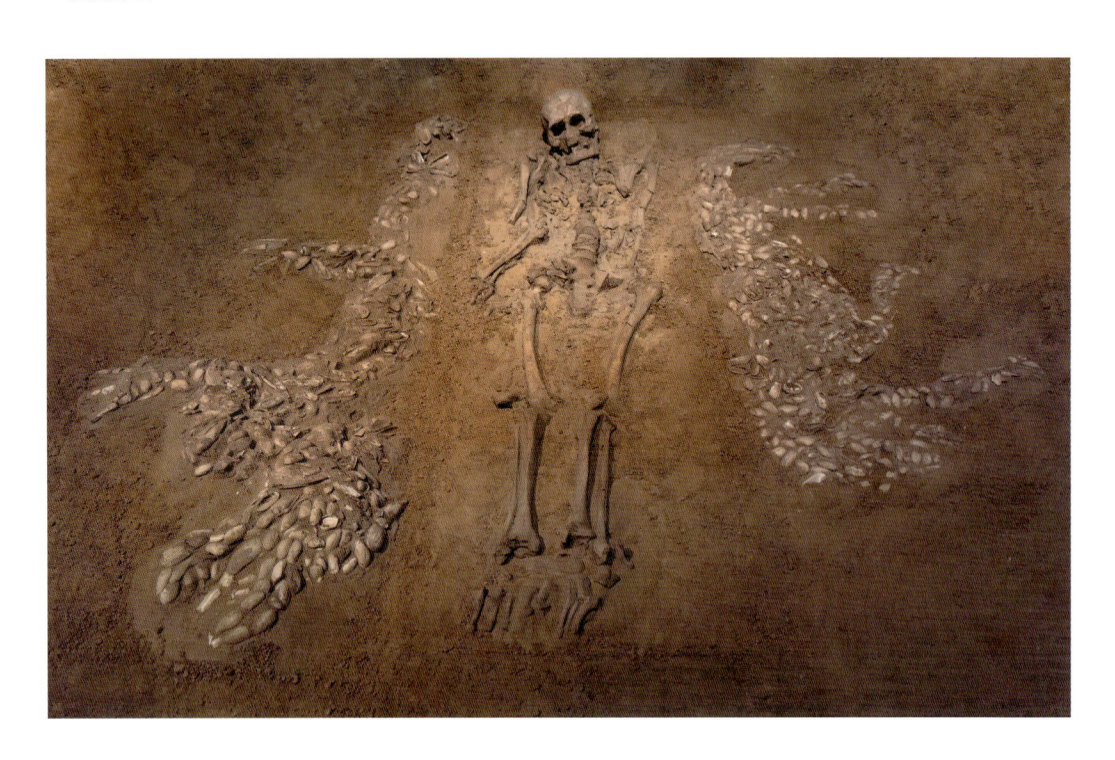

4）。它们会是3000年后虎食人图案的原型吗？答案不得而知。不过，在地理空间上，商代的虎食人纹似已成"流行纹样"，其内涵虽尚无定论，但它在多地的"现身"，为今人探秘商代地域之间的文化传播与交融留下了线索。

神秘的虎食人纹，是商代青铜器上流行的艺术奇观。人与虎的关系，既像虎要征服人，又好似人已降服虎，就在这人虎互动、互为依存的过程中，发展为特有的艺术图式，记录下时人共知的文化信息，演绎着文明演进中古人信仰的故事。

● 图5 白虎纹瓦当
汉
中国国家博物馆藏

虎的中国起源说

虎起源于亚洲并且只分布于亚洲，是亚洲特有的物种。现有研究显示，虎大约200万年前起源于中国河南渑池，在这里考古发现了古虎的化石，它的祖先是一种被称作"古中华虎"或"中国古猫"的古食肉类动物。从新石器时代开始，作为实际存在的虎，便早早融进我们祖先的精神世界，并在此后漫长的岁月里，形成内涵丰富、形式多样的虎文化，在商周及以后的诸多文物上，都能见到虎的身影（图5）。

🟢 **青铜面具**

时代 商	发现时间 1986 年
材质 青铜	发现地点 四川广汉三星堆
尺寸 高 85.4 厘米,宽 78 厘米	

造型奇特又夸张的"凸目"青铜面具,是古蜀人别开生面的创造,它背后隐藏着的是古蜀人独特且神秘的精神崇拜与宗教信仰。

青铜面具
古蜀人的凝望

若能穿越回商周时期的古蜀国，走进当时的祭祀现场，我们可能会看到什么？三星堆遗址的考古发现，为我们提供了想象的空间。不同于当时中原地区祭祀典礼上常用尊、鼎等青铜礼器，在古蜀人的祭祀仪式中，主角是各种青铜人像。几千年后，随着它们的"醒来"，有关古蜀人信仰的神秘面纱被渐渐揭开。

三星堆青铜人像长什么样呢？他们当中有站在底座上通高近3米、人像高1.8米的大立人，也有高几厘米到十几厘米不等的微缩小人。除了完整身形的人，还有许多青铜"人首"，它们有的戴着黄金面具，有的则直接被塑造成面具。从造型和体量来看，这些青铜"面具"并不用于日常佩戴，更像是人或神的象征。

在形似面具一样的人像中，有少数极为特别的造型：它的脸型方阔，大耳伸展向两侧，嘴巴横长，口角上扬，作神秘微笑状。在鼻根处，有一个像是"生长"出的高耸的勾云纹装饰。最令人惊奇的是，在上挑的双眉下，有一双斜长的双目，瞳孔竟被做成了长长的

◐ **图 1 青铜面具局部**

"柱状"(图 1),像望远镜一般。仔细看,柱状的眼球中段有一圈带箍,有人认为它就像传说中舜帝的"重瞳",神秘感倍增。

学界将这种眼球突出的眼睛称作"凸目",它是三星堆青铜人像的典型特征之一。除了少数青铜人首是柱状凸目外,大多数青铜人首的双目被塑造成杏核状凸出的眼球形状,眼球上有明显的凸棱(图 2)。这种凸目青铜人像,到底是虚构的艺术形象,还是实有所指?

这就要从三星堆人像的出土地及它代表的古老族群寻找答案了。三星堆遗址位于四川广汉地区,这里曾是古蜀国中心的所在地,遗址总面积达 12 平方千米,发掘出土了大量青铜器、玉器等高等级礼器。考古显示,这里有大型礼仪和宗

图 2 青铜人首上的凸目
商
中国国家博物馆藏

● 图3 甲骨文中的"蜀"字

● 图4 青铜眼形器
商
三星堆博物馆藏

教建筑遗迹，以及城墙、壕沟等防御建筑体系，已经出现了早期的城市。那么，又是谁建立了古蜀国呢？

西汉《蜀王本纪》载："蜀王之先名蚕丛。"李白在《蜀道难》里也曾慨叹道："蚕丛及鱼凫，开国何茫然。"在有关古蜀国的文献和传说中，蚕丛是古蜀国的开创者，他之后的当权者有柏灌、鱼凫、杜宇、开明等。战国时期秦军入蜀，开明王朝结束，古蜀国随之成为历史。

蚕丛作为开国蜀王，他率领部族从岷山迁徙到宜居的成都平原，发展经济，尤其是教民养蚕，推动了古蜀桑蚕和丝绸业的兴起，后被奉为蚕神，因常服青衣巡行，又被称为青衣神，成为古蜀后人崇拜的祖先神。蚕丛不仅有奇才，还天生"异相"。《华阳国志·蜀志》中记载"蜀侯蚕丛，其目纵，始称王"，甚至连他的墓葬也被称作"纵目人冢"。文献里强调了蚕丛"纵目"的特点，字面意思像是竖着的眼睛。直到三星堆凸目面具的发现，才一定程度上解开了文献描绘"纵目"的疑惑，这突出的柱状双眸，也许正是对"纵目"蚕丛的写照，只不过他的形象在被塑造的过程中，经过了艺术加工、夸大和神化。

不过，柱状的纵目究竟是否表现了蚕丛神的形象，目前学界还没有定论。有学者认为，这种看起来直直的纵目，与《山海经》中提到的有"直目"的烛龙有关，进而还联系到太阳崇拜；也有观点认为，纵目面具可能表现了半人半兽的形象，或许是蚕丛的守护神；还有观点认为，纵目与蜀人居住的自然环境有关，古代有"蜀犬吠日"的典故，是说因为蜀地一年四季晴天少，每当太阳出现，狗就误认为是怪物而要去咬。由此联想到生活在这里的人们，要想看清看远一点很不容易，所以柱状的眼睛寄托着古蜀人的理想——盼望自己拥有远眺能力。

无论是何种看法，都与古蜀人刻意强化眼睛有关。有意思的是，甲骨文的"蜀"字（图3）写法就突出了上半部的巨大的"眼睛"，似乎暗合了古蜀人对眼睛的重视。三星堆还发现了大量青铜眼形器（图4），它们有的独立，有的需要拼合，但有一点共性，就是都强调了外凸的瞳孔，它们上面有可供固定的穿孔，应该是宗庙里镶嵌在神像上的"金瞳"。用贵重的青铜器表现最珍贵的"眼睛"，这些凸目熠熠生辉，成为神像的缩影，即便千百年，也可不朽。

青铜凸目面具，将后人关注的目光引向古蜀人崇拜的祖先神蚕丛王的同时，也让人得以窥探隐秘在眼睛背后的古蜀人的独特信仰。回看三星堆，遥望那些"大眼睛"时不妨想象一下，当古蜀人站在巨大的青铜神像下凝望着它们的双眸时，又期待着借由神之瞳来聚焦什么呢？

● 图5 "恒父己"青铜尊及表面饕餮纹饰拓片
商
中国国家博物馆藏

世界各地的眼睛崇拜

在世界古老的文明起源地，多见有眼睛崇拜现象。在叙利亚北部，曾考古发掘出公元前4000多年的"眼睛庙"，当地的眼睛崇拜还影响到欧洲文化中的女神崇拜；古埃及文化里有著名的"荷鲁斯之眼"，代表着日神的庇护和法老的君权；两河流域的苏美尔人则认为大眼睛象征神权。中国除了三星堆的眼睛崇拜外，中原地区青铜器上饕餮"双目"（图5）的母题，也留下了重视眼睛的痕迹。不同文化背景下的人们赋予了眼睛不一样的内涵，让"眼睛"的意义变得多彩。

"利"青铜簋

时代	西周	发现时间	1976年
材质	青铜	发现地点	陕西西安临潼零口镇
尺寸	高28厘米，口径22厘米		

"利"青铜簋，将商周改朝换代的风云激荡铭刻在"金"上，不朽的金文，让文献中的历史、传说中的故事，得到确证。

"利"青铜簋

金文里的鲜活历史

在现代,"金"一般指璀璨夺目的黄金。殊不知,我们祖先所造的"金"字,最早指代的却是青铜,或称作"吉金",吉有坚硬之意,经合金形成的青铜,相比纯铜更为坚硬,故有此名。现在你知道了,"吉金"并非"吉祥的黄金"。已知最早可考的"金"字,来自西周初年的"利"青铜簋。金文中"金"(图1)字的写法很有趣,它的左部,形似两块铜饼,被认为是金字的象形初文。青铜器上的文字,多是铸刻上去的,又多出现在鼎、簋、钟等这些青铜器上,所以被称为"钟鼎文",后改称金文。

"利"簋的内底铭文,不仅记录了"金"字的古老写法,还记录了制作它的人——利。利领了周王赏赐的金,所以铸了这件青铜簋。利究竟是谁?又为何会得到周王赏赐的金呢?这些答案还需到"利"簋的这段铭文里获寻。

这段铭文仅有4行32字(图2),记录了"武王伐纣"期间的经典战役——牧野之战。原来,这位名不见经传的利,因随武王一同伐商立功而获赏赐,就做了一件青铜簋记录功绩并祭奠祖先。铭文中的简短记录,更像是他作为亲历者发回的"现场报道"。其中

◯ 图1 金文里的"金"字

◯ 图2 "利"青铜簋铭文拓片

(岁) (鼎)

◯ 图3 金文里的"岁""鼎"二字

"岁""鼎"两个字（图3），破解了长久以来困扰学界的牧野之战的时间之谜。这里的"岁"指木星，"鼎"有正当中天的意思。战斗打响之际，木星当空，天文学家根据这一天象，通过岁星纪年法回溯，并结合其他考古资料，推算出了牧野之战发生的时间，大约在公元前1046年。

"甲子日的清晨，武王率军向商军发起了最后的进攻。一路势如破竹，迅速结束了战斗，一举占领商都，商朝灭亡。"利如同"战地记者"，忠实地记录下牧野之战最后时刻的全过程。

不同于利簋铭文的简明扼要，《诗经》里则写得洋洋洒洒："……牧野洋洋，檀车煌煌，驷騵彭彭。维师尚父，时维鹰扬。凉彼武王，肆伐大商，会朝清明。"利并没有像师尚父姜子牙那样，经此一战名留青史，不过他能在战后获得周王的赏赐，想必功劳亦不小。但他最大的功劳则是簋中的铸铭，为后人揭示了历史真相。

近千年以后，司马迁根据他当时的考证，在《史记》中记录下"甲子日，纣兵败"，与利簋金文内的武王于"甲子朝"征商的内容相吻合。"利"簋的发现，让文献中的历史、传说中的故事更加确证，用"以物证史"来形容"利"簋和它上面的文字，再合适不过了。

西周建立以后，作为礼制象征的青铜器，成为特殊的"书写"载体，长篇铭文（图4）不断涌现。上古的祭祀典礼、政治制度、军事法律、经济文化、社会形态等，都从金文的字里行间流淌出来，为后世研究商周文明的辉煌成就，提供了不可多得的实物资料。

青铜铭文在与传世文献的互证中，也不断刷新着我们对历史的新认知。那些古人用来连接祖先和家族子孙的文字，竟为后人找到了遗忘在历史长河中的遥远记忆，这也许就是文字传承的意义。吉金铸史，正是由于青铜的坚固不朽，得以让文字留存，让历史"保鲜"。

● 图 4 "琱生"青铜簋及铭文
西周
中国国家博物馆藏

簋上铭文记载了琱生与其他贵族之间因土地引起的纠纷与诉讼。

岁星纪年法

也叫木星纪年法，木星公转一周约需要 11.86 年，人们在地球上每年可看到木星经过的不同位置。于是，人们将木星划过的天区分成 12 份，一份对应一年，根据木星的这一运行规律来纪年。

"召"青铜卣

时代 西周
材质 青铜
尺寸 高 9.5 厘米，口径 9.6 厘米，足径 9.7 厘米

"召"青铜卣内的铭文，一定程度上再现了西周分封的时代气象，通过它也可窥见西周早期农业制度之一斑，指引着后人对周初未知历史进行不断探索。

"召"青铜卣

藏在酒器里的农业信息

商周时期，很多由重"金"打造、体量宏巨的青铜礼器，常被固定陈设于祭祀场合。不过也有一些器型小巧、方便携带的礼器，可于行旅、征伐时使用，在它们的铭文中，多称自己为"旅彝[①]"。中国国家博物馆收藏的"召"青铜卣，就是由周人"召"制作的一件便携式酒礼器。

"召"青铜卣与现代的马克杯"身材"相仿，通体呈筒状，口沿两边有两个环耳，可以系绳索来提挂。器身中部有一道箍棱，筒身还有斜向的纹饰带与凸棱。专家由这些细节推测，它是仿照木质筒形卣制作的，最初可能还有盖子。

召卣内底铸有铭文7行44字（图1），除了"交代"自己是旅彝外，更重要的是记录了召获得"方五十里"土地的事迹，是西周早期分封制的物证之一。那么，这块土地面积究竟有多大呢？回答这个问题，首先需要了解古代的井田制。

关于井田制的文献记载，最早见于《孟子·滕文公上》，孟子描述为"方里而井，井九百亩，其中为公田。"这是古代的一种土地使用制度，将土地划分成类似"九宫格"的九个区域，因土地区划形同"井"字而得名。"方里"是井田大小的单位，指在一里见方[②]的土地上，划出九块田地，

图1 "召"青铜卣内底铭文局部及拓片

① 彝，是宗庙礼器的通称。

② 里，是中国古代的长度单位，一里见方即长、宽均为一里的正方形面积。

③ 周代的100亩约相当于现今的31.2亩，相当于2.08万平方米。

图2 井田制示意图

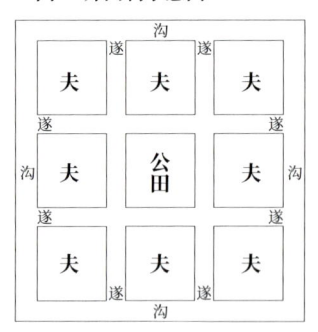

是为一井田，面积总共为900亩，每块小田地面积100亩[③]。中间的一块为公田，外面八块为私田。私田由八户农民分别耕种，收获为自己所得；公田则由八户农民共同耕种，收获归国家所有（图2）。

按周代的计量标准，三百步为一里，换算后一里约为415.8米，一方里就是四面各三百步的一个正方形，占地大约是17万多平方米。召获赐的土地方五十里，即50里见方，也就是边长约20.8千米、面积为430多平方千米的土地，大概有600个故宫的大小。在西周时期，这个规模相当可观。

召卣铸成之时，正处于西周初年开展较大规模"封建诸侯"的时期，它成为周初分封制的重要物证之一。同时因铭文中的"方里"，召卣又实证了西周早期实行井田制的历史。

被赐封的土地，既是封国有形疆土的象征，更是农业经济发展的重要生产资料。分封下来的土地，诸侯们仅享有使用权，土地的所有权仍归属国家，名义上属于周王，这就是《诗经》所言的"溥天之下，莫非王土"。因此，受封的诸侯们是不可能白白占有土地的。他们一方面要为周王守卫疆土，巩固王朝统治；一方面需要经营土地，组织生产，发展农业经济，并向周王缴纳贡赋。

西周早期，劳动者在井田上进行大规模劳作，此时的他们，已掌握更先进的耕作技术，如意识到中耕锄草的重要性，便使用金属锋刃的镈、斧、锛（图3）等作农具，及时去除杂草，让土壤保持水分，利于作物生长。周人还懂得休耕轮作制，根据土地肥力状况科学耕作。此外，兴修水利也促进了当时农事的进步，井田中布满沟洫等大小不一的灌溉沟渠，并有纵横交错的径、畛、途等宽窄不同，可供行人、耕畜、车辆分行的旱路，极大提高了土地的利用率和产出率，推动了周代农业的发展。

井田制适应了西周初年的生产力，成为农业经济的主干，也在一定程度上确保了封国及周天子对土地的控制。此外，由于井田形式对土地分配较为平均，调动了耕种者的积极性，可以让土地得到合理利用，国家也可以更好地管理土地，对维持社会稳定发挥了积极作用，促成了西周早期的繁荣景象。

沧海桑田，世事变迁，召和他的封地早已湮没史海，而他精心铸成的这件旅彝，却穿越时空，独自"行旅"至今，将西周封邦建国的时代气象和阡陌纵横的景象，收于器底，化作无声的文字，指引着我们不断探索周初未知的历史。

● 图 3 青铜锛
西周
中国国家博物馆藏
西周时期的农具开始变得多样，便于农事耕作。青铜斧或青铜铲是用作铲土、耘苗、除草和松碎表土的农具；青铜锛是用作开垦的农具。

西周的耕作方式与作物

西周时期的耕作方法主要是耦耕，也就是两个人相随进行，相互配合，一人前面松土，一人后面翻土起垄，或者一人刨坑，一人播种。随着农业技术的进步，西周时期的农作物种类已十分丰富，有"百谷"之称。《诗经》中的"播厥百谷""始播百谷"就是证明。当时的农作物主要有黍、稷、麦、菽、稻、粱、秬（黑黍）、芑（白粱粟）等。

"盂"青铜鼎

时代	西周·康王时期	发现时间：清道光年间
材质	青铜	发现地点：陕西岐山礼村
尺寸	高 101.9 厘米，口径 77.8 厘米	

铸刻在"盂"青铜鼎上的"任命书"，传递着来自周初封邦建国的时代信息，凝聚着周人开创的施政智慧，也闪耀着传统礼乐文明的光芒。

"盂"青铜鼎
分封册命的物证

西周时期,青铜器上的铭文篇幅越来越长,有的甚至可达几百字。周人就是用这样一篇一篇的"金文笔记",记录着他们那个时代的人与事,并将其传递至今。

"盂"青铜鼎是一件铸有长篇铭文的青铜重器。19行共291字的铭文(图1),被铸于鼎身内壁的一侧,排布规整。这篇镌美的金文,再现了盂的高光时刻,原来,竟然是周天子给他的"任命书"。

周康王二十三年九月的一天,他在宗周(今西安附近)对盂进行了隆重的任命仪式。康王先回顾了文王受天命、武王灭商建周的伟大功绩,并说道:"周立国后,执政大臣们不敢酗酒;在举行重要的祭祀时,也无人敢贪杯。正因如此,上天才翼护天子、保佑先王,获得了天下。"然后康王话锋一转,又说道:"我听说殷商之所以失去天命,是因为从镇守边境的诸侯到朝中的百官,都沉迷于饮酒,所以丧失了天下。"

讲完这些后,康王才对盂有一段训诫的话语:"你肩负要职,要履行好职位责任,要敬顺天德,朝夕进谏,勤于祭祀,奔走王事,敬畏天威。"康王要求盂要像他的祖先南公一样忠心辅佐周王室,并让盂担任军事

○ 图1 "盂"青铜鼎铭文拓片

○ 图2 "颂"青铜壶及铭文拓片
西周晚期
中国国家博物馆藏

壶上的铭文记录了周代的"册命"仪式,大致步骤是:周王先到宗庙太室;由公卿等大臣将受命人引导到太室中庭;史官宣读周王的册书;宣布受命人的职责与受赐物品;受命人对周王行礼,接受册书后离开。

方面"司戎"之官,辅佐天子治理国家。康王还赏赐给盂美酒、车马、土地、人口等。最后康王还不忘强调:"盂,你要恭谨地对待你的职事,不得违抗我的命令。"虽然被铸在青铜器上,但字里行间透露出的犹如康王原声再现,他恩威并施,将我们带回到册命仪式的现场。

西周极重册命仪式,往往是周王亲自参加或派遣代表主持典礼。仪式上会宣读册命的文书,文书上记载了受命的职位、责任及赏赐等官方内容,被称作"册"或"策",也会伴随固定且隆重的仪式。受命者也多会将册命的内容铸在青铜礼器上(图2),作为永久纪念。盂在册命仪式结束后,便专门制作了祭祀祖先南公的宝鼎,并将他的荣耀时刻铸于其上,希望能在家族内传承,永为纪念。

这类记载册命铭文的出现,是西周初期政治社会制度日渐完备的结果。武王伐纣后,周朝面对着庞大的疆域和复杂的形势,急需一种更有效的统治方式来加强管理。于是,在商的基础上,周朝发展完善了宗法制与分封制。宗法制是一种强调血缘亲疏的权力继承制度,核心是嫡长子继承制,是西周社会和礼乐文化的核心。在此基础上,再实行分封,文献中称作"封建",所谓封邦建国,其实也就是权力的分配制度。周天子将土地和人民分封给王族成员和有功之臣,派他们到各地建立诸侯国,赋予诸侯在领地内征税、组建军队、执行司法等权力,但诸侯同时必须服从周天子的命令,定期向周天子进贡,参加国家仪式,并在必要时以军事力量拱卫王室。

西周的宗法制与分封制,共同促成了天子、诸侯、卿大夫、士的分封等级结构,由此进一步形成了维护宗法与分封的工具——礼乐制度,规定贵族的政治行为和生活规则。礼乐制度中又以列鼎制度广为后人熟知，而册命制度也正是在这一历史背景下发展而来。周天子通过正式任命的方式，来强化君主与诸侯之间的关系，这种关系建立在受命人的忠诚和责任之上，有助于维护整个国家的政治稳定。

当我们站在大盂鼎面前，慨叹于西周早期杰出青铜铸造工艺的同时，也不应忽略它上面承载的关于西周礼制的创举，它们传递着来自周初封邦建国的时代信息，凝聚着周人开创的治国理政智慧，也闪耀着传统礼乐文明的光芒。

列鼎制度

列鼎制度也称鼎制或鼎簋制，是西周发展出的一种区分贵族等级的用鼎制度，成熟于西周中期，延续至战国时期。一般是指将奇数的鼎（图3）与偶数的簋组合，鼎的形制与纹饰相同，大小相同或相次，簋的形制、纹饰与大小均相同。鼎簋组合的数量依使用者等级身份不同而不同。文献有天子九鼎、诸侯七鼎、大夫五鼎、士三鼎的记载。

◯ 图3 变形交龙纹青铜鼎
春秋
上海博物馆藏

🐎 "盠"青铜驹尊

时代 西周
材质 青铜
尺寸 高32厘米，长33厘米

发现时间 1955年
发现地点 陕西眉县李村

这匹略带青涩而又机警的青铜小马驹，以及它身上铸刻的铭文，让文献中的"执驹礼"变得形象起来，它是西周时期重视马政的有力物证之一。

国有小马初长成 "盠"青铜驹尊

成年礼也叫成人礼，是为跨入成年的青年男女举行的一种过渡仪式。不过你知道吗，动物也有"成年礼"，比如这件从西周穿越来的"盠"青铜驹尊，就曾见证一场专为小马举办的成年仪式。

与商周时期充满神秘感、夸张的动物造型青铜器不同，这匹用写实手法塑造的小马驹，看起来就很逼真传神。它的头比较大，颈部较粗，四肢略短，整体形态与野马不甚相同，呈现出一种被驯化后的蒙古马的特征。圆瞪的双目、额头上的"齐刘海儿"、两只支棱起来的尖耳，以及似笑非笑的嘴部微表情等，呆萌可爱之余，又显得紧张老实。塑造它的无名"艺

图1 "盠"青铜驹尊器铭拓片

术家",抓住了小马驹懵懂又机灵的神情,这种特别的情态与属于它的"马生"转折点有关,原来竟是"国有小马初长成"!

《周礼》中记载了一种养马礼制"执驹",是一种将幼马升为役马的典礼,相当于小马的成年礼。西周时期,为了更好地繁育马匹,每年的春天,当母马再次受孕后,人们就将两岁的小马牵走,使它离开母亲,以免伤害孕马,不利于繁殖。更重要的是,从离开母马的那刻起,小马就要经历驯导——由专人为它们系上马具,并教它们学习拉车。每当此时,人们就会为适龄的马儿们举行隆重的仪式,其间就有所谓"执驹"环节,是指给小马套上络头,以体现幼马升为役马的身份转换。这就是执驹礼。一批批脱离母亲庇护的小马,在盛大典礼后,还要历经磨炼,最终蜕变为训练有素、可供服乘的役马。回看这匹初出茅庐的小马驹,它的形象似乎被定格在它迈入"成年"举办的仪式上,它那略带青涩而又机警的神情,穿越千年依然真实可感。

小驹尊颈部、胸前和它背部盖内的铭文,真实记录了可佐证文献中"执驹"的相关内容。其中,马驹颈部、胸前有9行94字铭文(图1),大意是:

某年的十二月甲申日,周王亲自到场参加了一次执驹礼,王召来盠,赏赐给他两匹小马驹。盠感念周王没有忘记他这个宗亲晚辈,给予他如此光宠,颂扬王的美德,作器祭祀自己的父亲,希望子孙永远传承宝器。

执驹礼,不仅是一场仪式,更是西周马政的重典。天子前来参加执驹礼,也体现出周王和国家对于马政的高度重视。另一件青铜器"作册吴"青铜盉(图2)的铭文中,同样也

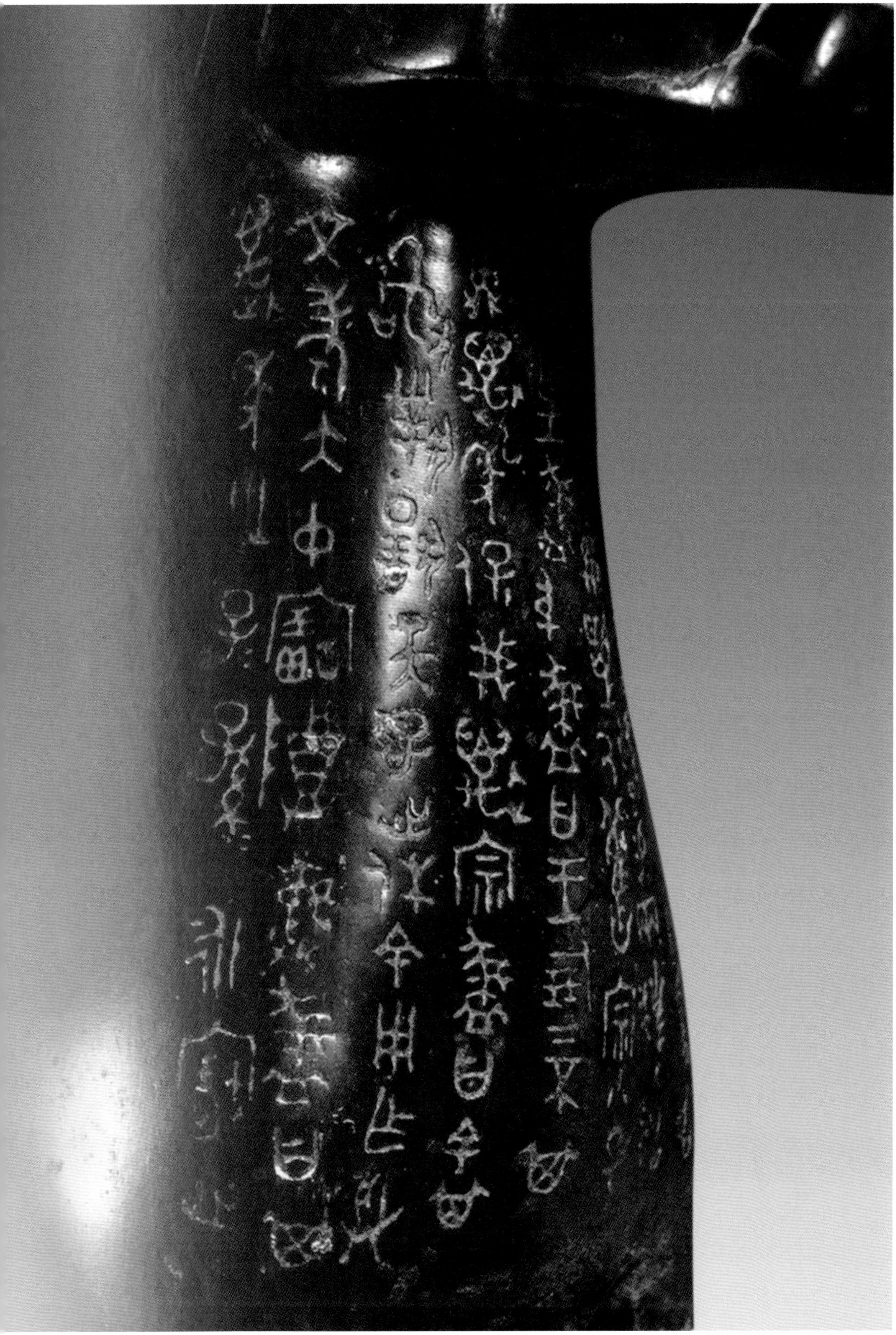

◐ **图 2 "作册吴"青铜盉**
西周中期
中国国家博物馆藏

◑ **图 3 青铜轭**
商
中国国家博物馆藏

轭是车辕前端用来扼牛马之颈的器具，多呈"人"字形。青铜轭往往包在木质轭体外侧，具有装饰作用。

记录下了天子参与执驹礼并赏赐吴马驹。马是重要的军事资源，不过西周时期，士兵多数不会直接骑马，而是将马与车结合，形成兵车，这一传统可以追溯到殷商时期。在商代的车马坑中，考古人员剥出了完整的车和马，这些车马组合显示出我国古代战车科学而严谨的结构。而从出土的车具（图3）来看，商代还发明了有别于世界其他地区独特的系驾法（图4），可将马力充分发挥出来。

由于重视马政，西周中后期，人们对马的认识逐渐深入，连带地发展出了拣选马匹的"相马之术"。于是有了战国时期的伯乐相马、九方皋相马等传说故事，也产生了《相马经》等著作。据说东汉时的开国功臣马援曾铸铜马立在宫中，作为相马的标准。这件造型写实、铭刻重典的驹尊，或许就是西周中叶良马的典型。

2000多年前，那些过完"成年礼"的小马驹已经无处寻觅，只留下这件代表它们的青铜驹尊，但它的不朽似乎承载着伙伴们的形与魂，让后人还能想象它们曾在周朝辽阔的原野上驰骋的英姿，触摸到属于它们的那个时代。

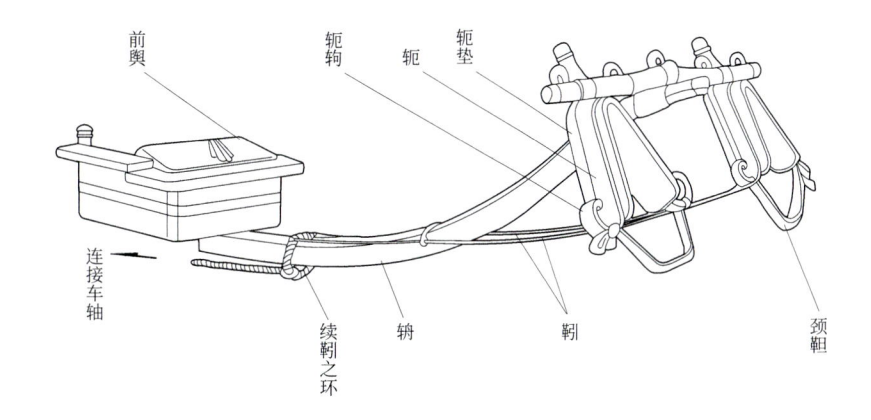

● **图 4 轭靷式系驾法示意图**

采自孙机著《载驰载驱：中国古代车马文化》，上海古籍出版社，2016。

轭首缚在车衡上，轭肢夹在马的肩胛骨前面，与系在轭上的靷绳（拉车的皮带）借助马的行走牵引车辆。这种系驾法被称作"轭靷法"，有利于马的行走、奔跑。

兵车与国力

在周朝，马与车结合形成的兵车，是冲锋陷阵的利器，威力极大。各诸侯国大小强弱不以国土人口来论，只论兵车多少。有万乘之国、千乘之国、百乘之国之别。古代称四匹马拉一辆兵车为一乘。所以千乘就是指一千辆兵车和四千匹马的作战规模。

"虢季子白"青铜盘

时代	西周	发现时间	清道光年间
材质	青铜	发现地点	陕西宝鸡
尺寸	长137.2厘米，宽86.5厘米，高39.5厘米		

铸刻在"虢季子白"青铜盘上的铭文，以诗的节律，记录下白的军事壮举，"文学化"地勾勒出西周后期的壮阔史事。

"虢季子白"青铜盘

铭"诗"传史的重器

日常生活中，你能想象到的最大的盘子有多大呢？中国国家博物馆藏有一件西周时期的"虢季子白"青铜盘，它又大又深的器形特点，一定会颠覆你对盘子体量的认知。人们不禁会产生疑问："这难道不是古代的浴缸吗？"

事实上，它的的确确是盘，只是和今天用来做食器的盘子有所不同。在古代，青铜盘的功能是盛水器，绝大多数都是浅浅的圆形小盆状，像"虢季子白"盘这样的方形大深盘并不多见。这件青铜盘重达200多千克，考古专家推测它可能是典礼上供贵族们集体洗手的器具，又或许是在典礼前供贵族沐浴的"澡盆"。不过，如此重器恐怕不仅是用来洗手或洗澡的，作为重要的青铜礼器，它的象征意义远超实用功能。

从宝盘内底的111个字的铭文（图1）可知，一个名叫白的人，制作了这件宝盘。"虢季子"是白的身份，"虢季"指虢季氏，是西周时期西虢的一支，子为"公子"的意思。白是西虢的公子，也是一位骁勇善战的武将，奉命

◯ 图1 "虢季子白"青铜盘铭文拓片

◯ 图2 史墙盘及铭文拓片
西周
宝鸡青铜器博物院藏

率军攻打侵犯中原的猃狁，取得了杀敌500人、俘虏50人的辉煌战绩。

盘铭不仅让人们了解了白的荣耀时刻，还让后人得以透过隽美的文辞，一睹周代文学的高光。

丕显子白，壮武于戎功，经维四方。搏伐猃狁，于洛之阳。折首五百，执讯五十，是以先行。桓桓子白，献馘于王……

王曰白父，孔显有光。王赐乘马，是用佐王。赐用弓，彤矢其央。赐用钺，用政蛮方。子子孙孙，万年无疆。

与其他晦涩拗口的青铜铭文不同，虢季子白盘上的铭文采用了"诗"化的创作手法，通篇多数为四字一句，行文大量押韵，韵脚为方、阳、行、王、光、央、疆，一韵到底，声调朗朗。通读铭文会发现，它在句式特点、语言风格和用韵方面与《诗经》极为相近，被誉为"铸在青铜器上的诗"。

今人了解西周文学的发展面貌，除了极少数的传世文献外，铭文也是重要参考。作为古人的"言语方式"之一，铭文在西周早中期为《诗经》等具有文学性的书面文体的形成与发展提供了借鉴。到西周晚期，铭文又受到这类成熟文体的反向影响，不断突破此前的写作模式，向着韵文发展，多追求语言的形式美。铭文与成熟文体的"双向奔赴"，丰富着周代文学艺术的内涵。

与"虢季子白"盘铭文相似的还有毛公鼎铭文、史墙盘铭文（图2）等，其中史墙盘铭文共284字，颂扬了西周诸王的功业，全篇也是大量四言韵语。一段段西周往事，通过抑扬顿挫的铸铭娓娓道来。

铸刻于 2800 多年前的虢季子白盘的铭文，以诗的节律，"文学化"地勾勒出西周后期的壮阔史事，也正是因这如诗般的文字，在行云流水、声韵铿锵中，让冰凉的青铜器所承载的历史多了几分温润。

◯ 图 3 "樊夫人龙嬴"青铜匜
春秋
河南博物院藏

◯ 图 4 "樊夫人龙嬴"青铜盘
春秋
河南博物院藏

沃盥之礼

两周时期，青铜盘作为礼器的一种，多与青铜盉或青铜匜配套来用。西周晚期逐渐形成了盘与匜的组合（图3、图4），匜盛水，盘接水。使用的时候一人持匜倒水，可供人洗手，弃水会顺势流入盘中，堪称可移动的"自来水"。这种"浇水洗手"的方式被称作"奉匜沃盥"。"沃"是自上浇下的意思，"盥"则是指洗手，是古代祭祀典礼的重要礼仪。今天我们常说的"盥洗"一词便由此而来。

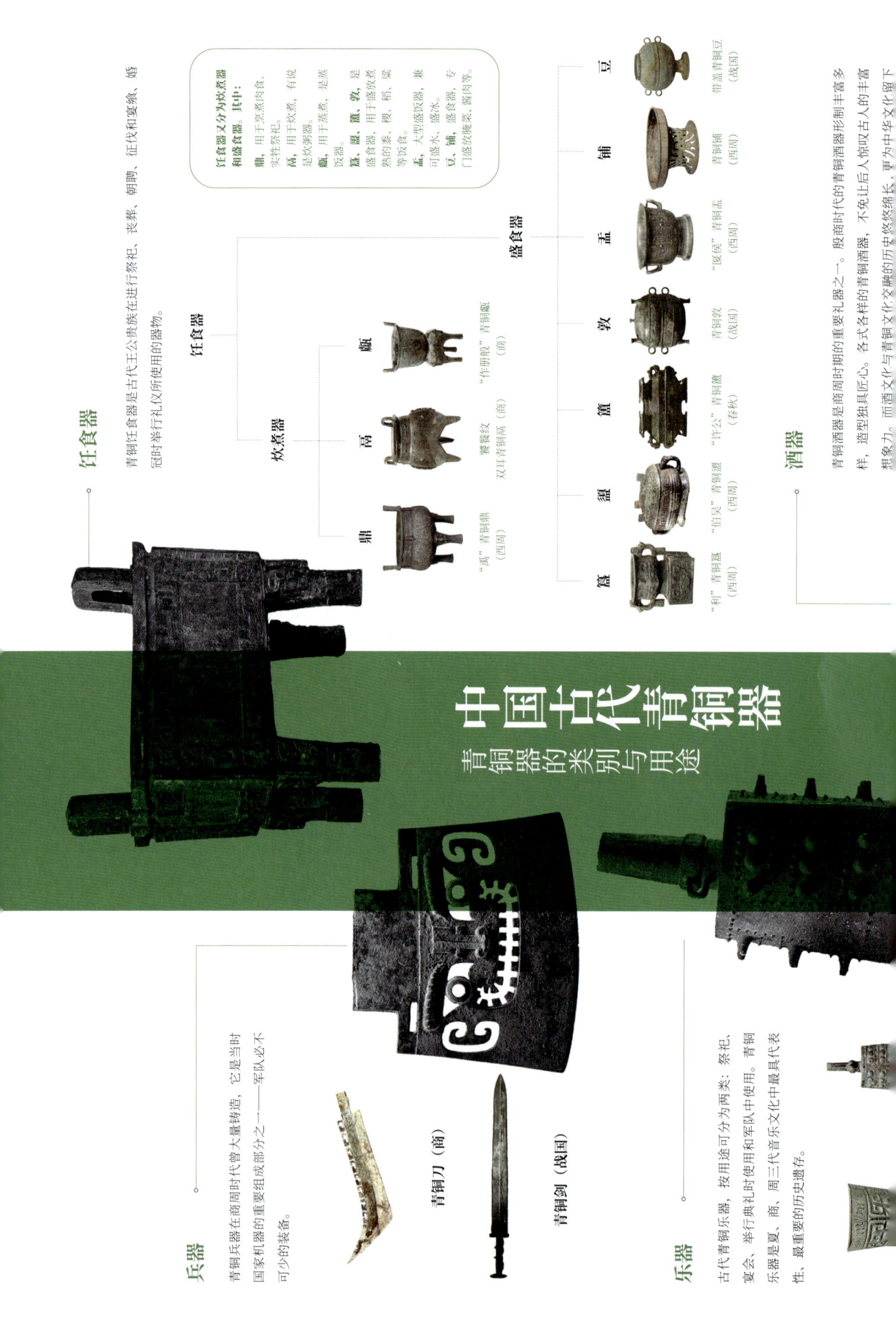

中国古代青铜器
青铜器的类别与用途

饪食器

青铜饪食器是古代王公贵族在进行祭祀、丧葬、表彰、朝聘、征伐和宴飨、婚冠时举行礼仪所使用的器物。

饪食器又分为炊煮器和盛食器。其中：
鼎，用于烹煮肉食，实牲祭祀。
鬲，用于炊煮，是炊粥器。
甗，用于蒸煮，是蒸饭器。
簋、盨、敦，是盛食器，用于盛放煮熟的黍、稷、稻、粱等饭食。
盂，大型盛饭器，兼可盛水，盛食器。
豆、铺，盛放腌菜、酱肉等。

炊煮器
- 鼎 —— "禹"青铜鼎（西周）
- 鬲 —— 饕餮纹双耳青铜鬲（商）
- 甗 —— "作册般"青铜甗（商）

盛食器
- 簋 —— "利"青铜簋（西周）
- 盨 —— "伯吴"青铜盨（西周）
- 簠 —— "许公"青铜簠（春秋）
- 敦 —— 青铜敦（战国）
- 盂 —— "暨侯"青铜盂（西周）
- 铺 —— 青铜铺（西周）
- 豆 —— 带盖青铜豆（战国）

酒器

青铜酒器是商周时期的重要礼器之一。殷商时代的青铜酒器形制丰富多样，造型独具匠心。各式各样的青铜酒器，不免让后人惊叹古人丰富的想象力。而酒文化与青铜文化交融的历史悠悠绵长，更为中华文化留下

兵器

青铜兵器在商周时代曾大量铸造，它是当时国家机器的重要组成部分之一——军队必不可少的装备。

- 青铜刀（商）
- 青铜剑（战国）

乐器

古代青铜乐器，按用途可分为两类：祭祀、宴会、举行典礼时使用和军队中使用。青铜乐器是夏、商、周三代音乐文化中最具代表性、最重要的历史遗存。

酒器

温酒器（爵、斝等）
- 青铜爵（商）
- 青铜斝（商）

饮酒器（觚、觯、角、杯等）
- 青铜觚（商）
- 青铜觯（西周）

盛酒器（尊、壶、卣、彝、觥、罍、盉等）
- "戈好"青铜鸮尊（商）
- 四羊青铜方尊（商）

盥、水器

青铜水器绝大部分用于盥洗，故亦称之为盥器，大致可分为承水器、注水器、盛水器和挹水器四种。此外，西周中期的匜盘和匜盉也组成盥器，流行时间不长。

承水器（盘）
- "虢季子白"青铜盘（西周）

注水器（匜、盉）
- 蟠纹青铜匜（春秋）
- "作册吴"青铜盉（西周）

盛水器（鉴、壶、浴缶等）
- 青铜鉴（周）

杂器

青铜器除了上述分类外，还有许多日常生活用具、车马器，以及建筑构件等。

- 青铜錞（战国）
- 五铢钱纹青铜鼓（汉）
- 青铜弓形器（商）
- 错金银犀牛青铜带钩（战国）
- 错银卧牛青铜镇（战国）
- 青铜軎（商）
- 青铜轭（商）

争霸与争鸣

公元前 770—前 221 年

春秋战国，诸侯割据，群雄并起，烽火连天，争霸中原；
铁犁牛耕兴起，商业贸易繁荣，金属铸币流通；
诸子百家争鸣，思想碰撞激烈，文学艺术百花齐放。
中华文明进入一个生机勃勃的新时代。

春秋战国时期

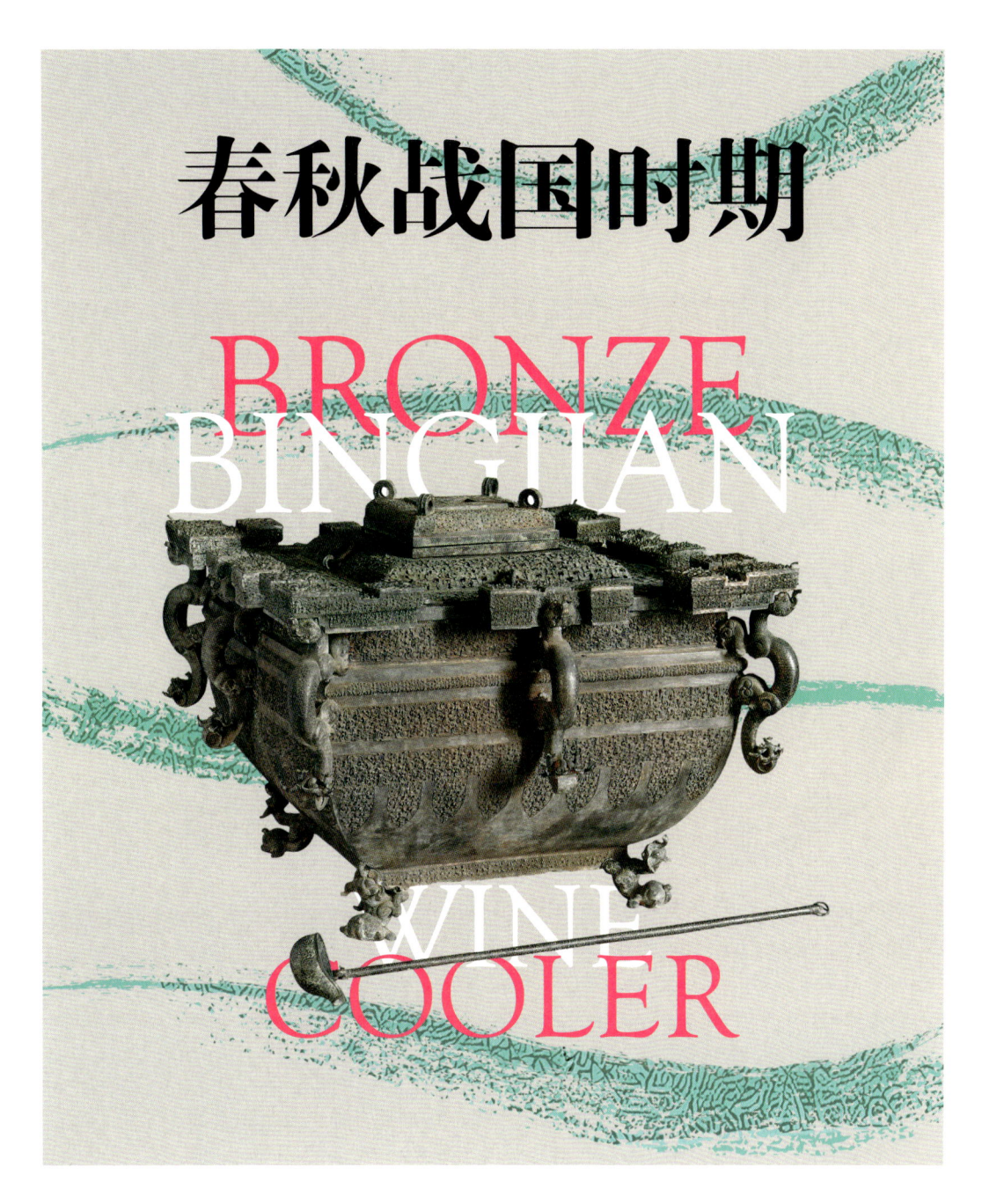

BRONZE BINGJIAN WINE COOLER

- "王子午"青铜鼎
- "吴王夫差"青铜剑
- "宋公栾"青铜戈
- 春秋战国货币组
- 铁犁铧
- 青铜冰鉴
- "子禾子"青铜釜
- "司马成公"青铜权
- "鄂君启"错金青铜节
- 朱绘黑漆凭几
- 青铜编钟
- 《论语》明刊本
- 狼噬牛纹金牌饰

"王子午"青铜鼎

时代　春秋	发现时间　1978年
材质　青铜	发现地点　河南淅川下寺2号墓
尺寸　高67厘米，口径66厘米，重100.2千克	

———○———

"王子午"青铜鼎，引领我们穿越回争霸与争鸣的时代。它突破周礼鼎制的常规，铸有罕见的鸟篆长篇铭文；风格上突破商周青铜鼎的刚硬，以柔美曲线彰显时代新貌，尽显变革之风。

"王子午"青铜鼎

礼崩乐坏时代的楚风鼎韵

1977年,河南省淅川县丹江口水库边缘一片干涸的河床上,放羊娃一不留神,踢到了地上的"硬茬",差点被绊了一个跟头。而就是这不经意的一脚,竟激起了历史的涟漪,三座沉睡了2000多年的楚国墓葬得以重见天日。

在破土而出的神秘古物中,一套七件的青铜鼎华丽现世。它们宛如一个秩序井然的"兄弟团",形制、纹饰、铭文相同,按大小顺序整齐排列于墓室中,展现了楚国的"鼎"级风范。这就是著名的"王子午"青铜鼎。

"王子午"三个字源自鼎内用鸟篆书写的一篇铭文(图1),是对鼎主人的专属称呼。这段铭文像是王子午给后代的一份"家庭公告"。

家人们,我,王子午,在这个正月丁亥日,选择上好的铜料,铸造了七件列鼎,用于祭祀祖先神灵。希望后代都能像我一样,又勇敢又细心,还得有点儿威严,最重要的是,得守护好咱大楚的江山,也别忘了关心老百姓!

这位王子午,又名子庚,可是一位真正的"王子",他的父亲是春秋五霸之一的楚庄王。子庚战功赫赫,官至令尹,相当于后世的宰相,是

图1 "王子午"青铜鼎铭文拓片

鸟篆是先秦时期篆书的一种变体，以鸟形图案装饰文字笔画。其特点是线条末端或转折处被夸张为鸟首、鸟喙、羽翼等形态，整体仍以文字结构为主。被誉为中国最早的"美术字"之一。这种书体在"王子午"青铜鼎中的运用不仅增强了铭文的艺术效果，还反映了当时楚国在文字艺术方面的高超水平。

图2 青铜匕

青铜鼎配套的匕通常是一种取食工具，类似于勺子或铲子，用于从鼎中取出食物。鼎里煮的是肉或者其他祭品，匕用来舀取或分割食物，方便祭祀时分配。

楚国名副其实的栋梁之材。

在商周时期，青铜鼎不仅是国之重器，更是地位的象征。《周礼》有云：天子用九鼎八簋，诸侯七鼎六簋。但王子午没有诸侯之位，又怎敢用七鼎之礼？这不是"逆天而行"吗？

其实，早在东周初期，周平王迫于时局，无奈东迁洛邑，此举标志着周王室衰微，号召力再不如前。诸侯们纷纷试图挣脱礼乐制度的束缚，追求权力的巅峰与荣耀的极限。而后，"春秋五霸"的超级竞赛逐渐拉开了帷幕。

楚庄王继位时年纪尚轻，羽翼未丰，但凭借自己非凡的能力和出众的魄力，蛰伏多年后终于"一鸣惊人"，从时任令尹斗越椒手中夺回楚国大权。他努力发展生产，改革政治，充实国力，成为一方霸主。公元前606年，楚庄王大胆北进，征伐到周代都城洛邑附近。周定王大惊，派人前去"慰问"。楚庄王竟张口询问象征王室王权的九鼎大小与轻重几何，大有取而代之的架势。这便是后世所说的"问鼎中原"。在这样显赫的家族背景下，王子午以七鼎之制僭越"周礼"，看似大胆，实则也在情理之中，这不仅是他个人权力与地位的象征，更是楚国在春秋乱世中强势崛起的又一力证。

这组青铜鼎，也如同楚庄王一样，在蛰伏2000多年之后，一现世便以其华美程度惊羡世人。与青铜鼎配套使用的还有青铜匕（图2）。它们不像商周时期常见的圆鼎那样"大腹便便"、古朴豪放，而是鼎耳外撇、"腰身"纤细、姿态婀娜、装饰华丽，像是穿上了楚国王族最爱的束腰装，尽显楚文化的独特韵味。这不禁让人遐想，难道是跟风古籍中所说的"楚王好细腰"，就连楚鼎都跟着"减肥"了？这样的审美"新风尚"，也让这组青铜鼎成为楚式鼎的代表。

楚国，在春秋时期凭借其强大的军事实力和深厚的文化底蕴，确立了自己名副其实的霸主地位。而楚人独特的审美和浪漫情怀，掀起一股强劲的风潮，吹遍了周边地区，有些原本钟情于周文化的诸侯国，也沉醉于习习"楚风"。比如这件出自蔡国国君墓的"蔡侯申"青铜鼎（图3），是不是也"楚"里"楚"气的呢！

"王子午"青铜鼎，新奇独特，耀眼夺目。它就像是春秋时期那场宗周礼制大变革的时尚前锋，是承载楚国文化、艺术审美和铸造工艺的璀璨明珠，更是那个时代勇于探索、追求极致的象征。

● 图3 "蔡侯申"青铜鼎
春秋
中国国家博物馆藏

一鸣惊人

成语"一鸣惊人"的典故最早出自《韩非子·喻老》。楚庄王即位之初，曾三年不理朝政，整日饮酒作乐，并下令"有敢谏者死无赦"。大夫伍举进谏问他："有大鸟在土丘上三年不鸣也不飞，为何？"楚庄王回答说："三年不飞，飞必冲天；三年不鸣，鸣必惊人。"后来，楚庄王听从劝告，罢淫乐，亲理朝政，厉行改革，最终使楚国国力变强盛，他也成为春秋时期的一代霸主。

一　"吴王夫差"青铜剑

时代　春秋·吴
材质　青铜
尺寸　全长 59.1 厘米，剑身宽 5 厘米

发现时间　1976 年
发现地点　河南辉县

两千年王者之锋犹在！它承载着历史的烽火与英雄传奇，彰显了古人的匠心与卓越工艺，可谓一剑藏千秋，技艺耀古今。剑文化更是源远流长，从战场到文人墨客，剑不仅是武器，更是文化与艺术的结晶。

"吴王夫差"青铜剑

剑指江山问古今

刚刚继吴王之位不久的夫差，此刻正在操练着兵马。作为上一代吴王阖闾的儿子，夫差始终铭记父亲在临终前"勿忘杀父之仇"的叮嘱，他正在为攻打越国做着最后的准备。

吴王夫差二年（公元前494年），夫差为报父仇，清点精兵，攻伐越国，终于赢得了一场辉煌的胜利。失败的越王勾践率领仅存的5000人余部退守会稽山外，以卑辞厚礼向吴国求和，并亲赴吴国作为马夫，侍奉夫差三年，才终获赦免。回国后的勾践，为了提醒自己不忘屈辱，睡在干草垛上，将苦胆悬在头顶，时时品尝。然而，此时的夫差已经被胜利蒙蔽了双眼，他多次发动对外战争，大大消耗了吴国的国力。就在他陷于北方战争时，勾践的

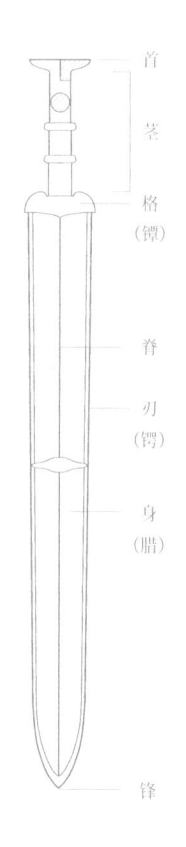

图1 青铜剑各部位示意图（首、茎、格（镡）、脊、刃（锷）、身（腊）、锋）

机会终于来了。公元前476年，越国对吴国发动战争。越军包围吴国都城三年之久，最终吴军不战自溃。吴王夫差在绝望中挥剑自刎，至此，吴国灭亡。

史书中记录了两位君主勇气与智慧碰撞的故事，而随着他们各自宝剑的出土，这些故事也获得了实物的印证。中国国家博物馆收藏的这柄"吴王夫差"青铜剑，其剑身修长，剑格（图1）处用绿松石镶嵌了饕餮纹，铭文依旧清晰可见——"攻䴡（吴）王夫差自作其元用"，表明剑主人身份。时隔2000多年，出土时，青铜剑仍锋利无比，这应是得益于春秋时期工匠们精湛的铸剑工艺。

春秋末期，吴越两国战争频繁，战场多处于水路纵横的地理环境，使得大型战车受限，短兵相接成为战争的主要形式。在列国争霸实际需求的推动下，各国的铸剑师们发起了"技术竞赛"，最终将吴越两地的青铜铸剑工艺推向巅峰。工匠们深知剑的锋利与否取决于剑刃的硬度和剑身的韧性，于是采用复合铸造技术，将不同硬度的金属层叠铸造，使得剑既有锋利的刃口，又有不易折断的剑身。他们还掌握了当时在全世界范围内领先的金属氧化保护技术，用以提高金属表面的耐腐蚀性和耐热性，这也是至今我们仍能看到一些古剑光亮如新的原因（图2）。

在中国传统文化中，剑早已超越了兵器的范畴，成为君子品德的象征。文人墨客常以剑抒发情怀、展现风骨，剑与诗词歌赋相互辉映，独具韵味。"秦王扫六合，虎视何雄哉！挥剑决浮云，诸侯尽西来。"李白的这句诗以剑为媒介，展现了秦王的英武和统一天下的壮举。思想家则以深刻的剑道哲学，辅佐君王治国理政。《庄子·说剑》中记载，赵文王痴迷

剑术，门下聚集三千剑士，每日沉迷比武，疏于朝政，导致国家衰弱。庄子劝谏赵文王：剑分三等，天子剑以天下为锋，诸侯剑以贤士为锋，而庶人剑，不过是匹夫之勇，无益于国。赵文王恍然大悟，原来自己追求的竟是最低层次的庶人之剑。剑文化，以其独特的魅力，融入了中国的文学、艺术、哲学之中，成为中华传统文化的一部分。

回看"吴王夫差"青铜剑，它也许曾经感受过胜利的喜悦，或品尝过失败的苦涩，同时，它也见证了一个国家的辉煌以及战争的残酷。它让我们得以近距离触摸历史，感受来自遥远时空的震撼与感动。

● 图 2 青铜剑
春秋·楚
中国国家博物馆藏

剑呈古今

击剑自 1896 年雅典首届现代奥运会起就成为正式比赛项目，它承载着古代剑术的精髓，融入了现代体育的竞技精神和规则体系，更像是跨越时代的运动艺术。击剑比赛中，选手们手持长剑，以优雅的姿态，展现出速度与力量的完美结合，以及尊重对手和裁判的体育精神。1984 年洛杉矶奥运会上栾菊杰为中国夺得首枚击剑奥运金牌，此后，中国击剑队在多届奥运会上获得优异成绩。

▼ "宋公栾"青铜戈

时代	春秋·宋	发现时间	传 1936 年
材质	青铜	发现地点	安徽寿县
尺寸	全长 22.3 厘米		

青铜戈是春秋战国时期战场上的常用武器，造型独特，可钩、可啄，杀伤力十足。诸侯争霸的政治形势下，各国为了争夺地盘和霸权，纷纷图强，戈矛相交。青铜戈作为重要武器，见证了无数的沙场争雄。

独家定制的"签名版"兵器——"宋公栾"青铜戈

在汉字王国里,有一个"好战"的家族,它们的成员都带着一把武器——"戈"。你看,"戎"装上阵,"战"鼓雷鸣,它们仿佛随时准备出征。

戈是一种古老的兵器,常常与"干"(也就是盾)一同使用。它们都是商周时期士兵的常用装备,因此"干戈"一词,也成为象征战争的符号。

《九歌·国殇》名句"操吴戈兮被犀甲,车错毂兮短兵接",描绘了战士们手持青铜戈,身披犀甲,于战车交错中短兵相接的激烈场面。这也揭露了戈在古代战争中地位显赫的原因。戈头(图1)的形状独特,既有锐利的尖锋,用于啄击敌人的盔甲,又有弯曲的钩刺,可用于钩杀。戈头与长柄固定在一起,在车战时用于横向拦截,侧面攻击,不仅杀伤力

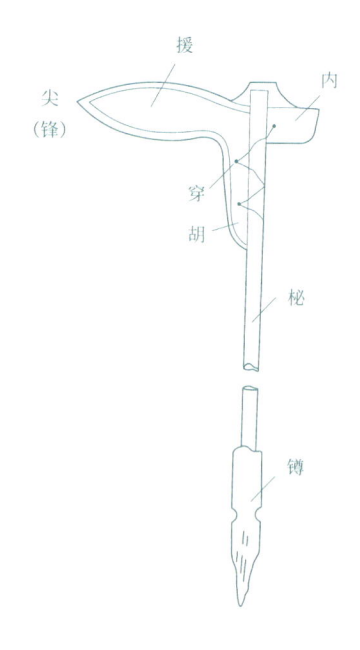

○ 图1 戈的构造示意图

○ 图2 "宋公栾"青铜戈铭文局部

更大，也更加精准。

这件"宋公栾"青铜戈，戈援下刃接近穿孔处的胡部两面共有六个工整的错金鸟篆铭文：宋公栾之造戈（图2）。顾名思义，此物之主，便是宋国的国君栾，即宋景公。再细观"宋"与"公"二字之上，工匠还巧妙地附加了鸟首纹饰，字形修长，笔画宛曲，为原本冷硬的兵器增添了几分自然的生气。这种独特的书写方式，正是春秋晚期至战国早期流行的"鸟篆"体。这柄"贴"有宋公姓名的青铜戈，绝不仅是一件普通的兵器，更是国君身份和威严的象征。

在春秋战国时期，还有很多"署名"的青铜戈，例如，春秋时期的"蔡侯申"青铜戈、"虢太子元徒"青铜戈（图3），它们分别是蔡国侯君与虢国太子的兵器，与"宋公栾"青铜戈一样，都是主人尊贵身份的象征。兵器上的署名，也不全都是它们的持有者，比如战国时的"四年吕不韦"青铜戈（图4），却不是秦国相邦吕不韦使用的兵器，而是由他督造完成之物。根据秦国的规定，丞相需负责全国政务，铸造兵器也由丞相监督。因此，在兵器上刻丞相之名，也代表着严苛的工艺标准和规范的管理流程。

春秋战国时期，频繁的战争促使各国不断改进武器装备，戈、矛、剑、戟、弩等兵器的出现和发展，提升了军队战斗力。长矛以其超长的攻击距离，成为步兵冲锋陷阵的首选；而戈与矛的结合体——戟（图5），集二者之长，成为战场上的"多面手"。此外，弩机的出现，更是开启了远程射击的新纪元，让战争的策略与战术变得更加丰富多样。

古老的青铜兵器是遥远战争的见证，如今陈列在展厅中，又向人们诉说着人类文明前进的步伐。

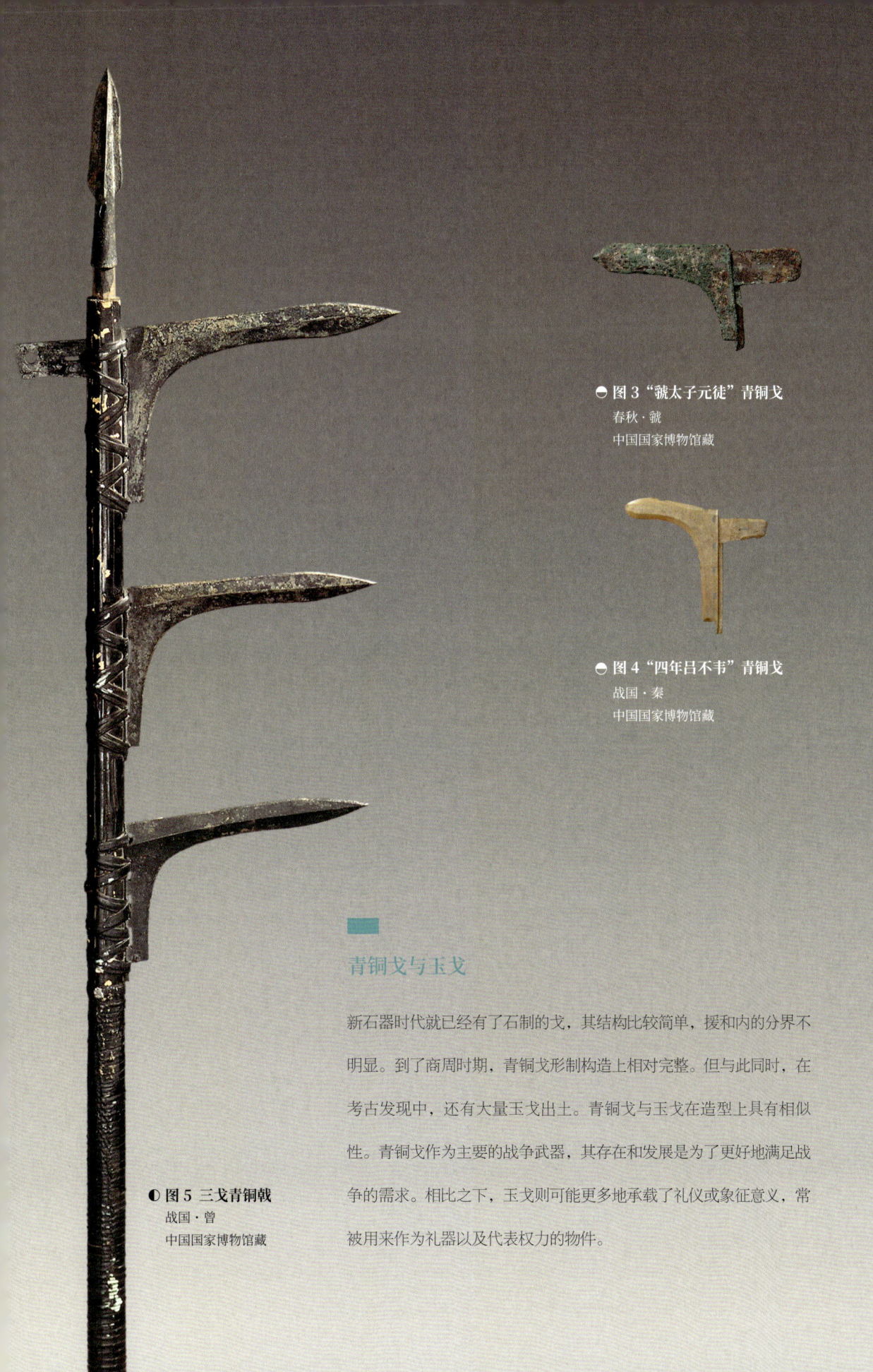

● 图3 "虢太子元徒"青铜戈
春秋·虢
中国国家博物馆藏

● 图4 "四年吕不韦"青铜戈
战国·秦
中国国家博物馆藏

青铜戈与玉戈

新石器时代就已经有了石制的戈，其结构比较简单，援和内的分界不明显。到了商周时期，青铜戈形制构造上相对完整。但与此同时，在考古发现中，还有大量玉戈出土。青铜戈与玉戈在造型上具有相似性。青铜戈作为主要的战争武器，其存在和发展是为了更好地满足战争的需求。相比之下，玉戈则可能更多地承载了礼仪或象征意义，常被用来作为礼器以及代表权力的物件。

● 图5 三戈青铜戟
战国·曾
中国国家博物馆藏

布币　　　　　　　　　　　　　　　　　圜钱

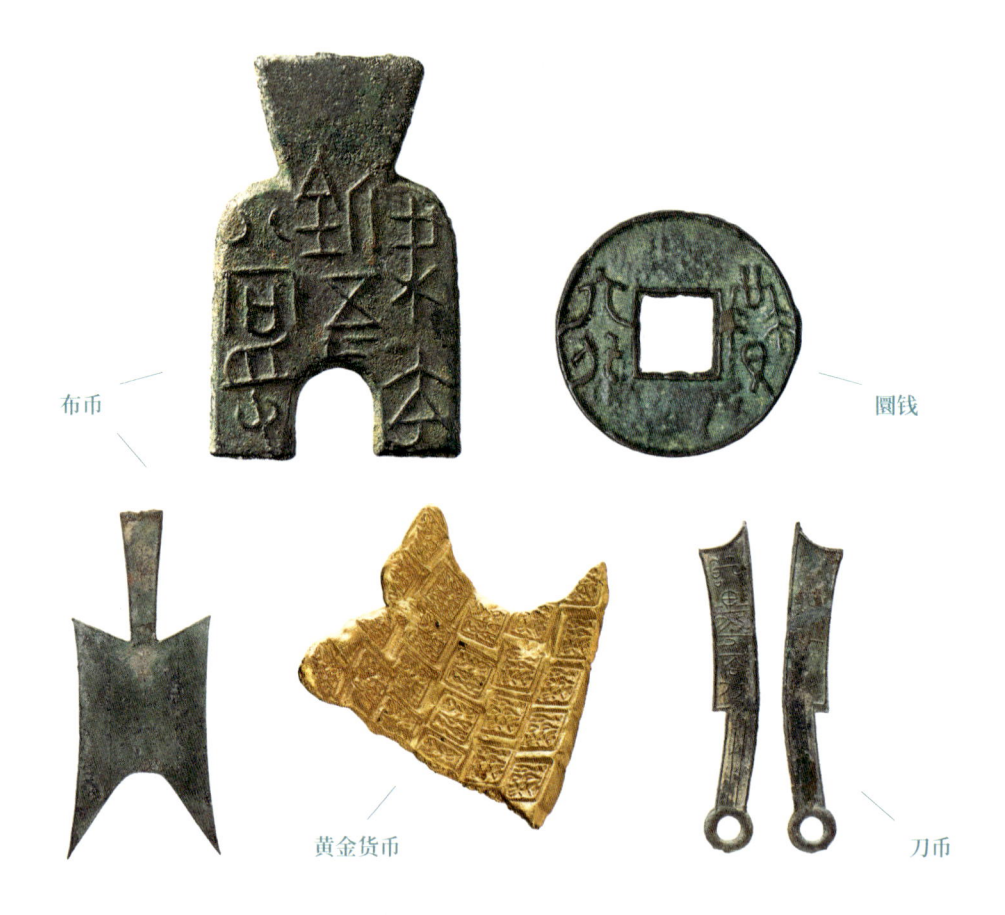

黄金货币　　　　　　　　　　刀币

春秋战国时期，各诸侯国纷纷铸造货币，形成了多元的铸币体系。布币、刀币、圜钱以及楚国的蚁鼻钱、黄金货币（郢爰）等各具特色，反映了当时经济的繁荣与各地区间的经济交流。货币的广泛使用促进了商业贸易的发展，也为后来的统一货币奠定了基础。

春秋战国货币组
"钱袋子"里的春秋战国

春秋战国时期，如果你是一名游走列国的商人，你的钱袋子里可能会装满五花八门、各式各样的货币——布币、刀币、圜钱和蚁鼻钱，甚至可能还有黄金。今天，你只需要一部手机或一张信用卡便可周游世界各地，便捷的电子支付，已在无形之中重新定义了货币的形态。

在货币出现之前，人们采用物物交换的方式进行交易。这种方式虽然直接，但交换不便、效率低下。于是，我们的祖先选择了海贝作为最早的货币。为什么呢？海贝外表光洁、小巧玲珑，本身具有装饰作用。而且它质地坚硬、不易损坏，便于携带和保管，加之在中原地区，海贝较为罕见，物以稀为贵，这进一步增强了其作为货币的价值。随着商品交易的日益频繁和规模的

○ 图1 青铜空首布
春秋·晋
中国国家博物馆藏

○ 图2 "梁夸釿五十当锊"平首布
战国·魏
中国国家博物馆藏

○ 图3 齐刀
战国·齐
中国国家博物馆藏

不断扩大，人们对货币的需求量不断增加，海贝等自然货币逐渐难以满足市场的需求。于是，金属铸币逐渐取代了自然货币，成为更加稳定和高效的交易媒介。

春秋战国时期，由于农业、手工业发展迅速，各诸侯国的城市也快速兴起。在这样一个经济和商业迅速发展的背景下，中国逐渐形成了四大货币体系，分别是布币、刀币、圜钱以及独具特色的楚币。这些货币体系也反映了当时不同地区的社会生活与文化特色。

布币主要流通于三晋（韩、赵、魏）和周王畿之地，也就是今天的河南、山西等地。这种像小铲子一样的货币，外形源自中原地区流行的农具"钱"（即铲子），又称为"布"（古代除草农具"镈"的假借字）。布币的种类繁多，主要可以分为空首布（图1）、平首布（图2）两大类，其中空首布也是我们现在发现的较古老的金属铸币之一。

刀币的流通范围不及布币广泛，主要流通于北方及东部沿海地区的齐国、燕国和中山国等地，这些地区的人们擅长渔猎和游牧，因此刀币的外形（图3、图4）很可能是从生活中最常见的生产工具削刀演变而来。

圜钱，依据形制，可分为圆孔圜钱（图5）和方孔圜钱（图6），圜钱的历史起于魏国，后流行于西北部的秦国，战国晚期在楚国以外的各诸侯国中普及开来。有学者认为，圜钱是从新石器时代的纺轮演变而来，纺轮和镈、刀一样，都是古代人们劳作的生产工具。方孔圜钱在秦统一中国后，成为沿用时间最久的一种钱币形制，采用这种形制，一方面是因为方孔穿绳铜钱不易旋转和磨损，另一方面也表达了中国古人"天圆地方"的宇宙观。

◐ 图 4 明刀
战国·燕
中国国家博物馆藏

　　楚国地处中原的南边，长期以来被中原视为蛮夷之邦，特立独行的楚文化决定了楚国的钱币也必然自成体系。楚国盛行一种独特的椭圆形小铜币（图7），是仿照磨去背面的海贝铸成的，形态小巧精致，币面铸刻着钱文，宛若神秘鬼脸，令人遐想联翩，得名"鬼脸钱"。又因这类铜币重量轻、形体小，仿佛蚂蚁灵动的鼻尖，又被称为"蚁鼻钱"。

　　除了铜币，楚国还流行用黄金铸币。郢爰（图8）是目前发现最早的金币实物之一，"郢"是楚国都城的名称，"爰"同称量，合在一起，指的是楚国都城铸造的黄金称量货币。

　　楚国曾处于古代盛产黄金之地，如河南、安徽等地都曾有产金区。楚国用黄金制作的铸币，是在一大块扁平的金版上戳印上许多印记，这些印记不仅具有装饰意义，更代表着金版的纯度与官方认证。在使用时，商人或贵族会根据交易金额的大小，灵活地从这块金版上切割下相应重量的黄金，并进行精确地称量，以确保交易的公平与准确。这种黄金铸币方式不仅体现了楚国在金属货币领域的创新，也彰显了其作为当时经济强国的实力与地位。

　　后来，五花八门的货币让交易变得复杂又混乱，成为经

◐ 图 5 "半睘"圜钱
战国
中国国家博物馆藏

◐ 图 6 "賹六刀"圜钱
战国
中国国家博物馆藏

济发展道路上的绊脚石。所以,秦统一六国后,果断采取了将秦国半两钱确立为全国唯一法定货币的重大举措。这一历史性的决策,不仅结束了长期以来货币体系的混乱无序状态,还为后续的经济发展铺设了坚实的基石。

图 7 青铜贝币
战国·楚
中国国家博物馆藏

◐ 图8 "郢爯"金版
战国·楚
中国国家博物馆藏

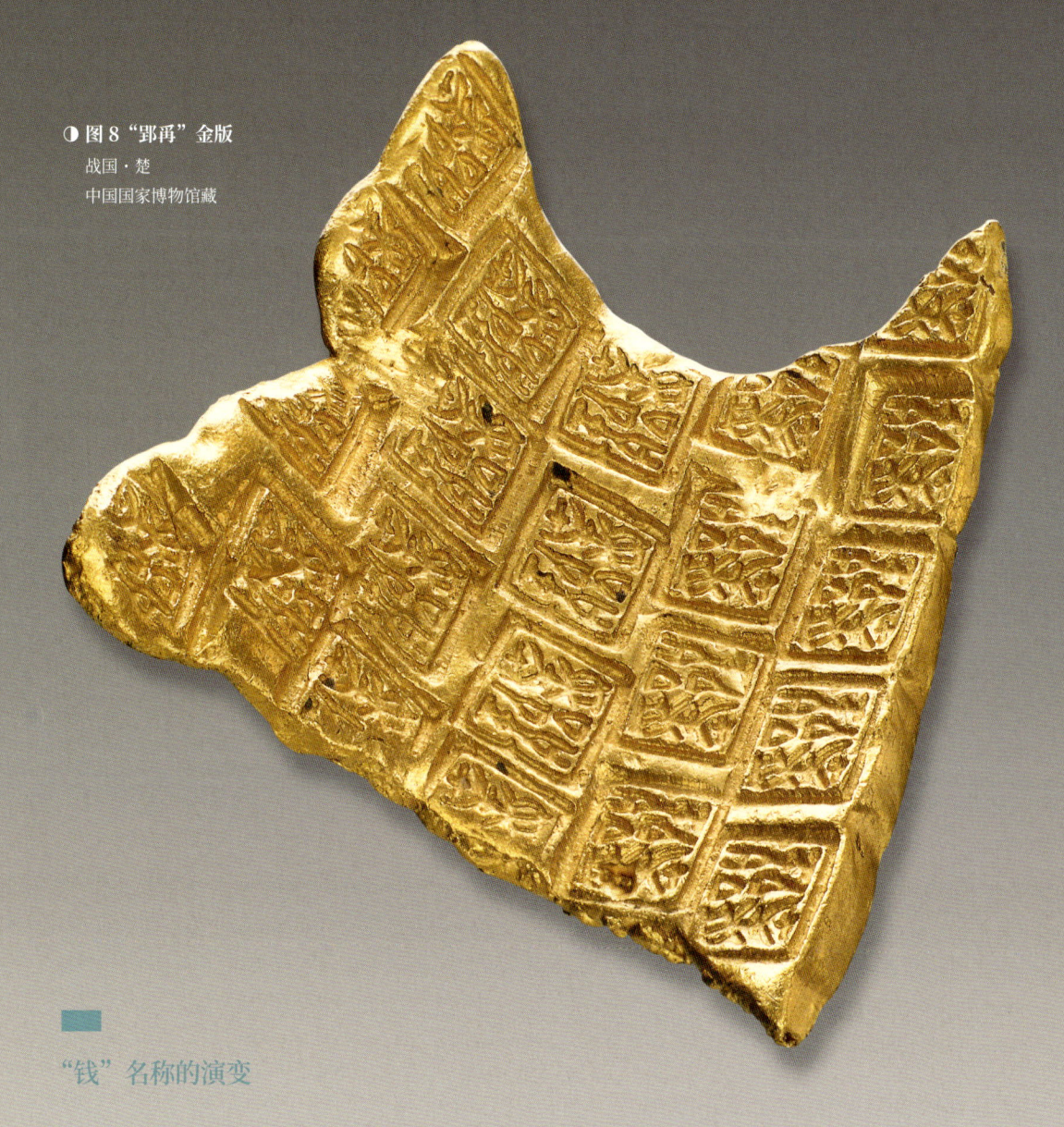

▮ "钱"名称的演变

"钱"这一词汇的演变,见证了我国悠久的历史与文化。最初,"钱"指的是一种农具,随着商品交换的发展,它逐渐成为货币的代名词。王莽新朝时期避讳"钱"字,改称"钱"为"泉",如"货泉""布泉"等。晋代文人以"孔方兄"雅称之。南北朝时则有"阿堵物"之戏谑。唐代,"上清童子"成了"钱"的又一雅号。此外,"钱"还有"青蚨""没奈何""盘缠"等多样称呼,各具特色,流传于民间故事与诗词之中。这些称呼不仅丰富了"钱"的文化内涵,也反映了我国社会经济的发展和文化的变迁。从古至今,"钱"虽名称多变,但其作为交易媒介的核心功能始终未变,承载着人们的财富梦想与生活追求。

铁犁铧

时代	战国·魏	发现时间	1950 年
材质	铁	发现地点	河南辉县固围村
尺寸	宽 23.6 厘米，叶长 17.5～18 厘米，叶中宽 3.9～4.5 厘米		

在春秋战国时期，铁农具的广泛推广犹如一股强劲的东风，为农业生产注入了新的活力。铁制农具的锋利与坚韧，犹如破土的犁铧，深深挖掘了土地的潜能，使得深耕细作成为可能，土地的利用率和农作物的产量得以提高，农业技术在铁与土的碰撞中不断升华。

铁犁铧

小农具引领大革命

中国是世界重要农业起源地之一。自农业起源，我们的祖先经历过以刀耕火种作为主要农业生产方式的漫长时代，使用过木、石、骨、铜等材质的农具。至春秋时期，铁制农具出现了。

目前已知中国关于使用铁制农具最早的文字记载出现在《国语·齐语》中，齐国管仲曾向齐桓公建议："美金以铸剑、戟，试诸狗马；恶金以铸鉏（锄）、夷（铲或锄类的农具）、斤（斧头）、欘（大锄），试诸壤土。"这里"美金"指的就是青铜，"恶金"指的则是铁。战国时期，铁农具的使用已经逐渐普遍推广。《管子·海王》记载："今铁官之数曰……耕者必有一耒、一耜、一铫，若其事立。"意思是：每一个农耕者必须有一把犁、一个铧和一把大锄，然后才能够做他的事。

锄头自然不陌生，犁与铧又是做什么的呢？

犁是古代的一种传统农具，由犁铧、犁壁及犁架三大主要部分组成，通过人力或畜力的

● **图 1 铸铁范**
战国
中国国家博物馆藏

在河北兴隆出土的战国铸铁范,与陶范相比,可以重复多次使用,能铸造出规格统一的铁器。

● **图 2 双镰铁范**
战国·燕
中国国家博物馆藏

双镰铁范可以一次浇铸出两件铁镰,提高了铁器铸造的效率。

驱动,它可以广泛应用于开沟、起垄以及进行初期的耕地翻土和碎土作业。铧也叫犁铧,是安在犁前端用于破土翻地的尖状部件,所以早期的犁也叫铧式犁。这件出土于河南辉县的战国铁犁铧,其形状像字母"V",刃口十分锋利,这样的设计既便于切入土壤,又能有效减少阻力,提高耕作效率。

这件锈迹斑斑、看似毫不起眼的铁制农具,可真正撬动过历史的车轮。铁农具的出现和推广,离不开冶铁技术的发明和铸造工艺的进步。早先,人们采用的冶铁技术大多为块炼铁技术。将铁矿石和木炭一层夹一层地放在炼炉中点火焙烧,在 800～1000℃的温度下,利用炭的不完全燃烧产生一氧化碳,使铁矿石中的氧化铁还原成铁。但由于炭火温度不够高,被还原出的铁仍是固态铁,需要趁热锻打排出杂质才能制器,费工费力,产量也很低。到了春秋晚期,人们开始逐渐掌握生铁冶炼技术。生铁是在更高温度下冶炼出来的液态铁,质地坚硬,制器时可以使用模具(图1、图2)浇铸成型,批量生产,降低成本。

有了技术上的保障,铁农具很快被广泛使用于农业生产,为农业的深耕细作、山林的开发利用以及耕地面积的扩展创造了有利条件。随之而来的便是粮食产量的显著提升与人口的持续增长促进了生产力的进一步提高,也导致大量私田的出现。

社会经济基础的变化,也引起了各国政治改革。在秦国著名的商鞅变法中,推行"废井田、开阡陌"的重大举措,授田于百姓,历史的车轮也开始向新的时代缓缓滚动。

传统农具曾作为农业文明的推动者,见证了人类生产力的逐步提升与社会结构的深刻变迁。

推动农业发展的水利建设

春秋战国时期,水利工程建设蓬勃发展,以芍陂、邗沟、都江堰、郑国渠等为代表,这些工程兼具灌溉、防洪、航运等多种功能,显著提升了农业生产效率与水资源管理水平。芍陂作为最古老的水利工程之一,奠定了楚地的经济基础;邗沟通江淮,促进区域交流;都江堰(图3)使成都平原成为天府之国;郑国渠则让关中沃野千里,助秦统一。此外,鸿沟等亦对南北交通至关重要。这些水利工程不仅大幅提高了农作物产量,推动了经济多元化发展,还加强了地区间的文化融合,为后世的水利建设与农业发展提供了宝贵经验,是中国古代文明智慧的重要体现。

◉ 图 3 都江堰

🌿 **青铜冰鉴**

时代 战国·曾	**发现时间** 1978年
材质 青铜	**发现地点** 湖北随县擂鼓墩1号墓（曾侯乙墓）
尺寸 长宽均为76厘米，高63.2厘米	

———○———

随着社会的变革和生产力的发展，青铜器开始从庙堂重器走向生活化，器型也更加多样化，装饰风格也不再局限于庄严肃穆。青铜冰鉴不仅彰显了古人对生活品质的极致追求，更是青铜铸造工艺精湛的体现。

青铜冰鉴
穿越千年的清凉

2008年北京奥运会开幕式上,《击缶而歌》节目震撼亮相,由2008名战士组成的"武士方阵"展现了力量和文化底蕴。他们同时敲击缶面,吟诵"有朋自远方来",动作整齐划一,气势雄浑。他们以一流的表现为国家赢得荣誉。表演中使用的道具并非寻常之物,而是穿越了2000多年时光、承载着深厚文化底蕴的创意再现。

走进中国国家博物馆,你或许会遇见相似的两件藏品:一件正是奥运会《击缶而歌》表演中战士们敲击的道具(图1);另一件则是陈列于"古代中国"展厅的战国时期的重磅文物——青铜冰鉴。没错,作为表演道具的缶正是依照战国文物青铜冰鉴仿制的。那么,青铜冰鉴是做什么用的,它在古代是演奏的乐器吗?

探寻冰鉴的用途,首先要揭开"鉴"与"缶"这两个古老词汇的神秘面纱。鉴,原本为盛水或盛冰之器,盛水之后水面平滑光亮能映照人影,因而也常被古人用作照容之镜。我们常说的"以史为鉴""前车可鉴"中的"鉴",也正是指镜子,并引申为可当作教训或经验的事。缶,最初指陶制的坛子,可用来盛酒或盛水,质朴而实用。待到青铜缶(图2)出现,精湛的铸造工艺和昂贵的材质,使它成为贵族宴饮中的高级酒器。

当鉴与缶套合在一起,便成

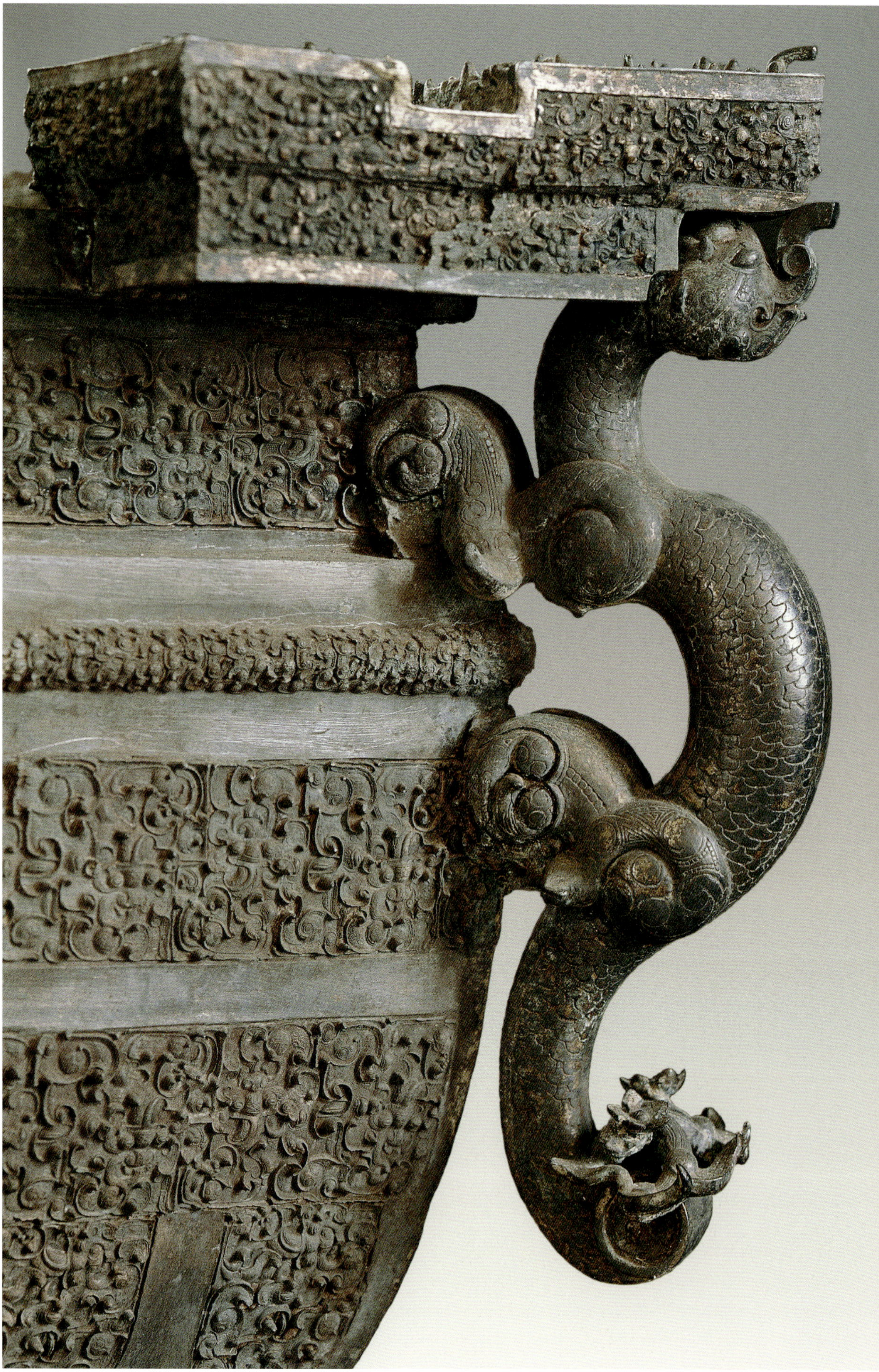

就了这件既实用又极具审美价值的青铜冰鉴，它出土于湖北随县（今随州市曾都区）的曾侯乙墓。这座战国时期曾国国君的墓葬，因其丰富的陪葬品而显得尤为尊贵。冰鉴的外观整体呈方形，展现出古朴而庄重的韵味，却在细节处透露出非凡的匠心。

鉴，犹如一个巨大的方口盆，体态敦实，装饰繁复而华丽。支脚由四只龙首兽身的怪兽构成，它们龙头昂扬，兽身匍匐，为青铜冰鉴增添了几分神秘与威严。在鉴的怀抱中，藏着一只精巧的方形缶（图3）。缶盖采用平顶设计，上有四个圆环钮（图4），既便于人们开启缶盖，又增添了几分精致之感。缶小而鉴大，当缶置于鉴中，缶与鉴之间的空隙便巧

◒ **图1 2008年北京奥运会开幕式使用的缶**

◓ **图2 曾侯乙墓出土的青铜缶**
战国
中国国家博物馆藏

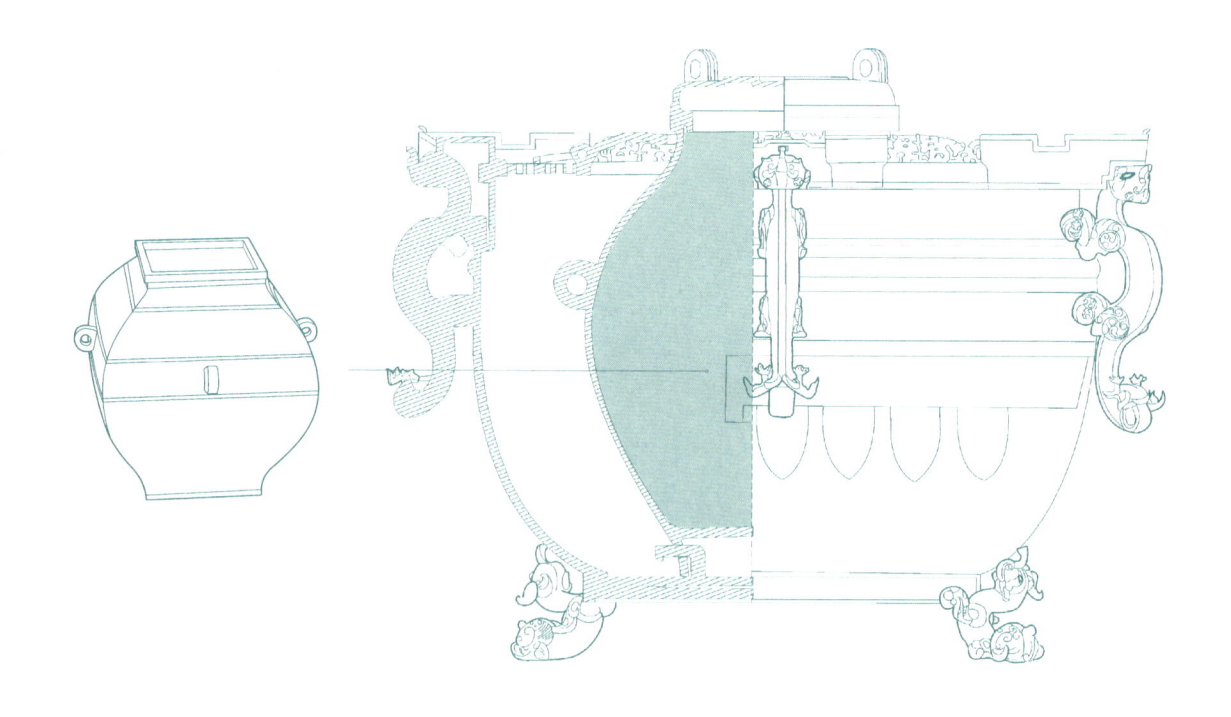

● 图 3-1 方形青铜缶示意图（左）
● 图 3-2 青铜冰鉴内部结构图（右）
◐ 图 4 青铜冰鉴俯视图

妙地构成了一个夹层，这种嵌套结构有点类似于今天的保温瓶。夏日时分，在夹层中放入冰块以冰镇缶内的美酒；冬日里，则可加入热水使佳酿保温。这种巧妙的设计，让古人可以更好地把控酒水温度，体现了他们对生活的细腻讲究与精致追求。

为了防止缶放入鉴内以后发生晃动，在鉴与缶的底部还有可以让两者自动扣合的栓钩，真是让人禁不住赞叹我国古代机关之精妙。制造冰鉴的巧思，还体现在其配件上。与之配套的长柄铜勺，长度刚好能够探到缶的底部，方便人们舀取美酒。勺口设置有流（铜勺上用于倒酒的流槽），倒起酒来就能做到流畅而不洒漏。

此外，青铜冰鉴还是礼乐文化的重要载体。在商周时期，以礼为重，酒为礼之灵魂。青铜冰鉴是举行祭典或宴请重要宾客时使用的高规格酒器，也是贵族尊贵身份和地位的象征。

你或许会感慨，那2000多年前的战国青铜冰鉴，不就如同一个古朴版的"冰箱"吗？如今的我们，身处一个科技高度发达的时代，冰箱已是家家户户离不开的帮手。而当我们回顾历史时，会发现其实祖先们早已拥有了类似的智慧和创造力。青铜冰鉴像一位穿越时空的使者，将古人的聪明才智和优雅生活带到了我们的面前。

古人的冰从哪里来？

《诗经·豳风·七月》记载："二之日凿冰冲冲，三之日纳于凌阴。"意思是，每年农历的十二月和正月，人们会凿取冰块，同时，为防止冰块融化而影响供给，将其储藏在专门的冰窖"凌阴"中。古人取冰、用冰的传统绵延至清代，北京紫禁城及其周边设有冰窖，冬日里会从紫禁城的护城河及西苑三海采冰储藏，以供来年之需。

● "子禾子"青铜釜

时代	战国·齐	**发现时间**	传1857年
材质	青铜	**发现地点**	山东胶县灵山卫
尺寸	高38.5厘米，口径22.3厘米，腹径31.8厘米		

"子禾子"青铜釜是战国时期齐国的青铜量器。它是战国初年齐国大夫田和成为诸侯之前所铸，反映了当时齐国严格的量制管理制度。度量衡制度不仅是经济活动的基础，还与国家政治密切相关，如通过制定和统一度量衡制度来加强中央集权和国家管理，度量之间也有大智慧。

"子禾子"青铜釜

"量"取政权的秘密

"釜底抽薪"和"破釜沉舟"这两个成语,你一定不陌生,其中的"釜",指的是一种烹煮食物的锅具。但你或许不知道,"釜"还有另一重身份,它曾是计量粮食的量器。

这件"子禾子"青铜釜,便是战国时期齐国具代表性的量器。为了方便管理和校验,釜的身上通常会铸上或刻上有关容量、用途等信息的文字。除此之外,"子禾子"青铜釜的腹部还铸有9行共108字的铭文(图1),内容大意为"子禾子"告诫守卫左关关卡的官员,要使用用标准器校验过的量器,不能徇私舞弊,否则将视情节轻重施以不同的刑罚。这段铭文反映出,齐国在战国时期,就已经颁布并实施了标准量制,而且对此进行了严格规范的管理。

"子禾子"又是何许人也?
这就要从春秋时期讲起了。
公元前672年,陈国内乱,公子陈

完为避祸，逃亡至齐国。幸运的是，他得到了春秋五霸之一——齐桓公的庇护，并被任命为工正，负责国家的手工业。陈完勤勉尽责、深得民心，其家族也渐渐在齐国扎根，后来改为田氏。田氏后代凭着卓越的智慧与不懈的努力，一边在齐国政治舞台上崭露头角，一边悄无声息地编织着属于他们的权力网，积蓄实力，以待时机。终于，在公元前386年，周天子正式册封田和为齐侯，田和由此成为齐国的新主人。

而我们说的这位"子禾子"正是田和，他在朝任大夫时，曾用过"子禾子"这个称谓。令人意外的是，田和虽篡取了齐国的最高统治权，但当时的百姓竟无人反对。显然，这是民心所向，而为田氏家族打下"半壁江山"的"功臣"，正是小小的量具。

齐景公时期，严刑重税让百姓的生活苦不堪言。当百姓向田氏家族借粮时，田氏使用大斗装粮借出，而收回粮食时却用小斗收回，这样一来，虽然借得多，实际还得少。这一做法既不张扬，又给生活困苦的百姓带来了一丝温暖。

此外，田氏还充当市场秩序的维护者，在物价飞涨之际，将日常储备的木材和海产以原价出售，消除了人们心头的焦虑与不安。渐渐地，民心的天平开始向田氏一族倾斜。田氏由此真正取代了齐国公室在百姓心目中的地位，也为进一步获得统治权做好了全盘的部署。

为什么田和如此重视量具的管理，以至于要铸刻铭文，告诫官员使用标准容量的器具呢？这是因为他认识到，严格管理度量衡标准，不仅能维护市场公平交易，更重要的是能稳定政权。后世统治者更是将度量衡制度进行了统一规范管理，进一步巩固了国家的稳定。

● 图1 "子禾子"青铜釜铭文局部

在传奇迭起的历史长河中，"子禾子"青铜釜，见证了田氏家族的辉煌崛起，也成为度量衡制度严谨与规范的象征。它真实地让后人看到，平平无奇的度量衡，在社会发展与政权统治中所扮演的重要角色。

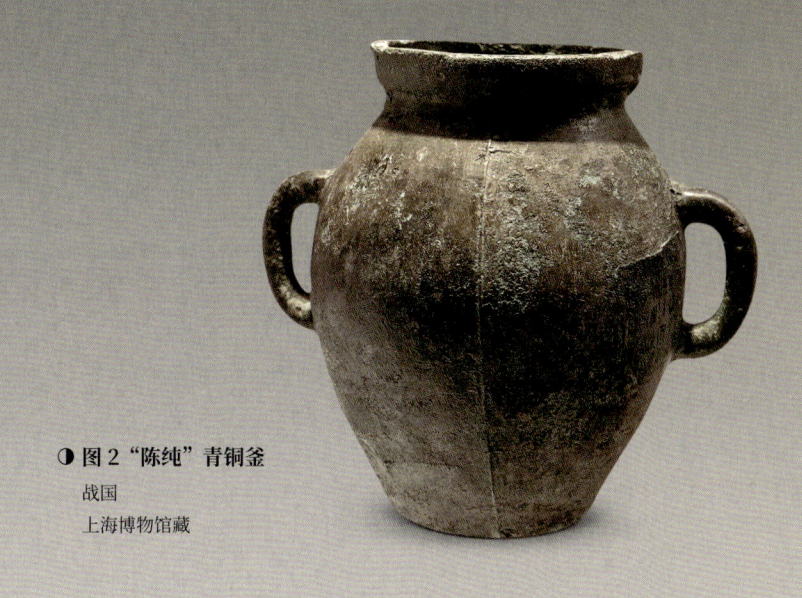

◐ 图 2 "陈纯"青铜釜
战国
上海博物馆藏

"陈氏三量"

"子禾子"青铜釜与收藏于上海博物馆的"陈纯"青铜釜（图 2）、"左关"青铜鎑都是田氏成为诸侯国君前所作，又因器主人姓氏在铭文中写作"陈"而称"陈氏三量"。它们是齐国政权在左关安陵地区征收税赋的专用标准量器范具。

● "司马成公"青铜权

时代 战国
材质 青铜
尺寸 高 15.5 厘米，底径 18.8 厘米

度量衡，各有各的规矩，"度"量长度，1"步"约6尺，古人迈开大步，丈量天地；"量"测容积，以"斗"盛米，满满当当；以"衡"称重量，以"斤"论轻重，买卖时，公平公正全靠它。古今度量虽不同，但求公正的心相通！

权衡之间

"司马成公"青铜权

在日常生活中，每当面临重大抉择，人们总会不自觉地"权衡"利弊，希望能在纷繁复杂的选项中找到最优解。这里的"权衡"，是我们内心的掂量和决策。而在古代，"权衡"却是实实在在的两件测量工具——"权"与"衡"。权，就是秤砣；衡，则是秤杆。两者配合使用，构成了古代称重的基本工具。

收藏于中国国家博物馆的"司马成公"青铜权，其貌不扬却内藏乾坤。权身刻有铭文，记录了它的重量、功能等一些基本信息。"司马成公"是这件铜权的监造者，"司马"是官职，"成公"则是复姓。铭文记载青铜权重量为120斤，不过经文物工作者利用现代称量工具实测发现，它实际的重量是30350克，换算下来，当时的一斤约252.9克，仅为现代标准量制的一半多点。铭文中还提及了"禾石"二字，"石"在古代是一个计量单位，因而推测它的用途可能与禾谷的称量有关。使用铜权称量时，往往一枚就是既定的标准重量，无需像砝码一样累加使用。

如果说"司马成公"青铜权是静态的基准，那么同样出自战国时期的楚国天秤（图1），则是动态的平衡。战国时期，富饶的楚国境内经济贸易频繁，在使用郢爰等黄金称量货币时，为了在商品交易中快速、准确地称出黄金的重量，产生了与之配套使用的称量工具——天秤

● **图1 天秤和环权**
战国·楚
中国国家博物馆藏

● **图2 "王"青铜衡**
战国·楚
中国国家博物馆藏

和环权。一套天秤包括一根秤杆、两个秤盘和九个大小不同的铜权，其中铜权是环形的，故称环权。它的用法与现代天平有着异曲同工之妙，使用时在两端的圆盘中分别放入黄金及环权，天秤平衡时，则黄金与环权重量相等。

中国国家博物馆还收藏有两件青铜衡（图2），窄长条形的外观看起来很像尺子，中部上方有用来系拴提绳的圆孔。横杆的长度相当于战国时的一尺。两件横杆正面都有刻线，一件刻十等分，每等分为一寸；另一件中间两寸有寸刻线，其余每半寸刻一线。它的用法与现代杆秤相似，简单来说，就是通过测量秤砣到提绳的距离（也就是物理学中所说的力臂）和要称的物体到提绳的距离（也就是重臂），来计算物体的重量，是一种比较准确的衡器。两件横杆均出土于安徽寿县，这里2000年前曾是战国晚期楚国的都城。它们背面均刻了一个"王"字，很可能是楚国迁都寿春城后王宫使用的遗物。

在古代，无论天秤还是衡，都是测量物体轻重的工

具，统称为"衡"。而日常生活中，还有计量长短的器具称为"度"，计量容积的器皿称为"量"，这三类计量器物加起来，就是大名鼎鼎的"度量衡"。春秋战国时期，诸侯国各自为政，度量衡制度也是五花八门。从确保公平交易、促进经济发展、巩固国家政权的角度来看，统一度量衡是大势所趋。公元前356年，商鞅在秦孝公的支持下开始变法，统一度量衡。战国"商鞅方升"（图3）就是他所监制的标准量器，也是目前关于商鞅变法唯一已发现的实物例证。

图3 商鞅方升
战国·秦
上海博物馆藏

在社会生活中，度量衡规范了计量，也披上了不同含义的文化"外衣"。我们常用"尺短寸长"来形容事物各有长短，这正是"度"的智慧，提醒我们看待事物要全面；而"升斗小民"一词，则生动展现了"量"与民众生活的紧密联系，反映了普通百姓对粮食等基本生活资料的关注；至于"锱铢必较"，则体现了"衡"的精确性，告诫我们在处理事务时要细致入微，不放过任何细节。每个人心中都有一杆秤，衡量着世间万物，也明辨着是非曲直。

半斤八两

我们总用"半斤八两"来形容两者不相上下，但按照现代计量方式来算，半斤应该等于5两才对，为什么是8两呢？《汉书·律历志》记载，商鞅变法后推行"铢、两、斤、钧、石"五权制，其中1斤等于16两。出土的秦权显示，秦制1斤约250克，1两约15.6克。自秦统一度量衡以后，中国古代"斤两制"以十六进制为主轴，实际重量标准随朝代更迭波动，但换算比例直至现代才改为我们熟悉的十进制。

从布手知尺到国家标准：中国古代度量衡的文明密码

远古先民仰望星空时，丈量天地的渴望便根植血脉。新石器时代的陶器上，等距刻画的绳纹已显露原始计量意识，度量衡体系的建立，是人类对秩序的本能追寻。当人类走出天然洞穴，开始构筑房屋，尺度似乎变得不可或缺；食物的分配和公平交易的需求，使得计量和权衡尤为重要。几乎全世界的人们，都不约而同地开始选择使用人体的某一部分或天然物（比如植物的果实）作为计量标准。从"布手知尺"到精妙计量，中国古代度量衡跨越5000年文明长河，见证着先民的智慧之光。

中国文明的刻度：从原始测量到制度规范

度量衡是我国古代计量长短、容积、轻重的统称，是经济、科技和文化的基石。度指丈量长短（如"尺""丈"），量指计量容积（如"斗""升"），衡则指称量轻重（如"斤""两"）。

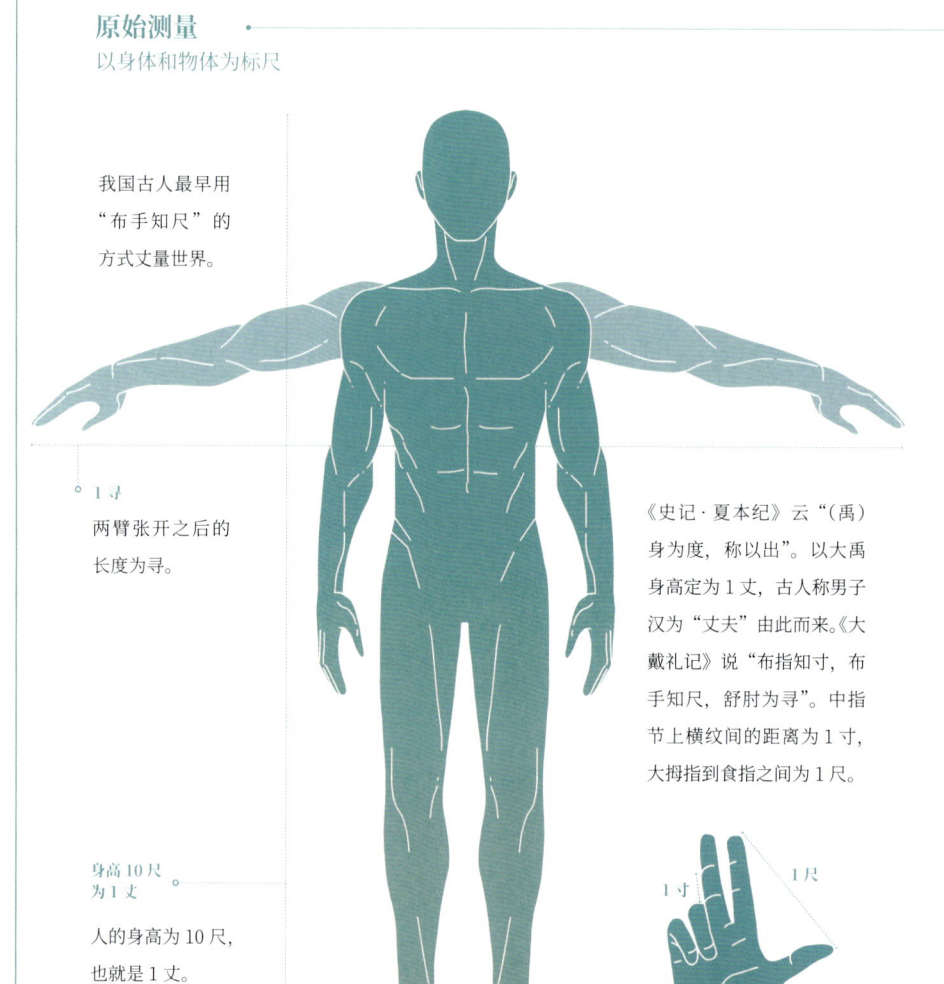

原始测量
以身体和物体为标尺

我国古人最早用"布手知尺"的方式丈量世界。

1寻
两臂张开之后的长度为寻。

身高10尺为1丈
人的身高为10尺，也就是1丈。

《史记·夏本纪》云"（禹）身为度，称以出"。以大禹身高定为1丈，古人称男子汉为"丈夫"由此而来。《大戴礼记》说"布指知寸，布手知尺，舒肘为寻"。中指节上横纹间的距离为1寸，大拇指到食指之间为1尺。

掬

《小尔雅》称"一手之盛谓之溢，两手谓之掬"，最早的容量单位也是根据人体测定的，单手为"把"，双手称"捧"，简单又实用。

我国古人早期以常见粮食粟或黍的重量来作为标准，例如《孙子算法》云"称之所起，起于黍，十黍为一絫（lěi，重量单位）；十絫为一铢（重量单位）"，也就是100粒黍的重量为1铢。

国际文明的刻度

成年人肘关节至中指尖的距离（约 50 厘米）为 1 肘尺。

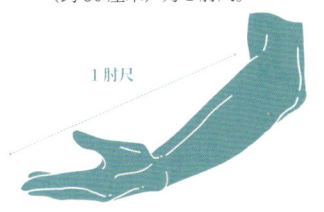

成年男子一只脚的长度（约 30 厘米）为 1 英尺。

英王亨利一世规定，他的鼻尖至翘起的大拇指尖的距离（约 90 厘米）为 1 码。

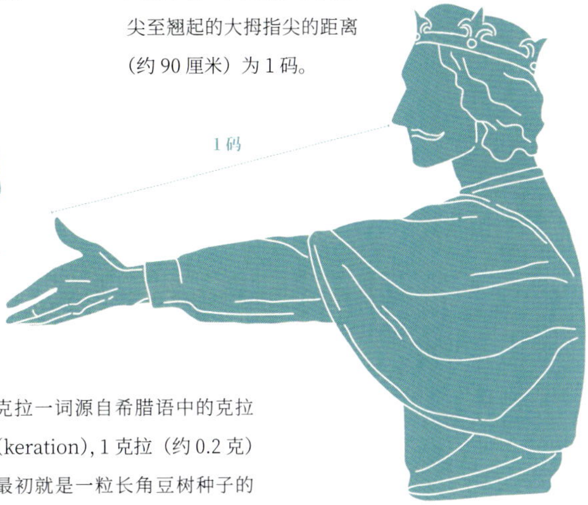

一节大拇指的长度（约 2.5 厘米）为 1 英寸。

克拉一词源自希腊语中的克拉（keration），1 克拉（约 0.2 克）最初就是一粒长角豆树种子的重量。

长角豆树种子

春秋战国
计量标准五花八门

春秋战国时期，在原始测量的基础上，建立起初步的计量体系，但各国标准五花八门。

"公豆"陶量
战国
中国国家博物馆藏

"公豆"是齐国容量单位"豆"的官方标准器，其实测容量为 1300 毫升。战国时期齐国实行升、豆、区、釜、钟的容量制度。齐国容量制度分为姜齐与田齐两个阶段。姜齐时期使用"公豆""公区""公釜"等官方标准器，田氏代齐后推行家量，但仍沿用升、豆、区、釜体系，仅调整进位关系。例如，田齐时期 1 豆 =5 升，而姜齐旧制 1 豆 =4 升。

骨尺 战国 中国国家博物馆藏

这件骨尺实测长度为 23.1 厘米，在实用基础上兼具装饰性，表面有雕刻纹样和残留的彩绘纹样，刻度精度较高，部分骨尺每寸分 10 分，可能与商代十进制传统有关。战国各国尺度不一，并有大小尺之别。例如，秦小尺长 23.1 厘米，大尺长 27 厘米。

秦朝统一度量衡
从五花八门到标准统一

直至秦始皇统一度量衡，纷乱的计量制度得以结束。云梦睡虎地秦简中的《工律》明确规定："为器同物者，其小大、短长、广狭必等。"商鞅方升与秦权上所刻统一度量衡诏书，见证着古代中国的度量衡的标准化革命。

秦制与现行标准换算表

秦制	现代值	实物证据
1 尺	约 23 厘米	云梦睡虎地秦简《效律》
1 升	约 202 毫升	商鞅方升实测数据
1 斤	约 253 克	陕西出土秦权平均值

西君白右铜权
春秋 中国国家博物馆藏

铜权是中国古代衡器的重要组成部分，相当于现代的秤砣、砝码，常铸有铭文，标明铸造时间、监制机构或使用规范。

"鄂君启"错金青铜节

时代	战国·楚
材质	青铜
尺寸	舟节（右）长 30.9 厘米，宽 7.1 厘米，厚 0.6 厘米
	车节（左）长 29.6 厘米，宽 7.3 厘米，厚 0.7 厘米
发现时间	1957 年
发现地点	安徽寿县城东丘家花园

它就像古代的"VIP 通行证 + 免税卡"，鄂君启凭借它在水陆两路畅行无阻，享受免税的特权待遇。它也是研究楚国历史的小秘籍，地理、交通、商业一网打尽。

"鄂君启"错金青铜节

跟着"王牌"商队去旅行

太阳逐渐升起，阳光洒在2000多年前战国时期楚国的古老城墙上，一支浩浩荡荡的商队终于抵达了这一处城门。商队的领头人站在城门前，将一枚金灿灿的"竹节"恭敬地呈上。这"竹节"就是著名的"鄂君启"错金青铜节（俗称"鄂君启"节）。

启是商队的"东家"，也是楚国的王室成员，他的封地鄂，大致在今天湖北鄂州一带，所以人们尊称他为"鄂君启"。这枚青铜节，是楚怀王颁发给他的经商免税通行证。带上它，鄂君启的这支"王牌"商队就有了在特定线路上通商的权利，并且享有特殊的免税权。

对于"节"，或许你有些陌生，但你一定知道与它用途相近的"符"。我国古代，"符"是传达命令、调动军队的凭证，"节"是出入关驿、征收赋税等的凭证。天子或君王传令、调兵等用"符"，如"虎符""鱼符"；水陆通行或特殊凭证用"节"，如免征税收的"鄂君启"节。

● 图1 "鄂君启"舟节错金铭文局部

"鄂君启"节目前共发现5件,其中3件车节、2件舟节。车节和舟节分别用于陆上与水上商路,功能各不相同。战国中晚期,楚国地广物博,商业经济发展迅速,国内贸易往来比较频繁。楚国在其境内大小城邑的水、陆交通沿线均设有关卡。这些关卡既有维护社会治安或军事防御上的功能,也有征收商业赋税、检查是否贩运违规物资的作用。

为了维护贵族特权,楚怀王赏赐给鄂君启的免税权和商贸便利,对商人无疑是最大的恩赐了。不过,商队的规模、路线也会受到严格控制。"鄂君启"节的错金铭文(图1)详细记载了鄂君的商队免税船只不能超过150艘,免税车辆不能超过50辆,货物贩运时间以一年为限,并且严禁私运武器、青铜和皮革等战略物资。还有学者研究发现,鄂君启的商队所经行贸易之地,都是当时楚国疆域的边地,或楚境范围内的普通城邑、聚落,基本不涉及相对发达或繁华的区域中心。

看来,楚怀王也不是无条件地一味偏袒这个自家人,铭文上的一字一句都体现出他在社会关系和经济治理上的大智慧!一方面,他为自家人谋"福利",减免了王室商队的关税;而另一方面,他也限制了贸易规模和贸易路线,既能防止其发展过大,也能利用优惠政策吸引商人到落后地区发展贸易,从而拉动该地区经济的发展。

2000多年过去了,"鄂君启"节金色的主体已经褪去了最初的颜色,披上了厚重的青绿色"外衣",但它仍旧是目前我国能够见到的保存最好、时代最早的青铜节实物之一。它的存在,仿佛是一扇穿越时空的窗户,让我们得以一窥战国时期城邑间商业活动的繁华景象,它不仅记录了那个时代的商业活动,更反映了当时贸易经济管理的智慧与成熟。

"节"都是竹节形吗?

史书记载最早的符节多以竹木制作,但竹制符节难以久存,所以今天看到的符节大多是后来改用金属铸造的,形式也比较多样,有虎形、鹰形、马形、龙形和竹节形等。"鄂君启"节形似竹节的外观,也可以让我们推见古代竹制符节的形象。

⊓ **朱绘黑漆凭几**

时代 战国
材质 木
尺寸 高 40.5 厘米，长 57 厘米，宽 10 厘米

凭几不仅是坐卧时的依靠，还承载着礼仪与文化的韵味。凭几之旁，古人谈笑风生，传统文化就这样在闲适间流传，别有一番风味！

朱绘黑漆凭几

席地而坐，凭几添彩

在春秋战国时期，贵族宴会既是盛大的社交活动，也是彰显家族荣耀和地位的重要场合。

夜幕降临，一座府邸内灯火通明，屋里摆放着一排排精致的桌案，每张桌案下都铺着华美的席子。在这个时代，没有椅凳之类的高足坐具，人们习惯于席地而坐。

随着宾客来临，宴会厅内逐渐热闹起来。一位德高望重的长者，在家人的搀扶下缓缓步入宴会厅，并由小辈引至主位。长者缓缓坐于精心铺陈的席子上，膝盖微微弯曲，臀部轻触脚跟，这种庄重的坐姿被称为"跽坐"，是当时的一种礼仪。一名机灵的小辈立马上前，双手恭敬地呈上一件精美的凭几，长者接过凭几将其放置在身侧，然后轻轻地将手臂和肘部倚靠在上面。凭几的设计巧妙，不仅提供了支撑，还体现出一种尊贵和优雅的舒适感。

凭几又称"几"，是古代人们席地而坐时常用的家具。它的起源与跪坐的礼仪密切相关，人们为了缓解久坐的疲劳，便创造了这种可以倚靠的家具。中国国家博物馆收藏的这件战国时期的朱绘黑漆凭几，其主体材质是木头，通体以黑漆为底，装饰有朱漆花纹，造型古朴典雅，线条优美流畅。春秋战国时期，精致的艺术审美在贵族的日常生活中显得愈加突出。常见家居陈设及用具也朝着优雅奢华、精雕细刻的风格发展，就连用来压平席子的小小席镇（图1），也制作得精美无比。

凭几既是实用家具，也承载了深厚的文化内涵。在春秋战国时期，凭几的材质和装饰往往与使用者的身份等级密切相关，例如玉质的凭几一般专供君王使用。

凭几还是敬老文化的象征。当长者准备入座之时，年少者需恭敬地手持凭几，以供长者倚靠，此举深刻体现了中华传统文化中对于长幼尊卑的严格礼仪；对于那些年满七十、告老还乡的大夫，朝廷往往会赐予凭几，以此作为对他们功成身退、荣归故里的崇高敬意与祝福。这种习俗在汉代以后依旧盛行，成为中国古代敬老文化的重要组成部分。

● 图1 错银卧牛青铜镇
战国·楚
中国国家博物馆藏

隋唐以后，受北方游牧民族生活习俗的影响，高足坐具逐渐兴盛起来。席地而坐改为垂足而坐，凭几也就随之慢慢淡出了人们的生活，但与其有关的文化一直传承至今，例如我们常说的"席位""上席"等词，就是最直接的体现。有趣的是，受中国文化的影响，今天在部分亚洲国家依然保留着席地而坐的传统。例如，在日本，跪坐的习惯便被保留了下来，形成了独特的榻榻米文化；韩国同样也保留了这种古老的习俗，这在韩国的传统礼仪教育中尤为明显。

时至今日，当我们坐在舒适的沙发或椅子上，享受着现代家具带来的便利时，也不妨回望历史，从那些古老的家具与习俗中，寻找那些跨越时空的文化共鸣。

战国漆器

战国时期是我国漆器工艺的第一个繁荣期，这一时期的漆器（图2）以其独特的工艺和美学特征在中国漆器史上占有重要地位。在继承商周技术的基础上，战国漆器生产规模扩大，胎质多样，制作工艺精细，常结合多种技法。色彩以红黑为主，对比鲜明，装饰手法丰富，纹样涵盖动物、云气、几何及社会生活场景等，描绘细腻生动。漆器广泛应用于日常生活、兵器及乐器等领域，尤以楚国漆器最具代表性，不仅数量多、品种丰，且制作精美、装饰华丽。

● 图2 漆耳杯
战国·曾
中国国家博物馆藏

青铜编钟

时代	战国·楚	**发现时间**	1957 年
材质	青铜	**发现地点**	河南信阳长台关
尺寸	13 件，高 13～30.5 厘米		

金石"交响乐团"，奏响了两周礼乐文化的华美乐章。编钟作为礼乐重器，是身份和地位的象征，传递着礼乐教化的精神内涵。

青铜编钟

礼乐之声，响彻千年

音乐作为全人类表达情感的通用语言，总能以不同的形式跨越文化与时空的界限。而每种乐器则以它独特的材质、发声原理和演奏方式，将音乐抽象的情感表达具象化。如古琴的幽远、古筝的清澈、琵琶的激昂，或是钢琴的悠扬、小提琴的深情、吉他的热烈……在以礼治国的周代，还有一种乐器，典雅而磅礴，它就是青铜编钟。

古人根据材质，将乐器分为八音，即金、石、丝、竹、匏、土、革、木。"金"是指金属乐器，青铜编钟是其典型代表。"石"则是指与编钟配套使用的石制乐器编磬。所谓"金石之声"，正是以金属与石制的打击乐器相互配合演奏的音乐，一般也用来泛指宫廷雅乐。

1957年，河南省信阳市长台关乡小刘庄村出土了一套完整的青铜编钟。13件大小不一的青铜钟依照音高排列，悬挂于钟架上，乐者只需

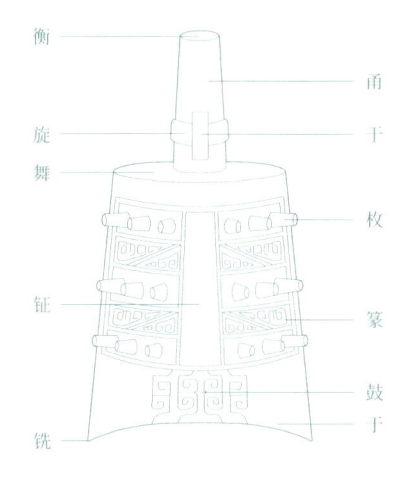

● **图 1 青铜甬钟各部位示意图**

● **图 2 "长思"青铜编钟**
西周
中国国家博物馆藏

用木槌轻轻敲击,便能演奏出音色纯净、优雅悦耳、余音悠长的美妙乐曲。

中央音乐学院民族音乐研究所曾对这套编钟进行了细致的音乐"体检",结果令人惊喜:每一件青铜钟,都拥有双重"歌喉"。钟体被设计成合瓦形,即钟体宛如一对扣合起来的瓦片,横截面形似橄榄。演奏过程中,用钟槌分别敲击钟体正鼓部和侧鼓部时,合瓦形构造使得钟腔振动频率不同,致使每一件钟都能发出两个不同的音,这就是"一钟双音"的奇妙所在。

要想追求理想的双音效果,除了采用合瓦形结构外,钟体的厚度、内壁的弧度以及钟枚的分布,也都是关键。青铜钟口沿有一定的弯曲弧度,这或许不

只是为了美观；而其内壁也并非厚薄均匀，有的内壁上还设有专门的调音槽，这些设计都是确保实现双音和保证音准的重要手段（图1）。总而言之，在2000多年前，没有现代器械辅助的时代，铸造一件音色优美的青铜钟，需要同时具备精妙的铸造工艺、极高的音乐素养和敏锐的听觉，稍有差池，便可能前功尽弃。

青铜编钟不仅是一种乐器，更是周代礼乐文化的载体。在两周时期，礼乐被视为治国安邦、教化民众的重要手段之一，而编钟（图2）则是用于演奏礼乐的最为尊贵的乐器。它们被用于宫廷祭祀、朝会庆典等重要场合，演奏雅乐，象征着王权的威严与国家的繁荣。

可惜的是，雅乐的乐谱早已失传，好在它的文字部分以诗歌的形式记录了下来，这就是为大众所熟悉的《诗经》中的《雅》，其中不乏描写贵族宴会场景的诗歌，通过华丽的辞藻和生动的描绘，展现了周代贵族宴会的盛况和礼仪之邦的风貌。除此之外，还有简洁而富有哲理的篇章，表达了古人对生活的感悟、对理想的追求以及对道德的坚守。

这些乐歌穿梭在金石之声中，成为连接古今的桥梁，让我们在欣赏美妙旋律的同时，也能深刻感受到那份来自远古的文化魅力。

《雅》

作为中国古代诗歌的开端，《诗经》按内容分为《风》《雅》《颂》三部分。《雅》又分《大雅》《小雅》。《大雅》内容多为朝会宴享之作，反映了西周王室的重大活动和典礼仪式，这些诗篇庄重典雅，具有浓厚的宫廷色彩。与《大雅》相比，《小雅》的内容和题材更加广泛，既有贵族宴饮、祭祀的乐歌，也有反映社会现实、民间疾苦的诗篇。

《论语》明刊本

时代　《论语》成书于战国初期,此为明刊本
材质　纸

孔子在杏坛讲学,弟子们围坐聆听,时而点头称是,时而疑惑发问,师生之间互动热烈,碰撞出思想的火花。那些精辟见解,以及弟子们的学习生活趣事被记录在了《论语》中,使其成为千古流传的"智慧宝典"。

《论语》明刊本
穿越时空的思想对话

当你早晨赖床时，耳边传来温柔又坚定的催促声："逝者如斯夫，不舍昼夜。"这句孔老夫子对时间流逝的感慨，瞬间让你从梦境回到现实，感受到时间的紧迫与宝贵；当你偶尔和朋友因小事争执不下时，耳边传来一句轻声提醒："己所不欲，勿施于人。"换位思考是化解矛盾的智慧钥匙，让纷争归于宁静。

这些简单却深邃的哲理，源自儒家经典《论语》。翻开它，我们会发现这样的金句比比皆是，它们就像是生活中的调味剂，让平凡的对话多了几分哲理、几分温度，也在无形中塑造着人们的价值观和行为准则。

如今，在中国国家博物馆中，珍藏着一本《论语》的明刊本。不同于抄本，明刊本以其精美的印刷工艺、准确的文字校勘和丰富的版本信息，见证了《论语》从口头传授到文字记载，再到广泛传播的过程，为后世学者提供了宝贵的研究资料，也让人们再一次把目光投向各家思想相互碰撞产生智慧火花的那个时代。

孔子是春秋时期鲁国人，他用自己的博学与智慧，开启了以"仁"和"礼"为核心体系的儒家思想新篇章。然而，作为儒家经典之作的《论语》，却并非孔子亲笔所著，而是由其弟子及再传弟子在孔子去世后，根据他的言行记录整理而成的，是目前所知我国最早的语录体著作。它如同一部生动的历史长

图 1《孔子世家图册》局部
清
中国国家博物馆藏

图册以连环画形式呈现了孔子一生的重要事迹，反映清代"治教合一"的政治思想，是研究孔子形象及儒家文化传播的重要实物资料。

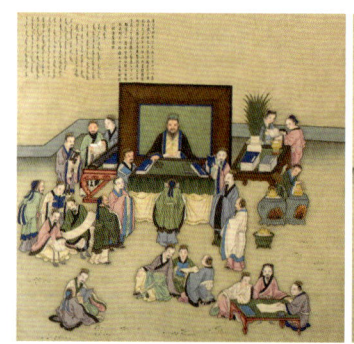

卷，不仅记录了孔子的思想精髓，也反映了春秋战国时期社会的风貌与变迁（图1）。

风起云涌的春秋战国时期诸侯争霸，社会动荡不安，剧烈的变革却为各种思想流派的产生和发展提供了土壤。道家以其"无为而治"之哲学，引领世人领略自然法则的奥妙；墨家高举"兼爱非攻"的旗帜，呼唤人间大爱与和平；法家，则以铁腕之力，强调法治秩序，为后世国家治理铺设基石……

再放眼世界，我们会发现，几乎在同一时期，世界各地也涌现出了类似"百家争鸣"的文化现象，古希腊的哲学家们，诸如苏格拉底、柏拉图及亚里士多德在探讨真理与存在；古印度的释迦牟尼在传播佛教的慈悲与智慧……这些思想之花在全球范围内竞相绽放，共同推动了人类文明的进步与发展，这个特殊的时期被德国哲学家卡尔·雅斯贝尔斯称为"轴心时代"。

在轴心时代的大潮中，中华文化以其深厚的底蕴、独特的智慧和包容的心态，为自身的发展奠定了坚实的基础，也为世界文化的多样性贡献了宝贵的力量。正如《论语》中那句"有朋自远方来，不亦乐乎？"中华文化以开放包容的姿态，欢迎来自世界各地的朋友，共同书写人类文明的新篇章。

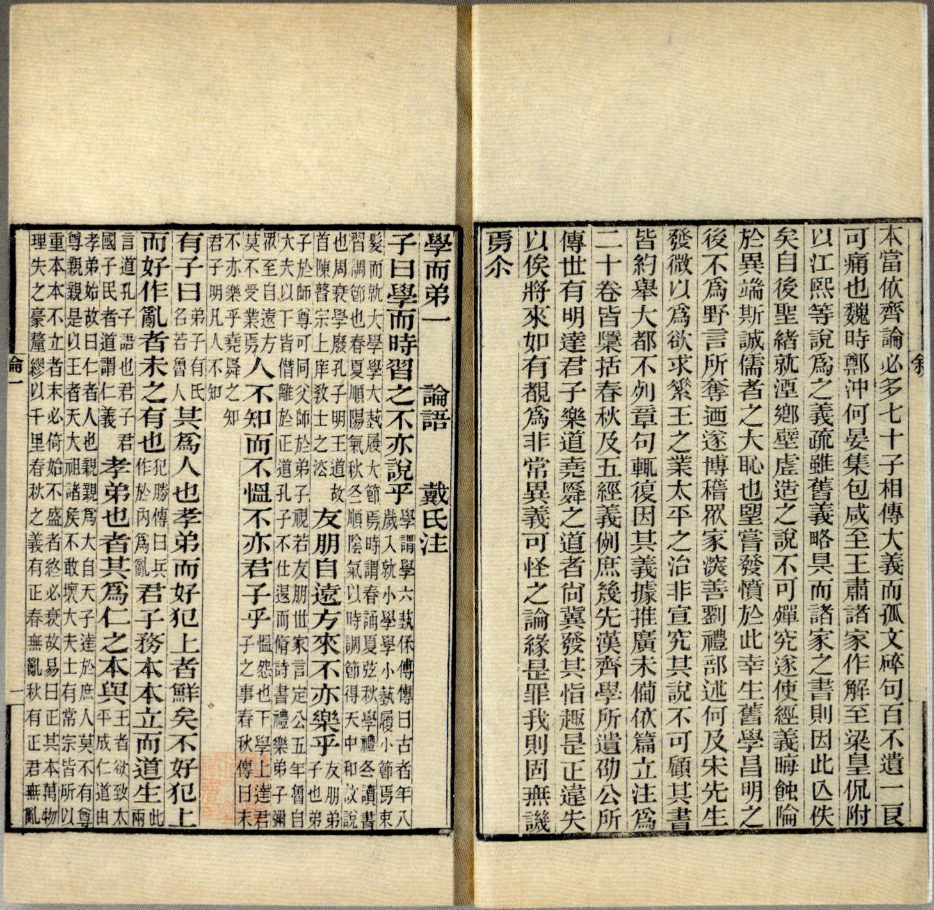

図2《论语》清刊本
中国国家博物馆藏

论语的版本及历史流传

《论语》经历了从口头传授到不同版本流传，再到统一版本形成，以及历代学者不断注解和研究的丰富历程（图2）。《论语》早期版本主要有《古论语》《齐论语》《鲁论语》。西汉安昌侯张禹将《鲁论语》和《齐论语》进行融合和删减，形成了《张侯论》，这个版本后来被广泛接受，并被刻在"熹平石经"上，成为后世《论语》的基础。

■ 狼噬牛纹金牌饰

时代　战国
材质　金
尺寸　长 12.7 厘米，宽 7.4 厘米

发现时间　1972 年
发现地点　内蒙古鄂尔多斯市杭锦旗阿鲁柴登

在春秋战国时期，随着经济往来和战争的推动，中原与周边民族的文化交流日益频繁。草原民族钟爱黄金饰品，上面的动物纹饰栩栩如生。中原文化与草原文化碰撞交融，使得黄金饰品既有草原的粗犷，也有中原的细腻，绘就了一幅多元文化交融的绚丽画卷。

狼噬牛纹金牌饰

黄金上的"动物世界"

天苍苍，野茫茫，风吹草低……四匹狼悄然潜行，目光紧紧锁定着不远处正在悠闲吃草的牛群。嗖的一声，一匹狼闪电般扑向牛群，其他三匹狼迅速跟上，形成合围之势。牛群顿时炸开了锅，四处奔逃，但一头不幸的牛儿已经被狼紧紧咬住，怎么奋力挣扎也无济于事。

这物竞天择的一幕，被巧妙地"冻结"在了一件珍贵的文物上——狼噬牛纹金牌饰。它生动的动物纹饰和精湛的制作工艺，呈现出战国时期草原民族与中原地区文化交流的"混搭"美学。

金牌上细腻丰满的纹饰，描绘了草原上弱肉强食的生动画面。四狼两两相对，其中两匹狼狠咬住牛的脖子，另外两匹紧紧扒在牛背上。工匠巧妙地用牛的背脊将画面一分为二，这种对称的构图，就像是中原地区审美观念的"签名"，为动感十足的画面添上了和谐与平衡的韵致。

在春秋战国时期，草原民族对金器和动物纹饰的喜爱近乎狂热。他们将这份热爱镌刻于服饰之上，镶嵌于武器与日常生活器皿之中，用金与纹彰显身份和地位，传递荣耀。在狼噬牛纹金牌饰中，狼作为草原上的强者，是草原民族力量和智慧的象征；而牛作为重要的牲

① 这种工艺充分利用黄金较软、延展性强的特点,用锤敲金块,使之延伸展开成片状,再按需求打造成各种器形,或进行纹饰加工。

畜,代表着财富和稳定。这两者的交锋,是草原民族对生存法则的深刻理解,也是他们对自然力量的崇拜。

除了狼噬牛纹,在草原民族的金器中,还有大量其他动物纹饰,它们通常具有丰富的寓意。比如马象征着速度、自由和高贵,鹿象征着美丽和纯洁,鹰象征着高瞻远瞩等。这些纹饰不仅表现出草原民族对美的追求、对自然界的观察和理解,也反映了他们的生活习惯与文化信仰。

在金饰的制作上,草原民族与中原地区的工艺也截然不同。草原上的工匠擅长用锤揲①、焊接、透雕和錾刻等技术,让金饰呈现出立体感和动感(图1)。而中原的工匠则更注重

◎ 图1 嵌宝石金牌饰
战国
中国国家博物馆藏

刻画流畅的线条和精细的图案，让饰品透露出一种温文尔雅的气质。但在狼噬牛纹金牌饰上，我们似乎看到粗犷与细腻这两种截然不同的风格，在方寸之间达到了微妙的平衡。

战国时期烽火连天，却是文化交融的黄金时代。生活在中华大地上的各民族，于冲突中交流，于碰撞中融合。他们共享文化成果，为中华民族多元一体的格局打下了坚实的基础。

狼噬牛纹金牌饰是草原民族金饰艺术的杰出代表。那一抹金辉下映出的兽影，更是中国历史上民族文化交融的重要见证。

春秋战国时期的金器工艺

春秋战国时期，我国的黄金制作及加工技艺已显著发展，主要工艺有锤揲、錾刻、铸造、错金银、鎏金及镶嵌等。锤揲工艺通过反复捶打塑造金器形状，錾刻则在金属表面创造精细图案。铸造工艺能制作形状复杂的金器，而错金银工艺则在青铜器上嵌入金银丝，形成鲜明对比。鎏金工艺通过将黄金溶于水银后涂抹于金属上，再加热使水银挥发，直至器物表面呈现金色光泽。镶嵌工艺则将宝石、珍珠等贵重物品镶嵌在金器上，增加其价值和美观性。这些工艺技术的应用与发展，不仅展现了匠人们的高超技艺，也为后世留下了丰富的文化遗产。

大一统王朝时代的开启

公元前 221—公元 220 年

秦汉时期，统一的多民族国家形成。
中国历史进入大一统时代。
中国国家治理的传统模式奠定于这一时期，
官定儒家经典确立于这一时期，
连接中西的丝绸之路正式开辟于这一时期。

POTTERY STORY-TELLER BEATING A DRUM

秦汉时期

- 陶俑
- 琅琊刻石
- "半两"青铜钱、三官"五铢"青铜钱
- "汉并天下"瓦当
- 柘黄菱纹罗"信期绣"
- 封泥
- 错金银云纹青铜犀尊
- 诅盟场面青铜贮贝器
- 耧车(模型)
- 金缕玉柙
- 青铜染器
- 旱滩坡带字纸
- "熹平石经"残石
- 击鼓说唱俑
- 宅院画像砖

陶俑

时代　秦
材质　陶
尺寸　高约190厘米

发现时间　1974年
发现地点　陕西临潼秦始皇陵兵马俑坑

"秦王扫六合，虎视何雄哉！"秦王嬴政以赫赫雄师统一中国，也将这些战士、战马以陶俑的形式带入陵墓。陶俑绘塑工艺高超，风格极度写实，展现了虎狼之师的铮铮锐气与肃杀威严，彰显了秦王朝大国崛起的精神气质。

陶俑

始皇帝的『地下军团』

2005年,《中国国家地理》编辑部曾做过一个颇有趣味的调查,发现现代中国男性与秦兵马俑之间,竟然有许多相似的面孔。

不仅如此,秦始皇皇陵中的兵马俑几乎"千人千面"、各具风采:步兵俑英姿飒爽,跪射俑潇洒威猛,将军俑则睿智神武……人物塑造从脸型、身材到发髻造型,甚至面部微表情,都各有差异,身上的铠甲、衣服的皱褶,也都被塑造得一丝不苟,甚至鞋底疏密错落的针脚都清晰可见。仿佛照着当年秦军将士的真容刻画出来的。兵马俑的每一个细节都透露出制作者的匠心独运。

从目前发掘的陶俑来看,这支部队包括步兵、骑兵、车兵三大兵种,规模之宏大,工艺之精湛,令人叹为观止。它们以泥土塑型,由火焰烧制而成,平均身高1.8米,与真人无异,其生动传神

◉ **图1 陶马**
秦
中国国家博物馆藏

之处，让人仿佛能听到战场上的呐喊与战马（图1）的马蹄声。这不仅是一个庞大的陶俑军团，更是古代军事艺术的巅峰之作。

然而，在那个没有数字扫描与3D打印的时代，秦朝的工匠们是如何创造出这一旷世奇观的呢？

考古工作者发现，这些陶俑的身躯是中空的，内部表面有一圈一圈的纹理，甚至还留有工匠指纹的痕迹。这些都让人推想，陶俑或许是用古老的"泥条盘筑"法制作的。工匠们用揉搓好的泥条一圈一圈盘出双腿和躯干，再把做好的双臂、双手和头，分别组装到身体上。陶俑的耳朵、发丝、眼睛、眉毛、胡须，以及身上的种种细节，都是工匠在粗泥胎上一点一点精雕细琢出的，所以这些兵马俑，每一个都独一无二。

不仅如此，工匠还依据秦军的军服，在陶俑表面仔细涂上颜料，紫色的战袍、褐色的铠甲、绿色的军裤……遗憾的是，那些曾经与真人无异的肤色以及战袍与铠甲的色彩，如今多已消失殆尽，只留下斑驳的痕迹供人遐想。即便如此，兵马俑依旧以其磅礴的气势，诉说着秦王朝的辉煌与秦军的勇猛。每一尊陶俑都散发着"秦王扫六合，虎视何雄哉"的霸气。

秦国的兵士在战场上为何能如此"铁

血"？这就不得不提到秦国的军事制度——军功爵制。

这项由秦孝公通过商鞅变法推行的政策，如同古代的"职场晋升通道"。它不问出身，只要在战场上建功立业，任何人都有机会从最低等级的公士，一直晋升到最高等级的食邑万户、岁俸千石的彻侯。这在秦代，几乎是让每一个普通士兵都有了跨越阶层、改变命运的可能。这种制度，激发了秦人的无限勇气与战斗力，使秦军迅速在六国征战中成为战斗力王者，也进而成就了"勇于公战"的社会风气。

最终，秦统一六国，结束了长达数百年的诸侯割据纷争，建立起古代中国第一个大一统的王朝——秦朝。秦王嬴政认为他在文治武功上都开创了新纪元，功劳远胜三皇五帝，于是称自己为"始皇帝"。为了死后仍可享受生前的荣光，他还在自己的皇陵埋下了让世界为之赞叹的秦兵马俑。

这支在地下沉睡了2000多年的"军队"，再现了秦军的威猛气势。透过兵马俑，你会看到秦军身上坚毅、自信与昂扬的气质，传承至今。

● 图2 青铜弩机
秦
中国国家博物馆藏

弩兵军阵由立射陶俑和跪射陶俑组成，士兵们手持的弩是远程射杀型武器，主要由弓、弩臂和弩机等构成。

秦兵马俑坑的"组织架构"

秦始皇皇陵的兵马俑一号坑是由众多兵俑排列成的一个长方形军阵，分为前锋、主体、侧翼和后卫四个部分，最为雄伟壮观。二号坑是由不同兵种组成的四个独立方阵，分别是车兵阵、骑兵阵、弩兵阵（图2）和混合方阵。三号坑占地面积最小，却是统率一、二号兵马俑坑的军事指挥部。

■ **琅琊刻石**

时代　秦
材质　石
尺寸　现存残石为竖直的长方体，
　　　高 132.2 厘米，宽 65.8~71.3 厘米，厚 36.2 厘米

秦王扫六合，琅琊纪功业。秦始皇统一中国后，东临琅琊，勒石以颂功名，琅琊刻石由此诞生。一方古朴的摩崖石刻历经沧桑，昭示着千古一帝的大一统宣言，也铭刻着秦始皇"万里同风"统一制度的宏图伟业。

琅琊刻石
千古一帝的不朽丰碑

有人说,评价秦代,只需要一张中国地图,或者一本汉字字典。这一象征性的说法将秦始皇统一六国与文字的功绩,体现得十分具象。而2000多年前,有一方刊刻于秦代的石碑,则更加细致地记录了这位千古一帝的丰功伟业,它就是琅琊刻石。

琅琊刻石立于"东海之滨"琅琊台(今山东青岛黄岛区),刻石分为两部分,原文近600字,相传为丞相李斯所书。前半部分"始皇颂诗"刻于秦始皇二十八年(公元前219年),后半部分"二世诏书"刻于秦二世元年(公元前209年)。因历年风雨剥蚀,中国国家博物馆收藏的这件琅琊刻石残石上,只留有13行87字,大部分文字都是秦二世补刻的诏书内容。

秦始皇父子二人,为何在短短十年之间,相继来到琅琊台,并在同一块石碑上镌刻下文字呢?这就要从秦始皇兴师动众的巡行说起。来自关中的始皇帝,可以说是对"山东"情有独钟,或许是相信东方渤海之上存在着长生不死的神仙世界。那时的"山东"是指崤山以东地区,远比今日的山东省范围大,是刚刚取得不久的东方六国之地。

公元前219年,始皇帝的车驾浩浩荡荡地由咸阳出发,踏访"山东",开启了第二次巡游,随行官员中就有当时尚为卿的李斯。秦始皇远道而来的主要目的,除"巡视"郡县、宣扬

◐ 图1 琅琊刻石局部

"皇威"外,还为了登临泰山祭祀天地,谓之"封禅"[1]。始皇帝自泰山下来后,巡视琅琊,停留长达三个月之久,并于此处刻石颂德,镌刻下昭示东方、垂范后世的始皇颂诗。

这部分刻辞的字迹大多已泯灭,所幸我们可以从《史记·秦始皇本纪》当中,一窥碑文上的刻辞内容。碑文中以"功盖五帝,泽及牛马"等敬慕赞美之词,颂扬秦始皇一统海内的功绩。而这些功绩,于历史上都有哪些具体表现呢?

秦始皇统一六国后,对商鞅变法以来的法律加以补充和修订,强调"端平法度,万物之纪"。对六国原有律令除吸收有用的条文外,其余悉数废除,制定了通行全境的法律,注重法治成为秦政的特色。湖北云梦出土的睡虎地秦简和湖南大学岳麓书院购藏的秦简就反映了秦律的繁复严苛。用现代

[1] 在春秋战国时代,齐、鲁为文化中心。当时的人们认为人间的帝王应到泰山去祭祀,表示受命于"天",在泰山上祭谓之"封",在泰山南边的梁父山下祭谓之"禅",故称为"封禅"。

法律观念看，秦律已涉及刑法、民法、经济法、诉讼法、行政法和军法等多方面内容。

在秦统一之前，七国文字书写各异，不但妨碍政令执行，而且影响着经济、文化的发展。例如，秦统一后，诏书至桂林，一般人都不认识上面的文字。可见统一文字已成为当务之急。秦始皇命令丞相李斯等人对文字进行整理。"罢其不与秦文合者"，制定标准文字，颁行全国，从此"书同文字"。琅琊刻石上的文字就是秦始皇"书同文字"之后的标准小篆（图1）。秦始皇统一文字，使政令畅达、交流顺畅，对于巩固国家统一起了重大作用。

为改变以前各诸侯国所用长度、容量和重量标准不一的情况，朝廷规定以秦制为基础，统一度量衡，向全国颁行新的统一的度量衡制度（图2）以及由国家统一标准监制的度

● **图2 两诏青铜版**
秦
中国国家博物馆藏

这件诏版为秦始皇、秦二世的双诏版。为使统一度量衡的政令家喻户晓，政府制作了大量刻有诏书的诏版广布天下。此版原是用于铸造大字诏版的部分铜范，后又在反面加刻诏书。

◐ **图 3 青铜量**
秦
中国国家博物馆藏

这两件铜量均为秦统一量器的标准器，铭文写有秦始皇二十六年（公元前 221 年）统一度量衡的诏书。

量衡标准器（图 3），并实行统一的货币制度，由国家专门铸造"半两"铜币。正是这些措施，进一步促进了经济和商业的发展。

秦始皇还在全国范围统一车轨宽度，大车的两轮之间，皆宽"六尺"，史称"车同轨"。加之大修驰道、经略边疆，一个以咸阳为中心的四通八达的交通网把全国各地联系在一起，加强了对全国各区域的有效管控。

公元前 209 年，秦二世胡亥效仿其父东巡，在始皇所立琅琊刻石旁又补刻下"二世诏书"，表明自己会将父亲的法令持续推行下去。但仅两年后，秦朝就灭亡了。苛刻的赋税、繁重的徭役激起了民众的强烈不满，人们揭竿而起，"伐无道，诛暴秦"，很快就推翻了秦王朝的统治。作为中国历史上第一个大一统的王朝，秦朝国祚虽短，但建立了一整套国家治理体系，奠定了中国 2000 多年政治体制的基本模式。刻石犹如历史宝典，向我们展示着历久弥新的政治智慧与历史自信。

秦朝的天下有多大？

2200 多年前的秦朝版图幅员辽阔，它以咸阳为中心，东起大海、西至陇西、北抵阴山、南到岭南。

◯ "半两"青铜钱

时代　秦
材质　青铜
尺寸　直径3～3.6厘米

◯ 三官"五铢"青铜钱

时代　西汉
材质　青铜
尺寸　直径2.5厘米

孔方万象，一部钱币史就是一部中国社会发展史。从周圆函方的半两钱到寰宇方圆的五铢钱，方寸之间，一枚枚锈迹斑驳的方孔圆钱，勾连起宏大的历史叙事。且听秦汉"孔方兄"道来！

"半两"青铜钱、三官"五铢"青铜钱

秦汉"孔方兄"

"孔方兄"是古人对钱的别称，与钱亲切地"称兄道弟"，实则是古人幽默的谐音梗。钱（錢）字由一个"金"、两个"戈"构成，"戈"与"哥"音同，所以称其为"兄"。而铜钱中间又留有方孔，所以便叫它"孔方兄"。

圆形方孔的铜钱，是我国货币史中使用时间最长的货币形制。早在战国中晚期，秦、齐、燕等国就使用过不同样式的方孔圆钱。秦孝公任用商鞅主持变法十余年，秦一跃升为七雄之首，其子秦惠文王为方便与各诸侯国进行商贸活动，下令铸造半两钱，面文为小篆体的"半两"。至此，半两钱成为贯穿秦国历史的最为重要的货币。

秦朝建立后，为加强国家对经济的管理，促进各地经济的交流，秦始皇下令废除战国时纷繁复杂的六国币制，在全国范围内统一推行以两、铢为计量单位的计重货币制度，并将钱币的形制以法律形式固定下来。确立黄金和半两钱（图1）为全国统一的法定货币。黄金为上币，用于帝王赏赐、富商大额交易等；圆形方孔的半两青铜钱为下币，供日常交易所用。秦半

◐ 图 1 石范

秦

中国国家博物馆藏

这种石范为铸造半两钱的石范。

两在全国的通行,标志我国货币结束了形态各异、重量悬殊的杂乱状态,是古代货币史上由杂乱向规范的一次重大转折。

汉承秦制,铜钱也沿用了半两钱制。经历楚汉战争后,汉初经济凋敝,汉高祖刘邦实行休养生息和铸币权下放的政策,又以"秦钱重难用"为由,颁布了"更令民铸钱"的法令,规定将秦时法重 12 铢的半两钱[1]减重至 3 铢上下,面文仍为"半两",并允许民间自由鼓铸。而实际铸出的钱币既轻且薄,形状似榆荚,有的甚至直径不足 1 厘米,重量也不足 1 克,被形象地称为榆荚半两(图 2)。市面上的榆荚钱越来越多,更有一些唯利是图的商人为牟取暴利囤积居奇,导致物价飞涨、通货膨胀,以至于每石米高达万钱,马匹至百金。

此外,汉初币制频频更改,"半两"名不符实,劣币驱逐良币的现象愈演愈烈,不法者"磨钱取鋊[2]",一时盗铸如云

[1] 秦规定 24 铢为 1 两,秦统一六国后,统一半两币制,每枚钱合秦制 12 铢。秦汉 1 两约合今天的 16 克,半两约 8 克。但从目前秦半两钱实物来看,轻重有差别。

[2] 从铜钱的内缘外廓磨剪下铜料,熔后再铸私钱。

而起,困扰了西汉前期数十年。这种混乱的货币现象直到汉武帝时期五铢钱出现后才宣告终结。

汉武帝时期,国力强盛,出于应对汉匈战争和加强对社会经济控制的目的,币制革新迫在眉睫。公元前118年,汉武帝正式发行五铢钱,将钱的重量定为五铢,交由郡国铸造,史称"郡国五铢"。为整顿郡国、加强中央集权、促进经济发展,公元前113年,在"理财专家"桑弘羊的建议下,汉武帝将铸币权收归中央,成立专门的铸币机构——由上林苑的"钟官""辨铜""技巧"[3]三个机构统一铸造五铢钱,史称"上林三官五铢"(图3)。

◉ 图2 榆荚半两
西汉
中国国家博物馆藏

[3] 钟官负责铸造,辨铜负责审查铜的质量成色,技巧负责刻范。

◉ 图3 上林三官"五铢"青铜钱

④ 西汉衡制24铢为1两，16两为1斤。西汉时的1斤约为现在的250克，因此1铢约为0.65克，所以五铢换算重量约为3.3克。

● 图4 具有外郭和内郭的五铢钱

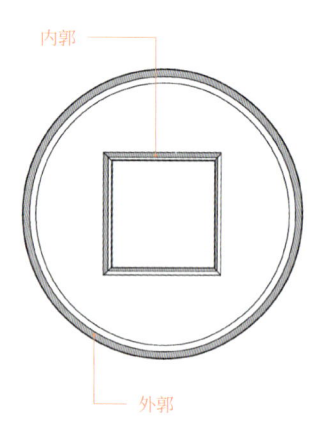

内郭
外郭

那么，五铢钱的重量大概是多少呢？

根据西汉衡制推算，五铢换算重量约为3.3克[④]。由于古代称量精确度有限，各朝制钱或有增重、减重等情况，目前发现的西汉五铢钱的重量主要集中在3.5~4克之间。因为五铢钱大小轻重适宜，它成为后世历代方孔圆钱单枚的重量标准。值得一提的是，我国于2002年发行的黄铜合金伍角硬币的重量为3.8克，与西汉五铢钱币的重量大体相当。

五铢钱也具有更为先进的形制，正反两面均有外郭（图4），外郭同文字的高低相同，这样就能很好地保护钱文，使其不易磨损，经久耐用。从郡国五铢成为西汉的法定货币开始，一直到唐高祖武德四年（621年）被"开元通宝"取代，前后700多年的时间里，"五铢"钱一直是古代中国的主流货币。

寰宇方圆，透过小小的钱币，我们得以在方孔圆钱的方寸之间一窥秦汉的社会生活与历史文化的变迁。一代一代的"孔方兄"，也共同见证了古代中国的社会发展、文明进步与技术演进。

● 图 5 "一刀平五千"青铜钱
新朝
中国国家博物馆藏

金错刀

公元 8 年，外戚王莽代汉称帝，建立了新朝。自王莽逐渐控制西汉朝政以来，为了摆脱困境，他托古改制，多次在货币、官职等方面进行改革，但并没有取得理想的效果，反而给社会经济带来了很大混乱。其间使用的"一刀平五千"青铜钱（图 5）见证了新莽这一疯狂的币制改革。当时硬性规定 1 枚这种铜币相当于 5000 枚五铢钱，两枚可兑换 1 斤黄金。通过发行虚值大币，王莽巧取豪夺，从民间掠夺了大量财富，充盈国库。不可否认的是，王莽时期的铸币古拙秀美，且铜质绝好，这枚铜币上半部为方孔圆钱，钱文"一刀"采用了错金工艺，也因此被称为"金错刀"，为历代藏家珍视。

"汉并天下"瓦当

时代 西汉
材质 砖瓦
尺寸 直径约17厘米

发现地点 陕西西安汉长安城遗址

"汉并天下"四字一出,一种纵横捭阖的豪迈之气油然而生,不由得让人回想起秦汉之际,那秦崩、楚亡、汉兴的澎湃岁月。让我们跟随这片瓦当,一起回顾"汉并天下"的波澜历程。

"汉并天下"瓦当

秦砖汉瓦里的楚汉之争

瓦当[1]，是中国建筑的独有构件，始制于约3000年前的西周。瓦当（图1）虽不过方寸，但其精致的雕刻纹饰却包罗天地万象。汉代瓦当主要有几何纹瓦当、动物纹瓦当和文字图案瓦当三大类。譬如这件带有国号的文字瓦当，其上清晰地写有"汉并天下"四字，就是为纪念刘邦战胜项羽而作的。它不仅昭示着天下一统、汉朝初立，也承载着一个激荡起伏的故事。不过这个故事，要从动荡的秦末开始讲起。

公元前209年，一队前往渔阳（今北京密云）戍边的贫民共有900人，他们行至大泽乡（今属安徽宿州）时，遇因连天大雨而引发的洪水，道路被淹没。这场雨不仅浇透了他们的衣衫，也"浇凉"了他们原定的计划，无论如何，都无法如期赶到戍地了。按秦法，戍卒"失期当斩"，大伙儿为了求生，便在陈胜、吴广的领导下，开始了他们反抗秦二世暴政的斗争。

这就是历史上著名的"大泽乡起义"，起义的背后实则是百姓们再也忍受不了严刑峻法、沉重赋税及繁重徭役，于是纷纷响应，揭竿而起。虽然陈胜、吴广起义仅半年即在秦军主力进攻下以失败而告终，但之后反秦浪潮此起彼伏。其中，就有"力拔山兮气盖世"的

● 图1 葵纹瓦当
秦
中国国家博物馆藏

这件瓦当出土于阿房宫遗址。"阿房阿房，亡始皇"，秦始皇修建如此宏大的宫殿，给百姓造成了沉重的负担，加速了秦的崩溃。

① 瓦当俗称瓦头，是古代建筑檐头筒瓦前端的遮挡，起着保护木制飞檐和美化屋面轮廓的作用。在瓦当上模印文字用以装饰，在汉代新兴并盛极一时。其中吉语文字尤多，如"长乐未央"等。

② 秦官名。亭长主要负责抓捕盗贼等治安工作。

西楚霸王项羽和后来建立汉朝的汉高祖刘邦。

刘邦出身微贱，原来只是泗水（今属江苏）亭长[2]，但他知人善任，积蓄力量，在斗争中日益壮大。巨鹿之战，项羽以少胜多大败秦军主力。与此同时，刘邦统领的军队乘虚直取关中，顺利地完成了攻克暴秦大本营的既定目标。秦朝统治集团在强大的反秦浪潮下分崩离析，灭亡已成定势。

公元前207年，刘邦攻占咸阳，秦朝覆灭。项羽后入关中，并摆下鸿门宴，刘邦、项羽集团之间关系紧张，大战一触即发。项羽自恃功高兵强，自立为西楚霸王，企图主宰天下。先入关中的刘邦，本应受封"关中王"，却因项羽的猜忌，仅被封为汉王，困锁于汉中。不久后，项羽又派人暗杀了义帝，在道义和利益上都引起了各方势力的不满，于是各地纷纷叛乱。刘邦乘机"明修栈道，暗度陈仓"从汉中北上，占领了关中，拉开了为期四年的楚汉战争的序幕。

与项羽刚愎自用的政治策略不同，刘邦积极网罗人才，注重对民众和降将的安抚，体恤民情，实行宽厚政治，废除秦朝苛法，在关中与父老乡亲约法三章，杀人者死、伤人和偷盗要判以相应的处罚，因此深得民心。他在与项羽的长期拉锯战中，尽可能地联合各地反对项羽的势力，侵扰、消耗项羽的后方，终于渐渐取得战略上的优势。

公元前202年，项羽被汉兵围困于垓下，四面楚歌，一代霸王最终在乌江江畔自刎，壮烈告别这个动荡的时代。同年，刘邦称帝，定都长安（今陕西西安西北），一统天下的汉王朝由此建立。

西汉建立之初，经济凋敝，社会残破。为了巩固政权和稳定社会局势，采取休养生息的政策，基本上沿用秦朝的政治制度，中央机构由三公九卿组成，皇帝权力至高无上，地方行政基本上是郡县制。与此同时，在秦制的基础上进行了一定的调整与改进，如减轻赋税、鼓励生产，实行郡国并行制③，在秦律基础上制定汉朝律令体系，宽减刑罚，以及建立比秦时更为完备的武装力量，等等。史称"汉承秦制，有所损益"。通过多年治理，大汉由"并天下"到"安天下"的盛景得以实现。

遥想2000年前，这方小小的瓦当，曾存在于长安城的大殿屋檐之上，见证了西汉建立及兴盛的历史。它不仅象征着一个辉煌王朝的崛起，也让后世得以知晓，在风云变幻的历史长河中，普愿民心，才能征信天下。

③ 在楚汉战争中，刘邦为了集中力量战胜强大的对手项羽，分封韩信、彭越、英布等人为诸侯王以取得他们的支持。汉初保留的这些异姓王，却成为威胁中央的隐患。刘邦在剪除异姓王的同时，又分封了一批刘姓子弟为诸侯王。同时，刘邦在地方上继续实行郡县制。这种郡县与诸侯王国并行的制度，被称为"郡国并行制"。

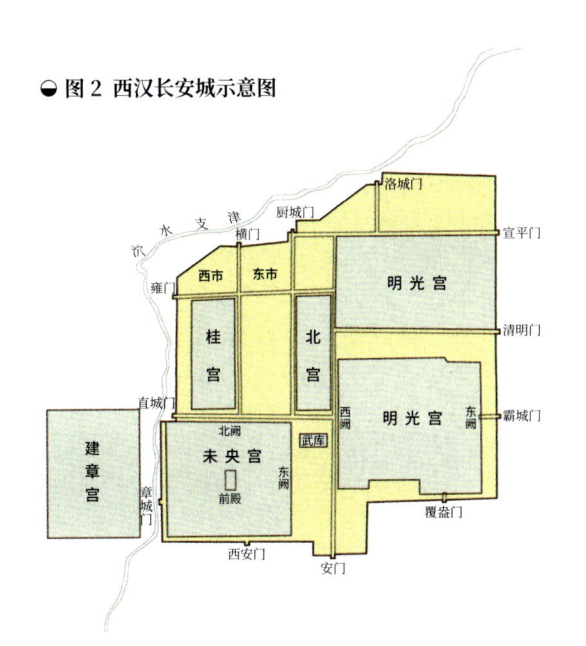

○ 图2 西汉长安城示意图

西汉长安城有多大？

城墙周长约25.7千米，全城有12个宽阔的城门和纵横交错的街道。城内分布有宫殿、官署、武器库，以及商业区、手工业区和住宅区（图2）。城外有园林、离宫和众多的陵邑，相当于"卫星城"。包括离宫和陵邑在内，其范围大致相当于今天北京的"六环"内区域。它是当时世界上规模最大的城市，代表着西汉的强盛。

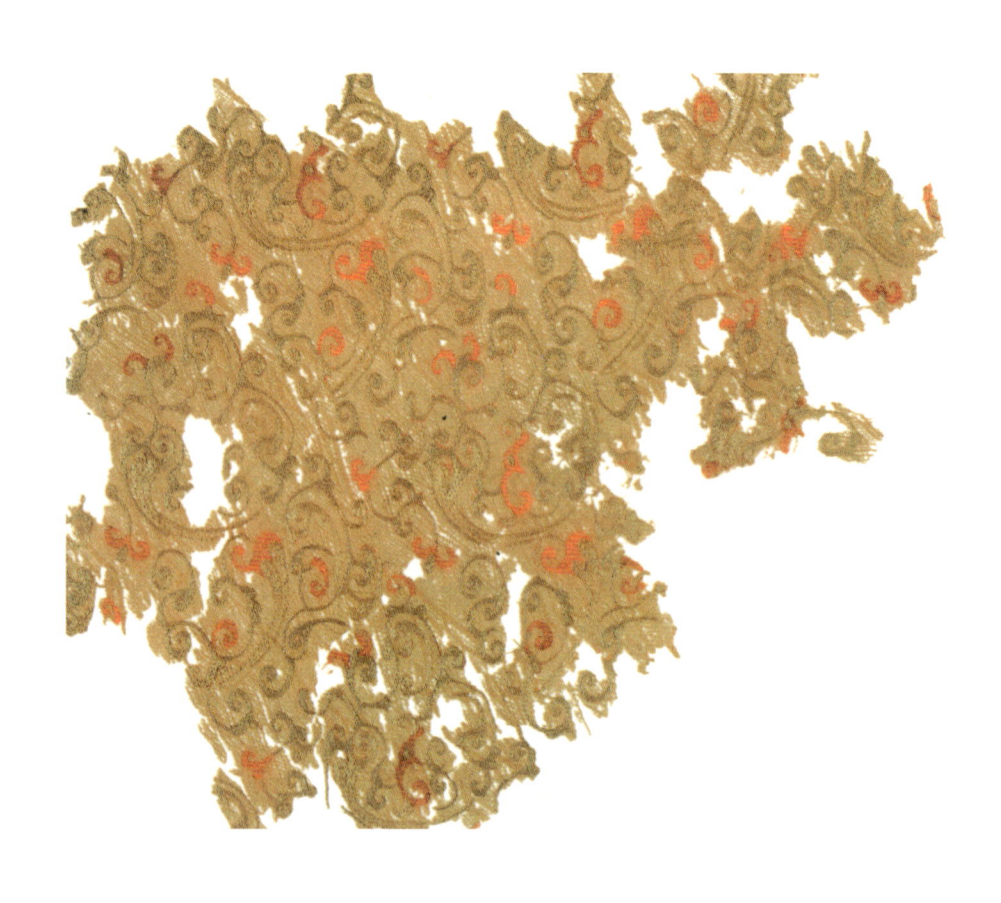

柘黄菱纹罗"信期绣"

时代	西汉	发现时间	1972 年
材质	丝织品	发现地点	湖南长沙马王堆一号汉墓
尺寸	长 24 厘米,宽 21 厘米		

忠以写意,信以期远。流云飞卷,燕子北归。一片来自 2000 年前的丝织品信期绣,让我们一窥西汉丝织业高度发达的技艺水平,也一同领略 2000 年前"彼美人兮"的汉服之美。

柘黄菱纹罗"信期绣"

抽丝织作绣神奇

燕子是南迁北归的候鸟，每逢春日，它定不负人们的信任与期待，不远万里归来。因此，燕子也被称为"信期"。也许是因为这美好的寓意，人们用穗状流云、卷枝花草等连续的纹样，一针一线于衣袍、香囊和手套等丝织物上拼绣成似燕子的长尾小鸟，并以燕子迁徙这一生物习性给这特殊的刺绣样式赋名为"信期绣"，这也使得绣片更具韵味。

中国国家博物馆收藏的这件"信期绣"绣作，出土于马王堆汉墓，是一块有2000年历史的丝绸残片，准确说是一块罗——一种质地柔软的绞纱织物。其工艺是：先在罗上织满菱形纹样，再以锁绣法用朱红、浅棕红等色丝线绣出信期绣样。虽是残片，但仍可见当初的飘逸流美，给人一种"似燕归来"的翩然遐想。

马王堆汉墓出土的绣品，不仅品类齐全，而且图案多样，除了信期绣外，还有乘云绣（图1）、长寿绣（图2）等多种绣样。汉代能有众多华丽精美的绣品，除了有高超的织绣工艺外，还离不开缫丝织布技术的进步。

中国是世界上最早开始养蚕并织造丝绸的国家，已有六七千年之久。据说在远古时期，"嫘祖栽桑蚕吐丝，抽丝织作绣神奇"。在嫘祖的传授和带领下，越来越多的人学会了种桑养蚕，织出丝绸，逐步结束了以兽皮为衣的时代。在

◐ 图1 乘云绣
西汉
中国国家博物馆藏

很长一段时间内，中国是唯一掌握这种技术的国家。

至汉代，中国丝织技术获得充分发展，堪称丝织品制作的第一个黄金时代。当时的长安是全国丝织业的中心，设有东西织室，织工和作坊众多，官营手工业作坊以生产比较贵重的锦、绣、纱等为主。生产这些高级丝织物，除依靠精湛的技术外，纺织工具的革新也很重要。纺车在汉代已相当普及，同时还出现了织造提花织物的机械——提花机。四川成都老官山汉墓就曾出土四台木制提花织机模型。从马王堆色彩绚丽的织锦可以看出，西汉不仅已采用提花机，而且提花技术已经达到很高水平，绿、褐、红等染色工艺也较战国有了新突破。正因如此，汉代人得以为衣饰注入了丰富的想象空间。高贵雅致的面料、生动有趣的图案、灵活多变的绕襟曲裾式样，成为汉代贵族女性的时尚。

西汉时期，得益于丝绸之路[1]的开辟，丝织品更是开启了世界历史上第一次东西方大规模的商贸交流的契机。汉朝和西域的使者、商人们载着中国的丝绸等货物，穿过河西走

[1] 西汉，张骞开辟了一条自长安出发，经河西走廊和天山南路，直达中亚、西亚的陆路通道。这条横亘欧亚的陆上交通道路，后世称为"丝绸之路"。

廊，经西域运往中亚、西亚，再到达更远的欧洲和北非。最初，中国的丝绸传到海外时，每到一个地方都会引起轰动。欧洲人将其视为无价之宝，争相购买。据说，罗马共和国领袖恺撒曾经身着华丽的中国丝绸去看戏，受到了整个剧场的关注，在场的观众一个个无心观剧，都把目光投向他的丝袍。

此后，中国的名字总是和丝绸联系在一起，以古希腊人、古罗马人为代表的古代欧洲很早就称中国为"赛里斯"（Seres），意思是"产丝之国"[2]。

丝绸，逐渐成为一张让中国享誉世界的名片。图案与色彩交相辉映，绣有华美纹饰的古老织物超越时间和地域的限制，成为连接古今与中外的纽带。它们不仅向后人展示了汉代丝织技术、刺绣工艺的高度发达，更为后人讲述了昔日繁荣的"丝国"风貌，呈现出绚丽多彩的衣饰之美。

◆ **图2 "长寿绣" 黄绢**
西汉
中国国家博物馆藏

② 希腊史学家克泰夏斯（Ctesias）在其著作中用"赛里斯"（Seres）来称呼产丝的中国。公元1世纪，罗马博物学家普林尼在其书中这样写道："赛里斯国林中产丝，驰名宇内。丝生于树叶上，取出，湿之于水，理之成丝，后织成锦绣文绮，贩运至罗马。"

◆ **图3 西汉女性装扮**
女子所穿的曲裾深衣是参照马王堆杯纹罗地"信期绣"丝绵袍设计而成的。

"衣裳相连，被体深邃"——深衣

商周时期，华夏族的服装为分开的上衣下裳。在春秋、战国之交，开始流行上衣下裳互相连属的新式服装，称为"深衣"。衣服下摆向后拥掩形成的曲裾（图3），解决了上下衣相连后出现的新问题。深衣为什么要裁制出此类曲裾呢？因为汉代以前，传统服装中的内衣，特别是裤，还相当不完备。为了使内衣"深藏不露"，所以衣服的下襟不开衩。蔽体完密而又不妨碍行走的曲裾深衣因此广受欢迎。因其便利性，这种服式从战国一直流行到魏晋。

■ **封泥**

时代 西汉
材质 陶
尺寸 边长约 2.2 厘米,厚 0.4 厘米

发现时间 1938 年
发现地点 陕西城固张骞墓

这是一块印有"博望□造"的带字陶片,它的主人就是大名鼎鼎的西汉博望侯张骞。张骞"凿空"西域,他一路上经历了哪些艰难险阻,又有怎样特殊际遇呢?让我们借由这枚封泥,跟随张骞重启西行之旅吧。

封泥
"凿空"者的印证

在"秦时明月汉时关"的吟咏中,"关"所指的是阳关与玉门关,它们如同汉朝西陲的青铜锁钥,既镇守着中原的疆界,又将一片神秘的天地隔断在驼铃与烽烟交织的远方,这片天地就是西域。在汉初统治者眼里,西域是一个可望而不可即的世界,那里山脉纵横、草原广阔、戈壁无垠,在金色的沙漠之海中缀着一块块绿洲,孕育着大宛、大月氏、楼兰和乌孙等众多西域小国。

公元前141年,汉武帝即位,面对匈奴的威胁,他决心一反汉高祖以来的隐忍退让,采取主动进攻的政策。得知月氏战败于匈奴,不仅被赶出祁连山沿线,连国王的头骨都被制成匈奴单于的饮酒器后,汉武帝决定与不甘屈辱的大月氏结盟,共同夹击匈奴,并公开招募使者出使大月氏[1]。就在此时,郎官张骞毛遂自荐,接受了这个似乎有去无回的重任,踏上了去往西域的道路(图1)。

张骞率领一支百余人的队伍,以胡人堂邑父为向导,踏上了第一次西域之行。他们渡过黄河,穿越沙漠,依靠日月星辰辨别方向,日夜兼程。然而,匈奴人很快侦察到他们的动向,张骞还未到达大月氏,便被匈奴人先一步扣留下来。在被囚禁的岁月里,张

● **图1 敦煌莫高窟323窟的壁画**

唐

此壁画是后人对张骞出使西域的想象图，描绘了汉武帝为张骞送行的画面。

[1] 秦至汉初游牧于今甘肃河西走廊一带，称月氏。西汉文帝初年遭匈奴冒顿单于攻击，被迫西迁，过大宛，西击大夏，使之臣服，并在妫水北（今阿姆河北）建立政权，史称大月氏。

骞从未忘记自己的使命。他默记匈奴的地形、道路、沙漠、水源等地理情况，等待时机逃脱匈奴。终于在十年后，他找到了机会，一路跋山涉水，历经艰辛，最终抵达大月氏。然而，此时的大月氏已安居乐业，放弃了复仇的念头。历经波折的张骞，终于在十三年后重新回到汉朝。虽然是无功而返，但他为汉朝人带来了一个从未看到过、听到过的广阔世界。

不久后，张骞凭借自己在匈奴生活过的经验，随大将军卫青一起出征，讨伐匈奴。他熟知水草丰美之地，使军队免受饥渴之苦。因向导有功，张骞被封为博望侯，"博望"即"广博瞻望"之意。出土的"博望□造"封泥，既是张骞曾受封为侯的印记，也是他对"凿空[2]"西域这段历史的独特印记。泥块上阳文篆书线条刚劲有力，边框装饰的云气纹若隐若现，正是典型的西汉官印风格。或许它曾封印过往来西域的丝绸文书，又或是随军需物资远赴大漠，但无论如何，封泥都是国家意志的确认（图2）。

公元前119年，汉武帝再次命令张骞出使西域，意图联合乌孙共同抗击匈奴。此行虽未实现预期目标，但是"西北国始通于汉矣"——西域许多国家与汉朝建立了正式的官方关系。自首都长安出发，经河西走廊、天山南路，直达中亚、西亚的陆路交通也逐步开辟。精美的丝绸循着这条路，输往西方国家；这些国家的奇珍异宝也流入中国。这条沟通中西文化的重要通道，后来被称为"丝绸之路"。

丝绸之路的开通，促进了物质、技术的交流，同时也推动了文化的交融。中原地区的先进技术，如冶铁技术、井渠法、造纸术等，不断西传；中亚、西亚等地的特产如毛布、毛毡、汗血马以及石榴、苜蓿、芝麻、胡桃等也相继传入中国。此外，中亚的胡笛等乐器和歌舞，丰富了中原地区人民的文娱生活；通过丝绸之路传入的佛教，更是极大影响了中国人的精神世界。

"德不孤，必有邻""志合者，不以山海为远"。基于这样的历史经验以及中国古丝绸之路留下的宝贵启示，2013年，"一带一路"倡议应运而生。这，不是中国一家的独奏，而是沿线国家的合唱。而那枚"博望□造"的封泥，也成为这段辉煌历史中不可或缺的一部分，永远镌刻在人们的心中。

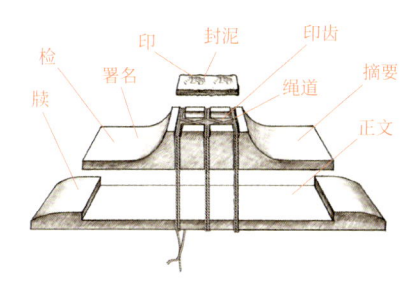

● 图2 木牍"三缄其口"封检工艺示意图

引自关迪《古鄯善国佉卢文简牍的形制、功用与辨伪》。封泥是中国古代用于封缄并加盖印章的泥块。古人将公文、信件写于木牍之上，在文字表面盖上另一块木板，然后用绳索捆缚，系结处封以泥，用印章压上印文，便形成了封泥。

② "凿空"本义为开通道路，司马迁在《史记·大宛列传》中对张骞通西域的历史功绩予以高度赞赏，"然张骞凿空，其后使往者皆称博望侯，以为质于外国，外国由此信之"，张骞"凿空"的说法为后世广为沿用。

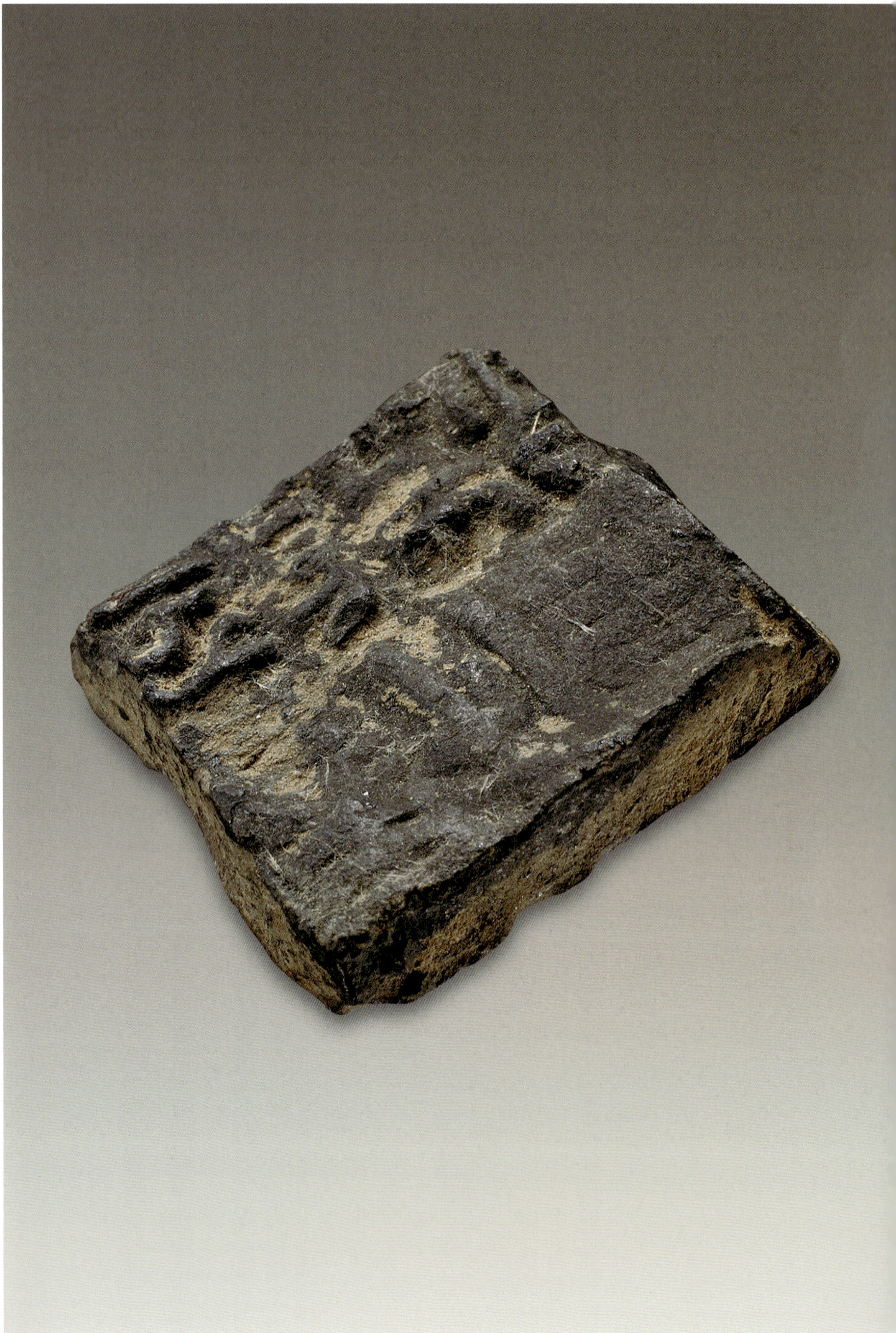

◯ **图 3 彩绣云纹香囊**
东汉
中国国家博物馆藏

这件刺绣香囊出土于新疆楼兰遗址，反映了汉代多元文化相互交融的特点。

◯ **图 4 "延年益寿大宜子孙"锦袜**
东汉
中国国家博物馆藏

这件锦袜出土于新疆维吾尔自治区民丰县北的尼雅河沿岸，反映了当年绿洲王国——精绝国特有的文化风貌。

西域

历史上的西域有广义和狭义之分。狭义的西域指阳关和玉门关以西、葱岭以东的天山南北地区，即今新疆地区；广义的西域则还包括今中亚、西亚、印度半岛、欧洲东部等广大地区。汉初，在天山南北（大部分在天山南部）分布着楼兰（图3）、精绝（图4）、于阗、车师、龟兹、疏勒等36个小国，有的以农业为主，有的以游牧为生。公元前2世纪初，匈奴冒顿单于征服了西域，掠夺人口。汉武帝时，开始大规模对匈奴作战，卫青、霍去病将匈奴驱赶到了漠北地区。到公元前60年，汉宣帝又设置了西域都护府，正式确立西汉政权对西域地区的管理。

🦏 **错金银云纹青铜犀尊**

时代 西汉	**发现时间** 1963 年
材质 青铜	**发现地点** 陕西兴平
尺寸 高 34.1 厘米，长 58.1 厘米	

一锄头，一陶瓮，一头栩栩如生的"犀牛"破土而出，闪现人间。作为酒器，当犀尊被缓缓抬起，美酒就会潺潺流出。形态逼真的犀牛形象，唤起人们对中华大地古犀牛的遥远记忆，也引发今时今日人与自然和合共生的思考。

错金银云纹青铜犀尊

万物皆有灵犀

犀牛在中国传统文化中被认为是灵兽，具有祥瑞与避邪的寓意，可治水患，因此在许多地方都有"石犀镇水"的古老习俗。

这件西汉时期的错金银云纹青铜犀尊，便采用了犀牛造型。整体来看，它体态敦实、气质浑厚，给人一种不可撼动的力量。再看细部，四蹄粗壮有力，双眼炯炯有神，仿佛顷刻间会原地加速、奔腾而去。它那发达的骨骼肌肉上布满了如流云般的"错金银"细密花纹，这些花纹如同犀牛厚重外皮上的毫毛和褶皱一般，既突出了犀皮的粗糙厚重，又有很强的装饰性。

"错金银"是一种极具中国特色的青铜器装饰工艺，最早出现于春秋时期。工匠先将金、银锻制成丝或片，再镶嵌在金属表面预留的凹槽内，随后用错石错平、磨光，形成文字或纹饰，从而产生一种线条更鲜明、艺术形象更生动的效果。

遥想当时，工匠将金、银丝镶

● 图 1 "背囊"俯视图

● 图 2 嘴边短管细节

嵌在犀牛健美的身躯上，形成精致的云纹肌理，加之金、银、铜三者交相辉映，更增添了这件犀牛尊的华美质感。

除了华贵的纹饰，它的设计结构更是充满了巧思。作为古代的盛酒器，背部的"背囊"（图1）其实是它的盖子。仔细查看，你会发现在犀牛嘴中还隐藏着一节短短的流管（图2）。试想一下，在古代的一场宴会上，轻轻提起犀尊的尾部，美酒便沿着流管缓缓流出，像是山涧流淌的一条清澈的小溪，为宴会增添了几分雅致与乐趣。

这件汉代犀牛尊如此栩栩如生，不禁令人慨叹和遐想：如果生活在2000多年前的匠人没有见过自然界中真实的犀牛，他们又怎会塑造出形象如此逼真的犀尊的呢？

犀牛是热带、亚热带动物，也曾在这片古老的东亚大陆上自由奔跑过，只是后来逐渐消失了。商周以前，这片土地的气温比现代要高，降水也更为丰沛，因而适宜犀牛生存。古籍中提及今天的豫南、鄂中地区，有一片叫作云梦泽的湿地，生活着大量的犀牛和麋鹿等野生动物。考古学家和古生物学家在珠江、长江流域等南方地区也曾发现犀牛的骨骼化石和遗迹。有人推测，西汉时铸造青铜犀尊的匠人曾在长安附近的皇家林苑中见到过南方地区进贡的犀牛，所以能够将它做得如此传神！然而后来气候渐趋寒冷干燥，导致适宜犀牛生存的自然环境不复存在，犀牛也就慢慢消失了。

除了气候因素，人们对犀牛的垂青也造成了它的绝迹。远古时期，犀牛曾是先民的食物来源之一。犀牛角也一度成为君王重要的赏赐物。春秋战国之际征战频繁，人们曾将厚重的犀牛皮做成犀甲保护军士。"犀甲"一时成为各国武士艳羡的装备。屈原在《九歌·国殇》中描述楚国军队的战争场面时曾说:"操吴戈兮被犀甲,车错毂兮短兵接。"再加上犀牛繁殖率低,难以人工驯养,导致关中地区的犀牛遭遇生存危机,在西汉晚期前后,便已消失殆尽,实在是令人惋惜。

文明有脉动,万物有灵犀。如今,这只惟妙惟肖的青铜"犀牛",静静伫立于中国国家博物馆中,悄然诉说着它的前世今生。它的存在,更是唤起了今人对于生态文明保护以及人与自然和谐共生的思考。

● **图3 嵌金银马首青铜軏饰**
汉
中国国家博物馆藏

错金银工艺除应用于青铜器皿,如犀尊,还见于车马器、兵器等的装饰。这件战国时期的青铜车饰的造型为马首(图3),在头、颈部以错金形式"绘"出卷毛纹、鳞纹,宛如马匹飘逸流动的鬃鬣,给人一种马鬣飘飘,骏马奔腾的既视感,历经千年风采依旧。

■ **"物候"**

我们今天如何知道古代的气温、降水数据呢?除了植物孢子、冰芯采样等手段外,历史地理学家凭借的便是"物候"记载,也就是古人对结冰、霜降、植物发芽或动植物分布状况的记录。通过与今天的这些"物候"对比,便可知道某一地区某一时代的气候状况。历史上中国野生犀牛的分布变迁与亚洲大象相近,在总体南迁趋势中有过短暂而小范围的北返波动。

诅盟场面青铜贮贝器

时代	西汉	发现时间	1955—1960 年
材质	青铜	发现地点	云南晋宁石寨山
尺寸	通高 51 厘米，盖径约 32 厘米，底径 29.7 厘米		

这是古滇国特有的存放贝币的"存钱罐"。小小的器盖上有干栏式建筑 1 座和各色人物 127 人（残缺者未记入），呈现了滇王杀祭诅盟的典礼场面。让我们一起走近神秘瑰奇的古滇国，感受秦汉大一统王朝下各民族之间的交往、交流与交融。

诅盟场面青铜贮贝器

神秘古滇国特有的『存钱罐』

2000多年前，滇池附近曾孕育过一个璀璨且神秘的国度，文献中记载为滇国。公元前109年，汉武帝在滇国区域设置益州郡，赐滇王以金印，命其继续统领滇民。然而滇国却犹如昙花一现，仅存有零星记载，久久隐没在历史的迷雾里。

直至1956年，在云南晋宁石寨山遗址发现了一枚刻有"滇王之印"的金印（图1），此外，还有青铜贮贝器、青铜鼓等一系列考古发现[1]。沉睡千年的古滇国自此被唤醒，也印证了古滇国真实存在于历史长河中，并于西汉时期已处在发达的青铜文明阶段。

这件诅盟场面青铜贮贝器，是古滇国特有的贮放贝币的器皿，功能类似于现代的"存钱罐"。贮贝器由器盖和器身两部分组成，出土时器身内还存放有300余枚贝币。令人惊奇的是，这些贝币并非本地所产，而是源自印度洋和太平洋的暖水海域。远道而来的海贝或许代表着古滇国在汉朝时期便有了对

● 图1 "滇王之印"金印及印样
西汉
中国国家博物馆藏

① 云南晋宁河泊所遗址出土了大批汉简，再次印证了汉王朝对当地的有效管辖和统治。

外贸易。

贮贝器盖直径大致32厘米，与12寸的蛋糕差不多大。然而那时的工匠，竟能在狭小的器盖上塑造了各色人物共127人，他们似乎在举行一场祭祀典礼，场景怪异又神秘。高高架起的干栏式建筑内，围坐着很多人，其中一人身躯高大，神情庄重，似乎是典礼的主祭人（图2）。祭台周围摆放着16面青铜鼓，直至今日，仿佛还能听到那遥远的隆隆鼓声。神柱上盘绕的灵蛇，如图腾一般象征着这场神秘仪式的到来。建筑周围，椎髻妇女（图3）捧着食物，杂役们忙碌不迭，整个仪式繁而不乱，独特的古滇民俗在此展露无遗。

器盖上展现的这一幕，正是滇王杀祭诅盟的典礼场面。诅盟是古代西南民族盛行的一种风俗，每逢重大事件都要设立祭坛，供奉祭品，举行盟誓。显然，这是一次盛大的祭祀仪式。椎牛刑马、屠豕宰羊，供奉牺牲的场景比比皆是（图4、图5）。

通观贮贝器的外形，它与器盖上塑造的铜鼓形制极其相似。作为古代西南少数民族使用的一种重器，铜鼓（图6）不仅可以在盛大的祭祀典礼上作为乐器，也可以在战争中充作战鼓，更可作为贮存财物的容器、赏赐品或装殓尸骨的葬具，被视为权力与财富的象征。

"彩云之南，我心的方向；孔雀飞去，回忆悠长。"贮贝器里的古滇族既神秘瑰奇又令人心驰神往。在秦汉的历史记忆里，与古滇族一样，中原周边还生活着匈奴、乌桓、百越等，各族在创造各具特点的民族文化的同时，相互的交往也日益密切，促进了统一多民族国家政权的巩固。

◉ 图2 主祭人

◉ 图3 妇女

◉ 图4 屠宰牲口

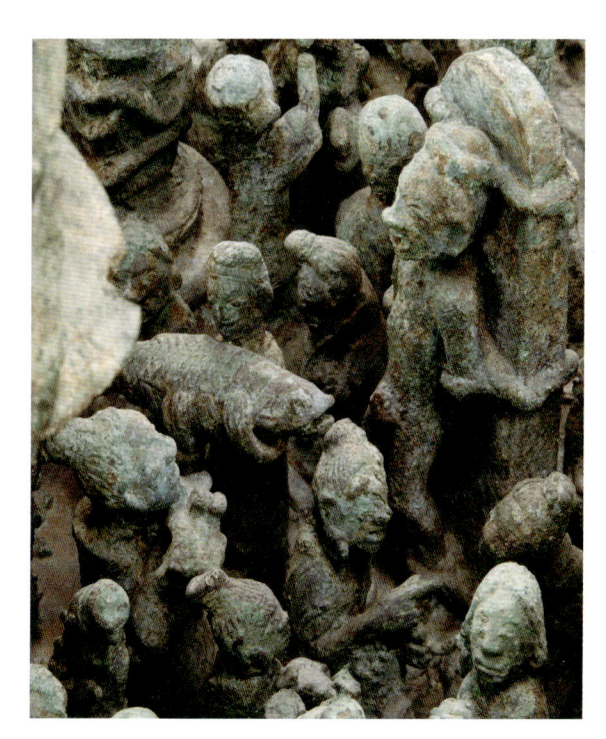

◉ 图5 祭祀场景

◉ 图6 五铢钱纹青铜鼓

西汉 中国国家博物馆藏
该铜鼓重75千克，高达半米，直径约1米，相当于两个少年手拉手围成一个圈。从中原典型五铢钱纹饰的运用中，我们也看到了西南各族与中原地区在文化上的相互熏染和在经济上的交流互动。

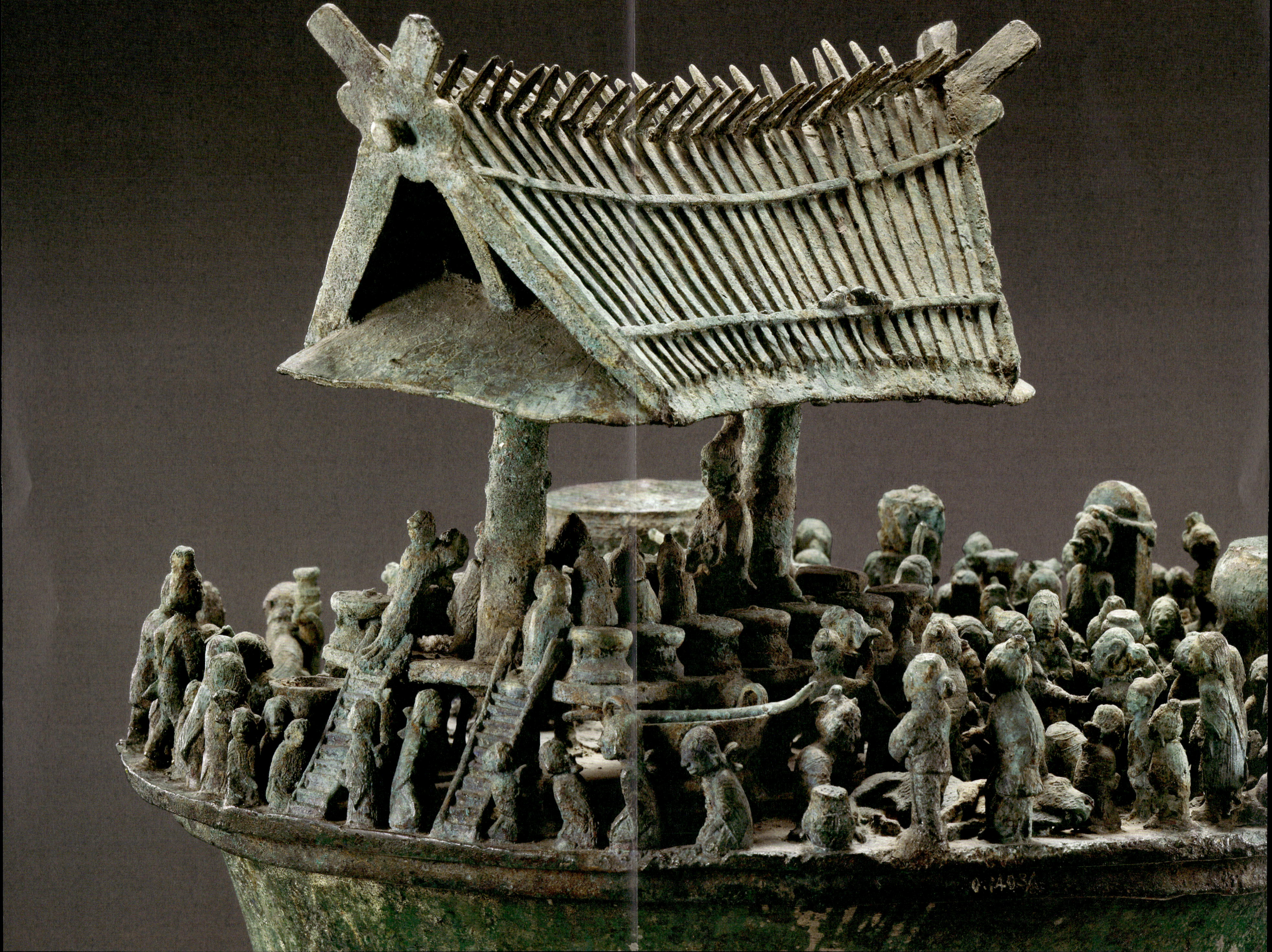

◐ 图7 七牛虎耳青铜贮贝器
西汉
中国国家博物馆藏

贮贝器"牛"

或许，你已经发现，贮贝器上牛的形象频繁出现（图7），而且被刻画得健壮威武、气宇轩昂，仿佛在昭示自己在古滇人经济生活中的特殊身份。黄牛是滇池地区饲养的主要牲畜和对外贸易的商品，更是古滇人心目中财富的象征，因而常常作为重要牺牲出现在古滇族祭祀典礼上。而与"存钱罐"的设计组合也恰好反映了古滇国人对财富的渴望。

✔ 耧车（模型）

时代　西汉
材质　木

据山西平陆西汉墓壁画、元代王祯《农书》，并参考南阳地区早期三脚耧车制作。

如果我们穿越时空来到汉代的田间地头，会看到这样的画面：一个农夫扶着耧车手柄，边走边摇，耧车前方一头牛在奋力拉动，耧车所过之处，三行土地均已播种完成。耧车，一台深耕汉代农业的播种机生动诠释了2000多年前农业生产的"科技范儿"。

耧车（模型）
精耕细作的高效能"播种机"

《汉书·食货志》记载，经文景之治到武帝时期，"廪庾尽满，太仓之粟陈陈相因，充溢露积于外，腐败不可食"，呈现了汉初农业繁盛、谷物满仓、粮库充盈、人给家足的盛况。那么，锚定和培育汉代农业生产力的要素有哪些呢？

两汉时期，农业生产的发展主要体现在四个方面。一是牛耕更为普遍。相较于秦汉以前"木耕手耨"，汉代以牛耕为主，采用二牛抬杠的方式（图1），极大节省了劳动力，提高了耕作效率。二是铁农具的进一步推广。汉武帝时期冶铁业由国家统一经营管理，铁农具得以迅猛推广，例如铁犁壁和犁铧的联合使用，可以更高效地耕翻土地、开沟作垄。三是水利工程的大量兴建。汉武帝时在关中开凿了几条较大的灌溉渠，如漕渠、白渠等，沿渠两岸万余顷土地受益；在南方地区则广泛修建小

图1 东汉牛耕画像石拓片局部
拓片中呈现的是东汉时期江南地区使用二牛抬杠式耕种犁地的田间景象。

图2 石田塘
东汉
中国国家博物馆藏

石田塘一侧凿出两块水田，一块田里积有堆肥，另一块田里有两个农夫正俯身劳作；另一侧凿出陂池水塘，塘中置一小船，有鳖、青蛙、田螺、莲蓬等。这种陂塘是汉代水利工程的一种类型，它既可以蓄水灌溉，又可以养鱼栽莲，发展多种农业生产。

型陂池水塘（图2）。四是耕作生产技术的显著改进。

汉代在传统的撒播、点播、条播的基础上，发明出耧车这种更为先进高效的播种机械。据东汉崔寔《政论》记载，耧车（图3）是汉武帝时期的农官赵过发明和推广的一种播种用的农具。这款农具通过畜力牵引，实现开沟、播种、覆地等多工序联合作业。因其能同时播种三行，又名三脚耧。使用时，牛带动耧车，为其提供动力；作为播种机机身的耧架底部装置有铁质耧铧,用以开沟破土;人在后方助推并摇晃耧斗,小麦、大豆等农作物的种子就会顺着耧车的三条空心长足,自动滑落到刚刚被垄好的农田中。耧车的出现,使得传统耕作方式由撒播改为条播[1],保证了作物行间距一致,便于除草,利于作物生长,不仅极大地节省了人力,提高了播种效率,也强化了农业精耕细作的管理模式。

便巧的农具还要配合科学的耕作方法。除了耧车,赵过还推行了"代田法"——将一亩地分成三沟和三垄,播种时将作物撒在沟里,待长出幼苗后,再把垄上的土推到沟里,这样培育作物入土深,抗风耐旱。同时,沟垄相替,年年互换位置,休养地力,产量倍增。20世纪30年代在今内蒙古额济纳河流域出土的居延汉简中,就有代田仓的记载,可见

[1] 条播起初大约是用小犁铧破土开沟,再由人工随沟撒籽。西汉时把这两步工作统一了起来,发明了耧。耧车提高了条播的效率,条播得以推广。如此一来,使得传统耕作方式由撒播为主逐渐变为条播。

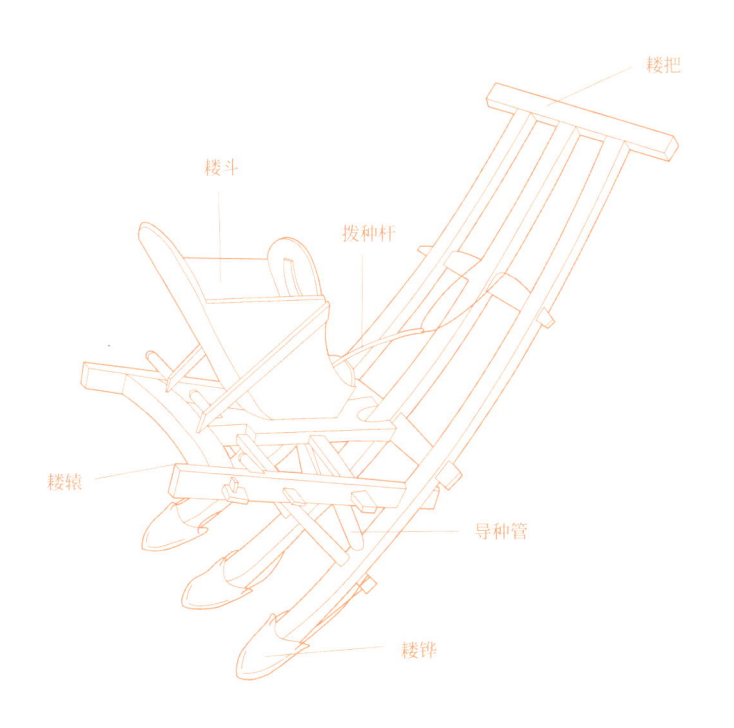

◐ 图 3 耧车示意图

● **图 4 收获渔猎画像砖**
东汉
中国国家博物馆藏

这件收获渔猎画像砖，融汇了农、渔、猎的场景。画面下方是稻田劳作，上方是弋射渔猎。

代田法推广之迅速与普遍。汉成帝时期，又衍生出一种新的耕作方法——区种法。这是一种园艺式的耕作技术，将土地分区规划，集中使用水肥，精耕细作，提高单位面积产量。这些精细的田间管理，使得西汉的农业技术取得了长足进步。

值得一提的是，尽管秦汉时期北方田作已成为农民主要的谋生方式，但汉代文献中明确提到"好稼穑""重农桑"的地区却不多。秦汉时期气候温润，北方地区植被广袤，山林湖泽众多，动植物资源丰饶。从这件收获渔猎画像砖（图4）可得知，于田作之外，投入少、产出快的渔采狩猎仍是民众维持生计的重要补充。

"农，天下之本，务莫大焉。"中华文明以农而立其根基，因农而成其久远。一系列汉代农具文物，不仅见证了当时农业生产技术的发展历程，更蕴藏着汉代的"农耕密码"，让我们看见了千百年前兴盛的农耕文明。

◐ **图 5 铁铧、铁犁壁**
西汉
中国国家博物馆藏

—— 犁壁
—— 铁铧

汉代的大铁犁好用吗？

1985 年，有学者联合中国历史博物馆（今中国国家博物馆）曾对一件汉代大铁犁（长 40 厘米、宽 42 厘米、高 13 厘米）进行了模拟试耕后发现，如此之大的铁犁铧，即便是用拖拉机牵引，虽有一定的入土能力，但入土很浅，由此推测当时的耕具主要为中小型犁铧。小型犁铧轻巧灵便，适于耕垦熟地，大型犁铧用于开辟荒地和开沟修渠。值得一提的是，西汉时期犁壁的发明是中国步犁在结构上的重大改进。犁铧（图 5）犹如锋刃，用来在土层下切开土壤；犁壁充当翻土器，用来翻转和破碎犁起的土块。将二者结合起来，就成了开沟作垄的农耕"利器"。

金缕玉柙

时代 西汉
材质 玉、金
尺寸 通长182厘米、肩宽49厘米
发现时间 1973年
发现地点 河北定县八角廊村40号汉墓

金丝穿就，葬玉为柙，跨越千年，中山怀王刘修的殓服——金缕玉柙仍熠熠生辉，尽显汉代贵族对死后"肉身不朽"的期待，也让我们进一步感知汉代"事死如事生"的生死哲学。

金缕玉柙
以玉殓葬的不朽之作

在人类社会不断发展的历史进程中，人们对死亡的深刻思考，是人类文明基石中不可或缺的一环。古埃及人为实现肉体的永存，通过防腐技术将尸体制成木乃伊。而中国汉代的皇室，则使用更加瑰丽、奢华的殓葬方式——金缕玉衣。

"玉衣"作为汉代皇帝和贵族专属的"殓服"，实际上称作"玉匣"或"玉柙"，外观形似玉质甲胄，又似人形玉棺，所以人们更习惯称之为"玉衣"。

中国国家博物馆中陈列的这件西汉时期中山怀王的金缕玉衣，以其规整的外观、精细的做工、奢华的用料，引得观众频频驻足。它由头罩、脸盖、上衣、袖筒、手套、裤筒等部分组成，共使用了1203片玉及2567克金丝编连而成。玉片以长方形为主，为贴合人体，也有三角形和不规则的多边形。玉片的各角都预留有小孔，便于金丝穿系而

◐ **图 1 玉覆面**
春秋
中国国家博物馆藏

玉覆面始见于西周时期，由形状不一的玉片排列组合而成，大致根据墓主人的面部轮廓进行裁切。玉片上有小穿孔，可以缀连在丝织物上，覆盖于逝者面部。

过。据说，制成一套如此规模的"玉衣"，需要花费一名工匠十年之功。

那么，这位拥有如此奢华葬仪的中山怀王，究竟是何许人也？

说到中山国，你或许感到陌生，但自称"中山靖王之后"的刘备，你一定知道。中山靖王刘胜是汉景帝的儿子，被封为中山王并建立中山国。这位逝去的怀王刘修就是靖王的后代。

中山国作为西汉时期的重要封国之一，地理位置优越，物产丰饶，其文化与中原腹地紧密相连，又独具地方特色。虽然到了西汉晚期，诸侯王的政治和军事实力已大为削弱，但作为汉室宗亲诸侯王的中山怀王，仍享受了极高的礼遇。

厚重的棺椁层层嵌套，彰显着其皇族的身份；琳琅满目的陪葬品，寄托着怀王对死后继续享受奢华生活的期冀。

先秦时期，贵族逝者便有佩玉下葬的习俗，后来又慢慢演变出专门用于殓葬的玉器葬具。汉代葬玉的最高规格"玉衣"，正是由西周的玉覆面（图1）发展而来的，这千年来玉器葬具的不断变化，也体现出古人对玉的崇拜。古人深信，玉石凝结了天地的精华，将玉覆盖于人体之上，便可保护尸身不朽。同时，以玉塞阻人体的口鼻等九窍，也可以保证人死之后魂魄不会飘散外泄，比如在口中含蝉形玉琀（图2），希冀吸风饮露、羽化重生。还有逝者会手握猪形玉握（图3），祈愿在地下实现"财富自由"。

玉与丧葬的紧密结合，是古人对死后世界的想象，更是秦汉时期"事死如事生"丧葬观念的深刻体现。在这些精致奢华的玉器背后，隐藏的是古人对生死的独特理解。

● 图2 蝉形玉琀
东汉
中国国家博物馆藏

● 图3 猪形玉握
东汉
中国国家博物馆藏

汉代贵族都可使用奢华的金缕玉柙作为殓具吗？

根据玉片编缀材质的不同，玉柙可分为金缕玉柙、银缕玉柙、铜缕玉柙和丝缕玉柙。西汉时期，玉柙初行，还没有根据死者生前地位的高低，确定严格的等级规定。当时皇帝和王侯主要使用的是金缕玉柙。所以，作为西汉诸侯王的刘修使用了金缕玉柙。东汉时期，确立了严格的分级使用制度：皇帝死后使用金缕玉柙，诸侯王、列侯、始封贵人、公主使用银缕玉柙，大贵人、长公主使用铜缕玉柙。曹魏时玉柙下葬的制度被废止。

■ **青铜染器**

时代 西汉	发现时间 1956年
材质 青铜	发现地点 河南陕县后川
尺寸 高13厘米	

"食不厌精，脍不厌细"，反映了中国人对美食的不懈追求，并因此发展出丰富的烹饪方法和烹饪技艺。青铜染器，一种专门加热蘸料的容器，让我们在往日"食"光里窥见汉代丰富饮食文化生活的鲜活图景。

青铜染器
百味消融耳杯中

《吕氏春秋》中有一则有趣的故事：齐国有两个勇敢的武士在路上偶遇，他们决定一起喝点小酒。不过，没有肉来下酒好像略显单调。于是"具染而已"，并抽出刀，互相割取对方身上的肉来吃。

"勇若此，不若无勇。"虽然这个故事有些荒诞，但学者却从中解密了一组青铜器的功用。一盘、一炉、一耳杯，这套搭配，谓之"染器"。因其名中有个"染"字，常被人误解为是染色的器具。但实际上，这里的"染"，或许与这则寓言故事中的"染"相同，指的是古代的调味品。染器，则很可能是用来加热酱汁以供人们濡法食肉的器具。

从许多庖厨图（图1）来看，汉代对肉食的加工主要有烹煮、炮烤二法。

将肉烹煮至可食状态，此时的肉味道清淡，宛如现代的白煮肉。而后"以汁和"，加热染杯中的酱汁以肉蘸食，白煮肉在调味酱汁的加持下，味道和口感变得丰富。这种别具匠心的吃法，在当时叫作濡法食肉。

汉代的调味品种类繁多，主要有盐、酱、豉、醯（也称醋）、糖等。作为调味必需品，汉代的盐主要是来

● **图1 庖厨画像砖**
东汉
中国国家博物馆藏

● **图2 盐场画像砖**
东汉
中国国家博物馆藏

画像砖再现了东汉蜀地井盐生产的繁忙景象。

自沿海地区的海盐、西北地区的湖盐及巴蜀地区的井盐（图2）。口感厚重的酱，尤其是豆酱，更是汉代人餐桌上的标配，史料记载汉时卖酱与卖貂裘一样能成为"千乘之家"，可见其销路甚广。用大豆调以佐料制成的豉和由粮食发酵而成的酸味调味品醯，更为菜肴增添了豆豉的鲜香和香醋的风味。

不过与现代不同的是，汉代人更喜欢使用比较烫的调料。因此，染炉的加热功能显得尤为重要。当汉代贵族宴饮时，他们围炉而坐，先在染杯中盛放调味品，用染炉加温，随后将煮熟的白肉放入加热后的佐料中蘸食，享受那份独特的味觉盛宴。出土的一些染器还写有编号和"清河食官"的铭文，可以想见当时贵族一人一套分别使用，并由食官统一掌管的情形。不得不说，从使用到管理，细节之处无不彰显着古人吃肉时"食不厌精"的追求。

这一时期，肉在人们食物中的比重有所增加。不同的肉各具风味，汉代的肉食来源主要包括"六牲"（马、牛、羊、猪、犬、鸡）和鱼。猪是汉代人饮食生活中的重要肉食来源。西汉养猪业迅速发展，出现大规模的养猪专业户，汉墓中常有石猪（图3）和陶猪随葬。狗、鸡、鹿也是汉代人食用较多的肉食。对于肉食的加工烹饪，除使用染器的濡食法外，还有炙（烤肉）、蒸、煮、羹、腊、脯、脍（生食）等多种方法。可见，肉食的基本烹饪方法在汉代均已出现，真是妙不可言。

不过只吃肉是不够的，"碳水"也是汉代人餐食中的必备之物。他们的主食是谷物和豆类，包括黍、稷、粱、大豆、小豆、麦、麻等。汉代人已经可以将谷物磨成粉，不过由于尚未掌握发酵技术，还不会做馒头，饼均为死面饼，不易消化。瓜果类食物在秦汉时期也是人们饮食活动中必不可少的。《急就篇》中列出了西汉中后期日常生活中最为普遍的八种传统的瓜果种类：梨、柿、枣、桃、奈（苹果属）、杏、瓜、棣（樱属）。

食材种类的丰富和烹饪技巧的考究，塑造了汉代饮食文化的内在品质，多元化的饮食模式俨然形成并日趋完备。如今，邀相见，重开宴，染器仿佛又唤醒了我们舌尖上的美味记忆，感受到那份往日"食"光里的仪式感。

◐ 图 3 石猪
西汉
中国国家博物馆藏

汉代"荤菜"知多少？

与我们现今名称迥然不同的是，古代把葱、姜、蒜之类有辛辣味的蔬菜称为"荤菜"，荤菜在古代蔬菜中占有重要位置。史书提及"张骞使西域得大蒜、胡荽（俗称香菜）"，这类蔬菜相当一部分是先由少数民族种植，而后传入中原的。

旱滩坡带字纸

时代	东汉	**发现时间**	1974 年
材质	纸	**发现地点**	甘肃武威凉州旱滩坡
尺寸	最大片长、宽各约 5 厘米，厚 0.07 毫米		

当树皮、麻头、破布、旧渔网组合在一起，能诞生什么样的新物质？掩"卷"深思，抑或开"卷"有益，答案跃然"纸"上。在远离长安的河西走廊，一片用来衬裱木牛车的带字残纸，虽不能代表当时的高级书法用纸，却为我们领略东汉造纸工艺的发展提供了可能。让我们穿越时空隧道，探寻造纸术带来的书写变革。

旱滩坡带字纸
从『书于简帛』到『绘写于纸』

这是一张来自东汉时期的纸,细薄、柔韧,朴素低调。千年时光致使纸张老化破损,淡褐色的纸面上残留的墨痕大都难辨,恍如古人设置的密码,等待着今天的人们来解密——作为一张纸的前世今生。

在发明纸以前,人们使用各种各样的书写材料,如埃及的莎草纸、欧洲的羊皮纸等。在古代中国,竹木材质的简牍(图1)曾是最"重量级"的文字载体。汉武帝时期,有位学者名叫东方朔,他初入长安时,到公车府上书给汉武帝,共用了3000片简牍。公车府官员派了两个人才勉强抬起来,送至宫内。皇帝从最上方一卷读起,两个月才读完。由此观之,3000片简牍对于古人不仅阅读不便,连搬运都是一件难事。除了简牍,质地细薄的丝质物品缣帛,也是先秦以来重要的书写材料。然而简牍笨重、绢帛价贵,都不能充分适应文化发展的需要。在这种情况下,纸应运而生。

纸的发明和应用并非一蹴而就,而是一个连续不断的过程。西汉时,人们已经开始尝试用麻布、麻絮和绳头等原料造纸。考古发现的金关纸(图2)和马圈湾纸(图3)等,都属于早期纸张。这些纸张纤维交织状态差,纸面较为粗糙,因此主要用于包装物品,并不适宜于书写[1]。

◐ 图 1《编年纪》竹简
秦
中国国家博物馆藏

① 令人惊奇的是，学者发现"纸"字起初对应的竟是丝质物品而非植物纤维纸，换言之，"纸"本来指的是质量稍次的丝绸。在粗糙的原始纸张出现以后，因为工艺和外观相近，时人也把不便于书写的早期纸张称为"纸"，随着造纸技术的改良，尤其是蔡伦革新工艺以后，纸张作为书写载体得到了迅速普及。

◐ 图 2 金关纸
西汉
中国国家博物馆藏

◐ 图 3 马圈湾纸
西汉
中国国家博物馆藏

　　宜于书写的要求成为推动造纸技术改进的重要力量。东汉时期，蔡伦精工前世，改进造纸术，发明"蔡侯纸"，这是造纸技术史上的一次重要突破。"蔡侯纸"在原料中增加了树皮和渔网，这就扩大了造纸原料的选择范围，降低了造纸的成本。将树皮添加到造纸原料中，也开了木浆纸的先河。蔡伦改进造纸术后，纸张的质量和产量都得到了大幅提升，因此很快就推广开来。

　　这张东汉晚期的旱滩坡带字纸，正是采用蔡伦改进后的造纸工艺所造，它至少要经过浸湿、切碎、洗涤、浸灰水、蒸煮、舂捣、二次洗涤、打浆、抄纸、晒干、揭下压平等工序才能制成。简单来说，就是先将破布、树皮等原料搓碎，放在石灰水中浸泡，经进一步蒸煮，分离出适宜造纸的韧皮纤维，再捣烂成浆。然后，用专业的抄纸帘过滤纸浆，形成湿纸页，待晾干后揭开即成纸。出土于甘肃武威旱滩坡的这张碎纸片，表面虽带有斑驳字迹，却并非一幅墨宝，而是用来衬裱木牛车的裱纸。也许是得益于中国西北地区干燥的气候，它能够保存至今。此后，造纸技术沿着丝绸之路，向沿线地区广泛传播，并产生了深远影响。

随着造纸技术的不断更迭，纸张的质量也不断精进，并朝着更有利于书写和绘画的方向发展（图4、图5）。六朝时期，朴素的纸逐渐取代了简牍，并慢慢演变成为最主要的书写载体。造纸术的发明和改进，使人类的书写材料发生了划时代的变革，也为人类文明的传承与发展做出了巨大贡献。

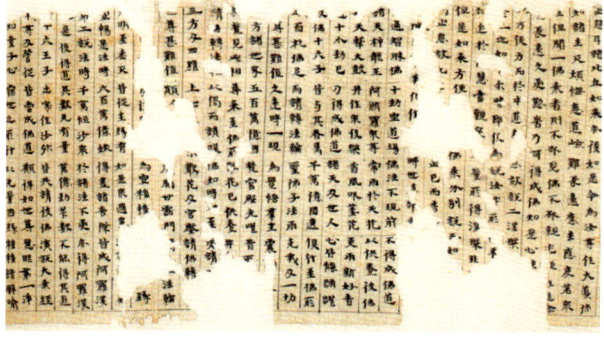

◉ 图4 施胶纸
十六国·后秦
中国国家博物馆藏

◉ 图5 残写经纸
晋·十六国
中国国家博物馆藏

你知道"杀青"一词的由来吗？

我们今天翻阅古书，往往会发现古人按照"卷""册"来编写，这实际上就是简牍时代留下的痕迹。简册编连可以先编后写，也可以先写后编。此外，如今当书籍、影视作品等完成创作，可称之为"杀青"。这个用法源自古代竹简书写的一道特别工序。为便于毛笔书写、文字保存和减少虫蛀，竹简制作时会先放在火上烘烤，以去除水分，加热后竹子会褪去本身的青色，这道工序叫作"杀青"。

书写姿势的变迁：
从"握卷写"到"伏纸写"的发展过程

陶俑
西晋
中国国家博物馆藏

陶俑跪坐在地，左手握牍，右手执笔，正在书写。

松塔形墨
东汉
中国国家博物馆藏

从粉末状墨、墨粒，到墨丸、墨锭，作为文具的墨也越来越考究，汉墨多采用桐油烟或松烟调和而成。

漆盒石砚
西汉
中国国家博物馆藏

将墨丸放在砚台上，加水，用研磨石压在砚上研成墨汁。

"握卷写" 简牍时代

"简牍时代"所对应的重要历史时期之一，是秦汉的400余年。东汉画像石上的刀笔吏形象就为我们生动地还原了简牍时代小吏的书写神韵[1]。他跪坐在地，头戴进贤冠，一侧插簪笔，手捧简册，腰挂书刀，似在处理行政文书。

"握卷写" 纸时代早期

进入用纸时代初期，书写姿势仍延续着简牍时代的传统。东晋顾恺之的《女史箴图》中，女官除了坐姿不同于以往，书写方式并没有发生改变，只是手持的简册换成了纸卷。特别要指出的是，图中这种将纸卷反卷的做法如同往昔之握简牍[2]。另外，即便北朝时，人们的起居生活中出现了可供垂足高坐的家具，但读书写字仍不见书案之类的承具，书写姿势因循简牍时代的旧习，坐在胡床等高坐具上仍是悬空地"握卷写"[3]。

有学者认为，伴随着书写材料的变革和社会生活的变迁，中国古人的书写姿势，经历了从"握卷写"到"伏纸写"的发展过程。想象一下，一手持简册，另一手悬空而写，这种无承托的姿势就是典型的"握卷写"的书写样貌。而所谓"伏纸写"，是指将纸铺放到案或桌上，伏在纸面而写的姿势。这两种书写姿势一早一晚，转换是逐步进行的，经历了漫长的时段。

白釉瓷砚
唐
中国国家博物馆藏

此圆砚周围有一圈存储墨汁的凹槽，样子宛如古代四面环水的辟雍，被称为"辟雍砚"。

汝窑洗
北宋
中国国家博物馆藏

这件汝窑洗，呈现出淡淡的天青色，温润而内敛，有一种含蓄之美，体现出宋人独特的审美情趣。

松竹梅纹臂搁
清
中国国家博物馆藏

古人从右向左书写时，胳膊很容易蹭到墨迹未干的字而污染纸张。臂搁是在文房中为方便书写或绘画置于臂或腕下的用具。

"伏纸写""握卷写"并行 纸时代中期

唐至五代迎来了古人书写姿势的重要转折时期。纸张的使用更加普及，人们已深谙纸张的好处，也更懂得利用纸，印刷术的发明和"伏纸写"的初兴就是例证。尤其是此时出现了书写承具，"伏纸写"的条件已具备。相关图像和文献中，可见伏案书写的端倪[5]。

"伏纸写" 纸时代中期以后

宋代以后，伏案在纸上书写已成为主流，这一现象在张择端笔下的《清明上河图》中就有着生动的体现。画面中，一男子垂足高坐在交椅上，面前的纸张平铺在桌案上，文具齐全，似乎正要提笔书写[6]。宋代以后，这种书写的姿势便逐渐固定下来，并一直延续至今。不过，纵观中国古人书写姿势的变迁，即便当人们垂足高坐，在高案、高桌上平铺纸张而写的时候，简牍文化的印记也仍然存在，纵行而书、从右到左的书写格式就是来自历史深处的回响。

▶ "熹平石经"残石

时代　东汉
材质　石
尺寸　高约45厘米

发现时间　宋代以后陆续有残石出土
发现地点　原立于今河南偃师佃庄

东汉太学外车水马龙，道路水泄不通，儒生们围在一块块石碑周围，摩肩接踵、竞相抄写。这些令人瞩目的石碑就是"熹平石经"，上面镌刻着多部儒家经典，用笔方圆兼备，点画波磔分明，集汉隶之大成，见证了东汉儒学的繁荣发展。

"熹平石经"残石

刻在石头上的官方儒学经典

古埃及的罗塞塔石碑刊刻了法老的功绩，古巴比伦人在黑色玄武岩上刻制了《汉谟拉比法典》，大流士曾在山崖上刻下贝希斯敦铭文。同样，在古代中国东汉的石碑上，也镌刻着重要的文字，那就是中国历史上最早的官定儒家经典——熹平石经。

东汉时期，石刻文化尤为盛行，其中碑刻的使用最为广泛。将经书刻于碑上即为石经，眼前这块珍贵的碑刻残石，便是原立于东汉洛阳太学门前的"熹平石经"的一部分。

太学，相当于古代中国的大学，是汉代最高等级的教育机构。自汉武帝推行"罢黜百家，尊崇儒术"的思想政策以来，儒学书籍被尊为经典，京师长安随之设立太学，并专门在太学中设置五经博士以传授儒家经典。

东汉时，光武

● 图1 "熹平石经"后记残石
西汉
中国国家博物馆藏

帝在洛阳偃师一带建立太学。汉顺帝时,太学又经历了改扩建,学生人数一度多达3万人。这些学生来自五湖四海,师承各家。在没有印刷术的时代,他们所学的经书都是手写传抄的,这不可避免地导致了诸多讹误。

为了使"文章典籍有所统宗,而学术人心得所规范",官方正式颁布了儒家"教科书"——熹平石经。

175年,汉灵帝命蔡邕等人以隶书写定《鲁诗》《尚书》《周易》《仪礼》《春秋》《春秋公羊传》《论语》七部经典。不久,写定的经书便被刻于46块石碑之上,石碑按经书内容先后次序排列,立在太学门前,公之于天下。据《后汉书》记载,熹平石经一经公布,太学便成为举国瞩目的焦点,无数读书人纷纷前往瞻读摹写,每日车来人往,填街塞陌,成为东汉文化史上浓墨重彩的一笔。

官方刊刻熹平石经，其主要目的在于册立标准、刊误订伪，确保读经者能够拥有一份权威的范本。广大读书人对石经心向往之，流露出对汲取知识的迫切渴望。然而，这部"石头丛书"诞生之时，印刷术还未发明，若要完全靠摹写完成，绝非易事。或许正是这样的需求，催生了捶拓技术。

《中国书史简编》的作者刘国钧曾介绍："捶拓就是在碑面上铺以润湿了的纸，经捶打将纸密切附着于石面，然后在纸上轻轻刷墨。因为石上的字是凹入的，所以有文字的部分受不着墨。因此揭下来后便成为黑地白字的读物。"这种"复印"方法相较于抄写，更能保留原碑字迹的精髓，且操作简单，促进了书籍的流通与传播，也为后来雕版印刷术的发明提供了启示。

此外，熹平石经不仅集汉隶之大成，其书法艺术也堪称一绝，对后世产生了深远的影响。石碑两面均刻有文字，采用标准的八分隶书体写成，字体规范统一，故又称"一体石经"或"一字石经"。熹平石经以官方权威版本的形式，确认了隶书字体的标准化，在当时就被视为书法的典范，至今仍令人赞叹不已，激发着后人临摹学习的热情。

如今，熹平石经已少有完整的石碑存世，只能从一些拓片和零星出土的碎石（图1）、残片中，追寻这部古代经典的踪迹。所幸，我们已经收集到了8000多个熹平石经文字，一片一块，一字一句，静静地等待着破碎后的重聚，也等待着再次向天下学子们展示经典的魅力。

经学也有"古""今"之分？

秦朝不仅"焚书坑儒"，还颁布"挟书律"，藏有"违禁书籍"者治罪。因而在秦代几无传授和学习儒家经典者。汉初，儒家经典只能靠那些仅存下来的学者们背诵记录，再用当时通行的文字"隶书"抄写下来。后来在孔子旧宅与河间献王等处，又陆续得到许多战国时代遗留下来的儒家经典，字体是用秦统一前的古文字抄写的，因此被称为古文经，而原来用隶书字体写的便被称为今文经。

🏺 **击鼓说唱俑**

时代　东汉
材质　陶
尺寸　高 56 厘米

发现时间　1957 年
发现地点　四川成都天回山

乐舞百戏中，神态诙谐的俳优表演是绝对处于"C 位"的，飞腾的弹丸令人目不暇接，舞者手中的长巾不停翻动、摇曳生姿。这些精彩纷呈的表演一同构成了汉代丰富的娱乐文化。

击鼓说唱俑

来自东汉的『说唱』达人

当你与这件穿越千年的击鼓说唱俑面对面时，会感到开心，因为他好像全身都在笑，而且作为当时的明星说唱艺人，真是一点"偶像包袱"都没有！你瞧！他体态微胖，身材矮小，袒胸露腹，毫无外貌焦虑。这一刻，他蹲坐在地，脑袋前探，脖儿一伸，肩一耸，跃跃欲试，只待开场。这位明星的拿手好戏是击鼓表演。只见他左臂环抱一面响鼓，右手握槌儿正准备敲击鼓面。伴随着鼓点节奏，全身都不自觉地律动起来。你留意到了吗，他整体造型格外夸张，尤其是他那双宽大的脚底板，肆意地向前蹬出，充满力量感。定睛一看，他神情诙谐，眉飞色舞，额头皱纹堆叠（图1）。这神采飞扬的瞬间被工匠精准捕捉并复刻。即使是2000多年后的我们看到这样活力满满的表演时，也会被他传递的快乐氛围所感染。可以想象他在东汉时散发的"顶流"魅力，吸引着许多观众争相来欣赏他出色表演的盛况。

◐ 图1 击鼓说唱俑面部细节

　　这位明星"出道"于四川成都锦江之畔。同样是形神兼备的陶俑，击鼓说唱俑与秦兵马俑呈现的威猛肃穆、阳刚锐气的气质截然不同。从他身上，你能感受到十足的松弛感和喜感，这正是因为他的职业是俳优。

　　俳优，是古代表演乐舞谐戏、娱乐贵族的艺人。"俳"指诙谐滑稽的表演，"优"则指演员。他们说唱技能出众，加之滑稽夸张的肢体表演，博人一笑自不在话下。另外，他们还会进行讽谏。比如擅长说唱的优旃，曾巧妙讽谏并阻止秦二世油漆城墙的动议；擅长模仿的优孟正话反说，劝阻楚庄王超规格厚葬马匹；身长不满七尺且滑稽多辩的淳于髡借词托意，使齐威王领悟"不鸣则已，一鸣惊人"的隐喻。他们利用歌舞、风趣幽默的语言与滑稽的表演方式，在嬉笑怒骂、插科打诨中，便将所要表达的道理故事化，达到委婉劝谏的效果。

汉代俳优表演，无论在宫廷还是在民间都非常流行，他们诙谐、滑稽、戏谑的说唱表演使观者"娱耳目而乐心意"。据说，一些说唱作品甚至可能会被官署收录，并以"乐府"为名编辑成册保存下来。为了达到活跃气氛的最佳效果，他们往往还会在说唱过程中穿插击鼓而歌、踏鼓而舞的即兴表演，而且时常卖力到把鞋子踏破，难怪击鼓说唱俑直接赤足上阵。

无技不成戏，独幕不称剧。汉代乐舞百戏兴起，除了俳优，还有调笑者、歌舞者、杂技者等众多艺人，大家集聚一堂，使汉代的宴饮娱乐、乐舞百戏的内容愈加丰富多彩。

同样是出土于四川的观伎画像砖中（图2），跳丸、舞

◐ 图2 观伎画像砖
东汉
中国国家博物馆藏

● **图3 平索戏车车骑出行画像砖**
东汉
中国国家博物馆藏

汉赋"戏车高橦,驰骋百马,连翩九仞,离合上下。或以驰骋,覆车颠倒"中描述了平索戏车的场景。

① "鱼龙曼衍"是百戏的一种,以杂技、戏法为主要表演形式,奇幻庞杂。

剑、弄瓶及长巾舞等表演者争奇斗妍,场面好不热烈。你瞅!正中间这位乐伎身材短粗,那持槌欲击的诙谐神态不正恰似"说唱达人"击鼓说唱俑嘛。身前,女舞者长巾飘举,舞姿翩然。他身侧的两名表演者,则在弄瓶、掷丸,其中一位娴熟地将七丸玩转于手中,且运控自如,令人惊叹。

然而精彩仍在继续,惊险动人的平索戏车(图3)杂技同样十分精彩。只见有人半空蹲坐,有人爬杆而上,有人倒挂绳索间,尤其是在两辆车子的行驶晃动和绳索的摇曳起伏中完成一系列高难度动作,超乎人们的想象,令人啧啧称奇。

从诙谐的击鼓说唱到惊险的跳丸走索,从姿态万千的长袖折腰之舞(图4)到魔幻多变的鱼龙曼衍之戏[1],形形色色的乐舞百戏如万花筒般,折射出汉代盛世欢歌下文娱生活中的绚丽多彩。

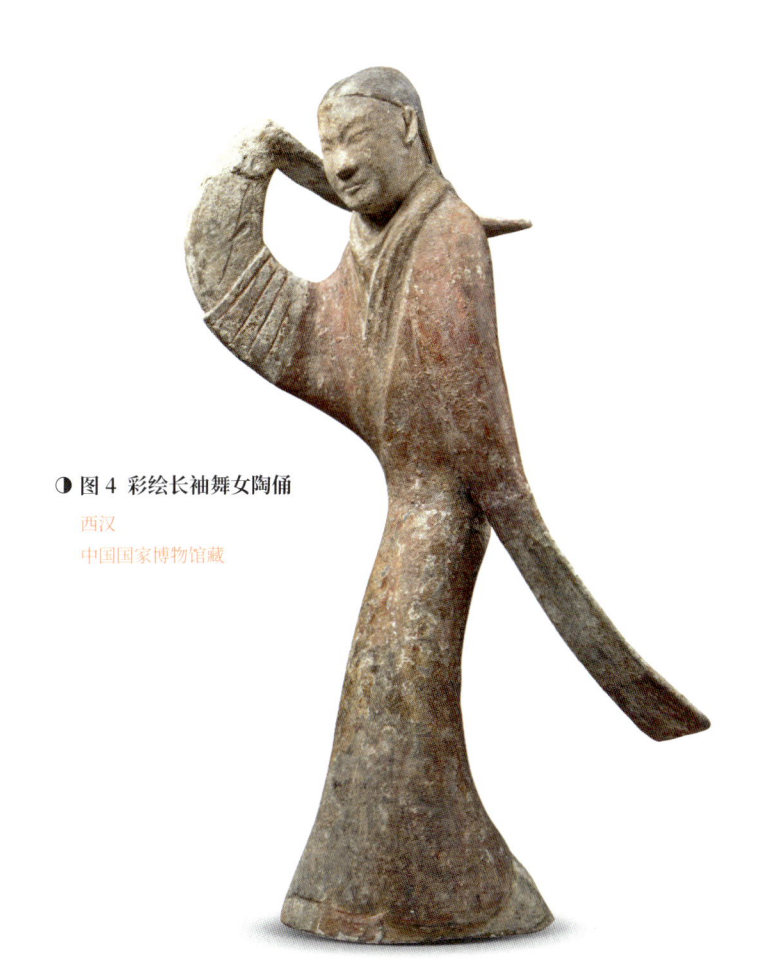

◐ 图4 彩绘长袖舞女陶俑
西汉
中国国家博物馆藏

宫廷小丑

在西方，欧洲的宫廷小丑与俳优非常相似。宫廷小丑负责给沉闷的宫廷生活带来欢乐，因此也被称为"弄臣"。据说伊丽莎白一世身旁的塔尔顿不仅是当时家喻户晓的小丑，也被视作英国宫廷的文艺官员。

■ **宅院画像砖**

时代　东汉
材质　砖
尺寸　宽46.4厘米，高40厘米，厚6.3厘米

发现时间　1954年
发现地点　四川成都扬子山

"大象其生"是汉代画像石、砖的特色，这块东汉宅院画像砖向我们形象地展示了东汉官绅住宅的生动样态，为我们留下了解东汉社会的吉光片羽，也让我们得以窥见，东汉末年，地方豪强所拥有的私人武装力量的端倪。

宅院画像砖
东汉豪强生活的缩影

画像砖作为一种兼具实用与装饰功能的建筑材料，在古代广泛应用于墓室。工匠通过模印或刻画技艺，在砖块上留下了丰富的画像与花纹。在两汉时期"事死如事生"的丧葬观念影响下，画像砖作为一种独特的丧葬艺术，呈现出的内容题材广泛而深刻，既包含了人们对仙冥世界的奇幻想象，也真实反映了现实世界的点点滴滴。这些砖石仿佛是一部视觉连环画，将中国古代社会的方方面面娓娓道来，被誉为"埋葬的绘画史"。

这件东汉时期的宅院画像砖，宛如一幅庭院透视图，画面中前堂后室、东厨北厕的布局，错落有致，秩序井然。宅院四周环绕着长廊，纵横交错分隔出几处小院落，南墙西侧还开有一扇栅栏门，门内为前院，有两鸡相斗。北侧厅堂开阔，堂上主宾对坐，堂下双鹤起舞。位于东侧的北院较大，内建一座高大的望楼（一说为立阙），楼下系一猛犬，仆役洒扫其间。而南小院则有井、几案、炊具等，应为东厨。这幅画像砖中的院落，堪称汉代一般官绅住宅的缩影。至东汉晚期，在那些强宗豪族盘踞的地方，宅院规模更是宏大。

豪强地主是汉代社会引人注目的阶层或集团。

○ 图1 陶坞堡
东汉
中国国家博物馆藏

① 在东汉时期,"三公"通常指的是太尉(掌军事)、司徒(管民政)、司空(管水土工程),代指世代官居高位、执掌朝政之意。"四世三公"也就是该家族连续四代都有人担任"三公"等国家最高官员。

○ 图2 绿釉陶水亭
东汉
中国国家博物馆藏

东汉的建立者光武帝刘秀就带有豪族的色彩,其家族所在的南阳郡(相当于今天河南、湖北交界地区),富豪聚集。作为汉室宗亲,他联络附近各县地主豪强"以复高祖之业"起兵,建立东汉。开国君臣之中也有不少人出身豪族,他的左辅右弼,云台二十八将,几乎都是拥有宗族、宾客、子弟的豪族出身。再如他的结发妻子阴丽华,祖上也十分显赫。可以说,光武帝的建国,得到了豪强地主的大力支持。

东汉建立后,一度有清查全国土地与户口的计划,被称为"度田",目的之一便是限制豪族势力膨胀,但因豪强势力强大,使清查变得举步维艰。

除了反对政府的清查政策外,豪强地主为躲避战乱、御敌自救,还将住宅和防御设施紧密地结合起来,在宅院内建设坞堡等防御工事。这件东汉时期的陶坞堡(图1)是模拟当时豪强地主所拥有的坞堡而制作的陪葬明器。城堡四周用高墙围绕,前后门都设有用以瞭望的门楼,四隅设角楼,反映出东汉时期豪强地主的武装力量。而这件陶水亭(图2)内有乐舞表演,四周各立家兵持弩守卫。此类东汉的建筑明器,正是东汉庄园经济大规模发展、豪强地主楼台宴饮歌娱以及拥有私人武装的直观反映。

东汉的豪族,力量较强者往往还能进入官场,个别甚至久居高位,可达"四世三公[①]",如袁绍就出自东汉后期一个势倾天下的官宦世家"汝南袁氏"。从袁绍的高祖父袁安起,袁氏四世之中有五人官拜三公,可见其在政治上的影响力。也有一些豪族,虽然未在朝廷中取得重要职位,但在地方上有较强的实力。这类豪族中比较典型的有汉末以来的"青徐"豪霸,即位于青州(今山东一部分)、徐州(今江苏北部、山东南部和安徽北部）一带的地方大家族。这些豪霸不仅占据大量土地，甚至还拥有家兵。还有一部分豪族更为重视文化教育，利用征辟等途径进入仕途，成为州郡长官的幕僚，乃至汉末各方割据势力的谋臣智囊，比如东汉晚期的"汝颍士"（汝南、颍川，今河南南部）就是其中的代表，袁绍、曹操等各方势力中都有这类谋士的身影。

在宅院画像砖中塑造的屋舍俨然、安居乐业的景象中，还隐隐透露出东汉末年豪强武装割据局面的具体状态。让我们得以了解，地方割据所带来的不稳定因素。伴随社会矛盾的日益加剧，尤其是黄巾起义之后，东汉王朝的统治能力愈加衰弱，这也为三国时期的来临埋下了伏笔。

● 图3 陶部曲俑
东汉
中国国家博物馆藏

东汉豪强的私家武装——部曲

光武帝刘秀推行度田措施后，豪强地主不再常设私家武装，而是由定期召集的农民组成，他们日常从事农业生产，战时则充当私兵来保卫庄园。田庄的私家武装，最初多是为了看家护院。随着东汉中后期政治动荡和地方治安的恶化，私家武装的规模逐渐扩大，按军队编制组成部曲（图3），"起坞壁，缮甲兵"，拥兵自重，进而形成独霸一方的分裂割据势力。东汉的农夫俑和武士俑，二者衣着完全相同，都佩戴环首大刀，体现了依附农民和私兵身份的一致性。图3所示这件陶俑展现的就是亦兵亦农的部曲形象。

220—589 年

三国、两晋、南北朝是群雄争锋、硝烟四起的时期，
政权更迭频繁，民族融合加强；
同时也是文化艺术勃发觉醒的年代，
社会的变革和中外文化的融合，
使思想文化呈现全新面貌，
中华文明多元一体的格局在变化与交融中逐渐形成。

三国两晋南北朝时期

Celadon Zun (vessel) with Lotus Petal Design

- 陶耳杯
- 三体石经
- 黑釉楼阁佛像陶魂瓶
- 骑马陶俑
- 青瓷香熏
- 青瓷托盏
- 《职贡图》卷北宋摹本
- 邓县画像砖
- "河内太守"青铜虎符
- 元羽墓志
- 网纹玻璃杯
- "王阿善造"石像
- 《齐民要术》明刊本
- 黄釉乐舞图瓷扁壶
- 青瓷莲花尊

五铢、直百五铢、大泉当千
三国 · 魏、蜀、吴
中国国家博物馆藏

三国鼎立期间,魏、蜀、吴发行了不同的货币。魏较为稳定地沿用汉代的五铢,蜀为充实国库发行"直百五铢"等虚值大钱,吴被蜀拉货币战争,被迫发行面值更大的钱币如"大泉当千"。

成汉	304—347年
前赵	304—329年
前凉	317—376年
后赵	319—350年
前燕	337—370年
前秦	351—394年
后秦	384—417年
后燕	384—409年
西秦	385—431年
后凉	386—403年
南凉	397—414年
南燕	398—410年
西凉	400—421年
北凉	401—439年
北夏	407—431年
北燕	409—436年

* 此处列举十六国时期主要的割据政权

"大秦龙兴化牟古圣"瓦当
十六国 · 前秦
中国国家博物馆藏

瓦当上有"大秦龙兴化牟古圣"8字。"大秦"指十六国时期的前秦。前秦在苻坚统治期间曾统一中国北方,但淝水之战战败后走向衰落。

骑马武士陶俑
北魏
中国国家博物馆藏

人和马都披上了铠甲的"甲骑具装"是北魏统一黄河流域的一大利器。以甲骑具装为代表的重装骑兵有更强的战斗力,它的出现也标志着骑兵发展的新阶段。

三国 220—280年

十六国 304—439年

北朝 北魏 386—534年

西晋 265—316年

东晋 317—420年

南朝 宋 420—47

"亲晋胡王"青铜印
西晋
中国国家博物馆藏

这枚西晋时领发的青铜印,印纽为兽形,印文是"亲晋胡王"。"胡"是晋对中亚以及中国西方、北方各族的泛称。他们内迁归附的首领被中原王朝封为"王、侯、君、长"等。

陶女俑
东晋
中国国家博物馆藏

这件陶女俑展示了东晋时期女性的衣服款式。她头戴头巾,衣裙上紧下宽,窄小的袖口暗示了她是一名侍女,及地的长裙则说明她的活动场所主要在室内。

铜狮子
南朝 · 宋
中国国家博物馆藏

狮子是佛教中的护法瑞兽,也被人视为辟邪祛病的守护者。南朝崇信佛教,宋孝武帝刘骏曾让僧人参与政事,刘宋时期也是南朝译经数量最多的时期。

三国两晋南北朝时期

风云变幻三百年

梁	—502年 502—557年
东魏	534—550年
西魏	535—557年
北齐	550—577年
北周	557—581年
陈	557—589年

白石观音菩萨立像
东魏
中国国家博物馆馆藏

彩绘文官、武官陶俑
西魏
中国国家博物馆馆藏

右侧的文官和左侧的武官穿着类似,都是上衣下裤的袴褶装。袴褶装来源于北方游牧民族,但逐渐融入了汉族特色,北朝时期袖口和裤管都加宽加大,还一度成为官员的朝服。

陶牛车
北齐
中国国家博物馆馆藏

三国两晋南北朝时期,牛车逐渐成为名士的出行"标配"。

布泉、五行大布、永通万国
北周
中国国家博物馆馆藏

"布泉""五行大布""永通万国"是三种北周时期发行的钱币,它们名称别致且工艺精美,故称为"北周三品"。其中"五行大布"的发行与北周政权对佛教发展的抑制有关。

邓县画像砖 南山四皓
南朝
中国国家博物馆馆藏

南山四皓也称"商山四皓",是秦末信奉黄老之学的四位博士,因不愿意故官而隐居山林。他们在画像砖上的形象或抚琴或吹笙,或展卷或闲坐,描绘出南朝社会对悠然自得的隐士生活的向往。

黑釉鸡首瓷壶
南朝
中国国家博物馆馆藏

青瓷印花唾壶
南朝
中国国家博物馆馆藏

唾壶是南朝时期的日常用器,多以瓷为材质,放置在日常起居的近处。

陶耳杯

时代 三国·魏
材质 陶
尺寸 长约 11 厘米

发现时间 1951 年
发现地点 山东东阿曹植墓

东汉末年,天下大乱,群雄割据,曹操统一北方,实施屯田制、修水利等安置流民、恢复经济生产的措施。他推崇节俭,下令严禁厚葬。陶耳杯来自曹操之子曹植墓中,是曹魏节葬尚俭、开薄葬之风的有力见证。

陶耳杯

掬水手作杯

当你行至一处山谷之中，溪泉鸣涧，用双手掬起一捧水一饮而下，瞬间感到甜爽清凉，这样的"抔饮"便是人与自然之间直接而朴素的交流方式。

这件陶制耳杯，仿佛是古人对"抔饮"的艺术再现。其新月形的双耳，巧妙地对应了人们自然掬水而饮时，拇指轻抵手掌的姿态。它是曹植墓里的随葬品。曹植我们都不陌生，他是曹操的儿子、三国时期大名鼎鼎的文学家。

李白曾在《将进酒》中写道，"陈王昔时宴平乐，斗酒十千恣欢谑"，这句传神的诗句生动地勾勒出曹植嗜酒好饮的形象。那么眼前的这件陶耳杯，会是曹植生前使用过的酒杯吗？显然未必。这件陶耳杯器型不够流畅，质地也略显粗糙，这些粗糙的工艺暗示着它并非实用器具，而是专为随葬制作的明器。彼时，王公贵族宴饮间，多用以木胎髹漆制作的漆耳杯。这种耳杯因有漆层的保护而坚实耐用，加之匠人精心绘制的斑斓图案，成为当时宴席上增趣添雅的美器。

漆耳杯（图1）不仅是贵族宴饮中的"常客"，还是贵族亡故后继续陪伴他们的随葬品，在先秦两汉贵族墓中非常常见。例如，西汉海昏侯刘贺的墓中，仅漆耳杯就有610多件。反观曹植墓中，仅有17件陶制耳杯，且随葬品多为工艺朴素的陶器，这一情况不禁令人深思。曹植的一生，虽才华横溢却命运多舛，在其兄曹丕继位之后，更是被迫多次迁徙封地，最终在忧郁中离世，年仅四十岁。这些简陋的随葬品难道是他晚年生活潦倒的物证？更耐人寻味的是他的父亲——"对酒当歌"的曹操，也没有漆耳杯随葬，只不过随葬的陶制耳杯数量更多，型号也更全。这究竟是为什么呢？

在曹魏之前，厚葬之风盛行，秦汉时期尤盛，轰动世界的秦陵兵马俑，便是秦始皇开秦汉厚葬先河的体现。至魏晋时期，丧葬风气发生了根本性的转变。曹操明确提出"不封不树"，省去了建高大封土、墓碑、祠堂、神道等，同时极大

◯ **图1 漆耳杯**
战国
中国国家博物馆藏

早在先秦时期，漆耳杯就流行于王公贵族的宴席间，除了新月形耳的耳杯外，还有工艺上更加复杂的方耳耳杯。

弱化了地下"事死如事生"的空间设施布置和随葬。这一变革不仅在东汉末年战乱频繁、经济凋敝的背景下，有效减轻了民生压力，还影响了后世数百年。

曹植在为父亲所写的悼文《武帝诔》中用"明器无饰""陶素是嘉"来形容曹操的墓葬，而他自己墓中"素面朝天"的陶器，可能是对其父亲薄葬遗风的传承。在众多璀璨夺目的古代文物中，或许这件朴实且灰蒙蒙的陶耳杯并不起眼，然而，它却是曹魏时期节葬尚俭、开薄葬之风的有力见证，也是后世研究古代丧葬文化、社会风气变迁的重要实物资料。

◐ 图 2 彩绘漆耳杯豆
战国
中国国家博物馆藏

◐ 图 3 陶豆
战国
中国国家博物馆藏

"耳杯款"日常器具

从先秦到六朝，耳杯都非常流行，不仅作为饮食器具使用，还作为"时尚元素"融入其他器物，承担相应的功用。比如这件战国时期的彩绘漆耳杯豆（图 2），用耳杯取代了豆形器中常见的圆形盘（图 3），用来盛装食物和酱料；在东汉魏晋时期的墓葬中有动物口衔耳杯造型的灯具，这里耳杯又用来盛装灯油。

三体石经

时代 三国·魏
材质 石
尺寸 残高112厘米，宽46厘米，厚14.8厘米

发现时间 1922年
发现地点 河南洛阳曹魏太学遗址

魏正始二年（241年），刻三体石经立于太学，石经是用战国古文、小篆和隶书三种书体蝉联书写而成的儒家经典碑刻。它开了一石多体的书写先河，是研究经学、汉字演变和书法艺术等领域的珍贵资料，在石经中具有无可替代的特殊地位。

三体石经
『古今字体对照表』

今天，当你想读一本外国经典文学原著时，有许多选择。译文版能轻松读懂，而中外对照版，却能在读懂大意的基础上，欣赏原文的韵律之美。同样，古人在研习经典时，也有类似"对照阅读"的需求，只不过，他们需要的不是两种语言之间的对照，而是战国古文、小篆、隶书这三种字体之间的对照。

曹魏时期，儒家经典多是由两种字体书写流传而来：用战国古文传写的称作"古文经"，用当时流行通用的隶书传写的就称作"今文经"。二者用字不同，对应儒家经典内容和释义也不一样。那时，"古文经"被确立为官方教材。学子们若不精通战国古文，就需要到洛阳南郊太学的讲堂西侧，从儒家经典碑刻三体石经上"对照阅读"寻找答案[1]。

这件藏于中国国家博物馆的三体石经残石，原与洛阳博物馆所藏的残石为一块整体。专家根据出土文物研究推测，当时所立石经可能有28块，它们于正反两面刻写着《尚书》《春秋》及部分《春秋左氏传》内容。三体石经（图1）既是传播儒家经典的文献范本，也是当时的"古今字体对照表"，学子们看到三种字体所载同样的经典内容，相形参照，仿佛窥见不同时代的人们以当时通行的字体抄录经典、传承文化的轨迹。

不过，战国古文和隶书，作为古文经和今文经的载体，足以供学子们进行古今对照了，为何还要在石经上刻写小篆字体呢？

● 图1 三体石经拓片

① 以《春秋》为例，《春秋公羊传》《春秋左氏传》《春秋穀梁传》都是对《春秋》的解读，《春秋公羊传》是今文经，汉代已被立为官学，东汉时已将其刻在熹平石经上，立在太学。曹魏黄初年间，《春秋左氏传》《春秋穀梁传》等古文经被列入官学，故又刻古文经石经立在太学西侧。

② 指字形演变的历史。一字以三种时期流行使用的字体呈现，观者可知其从古到今的演变，直观感受汉字笔画字形的发展变化。比如战国古文曲笔多，小篆虽也是曲笔，但是明显规整了，隶书则笔画由曲变直，笔画形态也影响字形向方块字转变，同时在字形演变中的笔画减省、偏旁改变等变化都清晰呈现出来。

　　小篆作为秦统一后"书同文"规定的官方文字，即便在隶书流行后，也仍会用于重要文书，自然是读书人的"必修课"。正是小篆的加入，使得三体石经直观呈现出先秦到秦、秦到汉的文字演进发展变化，源流[2]清晰分明，一脉相承。三体石经还开了一石多体的书写先河，今可见北宋郭忠恕的三体《阴符经》、北宋嘉祐年间所刻的两体石经（图2）等，都是效法于此。

　　刻写精美的三体石经，可作为研习书法的资料。风格各异的三种书体，可视为当时的标准书体。战国古文的笔画形态已不似汉代文献中所载"头粗尾细"的蝌蚪文，而是似柳叶，起收笔皆出锋，构型用笔精巧秀丽；隶书雍容大度，谨严有法；小篆尤令人称赞，结字[3]疏密得宜，姿态天然，有承上启下之功。据王羲之《题卫夫人〈笔阵图〉后》中自言从三体石经等碑刻中汲取养分,由学卫夫人改为以众碑为师,由此可见,石经也促进了书法艺术的发展。三体石经是研究经学、汉字演变和书法艺术等领域的珍贵资料,在石经中具有无可替代的特殊地位。

令人遗憾的是,三体石经完好存立于世的时间仅有数十年。北魏时,洛阳刺史毁石经作为佛图精舍的建材,后来残破的石经又在多次迁徙中屡遭损毁。自宋代发现残石以来,学者们就开始对石经进行研究,千百年来薪火相传。随着出土古文字材料的不断增多,今日对于石经的研究仍在继续,这一文化瑰宝必将在我们传统文化的延续中,绽放出更加璀璨的光芒。

◯ **图 2 北宋两体石经残石拓片**
中国国家博物馆藏

③ 汉字书写的间架结构,包括笔画、字形的布置等。

◯ **图 3 咸宁四年吕氏砖**
西晋
中国国家博物馆藏

民间流行的草体字

曹魏时将隶书作为官方正体字,如果为了书写方便,使用连笔并减省笔画,那么这就是隶书的草写体草隶,即章草。这种书体在晋代出土砖(图3)中比较常见,应是民间普遍流行的书体。它与我们今天熟悉的草书有一个明显的区别——仅在字内运用减省和连笔,字与字之间并不连写。虽然章草的使用时间不长,但已形成自身的书法审美风格,《急就篇》《出师颂》《平复帖》等都是三国两晋时期留下的章草佳作。

黑釉楼阁佛像陶魂瓶

时代 三国·吴 **发现地点** 江苏南京
材质 陶
尺寸 高 42 厘米，腹径 26 厘米，底径 16.3 厘米

排排坐于魂瓶上的佛像，是仅见于佛教初传中国时的特殊景象。它们并不高大肃穆，也还未受人膜拜敬仰，是"混迹"于本土神仙异兽中的"胡神"。

黑釉楼阁佛像陶魂瓶

佛教"落地生根"的物证

佛教，初传入中国时，曾以图像作为最主要的传播方式，因此在历史上也曾被称作"像教"。普通百姓即便不识字，或者无法领会佛经中艰深的意义，也能通过雕像或是画面中的人物形象与故事有所感悟，寄托自己的向往。

不过早期的佛像，与我们今日常见的高大肃穆、远离人间烟火的造像有所不同，它们常常"安身"于器物之上，有时还与动物相伴。在这件三国时期的黑釉楼阁佛像陶魂瓶上，便可以看到这样的组合。

魂瓶也有"堆塑罐""谷仓罐"之名，它们以陶或青瓷为主要材质，大多出土于江苏、浙江一带三国孙吴政权和西晋时期的墓葬中，是一种有着鲜明时代和地域特征的随葬明器。魂瓶通常是以腹部圆而鼓的罐子为器身，从罐口向上堆塑出各种人物、楼阁建筑、飞鸟走兽等形象，

① 铺首，即门环和装饰性底座的组合，多作兽首衔环的造型，带有吉祥驱邪的象征意义。

② 八卦代表方位，也与事物间的变化相关。北斗七星则是辨别方向和确定季节的标志。中国古代传统文化中，对八卦和北斗七星的认识和崇拜在道教形成之前便存在，后被道教吸收，成为其术法和神仙系统中重要的概念和元素。

这"大腹便便"的造型打造出"仓廪丰实"的景象，也象征着逝去的人仍可以像生前一样享受物质充足的生活。

不过，这件黑釉楼阁佛像魂瓶区别于常见的样式，以房屋和佛像为主要装饰元素。魂瓶共有三层，最下层的罐腹部贴塑着佛像、铺首[1]和鱼，罐上还顶着一个双层的小阁楼。阁楼上层的方形小屋中，前后左右四个方向的门内各有一尊坐佛形象，佛还带有头光和背光；围绕方屋，一圈密密麻麻同样造型的佛像铺陈开来。这些佛像作为一种外来的带有吉祥含义的图样，丰富着魂瓶的装饰性与象征含义。

三国至西晋时期长江流域的一些日用器物，如铜镜、香薰、酒樽，甚至是唾壶上，都可以见到类似的坐佛形象。在这件变形四叶佛像对凤纹青铜镜（图1）上，佛的形象还与

图1 变形四叶佛像对凤纹青铜镜
三国·吴
中国国家博物馆藏

龙、虎、凤这些瑞兽并列组合于一体，成为镜背的一种纹样。显然，这一时期的佛还没有获得后来被单独尊崇膜拜的地位，更像是人们心中能够降吉祥保平安的异域神仙。

作为外来文化的佛教在初传入中国时，为了更易于被接受，曾依附于神仙思想和早期道教这些中国本土已有的信仰文化进行传播，佛的形象因此混杂于仙人、瑞兽之中，装点于日用器物之上。慢慢地，佛教逐步渗透进人们的生活中，"落地生根"并有了"群众基础"。而当佛教在宗教生活中越来越受到尊崇时，这种以佛像为装饰纹样的习俗，就悄然消失了。

魏晋南北朝时期，佛教迅速发展，传播更加广泛。如十六国之一的北凉，就曾是河西走廊一带十分崇奉佛教的政权，北凉人所造的一批石塔（图2）也留存至今。大部分石塔上，佛像和经文已经"独当一面"，成为当时的创作主体，但仍有少部分石塔上刻画八卦符号和北斗七星图案[2]，说明人们在开始信仰佛教的同时，仍保留着对道教的尊崇。

魂瓶、铜镜、石塔，它们一同成为文化交融的见证。在"秀骨清像"[3]"褒衣博带"的汉化佛像出现于云冈石窟之前，佛教的中国化早已在和而不同的文化氛围中悄然发生。

[3] "秀骨清像"一词最早出现在唐代《历代名画记》中，是对南朝画家陆探微绘画风格和描绘形象的评价。它同时也是当时社会风气下，南朝文人士大夫们所崇尚的理想形象。北魏汉化改革后，这种流行于南方的审美时尚传至北方，使早期魁梧壮硕的佛造像也变得清瘦起来。

图2 白双𦈢造石塔
十六国·北凉
中国国家博物馆藏

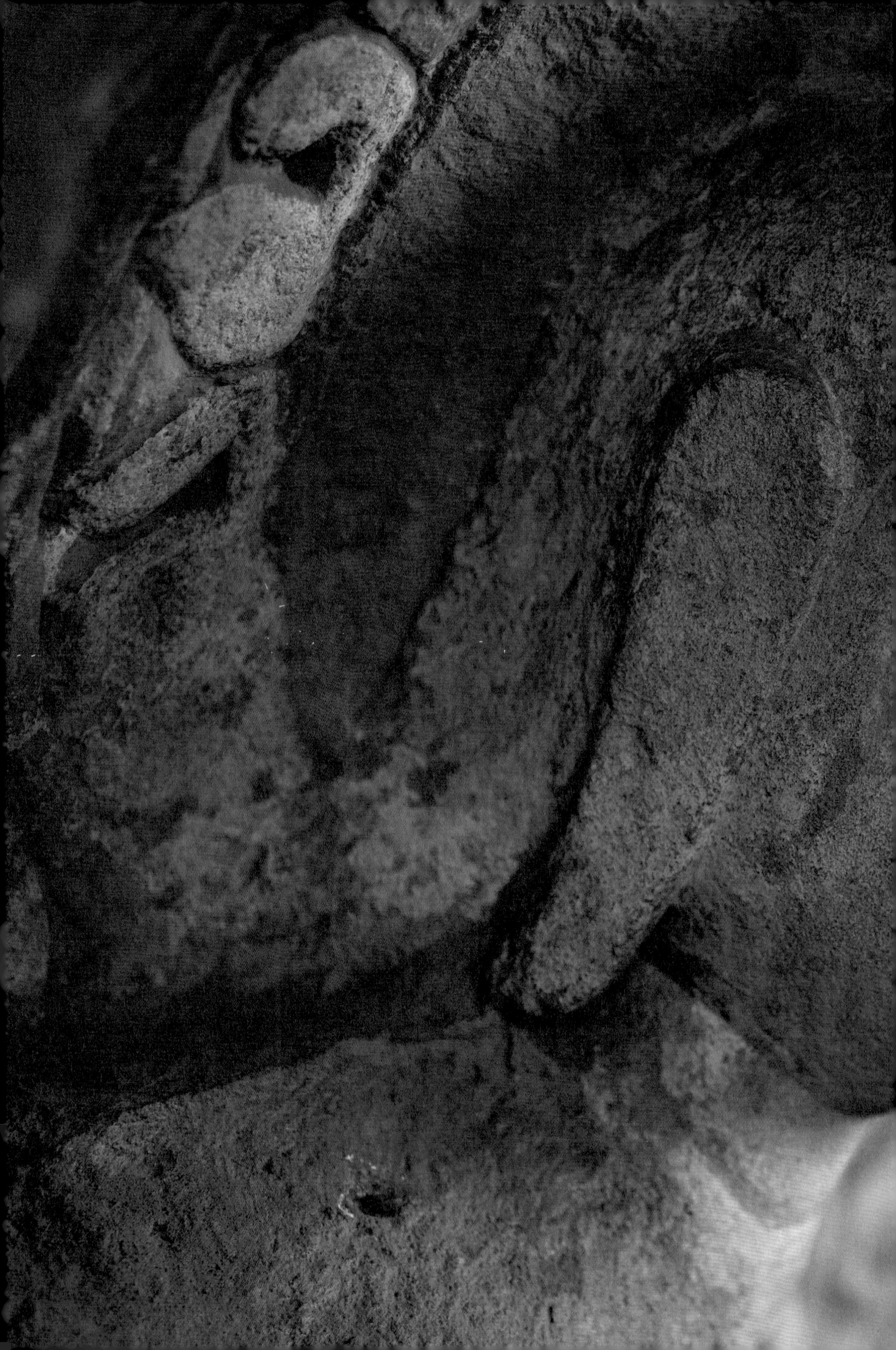

云冈石窟

云冈石窟位于今天的山西省大同市,是北魏时期的"国家工程"。它开凿于文成帝时期,到孝文帝迁都洛阳后仍持续建造。早期的"昙曜五窟"由高僧昙曜主持开凿,按照北魏五位皇帝的形象进行雕刻,高大雄健,外来风格浓厚;从中期到晚期,洞窟形制和造像形象体现出明显的本土化倾向,被认为是石窟艺术"中国化"的开始。

骑马陶俑

时代 西晋
材质 陶
尺寸 高约 22 厘米

发现时间 1958 年
发现地点 湖南长沙金盆岭

人和马的陶俑组合虽然平常,三角形的马镫却是在三国两晋时期刚刚出现的。这种简单易制作的马具逐渐便捷了人对马的操控,造就了更为灵活的骑兵,也掀开了南征北战的时代序幕。

骑马陶俑

形单影只的马镫

"东市买骏马,西市买鞍鞯,南市买辔头,北市买长鞭。"《木兰诗》生动再现了一套马具需要涵盖的许多部件:辔头用于控制马头,鞍鞯安放于马背以供骑乘,长鞭用来驱使马匹。但其实完整的马具还有确保鞍具稳固不滑动的胸带和鞧带,以及不可或缺的马镫。

中国国家博物馆中,珍藏着一件来自湖南长沙金盆岭西晋墓葬的骑马陶俑,它仿佛正从千年前走来,风尘仆仆地带着那个时代的气息。

一匹骏马,雄姿英发,肌肉线条在陶土的塑造下显得刚劲有力,似乎随时准备踏上征途。而骑于马上的,是一位身着古代官服的官吏,他面容肃穆,眼神坚定,手持一方版,似乎正欲向世人宣告着什么重要信息。

仔细观察,其左腿与马腹之间轻轻垂落着一个看似不起眼的

● 图1 铜鎏金木芯马镫
十六国·北燕
辽宁省博物馆藏

● 图2 陶骑兵俑
西汉
中国国家博物馆藏

"三角形"部件——正是考古发现的马镫造型之一。然而,当我们仔细端详这位骑手,却发现他的右腿旁不见马镫的踪影,而他的左脚也并未踏入马镫之中,这不禁引人遐想:难道古代马镫并非成对使用吗?

不同于现代人对马镫成对垂于马鞍两侧的"固有印象",历史上马镫的发展其实经历了一个由单一到双配(图1)的演变历程。在金盆岭墓葬中,共出土了4件带有马镫的骑马陶俑,均为单侧马镫的造型——三角形状的马镫位于马鞍左侧,用来悬挂马镫的镫革的长短,只有骑手腿部的一半长。结合数量、位置和长度等因素考虑,单马镫或许是骑手蹬上马时借力的工具,而非骑行中为保持身体平衡使用的蹬踏工具。

事实上,自古以来,借马镫之力上马非必然步骤。乃至今日,手按马背、飞身一跃的上马方式在草原依然可见。西晋时期为何需要借助外力上马呢?答案或许就藏在骑手身下那高高耸起的马鞍上。相比于秦汉时期又低又平的软质鞍垫(图2),西晋时期的硬质骨架马鞍(高桥鞍)不仅整体底座加高,前后两端还设有直立的鞍桥,因此为上马增添了不少高度和难度。除了配备于陶俑上,"高桥鞍"也在墓里出土了实物,是真实应用于骑行的马具。

尽管高桥鞍为上马带来了挑战,但它却是双马镫发明前骑手保持平衡的关键。西汉中晚期,骑兵开始崛起,而高桥鞍也随之出现,并逐渐加高。一前一后耸立的鞍桥,虽然使骑手在马背上的活动空间变窄,但提高了骑行的稳定性。不光古代中国,古罗马骑兵的马鞍有前后四个青铜质地的硬角,古波斯则在马鞍的后鞒上连接绑带固定骑手的大腿,这些特殊结构的马鞍都曾是解决马背上平衡问题的有效途径。而在中国,"长高"的马鞍随即催生了便于上马的单马镫,人们也迅速意识到,马镫可为骑手提供的支撑性,或许不局限于踏镫上马,还可以像高桥鞍一样,让骑手在马背上保持身体平衡。于是,得益于马镫的造型简单,易于制作,单马镫迅速向双马镫转变,成为美国科技史学家林恩·怀特口中"简单却又有如此重大历史意义的发明"。

作为最晚加入马具家族的成员之一,马镫无疑是帮助骑手在马背上保持平衡和稳定的最佳选择(图3)。它的出现使难度较大的骑术训练得以开展,复杂的战术动作和阵型排布变得易于掌握,也顺势造就了更具灵活性和冲击力的骑兵。他们逐步取代步兵,最终成为陆战的优势兵种,也迎来了骑兵时代。

● **图3 陶马俑**
唐
中国国家博物馆藏

唐代的马背上,鞍镫俱全已是较为普遍的现象。

甲骑具装

马镫的应用推动了骑兵成为这一时期更善骑射的北方军队的核心力量,其中的"甲骑具装"更是佼佼者。甲骑具装是骑兵兵种之一,这种人和马都穿着铠甲的重装骑兵形象,常常见于南北朝的陶俑(图4)和壁画。披上"具装"铠后,马的抗击打能力大大提升,但也因为负重失去了一定的灵活性。根据出土实物做出的估算可知,当时一件铁质"具装"铠的重量可达40千克。

● **图4 骑马武士陶俑**
北魏
中国国家博物馆藏

♣ **青瓷香熏**

时代 西晋
材质 瓷
尺寸 通高 19.5 厘米，盘径 17.7 厘米
发现时间 1953 年
发现地点 江苏宜兴周氏墓群

六朝文人士大夫以用香为风尚，熏香用具成为生活必备品。青瓷香熏在当时最为常见，所熏之香多为合香，合香要让各香巧妙相融。香方体现了用香人的巧思，目前有明确记载的较早的香方专著正是诞生于南朝时期。

青瓷香熏

颜值与实用性兼备的居家好物

《世说新语》中记载过这样一则故事：年少的周处，强悍蛮横，横行乡里。乡民们将他与山中虎、水中蛟并列为"三害"。人们希望三害互斗，就劝周处杀虎斩蛟。他先杀山中虎，又入水与蛟搏斗，三日三夜都没有回来。乡民以为周处与蛟一并归西，互相庆贺。不料此时，周处却成功斩蛟归来，看到乡人庆贺的场面，惊觉乡民对自己如此憎恶，于是他立志改过自新。

典故里的主人公周处，在历史上确有其人。他作为晋朝的将军，为人刚毅正直，为官勤政爱民，最终战死北方。这件青瓷香熏出土于江苏宜兴周氏墓群，考古学家推测它的主人正是周处。这件香熏为我们展现了这位忠臣义士远离喧嚣战场之外，朱火青烟、香风为伴的另一面。

这件香熏制作精细，由球形熏笼和圆形承盘两部分组成，熏笼上方为展翅欲飞的鸟形提纽，熏笼

● 图1 青瓷香熏
晋
中国国家博物馆藏

● 图2 青瓷博山炉
南朝
中国国家博物馆藏

① 博山炉（图3）是汉代熏香文化的代表器物：山峦形的炉盖是它的标配，使用时青烟从盖上细小的孔隙飘出，缥缈间群山好似海上仙山。南朝时，博山炉外形发生变化，山形变成火焰或莲瓣状突起，这也意味着风靡一时的传统博山炉逐渐衰落了。

和承盘的下方是熊形足，动物元素为造型增添了些许俏皮趣味。在熏笼顶部、承盘口沿和外壁上都装饰了联珠纹，形成多层次之间的呼应。香熏里外均施有釉，光滑的表面不仅美观，还利于清洁。使用时将香料、香丸从熏笼下部的进香口放入并点燃，袅袅青烟从熏笼上三层相错排列的三角形镂孔飘出，青烟缭绕中青鸟展翅欲飞，满室生香；下方的承盘可手持和用于承接香灰。

熏香不仅是美的享受，还具有祛除不洁、改善室内环境的实用功能。三国两晋南北朝时期，室内熏香成为达官贵人、文人士大夫的居家必备之品。这一时期的香熏炉以青瓷居多，造型多样，可分为罐形（图1）、博山炉[①]形（图2）、篮形等，周处的这件球形香熏，无疑是兼具实用性与观赏性于一身的精品。

除了用于室内熏香，香熏炉还有一个重要用途——熏香衣被。古代，很多衣被面料都来自天然的动植物纤维，很容易成为蛀虫的美餐，熏香衣被不仅可以让香气绕身、愉悦情志，还能起到驱虫防蛀的作用。汉代时，熏衣更是成为礼制要求，王公贵族官员去往正式场合前都要熏衣以示庄重。

三国时期，曹操的谋士荀彧仪容俊美、雅好用香，《襄阳耆旧记》中记载，他去别人家里做客离开后，所坐之处几天都有余香萦绕，被奉为美谈。因荀彧曾任尚书令，人称荀令君，成语"留香荀令"就成了美男子的代名词，在唐宋诗词中多次出现的"令君香"也是由此而来。

"令君香"究竟是一种怎样的香呢？它是多种香料配伍在一起的一种合香。三国两晋南北朝时期，随着香品种趋于齐全，人们对香的了解和研究也愈发深入，以多种香配置而成的合香流行起来，不同的香各司其职，构成主体韵调，发挥调和修饰、留香长久等作用。在明代香学著作《香乘》中收录了"荀令十里香"香方，顾名思义，这香多半比较浓郁，方能香飘十里。

熏香文化在士大夫群体中的普遍流行，也为香文化增添了文人雅趣。南朝诗人谢惠连在其《雪赋》中，以"燎熏炉兮炳明烛，酌桂酒兮扬清曲"的生动笔触，描绘了一幅雪夜暖室中，围炉熏香、品酒赏乐的雅致画面，让人们仿佛穿越千年，仍能感受到那份淡淡的香气与雅致的氛围。

● **图 3 绿釉博山炉**
汉
中国国家博物馆藏

熏衣剃面、傅粉施朱

"熏衣剃面，傅粉施朱"出自南北朝时期文学家颜之推的《颜氏家训》。颜之推说在梁朝全盛之时，贵族子弟们重视仪表仪容，他们穿着熏过香的衣物，剃脸修面，涂粉抹胭脂，人人都打扮得体体面面。然而这些人虽然装扮上"若神仙"，实则多是内里空空、不学无术。今天我们在用到这八个字介绍六朝人的审美风尚时，多是作为客观陈述，不带褒贬之意，但是在原本的语境中，颜之推是以此作为反面教材教导家中子女的。

青瓷托盏

时代 南朝　　　　　　　　　　　　　　　　　**发现地点** 福建福州
材质 瓷
尺寸 高 9.9 厘米，托直径约 16 厘米，盏直径约 12.1 厘米

早期茶具由托盘与碗状茶盏组成，专门茶具的出现反映了饮茶文化的流行。这样的青瓷托盏在中国南北方均有出土，证实了这一时期茶文化在九州大地上的传播。

青瓷托盏

茶香自此传九州

今天，人们在饮茶用具上有很多选择，如小巧玲珑的品茗杯、泡饮一体的盖碗，以及造型各异的新式茶杯。然而，古人最初饮茶时并没有专门的用具，而是与食器、酒器相混用。

今人可见最早的饮茶专用器具，出现在东晋至南朝时期，如眼前这件青瓷托盏，便向我们展现了早期茶具的形态。托盏由托盘和茶盏两部分组成，饮用热茶时可端起托盘以避免烫手，茶盏下有圈足，托盘中有托圈，二者套合稳固，避免茶盏滑脱。这组茶具与今日精致的茶杯有所不同，茶盏的形状和大小几乎与碗（图1）无异，难道当时流行用碗喝茶？

事实上，碗形茶盏与当时人们日常饮用的"复方"茶有关，将茶叶放入炊具中煮好后，还会加入葱、姜、枣、橘皮、茱萸、薄荷等调味品，这样调制出的茶近似汤羹稀粥。晋人说茶叶"可煮作羹饮"，这样的茶用碗来装，的确正合适，而这种做羹饮的方式，也反映了茶从食物、药物到日常饮品的演变轨迹。

◯ **图1 陶碗**
北齐
中国国家博物馆藏

① 我们今天熟悉的茶是"单方"茶，仅以单一茶品冲泡，不添加辅料，承袭了唐代茶圣陆羽所推崇的"清饮"理念，以纯粹茶味为核心。

我们的祖先在远古时期以采集狩猎为生，他们将采到的鲜嫩的野生茶树芽叶口嚼生食或是烹煮食用，羹饮之茶便是烹煮做法的延续。药食同源，在食用茶的过程中，人们又发现并认识到它的药用功能。司马相如《凡将篇》将"荈诧"（即茶）与众药材并列。作为药材的茶，自然可以与其他药材配伍使用，加入温中散寒的姜、疏散风热的薄荷、补益肝肾的山茱萸等。作为日常饮品，此时的"复方"茶也有了保健的功效。

不过，饮茶的风俗实则出现得更早。先秦时期，茶叶的原产地巴蜀西南地区便已有饮茶。至汉代，生活在蜀地的王褒在《僮约》中写到备茶招待客人，遣僮仆"武阳买茶（荼）"，这透露出一条重要的信息——蜀地市集中便有茶贩，仆人都可以轻易买到，可见其并非稀罕之物，也足以说明当地饮茶之风盛行。自汉代到三国时期，饮茶的人越来越多，茶叶作为普及品还是稀缺品则是因地而异。在巴蜀地区之外，饮茶仅限于王公贵族。

魏晋南北朝时期，由于政权更迭和人口迁移等原因，饮茶的风俗在传播上也有着南北之别。在南方可谓一帆风顺。西晋末年天下大乱时，中原士族南逃建立东晋，中原政权更迭和人口的迁移促进了饮茶文化的传播，茶叶产地也沿长江流域向东南沿海扩大，南方地区饮茶逐渐成为流行风尚。而北方的茶文化则是兴衰更迭。西晋时已有蜀地老妪在洛阳南市卖茶粥，足见北方人对茶的喜爱；而进入十六国时期，北方由各族统治者建立的政权掌控，内迁的各族人民以奶制品为尚，对茶不屑一顾，后来随着民族交融不断加深，北方人才又开始接受饮茶（图2）。

南北朝时期，饮茶文化逐渐融入王公贵族与平民百姓的生活中，南北饮茶的差异也随着民族交融趋于一致，茶香茶韵自此遍传九州。

一
茶的曾用名

我国第一部茶文化专著是唐代陆羽写的《茶经》，书中总结了茶叶的五种名称：茶、槚、蔎、茗、荈。其实在唐代之前，茶的名字多达十几种，有：荈诧、选、诧、酪奴、草中英、不夜侯……用得最多的是"荼"。"茶"比"荼"少一笔，最初是民间使用的俗体字，在《茶经》之后，"茶"才逐渐流传开，成为茶的正式用名。

◐ 图 2 带托青瓷碗
北朝
中国国家博物馆藏

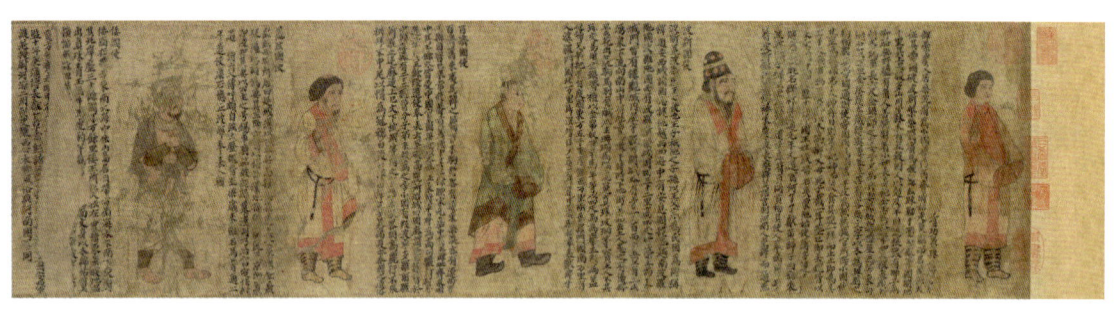

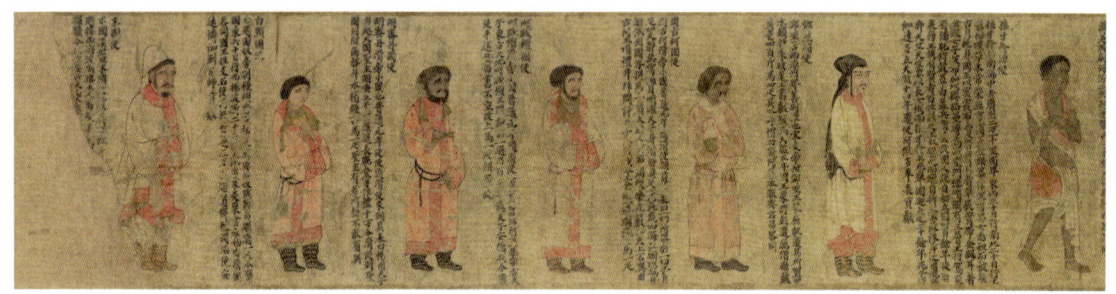

《职贡图》卷北宋摹本

时代 原作于南朝·梁
材质 绢
尺寸 纵25厘米，横198厘米

按从右至左顺序分别是滑国、波斯国、百济国、龟兹国、倭国、狼牙修国、邓至国、周古柯国、呵跋檀国、胡蜜丹国、白题国、末国使者。

在成为梁元帝前，萧绎用画笔开启了延续后世的"职贡图"传统。落于笔下的，是面貌各异的使者和天南海北的风土人情，延伸至画外的，是南朝对外交往的规模和范围。

《职贡图》卷北宋摹本

图文并茂的使者合影

"职贡"意为"职方的贡物"。"职方"在《周礼》中便已出现，是先秦时候的一种官职。任职之人掌管国家的地图，熟悉并且能够辨认各地的风土人情，此外还要负责朝贡事务。而"朝贡"则是古代中国政治秩序中的一种特殊体制，它要求各诸侯国和周边地区的使者须定时来拜见中央王朝的皇帝，献上本地区的特产和礼物，并接受册封和赏赐。

萧绎别出心裁，像一位顶级摄影师，用图定格记录下20多位前来"职贡"的使者。它就像一张使者合影，展现出当时一场别开生面的对外交往盛宴。然而，原作的散佚和时间的磋磨，使我们如今在这件《职贡图》北宋摹本残卷上，仅能看见12位使者，每位使者都以四分之三的正侧面朝向右边站立，仿佛排成了整齐的队列，在等候接见。画面中，留白的背景将每位使者的颜面肤色、服饰装束和举止动作衬托得更为鲜明，体现出不同地区的人物特征。

来自波斯（今伊朗）的老者（图1）胡须浓密，头戴花帽袖手而立，姿态落落大方，这可能不是他第一次到访南朝了；而肤色略深、衣着

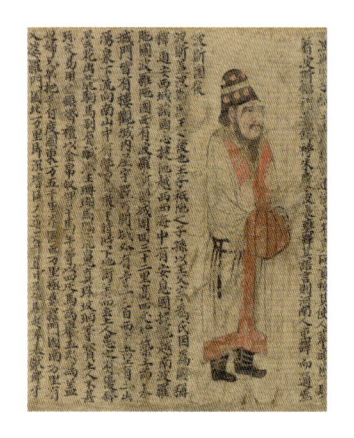

● 图 1 《职贡图》卷北宋摹本局部
　　波斯使者

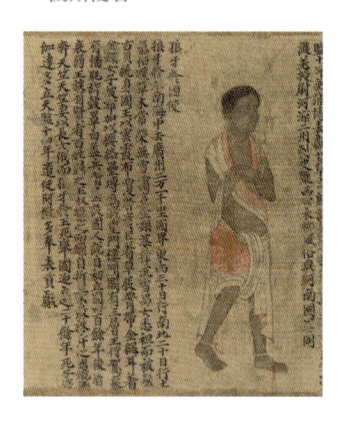

● 图 2 《职贡图》卷北宋摹本局部
　　狼牙修使者

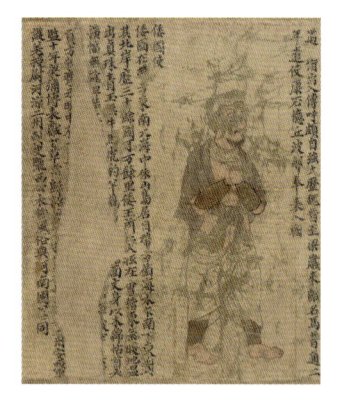

● 图 3 《职贡图》卷北宋摹本局部
　　倭国使者

"清凉"的狼牙修（今马来半岛北大年区域）小伙儿（图2）带着扑面而来的热带气息，他交臂翘足，显得有些无措，或许是"初入职场"；个头稍矮的倭国（今日本）人（图3）因为画卷残损看不出样貌年龄，他和狼牙修小伙儿一样袒胸赤足，双手合于胸前，黑白相间的服饰颜色，在使者中显得肃静和拘谨。

除了对使者形象、动作的细致刻画，萧绎还在每位使者的身后题有或长或短的文字，记录了这个国家或者地区的名称、所在方位、距离远近、风土人情，以及与梁朝的交往情况。这位后来身居高位的梁元帝，为何对使者及他们的来处如此了解？

据史书记载，萧绎从小聪慧好学，并擅长书画，以人物肖像的描绘最为出色。在即位前，他曾两次出任荆州的地方官。当时由西域而来的使者若想前往梁朝首都建康，荆州乃是必经之地。萧绎因此有"瞻其容貌，讯其风俗"的机会，他不仅亲自接待过使者们，还仔细观察过他们的样貌和着装。同时，萧绎还积极地与使者们沟通交流，了解他们的语言习惯、文化背景、宗教信仰以及沿途见闻等，从而获得了关于西域各国的第一手珍贵材料。

那他为何要绘制这样一幅画？其背后或许有多重深意。一方面，萧绎可能是想通过描绘亲眼所见的"胡人遥集"景象，向在位四十载、励精图治的父亲梁武帝萧衍，呈上一份别具意义的贺礼；另一方面，在南北分裂、政权对峙中，他或许还希望通过展现"职贡"的繁荣景象，彰显梁朝国力强盛，突出其华夏正统的地位。

然而，《职贡图》的创作意义绝不仅限于此。它仿佛梁朝对外交往的"网络",根据使者排列的次序,以及题记中"大国""小国""旁国"的描述,悄然揭示了梁朝与周边地区的亲疏远近,以及对它们的重视程度。在这一点上,《职贡图》也成为《梁书·诸夷传》记录对外交往情况的主要参考材料。

自《职贡图》开始,描绘来访使节的绘画主题,便从唐代一直延续到清代。历朝历代的顶尖画家们,都参与过这一主题的创作,如唐代的阎立本、明代的仇英等。而且,画笔描摹的对象也逐渐从使者拓展到他们带来的珍禽异兽(图4)。伴随着时代更迭、疆域变化和"天朝上国"的思想局限,后来创作的职贡主题画作在真实性上略打折扣,但我们仍能从这些吉光片羽中窥见古代中国对自我与世界关系的认知,捕捉人员往来、物质交流和中外交通的珍贵画面。

● 图 4《榜葛剌进麒麟图》
清
中国国家博物馆藏

江陵焚书

梁元帝萧绎不仅善于绘画,文学上的修养也不俗。在其所著的《金楼子》中,他用"自聚书来四十年,得书八万卷"描述了自己藏书之丰富。但也正是这样一位爱书之人,在西魏攻打梁朝之时,下令焚毁了都城江陵(今湖北省荆州市荆州区)皇宫中的十四万卷藏书,造成了古代文化史上的空前浩劫。

贵妇出游

甲马

天人

凤凰

■ 邓县画像砖

时代 南朝
材质 灰陶砖
尺寸 每块长 38.7 厘米，宽 18.9 厘米，厚 6.3 厘米

发现时间 1958 年
发现地点 河南邓县

流畅飞扬的线条，斑驳残留的彩绘，本是墓葬装饰的画像砖却为我们展开一幅南朝的日常生活和精神向往的画卷。一砖一图的丰富图像元素中，有南北习俗的交融，有东西文化的碰撞，也有时代风流在砖石上留下的神采。

邓县画像砖
线条中的神韵

张僧繇，南朝梁武帝时期的杰出画家。传闻他于都城建康（今江苏南京）的安乐寺大殿内，绘制了四条栩栩如生的白龙，却故意独独留下龙睛未点，担心点睛后，龙便会飞走。众人起初并不相信，结果张僧繇刚给其中两条龙画上眼睛就雷电大作，两条点睛之龙瞬间破壁而出，乘云而去，留下一段浪漫又带有一些神秘色彩的传奇故事。

然而遗憾的是，张僧繇的画作几乎没有留存于世，南朝同时期画家的绘画作品真迹也寥寥无几，大多为后世的摹本。幸而除了纸和绢帛作品，还有一些留存于砖石上的图像，让我们今天还能够探寻南北朝时期画作生动传神的艺术风格，如这组南朝的画像砖。

20世纪50年代，河南邓县（今邓州市）兴修水利时发现了一座南朝的墓葬。作为砌筑墓室的材料，这组砖块一砖一图，大小基本一致。工匠以模印的方式在砖上制出浅浮雕的图案，部分还施以鲜艳的彩绘，刻画出立体而丰富的场景。

在这组砖块上，人们得以看到南朝时牵牛（图1）、乐队（图2）、贵妇出游（图3）等日常画面，亲睹运粮（图4）、武士操练（图5）、战马出行等军事相关题材，甚至与作为当时人们精神追求的四神、羽人、王子乔与浮丘公等形象相遇。虽然从画稿临摹于木模，再由木模印至泥坯的

● 图 1 邓县画像砖　牵牛

● 图 2 邓县画像砖　乐队

● 图 3 邓县画像砖　贵妇出游

● 图 4 邓县画像砖　运粮

过程中难免损失一些原作的灵动,但我们仍不免在观看内容之时,被其流畅的线条和线条展现的气韵所吸引。

"天人"随风飞舞的衣裙(图6),王子乔头顶的云,寥寥几笔,飘逸洒脱之感油然而生;被牵着的牛体态雄健,闷头前行;而披着铠甲的马则昂首扬蹄,仿佛下一秒就要冲破画框的束缚;手持武器的战士们操练时轻盈矫健,捧着博山炉和华盖的侍者们则显得严肃紧张;贵妇与身后的侍女们俏丽明媚,以不同的装扮、抬头的角度、飘带的弧度,巧妙地展现出各自的身份与气质。

这些跃动变化的线条,以其不同的粗细程度、转折角度和排列形式,勾勒出比例匀称的人物和动物,捕捉到他们瞬间的动作姿态,甚至细腻准确地刻画了他们的心理状态和精神气质,传递出绘画艺术中"以形写神"的特点。从这些层面来看,砖上的一笔一画都可谓"点睛之笔"。

在中国艺术史上,与张僧繇齐名的画家有南朝宋时的陆探微和东晋的顾恺之,他们并称为六朝三杰。后世在评价这一时期的绘画时,曾有"张得其肉,陆得其骨,顾得其神"之说。而在这组邓县画像砖上,便能探寻到工匠学习仿效陆探微、顾恺之的影子:细密工整的衣纹、飘逸灵动的衣带,以

● 图5 邓县画像砖　武士操练　　　　　　　　　　● 图6 邓县画像砖　天人

及行走于风中的流动感，在顾恺之的作品《女史箴图》（图7）中似曾相识；纵逸奔放的云气纹仿佛是随意的书体，陆探微正是用类似的草书笔法入画，创造出气脉连绵不断的"一笔画"。

这些早期的艺术家用生动、传神的线条探索着绘画的边界和脉络，创造出充满生机的景象，并不断发展、延续，成为中国绘画从古至今最主要的表现元素和品评标准。

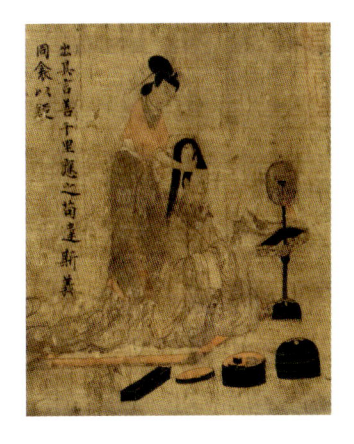

● 图7《女史箴图》局部
唐代摹本
大英博物馆藏

品评绘画"六法"

中国古代第一部对绘画作品和作者进行品评的理论著作《古画品录》也出现于南朝，作者谢赫在书中提出了品评绘画的"六法"，即六条标准，分别是气韵生动、骨法用笔、应物象形、随类赋彩、经营位置和传移模写。

"河内太守"青铜虎符

时代	北魏	**发现时间**	1955 年
材质	铜	**发现地点**	内蒙古土默特旗美岱村
尺寸	长 9.3 厘米,高 4.5 厘米,合符厚 2.4 厘米		

虎符是调兵遣将的重要信物,分则岁月静好,合则兵戎相见,有的虎符还保留了特殊的时代烙印。

"河内太守"青铜虎符

兵符虽小动千军

"符合"是我们今天非常熟悉的词语，人们常用是否符合标准来评价事物是否具有规范性。这份规范，可以追溯至先秦时期调兵遣将的重要手续——"合符为证"。

兵符是调兵遣将的凭证，也是君王行使军权的政治信物。试想一下，在通信并不发达的古代，君王常年坐镇国都，如何确保远离都城的军队不被擅自调动呢？这时，兵符就派上了用场。

先秦时期，兵符被设计成虎形，从虎脊处一分为二，君王与在外驻守的将领各持一半，因此被称为"虎符"。当君王需要调兵时，会将半块虎符授予使者，使者携带此符前往军营，与将领手中的另一半虎符并在一起，只有当两块虎符完全吻合时，将领才会遵从命令、调兵遣将，这个过程，就叫"合符为证"。

这件青铜虎符，便是北魏时期的兵符代表。它的外形是一只身躯修长、伏卧在地的老虎，通体用阴线刻画虎皮的纹理。虎符右腹刻"铜虎符右"，使用时当由君王保管；左腹刻"铜

● 图1 "河内太守"青铜虎符背部铭文

● 图2 "三城护军"青铜虎符
十六国
中国国家博物馆藏

十六国时期，在地方为统治少数民族设立与郡县同级别的行政单位，管理者为军政合一的职位，称为"护军"。

虎符左"，使用时当由统领军队的将领保管。两片兵符以内侧长方形的榫卯结构相合，这种相合方式与汉代虎符相似。除了榫卯结构，这件"河内太守"虎符还上了双保险，它的脊背上刻有铭文"皇帝与河内太守铜虎符第三"，左右符各存半字，勘验时除要满足形状相合的条件外，要求文字也要严丝合缝对上。

从铭文（图1）可知，这件虎符是皇帝授予河内郡太守使用的，故名"河内太守"青铜虎符。河内郡地处黄河北岸，与洛阳隔水相望，是南北连接的纽带，也是战略要地。此外，便于防御的山川地势和优越的经济环境，也使河内郡在魏晋南北朝复杂的政治、军事形势下的作用凸显。专家推断这件虎符所属的年代应为北魏定都平城（今山西大同）时期，此时这里屯居着北魏重兵，"河内太守"虎符的重要性可见一斑。

以"皇帝"作为君王的称谓，发挥调兵信物的功能，这些都是"河内太守"虎符对秦汉虎符传统的继承。不过在两晋南北朝时期，还有一些虎符的变化。比如这件十六国时期的"三城护军"虎符（图2），铭文为"天王诏与三城护军虎符"，后凉、北夏、前秦等开国者称帝时都自称"天王"，可以说"天王"是十六国"时代限定版"的君王自称之号，这件用"天王"作为君王称谓的虎符，也铭刻了时代的烙印。

这一时期还出现了与军权毫无关系的虎符。比如这件东晋所颁发的"朝鲜男"虎符（图3），"男"是爵位名，这一时期使用"公、侯、伯、子、男"五等爵位制，公、侯以下爵位者不配备军队，所以这件虎符只是贵族身份的象征。

到了唐代，虎符的形制和功能发生了变化。唐高祖为了避祖父李虎的名讳，不再使用虎形符，我们今天见到的唐代符为兔符、鱼符（图4）和龟符（图5），除调动兵马外，还有进出门、开关门、验明身份等作用。

兵符分则岁月静好，合则兵戎相见，合符使用后，理应分开，继续由君主和将领各自保管，才符合调兵信物的属性。因此，作为出土文物的虎符，以半片的样貌被人发现才是常态。而有趣的是，这件"河内太守"青铜虎符，却是以合符的形式被发现的，这背后的原因，只能等待新的资料与研究成果，为我们揭开谜底。

● 图3 "朝鲜男"青铜虎符
东晋
中国国家博物馆藏

● 图4 鱼符
唐
中国国家博物馆藏

● 图5 龟符
唐
中国国家博物馆藏

窃符救赵

战国时，秦国围攻赵国都城邯郸。赵国向魏国求救，但魏王因惧秦而迟疑，仅派晋鄙率十万大军驻守边境观望。信陵君深知利害关系，在门客侯嬴的出谋划策下，请求魏王宠妃如姬窃取虎符。信陵君持虎符赶到晋鄙处，晋鄙看到使者队伍单薄产生怀疑。此时，信陵君的门客朱亥以铁锤击杀晋鄙，夺得兵权。随后，信陵君率魏军疾驰救赵，秦军见势撤退，邯郸之围遂解。

信陵君因为这次救赵之功，名震天下，而"窃符救赵"的故事，成了后世传颂的佳话。那件象征着军事指挥权的虎符，也在这次事件中扮演了重要的角色。

◆ **元羽墓志**

时代 北魏
材质 石
尺寸 长 55.2 厘米，宽 51.6 厘米，厚 16.4 厘米
发现时间 1918 年
发现地点 河南洛阳

是迁居洛阳的元羽的生平总结，也是生于平城的拓跋羽的人生印记，小小一块方形墓志，浓缩了北魏孝文帝改革的措施，也见证了南北朝民族交融的恢宏历史。

元羽墓志
鲜卑族的新身份

籍贯是个人身份的重要标识，是留在人们血脉中的烙印。一个人无论身在何方，那份对故土的眷恋都会如影随形。

但有一个人，他的籍贯经历了一场跨越时代的变迁。这个人就是元羽，他本名拓跋羽，是北魏孝文帝拓跋宏同父异母的弟弟。

元羽出身鲜卑皇族，却与中原大地结下了不解之缘。自洛阳出土的元羽墓志，详细勾勒出他的仕途轨迹：他曾担任侍中，位至司徒之尊，受封骠骑大将军，更令人瞩目的，莫过于他被封为"广陵王"。位于江南的广陵（今江苏扬州）从未纳入北魏的统治范围，自然不可能真正是元羽的封地，而这一爵位体现出的不只是北魏对统一的追求，更是与中原文化的深度融合、不可分割的象征。元羽的墓志，在落日黄沙下静看时光呼啸，携着北魏风华，在一笔一画中，勾勒出一段传奇人生，也得以让人们窥探到北魏改革那宏大的历史篇章。

北魏政权，由来自大兴安岭北

◉ **图1 彩绘陶俑**
北魏
中国国家博物馆藏

段、骁勇善战的鲜卑族拓跋部建立。孝文帝拓跋宏自幼学习儒家经典,他认为,鲜卑族只有学习和吸收汉族文化才有利于统治中原。他以非凡的勇气与智慧,推行了一系列汉化措施,让鲜卑族与汉族深度交融。

拓跋宏精心打造了以汉族服饰为基础的冠冕朝服,也将民间服饰做了胡汉融合,改为宽袖阔腿的上衣下裤(图1)。他规定汉语是北魏朝廷唯一通用的语言,30岁以下的官员若是在朝廷中仍说鲜卑语,就要面临降爵或罢职的惩罚。同时,他还颁布了一项意义深远的命令,改鲜卑姓为汉姓,让上百个承载着古老血脉与荣耀的复姓,逐渐由繁复归于简约,如步六孤氏改为陆氏,独孤氏(图2)改为刘氏,等等。皇室的原姓"拓跋"因为在鲜卑语中有"土地"和"君主"之意,就选择了汉语中有"开始"含义的"元"字。因此拓跋羽改名为元羽。

值得一提的是,孝文帝为了让鲜卑族与汉族的文化真正融合,除实施"汉服、汉语、汉姓"这一系列变革之外,更是做了一个大胆的决定——迁都洛阳,那个作为汉晋政治文化中心的繁华之地。

这一决定,犹如巨石投入平静的湖面,激起了层层波澜。对于许多鲜卑贵族而言,平城,这座他们居住、经营了近百年的家园,实在无法割舍。他们不愿离开这片熟悉的土地,更不愿放弃在这里打下的根基。

面对重重阻力,孝文帝并未直接言明迁都之意,而是以讨伐南朝的名义,亲自率领大军南下。这一举动,既是对外宣示北魏的军事力量,也是与内部顽固势力的巧妙周旋。在孝文帝的坚定意志与巧妙布局下,迁都洛阳的大计,终于得以顺利实施。

　　洛阳,从此成为北魏的新都城。而那些南迁的鲜卑人,也被赋予了"河南"这个新籍贯。这一变化,不仅是地理位置上的迁移,更是文化、心理乃至身份认同上的深刻转型。它标志着北魏政权向中原文明的融入,也预示着一个新的时代即将开启。

　　作为皇族的一分子,元羽支持孝文帝改革,还被赋予了一个极为重要的使命——留守平城,确保后方的安宁。元羽虽未亲历那繁华都市的初建,却因这一历史性的变革,获得了新的身份——"河南人"。

　　这个身份如同一条无形的纽带,将元羽与中原大地紧密相连,随着这方墓志深埋于土。

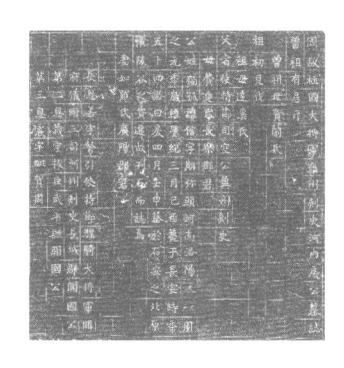

◯ **图 2　独孤信墓志拓片**
北周

独孤氏是北朝至隋唐时期最重要的姓氏之一。独孤信生于孝文帝迁都之后,他很有可能出生于洛阳,或在洛阳长大。

北邙山头少闲土

元羽墓志发现于洛阳北部的邙山,墓志上所用字体也被称为魏碑"邙山体"。同样坐落于邙山的还有孝文帝的长陵和东周到西晋时期约20座皇帝陵墓。迁都洛阳后,孝文帝不仅选择了曾是东周到西晋帝陵所在的邙山作为北魏帝陵的所在地,连自己的陵墓也模仿了东汉帝陵的形制,可以说对汉族文化传统的学习从生前延续到了身后。

网纹玻璃杯

时代　北朝·北魏
材质　玻璃
尺寸　高 6.7 厘米，口径 10.3 厘米，足径 4.6 厘米，
　　　壁厚 0.2 厘米

发现时间　1948 年
发现地点　河北衡水景县封氏墓群

跋涉千里由古罗马而来，随葬于北朝贵族墓葬中的一只玻璃杯，可能曾在丝绸之路上颠簸，在宴饮聚会上被炫耀展示，终因主人的喜爱和珍视长眠地下，蒙上了岁月的面纱。

网纹玻璃杯

远道而来的罗马商品

玻璃,在现代生活中无处不在。从日常生活中使用的玻璃窗、玻璃杯到手机上的钢化玻璃屏,乃至科学实验中不可缺少的试管与显微镜部件,都不乏玻璃的身影。但在历史上,玻璃曾一度是稀缺物品,甚至价比黄金。

河北景县北朝封氏墓群中出土的网纹玻璃杯,便是这一历史事实的见证。淡绿色的透明玻璃杯,在至少1500年的岁月侵蚀后,表面逐渐被白色的风化层覆盖,仿佛蒙上了一层面纱,仅在口沿和底部保留了最初的透明质感(图1)。杯身腹部装饰着三条相互衔接的波浪,构成了网状图案,上方还有十几道环绕杯身的水平纹理,是模制加工时留下的痕迹。这样一件现在看来并不起眼的玻璃杯,为何被放置于北朝世家大族的墓室中作为随葬品呢?

原因很简单,它很可能是远道而来的"进口货"!通过X荧光检测显示,网纹玻璃杯的主要成

◯ 图1 网纹玻璃杯底部
北朝
中国国家博物馆藏

◯ 图2 蓝玻璃碗
西汉
中国国家博物馆藏

分，除了二氧化硅以外，还包含钠和钙，这种成分的玻璃在当时的中国并不常见。并且，杯上类似的装饰纹样频繁出现在黑海北岸5世纪的罗马遗址中。由此推测，这件玻璃杯很可能是罗马制造的商品。

罗马玻璃输入中国的历史，可追溯至西汉时期（图2）。魏晋南北朝时，因北方政权与西域往来密切，通过丝绸之路传入的玻璃商品数量也显著增加。这类舶来品常出现于贵族的墓葬中，可见玻璃在贵族阶层中作为身份象征的特殊地位。

实际上，中国人早在战国时期，就已经掌握了制作玻璃的技术，只是做出来的器物并不透明。战国时期出现的蜻蜓眼玻璃珠、汉代墓葬中常见的仿玉玻璃制品等，虽与现代玻璃在外观上相距甚远，但从其化学成分来看，同属硅酸盐类，因此依然被视为玻璃家族的一员。

同样是玻璃，"罗马制造"晶莹剔透，"中国制造"却不怎么透明，这或许并非因为制作原料上有很大差异，而是由于当时我国地理环境中蕴藏的碳酸钠——一种制作透明玻璃所需的助熔剂，还未被发现和大规模开采出来。古代的工匠多采用铅和钡作为助熔剂，致使玻璃呈现乳浊效果，在耐热性能和透明度上均有所不足。不过，也正因这些特殊的成分，赋予了玻璃一种别样的质感，才使得它们常被当作随葬玉器的替代品。

受限于当时的技术与原料，中国古代的玻璃制品产量低价格高，而相比之下，罗马在玻璃制作技术上应用了革新的"无模吹制法"，极大地提高了玻璃器的质量与产量，使得晶莹剔透的玻璃从罗马贵族的专属物品走进了寻常百姓家。它既可以是香水瓶，也可用作骨灰瓮，并逐渐走上外销之路。

但易碎的材质、长途的运输带来的成本上升，都使得它传入中国时价格十分昂贵，成为只有贵族阶层才能享受的时髦物品。他们生前将其作为珍贵的"奢侈品"把玩展示，也不忘身后带入地下常伴左右。

○ 图 3 碧琉璃碗
北朝
中国国家博物馆藏

玻璃一直叫作玻璃吗？

玻璃在中国古代没有固定叫法，清代之前，它有陆离、璧流离、颇黎、琉璃（图3）、料器等多种称呼。魏晋南北朝时，将贵族"斗富"时展示的玻璃称作"琉璃"。唐代，名称发音与玻璃最为接近的"颇黎"，也称"玻瓈"，被认为是自然生成的"千年冰"，但其实是水晶和宝石。

■ "王阿善造"石像

时代 北魏
材质 石
尺寸 高 27.8 厘米，宽 27.5 厘米

这尊小小的道教石像诞生于战火纷飞、社会动荡的南北朝历史环境中，"隆绪"纪年正是乱世政权动荡的缩影。这尊宗教造像是为家庭供奉而造，寄托着这一时期平民百姓最朴实的愿望——安居乐业。

"王阿善造"石像

安居乐业的美好期盼

隆绪元年（527年），一位名叫"王阿善"的妇女出资，精心建造了一尊蕴含深厚情感与信仰的石像。正面有两个并排而坐的雕像，他们头戴道冠，身披道袍，长髯美须，右手举于胸前，左手平放，指尖向下，背后还有三名立侍者。左侧这尊神像边，刻有"玉皇士"三个字。

南北朝时期的"玉皇"，还不是天庭的管理者，隋唐之后，信奉他的人越来越多，"玉皇"才逐渐变为我们所熟知的玉皇大帝，常以头戴冕旒（一种礼冠）、神情威严的神仙帝王形象（图1）出现。

石像上与玉皇并列而坐的，很可能是北魏流行的道教教派所尊崇的最高神太上老君。太上老君是老子的神化形象，相传老子所作的《道德经》被奉为道教的重要经典，对道教信仰产生了深远影响。

在这尊石像的背面（图2），上方精心雕刻了一幅仆从随侍的牛车场景，车中所坐之人正是王阿善本人；下方两名骑马之人分别是她的儿子和侄子；石像左侧刻有发愿文，"母子苌（长）为善居"（图3），祈愿母子能安居乐业；右侧镌刻着亡夫与亡子的名字。王阿善为生者祈求护佑，希望石像正面的神仙们能满足她的心愿，同时，她也以此像纪念逝者。这份深情厚意,透过千年的时光,依然能够触动人心。

这尊石像诞生于怎样的时代背景呢?501年,南齐雍州刺史萧衍起兵攻入首都建康,杀了当时的皇帝萧宝卷,掌握了大权。次年,萧衍正式称帝,建梁代齐,萧宝卷的弟弟萧宝夤逃至北魏。此后,萧宝夤为北魏南征北战,屡次立下赫赫战功。北魏孝昌三年(527年),朝廷命其出兵镇压山东、关西一带的贼寇,萧宝夤多次失败,且军费开支大,他担心被朝廷怪罪,于是起兵造反,自称齐帝,以隆绪为年号。然而这个年号仅存不到两年,萧宝夤就兵败逃走,后被俘赐死。

昙花一现的年号背后,映射出的是整个南北朝社会的动荡不安,这也让人们更愿意将希望寄托于宗教,从而促进了这一时期宗教的传播与发展。道教是受中国传统思想文化元素滋养而产生的本土宗教,早在东汉,早期道教就已初步形成,因教义主张"道无形质",故不以造像的方式展现或传

● 图1 玉皇大帝像册页
清
中国国家博物馆藏

● 图2 "王阿善造"石像背面   ● 图3 "王阿善造"石像左侧面

播。到了魏晋南北朝时期，道教在理论建设和造像形制上都受到外传而来的佛教影响，并开始仿照佛教制作造像，以更为直观的方式促进道教传播。比如这件石像正面，双主像并坐的造像形制可能是来源于佛教造像中释迦、多宝双佛并坐的题材（图4），二佛的姿态、服饰等样式基本相同，而实际身份不同。在效仿的同时，道教造像也有意识地彰显自身的特征，人物形象皆束发戴道冠、穿道袍，在北朝的道教造像中还有手持拂尘、笏板等凸显中国本土文化的元素。

目前发现的北朝道教造像中，多数都不似"王阿善造"石像，仅为家人祈福，往往还刻有祈求皇帝和国家的长存久兴等文字内容。这些造像承载着乱世中人们的虔诚祈愿，也反映出人们渴求天下太平、长治久安，以及对安居乐业的美好期盼。

● 图4 石雕释迦多宝佛坐像
北齐
中国国家博物馆藏

从西王母到"王母娘娘"

最早对于西王母的描写见于《山海经》，她外形像人、蓬发戴着头饰，有豹尾和虎齿，善于长啸。汉代西王母信仰风靡，西王母形象中兽的特点消失了，变成了一位雍容端庄的女神，在汉代画像石中可以看到西王母端坐的形象（图5）。汉代人认为她是不死药的掌管者，地位相当于天上独尊的女神。道教吸收了早期神仙信仰并改造纳入道教体系，魏晋之后，西王母成为道教神仙体系中的女仙之首，民间俗称其为"王母娘娘"。

● 图5 汉代画像石中的西王母形象
东汉
山东博物馆藏

《齐民要术》明刊本

时代　《齐民要术》成书于北魏到东魏年间，此为明刊本
材质　纸

民以食为天。食是粮食，也可以是食物和饮食风俗。正如《齐民要术》这本总结种地、养殖经验的农业书籍，也评价各个产地的瓜果蔬菜，梳理外来的食品种类，还"贴心"地附上食谱，传授烹饪美食佳肴的技术。

《齐民要术》明刊本

从田间直达餐桌的「全方位」指南

还有什么能比享受美食更令人愉悦的呢？一口春饼，饼皮薄如蝉翼、柔软筋道，馅料凝聚着北方大地的春意盎然；一盘烤乳猪，色泽金黄、皮脆肉嫩，散发着东南沿海特有的酱料香气。1500年前的农书《齐民要术》中，就记载了这一南一北的美味佳肴的做法。这么看来，这本书不仅关乎农耕，还深谙美食之道。

《齐民要术》成书于北魏末，总结了6世纪以前黄河中下游地区的农业生产经验，是中国现存最早、最完整的综合性农业书籍，其中内容被后世农书如唐朝的《四时纂要》、明朝的《农政全书》大量引用，在世界农学史上也占有重要的地位。作者贾思勰在高阳郡任太守期间，不仅对农业非常关心和重视，更是将"悠悠万事，吃饭为大"的理念深植心间。他亲身参与农业活动，向各地农民求教田间地头技术，并广泛搜集前代百余种记录农作物、食物等内容的书籍资料，终于写就了《齐民要术》。

"起自耕农，终于醯醢[1]"，贾思勰在《齐民要术》序言中开篇明义，点出了书中所写内容——涵盖从耕田种地到酱料酿造的各个环节，既有五谷杂粮、瓜果蔬菜的种植，又涵盖家畜家禽的养殖，还包括食物的储藏、酿造、加工、烹饪方法等。如关于养猪的叙述："圈（图1）不厌小，圈小，肥疾。"

① 醢醢指用鱼肉制成的酱。

书中记录的食物品种之丰富，可能超出我们的想象，光是粮食作物，如稻、麦、粟、黍和各种豆类，就多达百余种。蔬果中仅"瓜"这一类，也列举了数十个来自不同产地的品种，有"大如斛"的瓜州大瓜，有"香甜清快"的永嘉美瓜等。肉类食材中，除了常见的家畜家禽及动物内脏外，还有以鱼为主的水产，以及各种野味。

面对多种多样的食材，当时的人们也练就了烹饪的十八般武艺，煎炒蒸炸煮烤，样样精通。而且，还有许多与今日相似的吃法，比如类似腊肠的"羊盘肠"，类似生鱼片的"鱼脍"等。对食物的加工和储藏，也有一些独具时代特色的方式，如用"咸菹法"腌制葅菜，用含盐量极高的水清洗菜后

图1 青瓷猪圈
晋
中国国家博物馆藏

再密封储存，使菜色保持青翠，食用的口感也和新鲜蔬菜差别不大；在冬季用"苞藏法"保存肉——用茅草严密包裹鲜肉并涂满泥土，挂在屋檐下阴干。在那个没有冰箱的年代，这些保存技术也切实解决了百姓重要的日常生活需求。

虽然贾思勰的活动范围和《齐民要术》的聚焦点主要是北方中原地区，但随着魏晋南北朝时期的人口迁徙，不同民族、不同地区的生产、生活习俗不断碰撞交汇，以及江南地区的经济开发，造就了食材和加工方式的多元化，也丰富了古人的餐桌。于是我们得以在《齐民要术》中看到当时常见于南方的杨梅、橘皮、姜，也能够一览与春饼类似的"胡饭"、和烤乳猪相差无几的"炙豘"，以及"酪"，也就是发酵奶制品的做法。

"民以食为天"——这或许正是贾思勰撰写《齐民要术》的初衷。从田间到餐桌的"全产业技术链"记录，是实现自给自足的生活指南，是脚踏实地的田园牧歌，也为我们留下了祖先餐桌上回味无穷的记忆。

"避马瘟"与"弼马温"

《齐民要术》卷六"养马"篇里，提到将活泼的猴养于马厩之中，能锻炼马的胆量，并使其保持活力少生病。《本草纲目》中也有类似的记载，称之可"辟马瘟疫"。听起来是不是有点耳熟？《西游记》中孙悟空初上天庭被封为"弼马温"，职务便是在御马监饲养马匹。这样的情节设置，或许也参考了古已有之的农业智慧。

黄釉乐舞图瓷扁壶

时代　北齐
材质　瓷
尺寸　高 20.5 厘米，口径 5.1 厘米

发现时间　1971 年
发现地点　河南安阳范粹墓

一场颇具异域风情的演出现场被定格在瓷器扁壶上，这是北朝时期外来文化传入的体现，也是社会开放包容的缩影。

黄釉乐舞图瓷扁壶

腾舞缤纷赏胡乐

此刻,一场演出正如火如荼地进行——小小莲台上,一位身姿矫健的男舞者旋转、腾跳、踢踏,动作繁复而迅速,腰间系带也仿佛有了生命一般翩然起舞,令观众目不暇接。围绕在他身侧的四位乐者,他们或吹笛,或击掌,或弹琵琶,或击钹,乐声悠扬,节拍明快,与舞者的步伐完美相和……这精彩的一幕,被定格在北齐这件黄釉乐舞图瓷扁壶之上,这画面也正应和了唐诗中对胡腾舞的描写——"环行急蹴皆应节,反手叉腰如却月"。

扁壶形如杏核,与两汉魏晋的扁壶形制有所不同,这独特的造型很可能源自波斯萨珊王朝的金属器。细观扁壶肩部装饰的联珠纹,也是萨珊王朝文化中代表太阳光辉的流行纹饰。壶身两侧刻画的乐舞者高鼻深目,头戴尖帽,足蹬软靴,身着窄袖胡衫,是典型的胡人形象。但这件充满异域风情的酒壶却并非舶来品,而是由北朝的窑口所生产,它的主人范粹曾任北齐的骠骑大将军。

北齐作为北朝政权之一,共存在了20余年。在范粹的墓中,考古工作者还发现了4件造型相同的扁壶,在一定程度上说明了北朝

◐ **图 1 石堂**
北朝
中国国家博物馆藏

◐ **图 2 石堂正面右侧画面线图**

时期，社会对外来文化的包容。

当时外来文化的传播使者——人们所说的"胡商"，大多指粟特人，他们自中亚地区远道而来，活跃在古代丝绸之路上。

其实从 4 世纪开始，粟特人与中原的贸易往来就已很频繁。北朝时期，大量粟特人迁入中原地区。他们不仅将中亚地区的艺术风格、宗教信仰、生活习俗等带到了中原地区，也充分融入了当地的文化生活。

这件粟特人使用的葬具——石堂（图 1），便是中原文化与粟特传统文化交融的体现。石堂顶部采用中原地区常用的

歇山顶，还使用了吞脊兽、筒瓦、瓦当等中式装饰元素，但石堂门口的守卫，却是高鼻深目的卷发胡人，明显区别于中原的形象，却又和谐共存。

石堂的四壁，以阴线雕刻出乐舞画面。仔细看，胡人乐手正演奏中国传统乐器排箫（图2），而汉式钗裙装扮的女乐手们，则弹奏着西域乐器琵琶、箜篌等（图3）。在欣赏乐舞的粟特人中，一位留着络腮胡子的人盘腿坐在方榻上（图2），他是粟特首领。

北朝时期，入华粟特人还在中原王朝的官制中担任宗教、军事职务，他们除了被允许进行商贸活动外，还有了成为

● 图3 石堂背面部分画面线图

● 图 4 弹琵琶陶俑
北齐
中国国家博物馆藏

"正式编制"官员的资格。

随着粟特人在经济、生活、政治等领域的全面融入，他们对中华文化的认同也愈发加深，有很多粟特人将姓氏改换为汉式姓氏。他们是如何从众多汉姓中进行选择的呢？他们多以自己的国家为姓，比如北齐画家曹仲达，就是一位来自中亚曹国的粟特人。

粟特人的融入，仅是魏晋南北朝时期民族交融的一个音符，愈发深入的民族融合，恰如一阵春风，吹响了后来隋唐王朝海纳百川、开放包容的华彩乐章。

琵琶几根弦？

与我们今天常见的曲颈四弦琵琶不同，扁壶乐舞图中的琵琶是直颈五弦，这两种琵琶都是自西域传入中原的，北齐时非常盛行，甚至有帝王自弹自唱、几百人相和的"大场面"，这件来自北齐鲜卑贵族墓葬中的弹琵琶陶俑（图4）也反映出墓主人对琵琶的喜爱。唐代时琵琶也是最流行的乐器之一，但是五弦琵琶只流行到唐代，宋代之后就很少使用了，四弦琵琶则延续下来，成为今天我们民族乐器家族中的重要一员。

青瓷莲花尊

时代 北朝
材质 瓷
尺寸 高 63.6 厘米，口径 19.4 厘米，足径 20.2 厘米
发现时间 1948 年
发现地点 河北衡水景县封氏墓群

青瓷作为中国出现最早的瓷器品种，生命力长久，也承载着审美品位和流行元素的变迁，硕大而不减婀娜的莲花尊便是例证。生动的造型，细致的纹饰，是技术的发展，也是艺术的创造。

青瓷莲花尊

瓷器烧制的奥秘

在红、橙、黄、绿、青、蓝、紫七种颜色中,"青"是最难界定的一种颜色。而"青"的韵味,也远非简单的色彩所能比拟,这在中国古代瓷器的瑰宝"青瓷"身上展现得淋漓尽致。

青瓷的颜色介于蓝、绿之间,有时会更偏向于黄色和灰色。就像这件青瓷莲花尊,虽是青瓷,但它通体的浅绿釉色微微泛着黄,只在腹部中间的莲瓣纹末端有一抹由浅及浓的绿色。

这件青瓷莲花尊算得上瓷器里的"大高个儿"了,但却丝毫未显笨拙之态,从头到脚层层铺展的莲瓣纹更是为它在稳重中增添了几分柔美的气质。器身各处其他纹饰也是匠心独运,比如"脖子"上的团龙纹,威严却灵动;"肩膀"上的桥形耳,简约又不失庄重;"腹部"的菩提叶,宁静而寓意深远。

作为中国出现最早的瓷器品种,青瓷的生产技术在魏晋南北朝时期已经成熟,但生产的多是小型器物,像莲花尊这样的

图 1 青瓷莲花尊
南朝
中国国家博物馆藏

除了封氏墓群中出土的 4 件莲花尊外，南北各地目前发现的总数不超过 20 件，或高或矮，但都算得上瓷器中的"大高个儿"。

图 2 青瓷熊灯
三国·吴
中国国家博物馆藏

大型器物却不多见（图1、图3）。在制作瓷器时，需要先用富含硅和铝的瓷土塑造出器物的形状，也就是胎体。瓷器的个头越大，对于胎体的要求越高，如果瓷土原料比较软，或者胎体的厚薄不均匀，都会导致烧制过程中的变形甚至坍塌。因此像莲花尊这样的大个头瓷器，制作起来并不容易。

那么，瓷器表面的颜色从何而来？是在胎体上直接刷颜料吗？

并非如此。瓷器斑斓的色彩远非一抹颜料那么简单，而是一场化学与匠心的美妙邂逅。制作原料尤其是表面的釉料中，某些化学元素含量的多少，会直接左右瓷器烧成后颜色的差别，这就是瓷器的"呈色元素"。比如，烧制韵味十足的青绿色就要将釉料中氧化铁的含量控制在 2% 左右，而如宝石红一般闪耀的红釉则需要 0.1% ~ 0.2% 的氧化铜。

然而，即使满足了"呈色元素"比例的条件，也不一定能烧制出完美色泽，原料中"超标"的杂质，以及烧制时窑炉内的温度和通风量，这些因素都会致使瓷器产生色差。所以，你会看到有些看起来明显是黄色的瓷器（图2），却依然被赋予"青瓷"之名。

随着烧制技术的日益精进与不断创新，青瓷的颜色有了更丰富的层次变化。"天青"如洗、"影青"朦胧、"粉青"温婉、"梅子青"深邃……匠人们还以巧手匠心，营造出偏灰泛蓝甚至夹杂着紫色的独特韵味，不断拓展着青瓷的边界，也使得我们更难以对青瓷的"青"下一个准确的定义。

这正是青瓷独特的魅力所在，它也因此在国际上获得了"celadon"这个英文专属名称。它向世界展示了"青"之迷人，也显示了世界对它的"青"睐。

◯ 图 3 青瓷莲花尊（北朝）俯视图

瓷器的黑白之别

白釉和黑釉瓷器看起来与青瓷差别很大，但其实制作时也都以铁为主要的呈色元素。当釉料中的铁含量降至 1% 以下，便有了唐人笔下"类银似雪"的白瓷；如果釉料中的铁含量够高，就会形成黑瓷，比如东晋南朝时的德清窑瓷器可达 6%~8%，宋人斗茶时最爱的建窑黑瓷甚至高达 10%。

581—960 年

隋唐五代时期，中国历史进入了一个全面繁荣的新阶段。

中华文明的包容性达到了前所未有的高度。

民族文化美美与共，外来文化交融汇聚。

自信的姿态、开放的胸襟，

大大提升了中华文明的吸引力和凝聚力，

丰富了中华文明的内涵。

隋唐五代时期

SANCAI GLAZED POTTERY MUSICIANS ON CAMEL BACK

- 嵌珍珠宝石金项链
- 洛阳含嘉仓第 160 窖存谷与底层结构
- "开元通宝"青铜钱
- 玄奘题名石佛座
- 饺子、点心及食具
- 伏羲女娲像立幅
- 三彩釉陶骆驼载乐俑
- 三彩釉陶胡服牵马俑
- 三彩釉陶马
- 葵口三足狮子纹鎏金银盘
- 花鸟人物螺钿青铜镜
- 鎏金银香囊
- "成都府成都县龙池坊卞家印卖咒本"陀罗尼经咒
- 钱镠铁券
- 白瓷茶具及陆羽像
- 鎏金铜观音造像

嵌珍珠宝石金项链

时代 隋	**发现时间** 1957年
材质 金、珍珠、青金石等	**发现地点** 陕西西安梁家庄李静训墓
尺寸 长43厘米	

自南北朝至隋代，人们的生活画卷越来越多地绘上了外来文明的色彩。这条精美绝伦的项链，来自历史上东西方文明交融汇聚的"十字路口"，从材质到工艺都充满异域风情。

嵌珍珠宝石金项链

串起璀璨的异域文明

彩色宝石、珍珠镶嵌、几何镂空，都是现代珠宝设计师十分喜爱的设计元素。其实在历史上，人们对这些材质和工艺的运用早已出神入化，创造出的美也在时代变迁中绽放着永恒魅力。

这条 6 世纪末 7 世纪初的嵌珍珠宝石金项链，出土于隋朝贵族女孩李静训的墓中。它以黄金为主体，红色、蓝色的宝石和洁白的珍珠镶嵌其间，一眼望去，光彩夺目。对于隋朝人而言，它也许还带着几分来自异域的新奇感。

黄金饰品发源于遥远的黑海沿岸，长期流行于欧亚草原，后来通过西北和长城沿线的游牧民族传入中原大地。与中国人自古更爱温润的玉石不同，镶嵌彩色宝石则是两河流域和古埃及文明的风尚。

项链的每个组成部分都细节满满、巧夺天工（图 1）。左右两侧共有 28 颗金珠，每颗金珠都是由 12 个

◓ **图 1 项链局部**

① 迈锡尼文明：约公元前 1600—前 1200 年盛行于地中海东部，在古希腊文明的发展中发挥了重要作用。

◓ **图 2 项链局部：多面金珠**

小金环焊接成的空心多面体，因此又称"多面金珠"（图 2），这种设计可以追溯到古希腊迈锡尼文明①。小金环间的焊缝处，整齐地排列着微细的金粒，这种被称为"金粟"的装饰，早在 4000 多年前的两河流域就已出现。

项链上端，一对挂钩之间的圆纽内镶嵌着一颗蓝色的青金石，上面雕刻着一只花角鹿（图 3）。鹿角又大又长，分叉展开，是典型的粟特样式，与中国传统表现鹿角的灵芝形不同。隋唐时期，随着粟特文化在中原的深入传播，花角鹿一路"东进"，在中国国家博物馆收藏的粟特银器（图 4）和新疆出土的织锦（图 5）上，也可以看到它的同类。

除了花角鹿形象，宝石上凹雕图案的工艺，也是古代西亚、中亚印章文化的常见形式。戒指曾经有印章功能，在不少戒面上都能看到凹雕的图案（图 6）。由此，项链上青金石圆纽的"异域身份"便得到了进一步印证。

无论材质，还是工艺技术、装饰风格，这条项链都显然不是中国本土制品，它的产地可能位于今天的巴基斯坦、阿富汗一带，这里曾是历史上东西方文明交融汇聚的"十字路口"。

　　北朝时期，游牧民族入主中原，推动了中外文化的频繁交流。隋朝结束南北朝分裂局面、实现大一统后，更是着力经营丝绸之路，促进与西域的交往。于是，人们的生活画卷越来越多地绘上了外来文明的色彩。比如项链的主人李静训的家族，就拥有不少"高端外国货"。

　　李静训的曾祖父李贤，长期驻守在丝绸之路上的重镇原州（今宁夏固原）。他的墓中出土了装饰希腊神话故事画面的鎏金银壶。李静训的外祖母杨丽华，是隋文帝杨坚的长女、北周宣帝宇文赟的皇后。李静训自幼跟随外祖母在宫中生活，故而能接触到皇室收藏的种种异域珍宝，从陪伴她长眠的器物——波斯银币、高足金杯、嵌珍珠宝石金手镯等就不难看出，而这条项链就环绕在她的颈间。

● **图 3 项链局部：青金石圆纽**
青金石主要产自阿富汗东北部的巴达克山，它的蓝色如苍穹般深沉，黄铁矿夹杂其中，发出点点微光，令人产生仰望星空的神圣感。因此，在世界几大古文明中，青金石都被视为珍宝，并被赋予崇高的含义，而其中又以两河流域使用最早。

● **图 4 鹿纹银碗**
唐　中国国家博物馆藏

◐ 图 5 联珠鹿纹锦
　唐
　中国国家博物馆藏

一条项链，串联起璀璨的异域文明。美人之美，美美与共，文明交流互鉴的日益深入，开拓了人们的眼界，也昭示着一个更具胸襟与活力的时代即将到来。

图 6 嵌宝石联珠纹金戒指
东魏
河北正定县文物保管所藏

河北赞皇东魏贵族李希宗墓出土的这枚金戒指，镶嵌青金石，凹雕工艺和装饰风格与李静训墓出土项链上的青金石圆纽完全一致，只是图案不同。有学者认为，这是萨珊波斯艺术中狮神守护生命树的形象。

隋代的"万国博览会"

隋炀帝即位后，命裴矩前往张掖（今甘肃张掖），负责管理与西域各国的贸易活动。裴矩借机深入调查各国情况，撰成《西域图记》上奏朝廷。大业五年（609年），隋炀帝西巡来到张掖，在焉支山下会见了西域27国的国王、使臣，并举行了持续6天的贸易和文艺活动，场景盛大。1400多年前的这次"万国博览会"，使隋朝声名远播，也为隋唐时期丝绸之路的空前繁荣奠定了基础。

🌾 **洛阳含嘉仓第 160 窖存谷与底层结构**

时代　唐
材质　土、木、谷物等
尺寸　长 52.2 厘米，宽 33 厘米，高 47 厘米

发现时间　1971 年
发现地点　河南洛阳含嘉仓遗址

大运河的开通，极大地促进了我国南北经济、文化的交流。隋唐时期的国家粮仓主要集中在大运河的中心——洛阳，繁荣的农业生产、便利的水陆交通和科学的储粮技术，造就了仓廪丰实的盛况。

洛阳含嘉仓第 160 窖存谷与底层结构

大唐第一粮仓的奥秘

"手中有粮，心中不慌。"这句话既适用于家，也适用于国。无论古今，粮食安全都关系着国家安全，如何守住、管好"天下粮仓"是一门大学问。

早在隋唐时期，人们就已经积累了丰富的储粮经验。隋朝曾在洛阳周边建设洛口仓、回洛仓等国家粮仓，储粮之丰足前所未有。然而在隋末的战乱中，这些城外的粮仓被各方势力抢夺、占领，昔日的丰饶转瞬被纷争的旋涡吞噬。唐朝建立后，吸取前朝教训，决定将粮仓设在洛阳城内。于是，隋朝修建的含嘉仓[①]被充分利用起来，经扩建后，便有了堪称"大唐第一粮仓"的含嘉仓。

隋唐时期，人们以地窖储粮。含嘉仓储粮区域的总面积有 1.5 个天安门广场那么大，至少有 400 多个仓窖，每一个都是口大底小的圆缸形土窖，口径通常在 10 米以上，深度普遍为 5~10 米，容量着实不小。在唐代的鼎盛时期，含嘉仓的储粮数量，更是占了全国所有官方粮仓的近一半！

在含嘉仓的众多仓窖中，第 160 窖尤为特别。1971 年，这口粮窖被发现时，里面还存放着大半窖谷子。考古工作人员为了研究仓窖结构，从它底部取出了一块样本进行分析。这个采样步骤类似将蛋糕切下

● **图1 含嘉仓粮窖窖底结构示意图**

① 含嘉仓位于隋唐洛阳城北部，宫城的东北方向，今天的洛阳老城区北部。

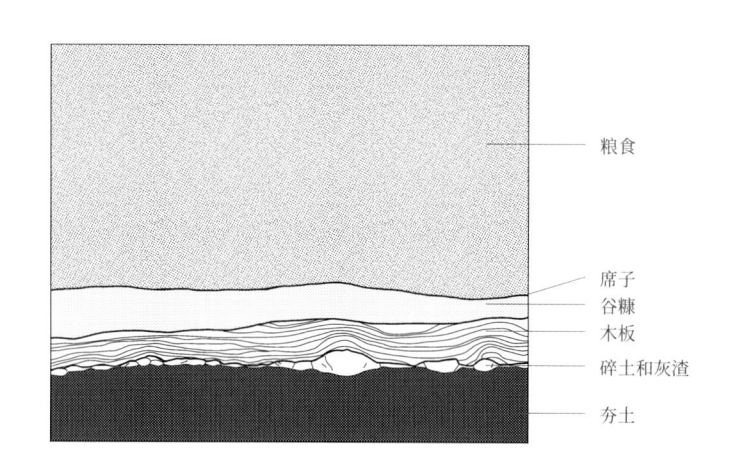

（图中标注：粮食、席子、谷糠、木板、碎土和灰渣、夯土）

一块之后，再观察蛋糕的层次，便能一目了然。

细看样本最上面厚厚的一层，是窖中残存的谷子。这些谷子已经炭化，虽然颗粒清晰，但用手轻轻一捏就变成粉末了。由于粮食炭化后会收缩，有专家推测原本应该是满满的一窖，总量大约有50万斤。令人称奇的是，科研人员检测出这些炭化的谷子仍然含有一半的有机物。这跨越古今的"保鲜"成果，得益于仓窖精良的建构技艺。

建造仓窖时，工匠们首先要挖出土坑并将土夯实，再用火将坑壁烧干，最终使其坚硬如石。接着，在窖底依次铺上碎土、灰渣、木板、谷糠、席子等（图1），席子上就可储存粮食。投入粮食的方法也很讲究：要一层一层地放，每层中间用席子隔开。仓窖装满之后，还要在窖口铺席子、谷糠，最后用泥土封闭。这一系列操作，形成了一道道严密的防潮层，让粮食得以跨越千年时光。

存入含嘉仓的粮食还有各自的"档案"，它们都被记录在一块块铭砖上。比如，武则天圣历二年（699年），一批来自苏州的糙米存入了含嘉仓，人们就在铭砖上刻写上仓窖位置、粮食来源、品种、数量、办理这件事的官员职务和姓名等信息，将其随粮食一起投入仓窖（图2）。苏州的粮食是怎样来到洛阳的呢？这就要提到一项利在千秋的工程——大运河了。

隋炀帝以洛阳为中心，开凿了北通涿郡（今北京）、南达余杭（今杭州）的大运河。江南既是鱼米之乡，又位于大运河沿线，出产的稻米乘船沿大运河北上运往洛阳，非常方便。据含嘉仓出土的铭砖所示，沧州、德州、邢台、大名、濮阳、淮安等地也是含嘉仓储粮的来源地，它们都位于隋唐大运河沿线。可见大运河不仅极大地促进了南北经济的交流与融合，更为含嘉仓等国家粮仓的充实提供了坚实的物流保障。

而大运河的价值绝非仅仅是一条航道。我国几条主要的江河都是东西向的，而南北向的运河如大动脉一般，将海河、黄河、淮河、长江、钱塘江五大水系连通起来，构建了空前发达的水路交通网。大运河直到今天仍然充满活力，滋养着两岸的城乡和民众。

2014年，中国大运河被列入《世界遗产名录》。含嘉仓第160窖作为一处恢宏又完整的运河附属遗存，成为大运河85个遗产要素之一，向世界讲述着仓廪丰实的盛唐故事。

● 图2 含嘉仓第19窖铭砖拓片

世界遗产——中国大运河

作为世界遗产的中国大运河，由京杭大运河、隋唐大运河、浙东运河三部分构成，全长近3200千米。大运河在中华民族漫长的历史演进过程中不断修建和完善，成为沟通中国统一多民族国家浩瀚版图的水路命脉。联合国教科文组织世界遗产委员会指出："中国大运河是世界上最长、最古老的人工水道，也是工业革命前规模最大、范围最广的土木工程项目。"

● "开元通宝"青铜钱

时代　唐
材质　青铜
尺寸　直径 2.4 厘米

"开元通宝"几乎与唐朝相伴而生,它的发行不只是唐朝的创举,在整个中国钱币史上也具有划时代意义。它既是唐朝通行时间最长的钱币,又被周边的国家和地区仿制使用,具有显著的国际影响力。

"开元通宝"青铜钱

开创新纪元的钱币

唐朝初期,有一位骁勇善战的将领,名叫安菩。他是来自中亚的粟特人,归附唐朝后,在这里度过了后半生,去世于长安,40多年后与妻子合葬于洛阳。他的墓中出土了两种钱币,一种是东罗马金币,另一种则是唐朝的"开元通宝"。它们是安菩的故乡与第二故乡的象征,也连起了丝绸之路横贯东西的贸易通途。

不少人误以为,开元通宝铸造于唐玄宗开元年间,故有此名。其实,开元通宝几乎与唐朝相伴而生,始铸于唐高祖武德四年(621年)。彼时唐朝刚刚建立,"开元"有"开创新纪元"的意思;"通宝"指"通行宝货",也就是广泛流通的钱币。唐高祖特命擅长书法的大臣欧阳询题写"开元通宝"钱文,充分体现了对这种新钱币的重视。

开元通宝的发行,不只是唐朝的创举,在整个中国钱币史上也具有划时代意义。秦汉至隋代主要的通行货币,先后为"半两""五铢",它们的名称里都有重量单位。而"开元通宝"并无一字与重量相关,且从它开始的历代钱币都入

图1 撒马尔罕"开元通宝"钱
7世纪
中国国家博物馆藏

图2 突骑施钱
8世纪
中国国家博物馆藏

了"宝字辈",以通宝、元宝等命名。开元通宝不仅开启了钱币命名的新风尚,还改变了钱币的计量方式。秦汉以来,24铢为1两,而10枚开元通宝钱的重量与24铢等同,即每10枚开元通宝重1两,因此从唐朝起,10钱等于1两。这相当于把二十四进制变成了十进制,更加简单易算,也创造了"钱"这个新的重量单位。

开元通宝的使用贯穿整个唐朝,从早期的铸造考究、规格整齐,到晚期的成分不纯、质地粗糙,它是大唐治乱兴衰的缩影。除了最常见的青铜材质,开元通宝还有其他材质的"限量版纪念币",应用于皇室、贵族的奢华生活。比如唐玄宗在承天门设宴款待王公大臣时,曾将金质的开元通宝撒在门楼下,让高官们去捡,使赏赐变成了一种争先恐后的游戏;宫中有婴儿出生,举办"三日洗儿"活动时,也会用金、银质地的开元通宝助兴;陕西扶风法门寺地宫还发现了用玳瑁雕琢的开元通宝,是唐懿宗为迎送佛骨而特制的。

开元通宝还具有显著的国际影响力。拥戴唐朝皇帝为"天可汗"的粟特诸政权,便在中心城市撒马尔罕(今乌兹别克斯坦撒马尔罕)仿照开元通宝铸钱。钱币正面是一模一样的汉字"开元通宝",背面是粟特文和撒马尔罕的徽标(图1)。盛唐时期,西突厥的突骑施部落以碎叶(今吉尔吉斯斯坦托克马克西南)为中心建立了汗国。碎叶曾是唐初设置的"安西四镇"之一,早已受到中原文化的深刻影响,加上突骑施汗国的对外贸易主要靠善于经商的粟特人奔走经营,所以突骑施汗国也模仿开元通宝铸造出粟特文圆形方孔钱(图2)。

再把目光投向东瀛,即日本。708年,日本仿照开元通宝铸成了"和同开珎"（图3），形状、布局、钱文字体与开元通宝极其相似。这显然是日本遣唐使来华学习的成果，而遣唐使也曾把它作为礼物回馈唐朝。多数学者认为，"和同开珎"钱文中的"珎"应释读为"宝"，许是从繁体的"寳"字中摘取了一部分。所以"开珎（宝）"很可能是从"开元通宝"首尾各取一个字，体现出当时日本对唐朝文化的倾慕与借鉴。

一枚钱币虽小，却承载着一个时代的国计民生和文化风貌。开元通宝豪迈大气的名字、方正敦厚的书法，富有大唐气韵；它开启变革，长期行用，闪烁着唐人的智慧之光；它广泛传播，成为范式，彰显着唐朝的世界声望。

● **图3 日本"和同开珎"钱**
8世纪
中国国家博物馆藏

开元通宝为何不用"铢""两"的名称了？

五铢钱从汉代到隋代通行700多年，已经深入人心，其形制被开元通宝继承了下来。但历代衡制（计重量的标准体系）是不断变化的，按照唐代的衡制，一枚开元通宝的重量相当于二铢四絫，有零有整，难以再用几铢来命名。"通宝"这样的名称，也反映出唐代商品经济的发展，使钱币在人们心目中更加符号化，成为财富的象征。

■ **玄奘题名石佛座**

时代	唐	**发现时间**	1956 年
材质	石	**发现地点**	陕西铜川玉华寺遗址
尺寸	通高 43.5 厘米，边长 51 厘米，莲花座直径 49.5 厘米		

《西游记》中唐僧的原型是唐代高僧玄奘，他在佛教史和中外文化交流史上功绩卓著。提起玄奘的事迹，你也许会想到西行求法、翻译佛经、著《大唐西域记》，而他人生的最后岁月又有什么样的经历呢？

玄奘题名石佛座
唐僧的最后岁月

西安大雁塔前的广场上，矗立着唐代高僧玄奘的巨型铜像。风华正茂的玄奘，身披袈裟，手执禅杖，神情中满是坚毅与虔诚。

仰望玄奘法师铜像，人们会想到他漫长艰辛的"西天取经"之路；想到他在天竺（古代南亚次大陆的国家和地区的总称）潜心求学，声名远播；想到他归国之后，在长安主持规模宏大的译经事业……凡此种种，多是玄奘盛年的片段，而他的桑榆暮景，却很少被人提起。

1956年，文物普查工作者在陕西铜川玉华寺遗址发现了一件石佛座，它由质朴的青石雕刻而成，束腰形莲花座的顶部凿出一个用来安放佛像的凹槽；方形基座一角镌刻着清秀遒劲的楷书题记，字迹历历可辨——"大唐龙朔二年三藏法师[1]玄奘敬造释迦佛像供养"（图1）。

唐龙朔二年（662年），玄奘已是六旬老人。他怀着虔敬之心主持雕造了佛祖释迦牟尼的石像，供奉在这件佛座上面。而仅仅两

● 图1 玄奘题名石佛座题记

年后,他就在玉华寺圆寂[②]。玉华寺远在长安以北100多千米外的僻静山谷中,万众瞩目的一代高僧,为何会在这里度过余生?

起初,玉华寺并不是一座寺院,而是唐朝皇帝修身养性的离宫"玉华宫"。贞观十九年(645年),西行求法十数载的玄奘回到了长安,得到唐太宗的礼遇,在长安城内的皇家寺院组织起大规模的译场,翻译佛经。三年后,唐太宗还命玄奘从长安来到玉华宫,陪同自己讲经。在与年纪相仿、见识广博的玄奘法师密切相处的过程中,唐太宗愈发关注佛教,也想要借助玄奘的影响力,达到扶植太子、经营西域的目的。他还为玄奘翻译的佛经写下著名的《大唐三藏圣教序》,高度赞扬玄奘为佛教事业做出的贡献。这篇序言无论对于玄奘个人,还是对于佛教,都是极佳的"官方代言"。

唐高宗即位后,于永徽二年(651年)废玉华宫,改为佛教寺院。虽然唐高宗对玄奘仍然优礼有加,但大量的社会活动让一心向学的玄奘总是难以专心译经,也愈发为曲意逢迎而苦闷。于是,显庆四年(659年),玄奘主动向高宗请求迁居玉华寺。所幸,高宗不仅同意,而且让玄奘带着译经助手们一同前往。

远离长安城的政治氛围,玄奘再次来到这座留存昔日美好记忆的寺院,继续从事译经事业。他虽年事已高,身体日渐衰弱,却壮志未歇。在玉华寺,他译出了长达600卷的《大般若波罗蜜多经》[③],这是他毕生所译佛经中最宏大的一部,也是中国佛教史上第一次有人将这部经典全文译出。

译经之余,玄奘还在寺院周边主持开凿石窟,雕造佛像。有一件佛足印碑刻保存至今,但已经残缺不全,上面的题记

① 三藏即佛教典籍的总称,包括经藏(说教)、律藏(戒律)和论藏(论述和注解)。玄奘精通各类佛教经典,因此获得了"三藏法师"这个不同凡响的称号。

② 圆寂与"涅槃"同义,是佛教修习追求的最高境界,通常用来指僧尼逝世。

③ "般若波罗蜜多"意为"通过智慧到彼岸"。

是玄奘自己的口吻，大意是：在摩揭陀国的波吒厘城（今印度比哈尔邦巴特那附近），有佛踏在石头上留下的足印，我曾经瞻仰礼拜①。文物工作者经整理研究发现，这件碑刻题记的字迹与石佛座上的字迹出自同一人之手，而这个人很可能正是玄奘本人。

佛足印与石佛座（图2），见证着玄奘从异乡到故园、从青年到暮年的孜孜以求。他用一生走出了一条贯穿着信念和毅力的辉煌之路，成为永垂不朽的文化使者。

◯ 图2 玄奘题名石佛座

④ 题记原文为"佛迹记摩揭陀国波吒厘城释迦如来蹈石留迹奘亲观礼图……"。

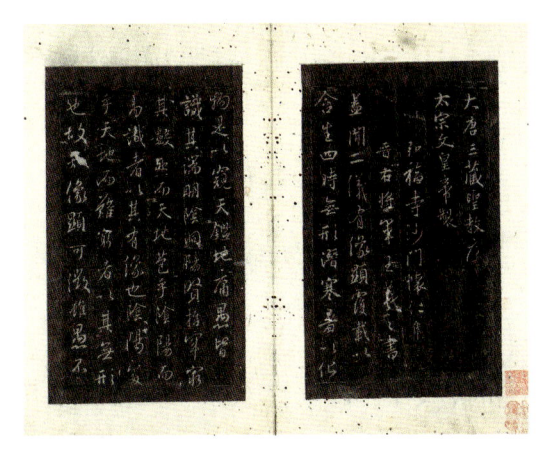

◯ 图3 《集王书圣教序》册
宋拓本
中国国家博物馆藏

《雁塔圣教序》与《集王书圣教序》

唐太宗的御制文《大唐三藏圣教序》有两个书法版本比较著名。一是《雁塔圣教序》，由褚遂良书写，永徽四年（653年）慈恩寺大雁塔落成之际，刻成石碑镶嵌在塔门旁的砖龛中，保存至今。二是《集王书圣教序》（图3），由长安弘福寺僧人怀仁从王羲之书法中精心集字制碑，现藏于西安碑林博物馆。

饺子、点心及食具

时代 唐
材质 饺子、点心由面粉制成,食具为陶质、木质
发现时间 1972 年
发现地点 新疆吐鲁番阿斯塔那唐代墓葬

唐代有哪些美食?除了丰富的文献记载,还有弥足珍贵的考古发现,让我们看到当时食物的样子。吐鲁番盆地炎热干燥的气候,使这些唐代面食在外形和颜色上较好地保存至今,成为中华饮食文化交融与传承的见证。

饺子、点心及食具

舌尖上的千年之旅

1000多年前的食物，以最初的姿态保存至今，你相信吗？看看这些来自唐代的饺子和点心，它们如同刚刚从古老的时光隧道中"速递"而至。这些面食为何能够保存得如此完好？这就要从它们的出土地——阿斯塔那古墓群说起。

阿斯塔那古墓群位于新疆吐鲁番盆地。吐鲁番盆地是我国夏季最热的地区，也是我国降水最少的地方，这里自古以来就被人们称为"火洲"，也是传说中唐僧西天取经路过的"火焰山"所在地。在炎热干燥的气候条件下，面食迅速脱水，这是其能保存较长时间的前提条件。加之墓葬地势开阔，大量水分都已蒸发，墓室用泥墙封闭得严严实实，隔绝了外界的氧气和水分，相当于一个"真空仓"。所以，这些面食不但没变形，也没怎么变色，只是已经硬得像砖头一样了。

出土的面食各式各样，甚是诱人（图1、图2）。圆圆的花形小饼中间有个小洞，可能原本嵌着果品，让人不禁联想到带有

○ 图1 点心

○ 图2 饺子

果酱心的曲奇；方块状的点心上，层层酥皮清晰可见，与现代人所钟爱的千层酥十分相似；叶子形状的点心看起来用料很是扎实，不知它的味道是否能与黄油饼干相媲美；双环形的点心造型有点像小麻花，但更显别致；至于饺子，至少自汉末起在中国人的餐桌上就从未缺席，它弯弯的月牙形态也历经千年没有改变，让我们倍感亲切与温暖。

饺子虽然在历史上有"天下通食"的美誉，今天也被公认为"国民食物"，但提到它，我们往往把目光聚焦于中原。在吐鲁番的古墓中发现饺子的踪迹，不禁让人好奇，西域的古人也吃饺子吗？其实，当时的吐鲁番是多民族（粟特、回鹘、突厥等）聚居的地区，阿斯塔那古墓群安葬的主要是汉人。可以想象，迁居到这里的汉人仍然保留着与中原相似的饮食习惯，也无形中把饺子传播到了这里，甚至更远的地方。

乡情难改，却也难免入"乡"随俗。阿斯塔那古墓群中有没有发现新疆当地的美食呢？当然有！印着花纹的圆形大馕、点缀着芝麻的小馕，印证了馕在新疆的悠久历史。除了做好的成品美食，还有各种果实，如核桃、枣、梨，以及成串的已经完全变干的葡萄。葡萄是西方作物东传的代表，从吐鲁番出土的唐代文书可以得知，当时这里已盛产葡萄，人们经营着一处处葡萄园，并且学会了晒葡萄干、榨葡萄浆、酿葡萄酒。西域的多种蔬果、面食、美酒也东传到唐朝的广大地区，丰富了人们的生活。

这些难得保存下来的饮食文物和丰富的文献记载，让今天的你我看到了古人生活中最"新鲜热乎"的片段（图3），也看到了各民族深入的交融。

图3 彩绘泥塑劳动女俑
唐
新疆维吾尔自治区博物馆藏

新疆吐鲁番阿斯塔那唐代墓葬出土的一组彩绘泥塑劳动女俑，生动地再现了舂捣谷物、簸去谷壳、磨制面粉、和面擀饼的劳动场景，充满生活气息。这是其中擀饼的一件俑。

"穿越"至今的古代食物还有哪些？

举两个有代表性的例子。青海的喇家遗址出土了一碗距今大约4000年的面条，是用小米面团压成的，类似今天的饸饹面。湖北的战国楚墓出土了一条2000多年前的干鳊鱼，也就是著名的武昌鱼，它经过腌制才完好地保存至今，被人们戏称为"咸鱼翻身"。

伏羲女娲像立幅

时代 唐	发现时间 1928 年
材质 绢	发现地点 新疆吐鲁番哈拉和卓唐墓
尺寸 纵 144.3 厘米,横 101.7 厘米	

唐代,中央政权对西域的管理大为加强,中原的典章制度、礼仪文化,都深刻地影响着西域。创世始祖伏羲、女娲的神话故事,便在唐代的西州(今吐鲁番)以一种特定的图像样式盛行一时。

伏羲女娲像立幅

万里同风一脉传

常言道"无规矩不成方圆","规"和"矩"分别是古人画圆形和方形的工具,它们象征着"天圆地方"的宇宙观,也代表着天地万物的法则。在中国古老的神话传说中,伏羲和女娲被看作创世始祖,因而手持规、矩成为他们标志性的形象。

1928年,考古学家黄文弼在新疆吐鲁番哈拉和卓考察期间,发现了这幅当地出土的伏羲女娲像。画面中的伏羲就手举直角形、有墨斗的矩,女娲则手举两脚形的规。他们深情地对视着,内侧的手臂在腰间相拥,下半身呈蛇形,交缠在一起,表示生育繁衍。他们似乎置身于天界之中:上方的圆形图案代表太阳,里面有传说中住在太阳上的神鸟三足乌;下方的圆形图案代表月亮,里面有桂树、蟾蜍和捣药的玉兔。四周大大小小的圆点象征星辰。

天界虽然玄妙,但伏羲、女娲的穿着打扮都十分接地气:前者的翻领

● 图1 伏羲女娲绢画局部
唐
新疆维吾尔自治区博物馆藏
这幅画像中的伏羲女娲有明显的胡人相貌特征，面部、颈部和手臂采用凹凸画法晕染。

袍、包裹发髻的幞头[1]，后者的短襦与长裙、眉间的花钿，都是唐代常见的样式。他们的相貌也与汉人无差。看来，即便是上古大神，时人想象中的样子也是源于生活的。

伏羲、女娲成双成对、交尾相缠的形象，既直观传递了繁衍生息的含义，又与人们对生命历程的认知密切相关。从汉代开始，为了保佑逝者的灵魂，人们将伏羲女娲像装饰在墓室的画像砖、画像石等载体上。人身蛇尾，手执规、矩或日、月，成为这类图像的特征。

由于政治、军事的需要，汉代和魏晋南北朝时期，不断有汉人移民和戍边士兵在吐鲁番定居下来，使这里深受中原文化的浸润。唐贞观十四年（640年），中央政权在吐鲁番（时称西州）设置安西都护府（图2），加强对西域的管理。随着中原制度、文化更为深入的传播，汉代流行一时的伏羲女娲执规矩像，在唐代吐鲁番地区的墓葬中逐渐盛行起来。这类画像通常有一人高，画在绢或麻布上，多数画幅呈上宽下窄的倒梯形，正与棺材的大小和外形相对应。画像一般用木钉钉在墓室顶部，画面向下，与棺材里的逝者面对面，可能发挥着"引魂升天"的作用。

有趣的是，吐鲁番出土的伏羲女娲像，虽然构图和画面要素大多与我们看到的这幅如出一辙，但人物的相貌又不尽相同。有些画像中的伏羲女娲是高鼻深目的西域人长相，并且在身体边缘和肌肤凹陷处用深色晕染，表现立体感，这也是典型的西域画风（图1）。使用这种伏羲女娲像的，或许是当地的各族居民。

在伏羲、女娲众多神话故事中，有一些说法广为流传，比如他们居住在昆仑山，女娲炼五彩石补的是西北方的天。

---

[1] 幞头为男子裹头束发的巾帕，在北朝后期和隋唐时期广为流行。

所以有学者认为,居住在西北边陲的人们自然更加笃信伏羲女娲的神力,这也许是伏羲女娲像在唐代其他地区已经少见,却能在西域"回潮"的一个特殊原因。

大量出土于吐鲁番唐代墓葬的伏羲女娲像,证明西域文化很早就打上了中华文化的印记。万里同风,古今一脉,历史告诉我们,中华文化始终是新疆各民族的情感依托、心灵归宿和精神家园。

伏羲女娲真的是"夫妻关系"吗?

伏羲、女娲在先秦典籍中就有记载,原本是互不相干的。汉代,受到阴阳学说的影响,伏羲、女娲开始以对偶神的形象出现,手中之物也恰成对照,蛇尾从并列发展为交缠。这样的图像在性别、道具上都体现着阴阳,尾部交缠则表示阴阳二气交合,生动地"图解"了对立统一的阴阳学说。

◯ 图 2 新疆吐鲁番交河故城
交河故城是公元前 2 世纪至 14 世纪丝绸之路上的重要城市遗址,唐代安西都护府最初设置于此。

三彩釉陶骆驼载乐俑

时代 唐
材质 陶
尺寸 骆驼头高 58.4 厘米，首尾长 43.4 厘米，立俑高 25.1 厘米

发现时间 1957 年
发现地点 陕西西安鲜于庭诲墓

唐代的三彩釉陶器，我们常称之为"唐三彩"。这种陶器造型精美、色彩亮丽，充满生命力。这件三彩釉陶骆驼载乐俑，又是众多三彩器中颇为新颖独特的一件。从它身上，我们能看到怎样的时代气象呢？

三彩釉陶骆驼载乐俑

塑出盛唐气象

唐开元十一年（723年）夏季的一天，长安的一家明器作坊接到了一笔"大订单"——为刚刚去世的鲜于庭诲将军制作一批随葬器物。

鲜于将军虽不算尽人皆知，却也小有名气，作坊里的工匠们不禁谈论起了他的"江湖传说"：十多年前，中宗皇后韦氏专权乱政，鲜于庭诲辅佐临淄王李隆基发兵平乱。李隆基成为皇帝后，鲜于庭诲深受器重，从低级军官一步步升迁为掌管兵符、保卫宫廷的将军。如今，鲜于将军病逝，听说皇帝念及他劳苦功高，不但追封他为大将军，还要赏赐丰厚的丧葬物品。主持此事的工匠备感压力，看来，这个"大订单"不好完成啊。

要想有排面，三彩器自然不能少。这种器物在长安、洛阳两京流行有几十年了，活灵活现的人物俑（图1）和动物俑作为随葬品，在地下为无数达官显贵构建了绚丽的永生世界。如何制作才能不落俗套呢？大唐开基创业一百多年，如今四海升平，

图 1 三彩釉陶披衣女陶俑
唐
中国国家博物馆藏

图 2 三彩釉陶胡人骑卧驼俑
唐
中国国家博物馆藏

万民安居乐业。自古讲"事死如生",如何塑出这盛世气象,使鲜于将军在地下继续安享富贵尊荣呢?

一阵驼铃声打断了工匠的思绪,这声音虽然经常听到,却每每令人遐想。骆驼,听说它来自万里之外的流沙之地,要历经多少艰险才能一步步走到长安?它既耐寒暑又善于负重,驮着货物来来往往,没有它,我们不知何时才能见识到那些五光十色的殊方异类。这样坚毅勇敢、令人大开眼界的使者多么值得赞美!就用它来设计一件不同凡响的作品吧。

不过,许多三彩器都用骆驼作为主角,与之相伴的往往是那些高鼻深目的胡人,牵骆驼、骑骆驼(图2)的器物造型也比比皆是,还能有点什么不一样的呢?对了,胡人的音乐才能多么出众啊,几百年前的祖先一定想不到,来自西域和北方边地的胡乐可以风靡中原,甚至成为宫廷音乐的主流!

据说在贞观年间的宫廷宴会上,突厥可汗起舞,岭南酋长吟诗,当时的太上皇李渊高兴地说:"胡越一家,自古未有也!"百川归海,有容乃大,这才是大唐风范。那么,何妨让胡、汉乐师在骆驼背上合奏一曲?如果都穿上唐朝流行的服装,就更显得亲密无间了。于是,一个美妙的画面在他的脑海中逐渐成形。

要想奏出热烈欢快的音乐,人太少可不行,索性组成一支乐队,把最受欢迎的乐器囊括其中:琵琶声音清脆如珠落玉盘,筚篥[①]吹出大漠孤烟般的苍茫,拍鼓打出铿锵有力的节奏,它们各具韵味却又彼此和谐。再有人引吭高歌,必然加倍精彩!还有,一定要在骆驼背上用宽大的筵席搭起"舞台",乐师们或坐或立,且歌且奏,现实中若有这样的奇景,

图 3 三彩釉陶骆驼载乐俑局部

恐怕会万人空巷吧?

有了巧妙的构思,下一步就要付诸行动了,工匠满心期待而又步步谨慎。用精细的黏土塑形、修坯,入窑烧制,坯体由灰变白,骆驼载乐的形象呈现分明。然而,这仅仅是第一步,还要调制不同配方的釉,烧出多彩的颜色,才能为器物注入灵魂。

这位琵琶手是乐队的主角,那就用来自波斯的名贵釉料为他穿上衣服,烧出来会是宝石般的蓝色[2],与众不同。那宽大的筵席也用波斯传来的花样,联珠纹环绕周边,中间排布艳丽的彩条——各色釉料中都含有助熔的铅粉,只需在筵席

① 筚篥为一种来自龟兹(今新疆库车)的吹管乐器,今天又称为"管子"。

② 这种釉料的呈色剂是氧化钴,青花瓷的蓝色花纹也以氧化钴为呈色剂。

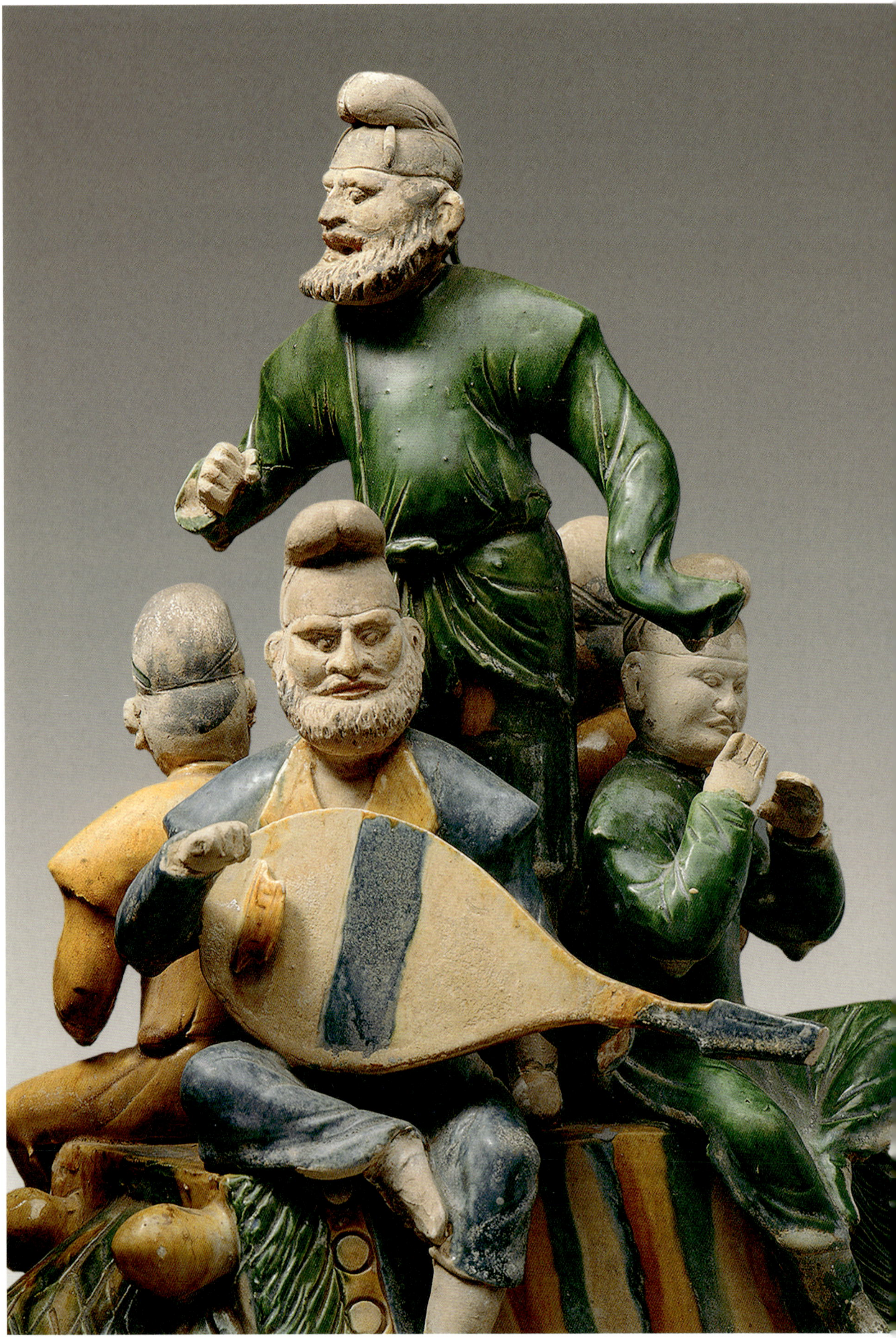

顶端涂成厚厚的点状，烧制时便能向下流淌，形成斑驳错杂的效果，像羊毛织出来的一样自然。

再次入窑烧制后，斑斓的色彩绽放出来。工匠精心修整细节，反复端详，很是满意。作坊里的伙伴们也前来围观，称赞这创意真是绝妙！然而由不得大家欣赏太久，这件器物便和其他一百多件陶俑一同被送入长安西郊的墓葬中，永远地陪伴鲜于将军长眠于地下。

帝王将相总是被史书所铭记，而工匠的姓名往往被历史长河冲刷无痕。制作出这件骆驼载乐俑的工匠一定没有想到，他的得意之作不仅在当时别开生面，而且1200多年后重现世间，仍然令人赞叹，成为代表盛唐气象的"明星文物"。

● **图4 三彩釉陶镇墓兽**
唐
中国国家博物馆藏

什么是三彩器？

三彩器是一种施有多彩釉的陶器，常见的釉色有黄、绿、白等，其实不止三种颜色。"三彩"是20世纪以来民间约定俗成的叫法，而唐代人管它叫什么，目前并没有找到明确的答案。不少人认为三彩器全是随葬品（图4），其实，这主要是针对人物俑、动物俑和模型类生活用具而言。三彩器中也有一部分器物用于日常生活。

三彩釉陶胡服牵马俑

时代	唐	发现时间	1957 年
材质	陶	发现地点	陕西西安鲜于庭诲墓
尺寸	高 45.3 厘米		

服饰是一种时代文化风尚的表征。唐朝社会风气开放包容，不仅流行翻领袍等胡服，而且受到胡服样式影响的圆领袍被纳入官方服饰体系，成为社会各阶层的日常男装，这一变革影响了后世几百年。

三彩釉陶胡服牵马俑

影响深远的服饰变革

他是来自大唐的一名牵马者，双手一上一下握着缰绳，身体因用力而微微扭转。他面朝斜前方，露出从容自信的微笑，好像马儿的一举一动尽在他掌握之中。再看他通身的装束，最引人注意的莫过于衣服胸前的翻领，与现代西服领型颇有几分相似。

这种翻领样式的袍服，是胡人的常见服装之一，在唐代的陶俑、壁画上时有发现。自北朝开始，翻领袍便流行于粟特地区，隋唐时期，随着大批粟特人东来而传入了中原。唐代社会风气开放包容，贞观年间，长安城里"胡着汉帽，汉着胡帽"的景象就屡见不鲜，再到近百年后的开元盛世，胡服的流行更是达到顶峰。有趣的是，胡服中的翻领袍虽然是男装样式，但在女着男装蔚然成风的唐代，它同样成为女性喜爱的时尚单品（图1）。

● 图1 蓝釉胡服女陶俑
唐
中国国家博物馆藏

不少陶俑和壁画所表现的穿翻领袍的人物形象，领角有纽襻。可以想象，这是"一衣两穿"的设计——把翻领合起来，在脖子右侧系上纽扣，就变成了圆领。在唐代服饰中，圆领袍其实是与翻领袍并行的，且更为常见。它袖子紧窄，长度过膝，通常与小口裤、皮靴以及腰间的革带搭配。

对于中国古代服饰史而言，圆领服装的普及是一次极具新意且影响深远的变革。自上古时代开始，中国传统服饰多是交领右衽[①]、宽袍大袖的样式。而隋唐时期，圆领袍被纳入服饰制度，成为男子常服。除重要的礼仪场合外，从皇帝到平民都可以这样穿。

那么，为何隋唐时期会发生这种变革？圆领袍又是从何而来呢？据学术界考证，圆领袍的样式可以追溯到欧亚草原西部。在长期的民族迁徙和文化交流中，那里的部分先民落脚于西亚地区，其服饰风格历代传承，并沿丝绸之路向东传播。北朝后期，在胡风的"吹拂"下，圆领袍在北方逐渐普及，而起家于北方边陲又有游牧民族血统的隋唐统治者，自然将他们所习惯的服装样式沿用下来，举国推行。

从实用角度讲，与交领式服装相比，圆领袍将前胸遮挡得更加严实，有利于保暖；相对修身的剪裁，让行动更加方便灵活。有这些优势，加上隋唐王朝在文化上的兼容并蓄，这种服装样式便迅速推广开来。尽管如此，中原传统服饰的礼仪内涵却没有被忽视，无论是以圆领袍的颜色、纹样以及搭配的饰物区分身份等级，还是在下摆拼接一块面料作为对"上衣下裳"的模拟，都体现出"吸收外来"的同时"不忘本来"。

与圆领袍同为隋唐服饰标志的，还有这件陶俑头上包裹

① 交领右衽：衣服的前襟左右相交，左襟压住右襟。

巾子

◐ 图2 先戴巾子后裹幞头的效果图

的软巾——幞头。幞头四角的带子称为"脚",佩戴时两条带子从后向前,系在额顶;另两条从前向后,系在脑后垂下来。北朝后期至隋初的幞头又矮又平,不够美观,于是从隋末唐初起,人们在幞头里面衬上了用桐木、葛、藤等硬质材料制成的"巾子",让发型高耸(图2)。从此,巾子成为决定幞头造型的关键,花样迭出。皇帝赏赐王公大臣的巾子样式往往能引领一时潮流,如"武家诸王样""英王踣样"等,不亚于今天的明星同款。系在脑后的两条幞头脚,在唐后期流行以金属丝作为骨架衬在里面,可以"拗造型",进一步增强了幞头的装饰性。

隋唐服饰影响了后世几百年。以此为基础,宋代制成了圆领、大袖的"公服",搭配气派十足的展脚幞头,相当于官员的正装(图3);明代官员的服装,无论公服、常服,还是体现特殊待遇的赐服,都是圆领,而作为官员身份象征的"乌纱帽(图4)",则是由展脚幞头进一步发展而来。

对域外服饰文化的吸收,让中国古代服饰面貌不断更新。

◐ 图3 《二程夫子画像》轴
清
中国国家博物馆藏

画中程颢、程颐穿公服,戴展脚幞头

而历代服饰无论如何变迁，却始终受到中华传统文化的滋养，承载着中华民族的基因和血脉。

- 图 4《追赠南京锦衣卫指挥使李佑像》轴
  明
  中国国家博物馆藏

  画中李佑穿常服，戴乌纱帽

◐ 图 5 着半臂女侍俑
唐
中国国家博物馆藏

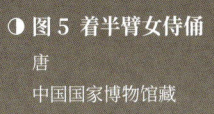

半臂

三彩釉陶胡服牵马俑的袍服里面，有一件"短袖衫"支撑出明显的廓形，它叫作"半臂"。半臂由魏晋上襦发展而来，类似半袖马甲，通常是外穿的，而唐代既可以外穿，又流行穿在内层的单衣与外层的袍服之间，并且常用质地挺括的织物制成，使身材显得更加健壮（图5）。

🐎 **三彩釉陶马**

时代　唐
材质　陶
尺寸　高 54 厘米，长 52.7 厘米

发现时间　1957 年
发现地点　陕西西安鲜于庭诲墓

唐代人喜爱马在中国历史上是出了名的，他们不仅精心繁育、驯养良马，还在文学艺术作品中倾情描摹马之神韵。健壮高昂的三彩马，展现着唐代恢宏盛大的气势、奋发向上的精神。

三彩釉陶马

唐韵胡风"马"上看

自古以来,白马便是高贵纯洁的代名词,高头大马更是英雄豪杰的标配。

眼前这匹三彩釉陶马堪称二者的完美结合。它身材魁梧,体格丰满而健壮,洁白的毛色将通身装饰衬托得格外雅致,特别是覆盖在马鞍上的绿色绒毯,形成一抹醒目的"撞色"。

这块绒毯名叫"鞍袱"——备好了鞍具的马,如果暂时不骑,就用鞍袱把鞍盖住,以免落上灰尘。从这个细节,不难看出唐人对马的精心爱护,正如现代人注重保养自己的爱车一样。

鞍袱前后的革带以及马笼头①上都点缀了各种装饰,其中,面部中间和臀部两侧的杏叶形垂饰极具唐代特色,正是王勃《思春赋》中所谓"杏叶装金镳"。华丽多样的杏叶一般为金属质地,甚至使用贵重的金、银。杏叶上的纹饰,既有

图1 三彩黑釉陶马
唐
中国国家博物馆藏

宝相花②、鸾鸟等极具东方色彩的题材，又有狮子、卷草等西域元素，体现出东西方文化交融的特征。

将目光聚焦于这匹三彩马的颈后侧，你会发现一个很特别的细节——它的鬃毛被精心修剪成三簇方块状的凸起。唐人流行将名贵马匹的鬃毛剪成三瓣，正如白居易的诗中所写"凤书裁五色，马鬃剪三花"。在著名的"昭陵六骏"石刻以及《虢国夫人游春图》画卷上，也能看到镰刀形或半圆形的"三花"式样。

盛唐时期的随葬器物以"偶人象马，雕饰如生"而著称，三彩马尤其生动传神，佳作频出（图1）。马自古与沙场、行旅联系在一起，既是人类忠实的朋友，又是体现人生况味、寄寓英雄情结的物象。"古道西风瘦马"对应着"断肠人在天涯"的惆怅，而健壮高昂的三彩马，展现的是唐朝那恢宏盛大的气势、奋发向上的精神。

史学家陈寅恪先生曾言，唐朝的崛起是"取塞外野蛮精

① 笼头为套在牲畜头颈部位以便驾驭的东西，用来系嚼子、缰绳等。

② 宝相花为盛行于隋唐时期的吉祥纹饰，综合了牡丹、莲花等花卉的特征，雍容华贵。

③ 大宛为西域古国，位于今中亚费尔干纳盆地。

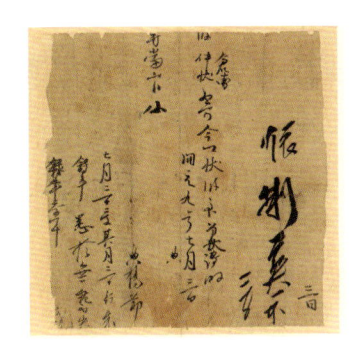

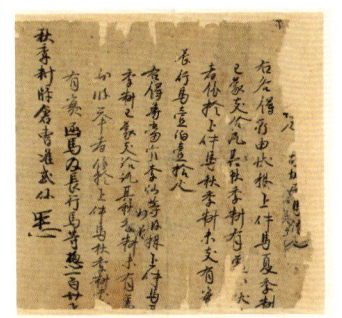

图2 长行坊牒
唐
中国国家博物馆藏

这件出土于新疆的文书，体现出唐朝在西域设有交通组织"长行坊"，该坊管理着很多用于运输的牲畜，以马为主。

悍之血，注入中原文化颓废之躯"。或许因为唐朝皇室有马背民族的基因，他们在养马的各个方面也取得了超越前人的成就，不仅建立起从中央到地方完备的马政机构，在唐律中专门编制《厩库律》，为养马提供法律保障，还大力兴办牧场，将水草丰美的陇右地区发展成养马的核心区域。

引进良马、繁育良种是唐朝养马业兴盛的关键因素。唐朝从西北边陲、中亚、西亚和北方草原地区（包括今天中国内蒙古以及蒙古国、俄罗斯西伯利亚地区）引进或受赠了好几十种良马，它们对改善马种发挥了重要作用，曾被汉武帝视为珍宝的大宛③马，就是其中的名品。马籍和马印制度进一步推动了良种繁育，前者将马匹按照品种优劣、身体强弱分开登记和管理，每年造册汇总；后者则是在马身上烙印，作为区分马匹所属机构、年龄和素质的标志。

精心驯养的马匹，活跃在唐代社会的方方面面，除了军事、交通（图2），还有丰富多彩的文体娱乐。狩猎是唐代贵族的一种时尚活动，不仅需要飞鹰走犬，更离不开快马（图3）。唐玄宗时，宫中训练了一批"舞马"，它们可以踏着音乐的节奏起舞，是宫廷宴会的亮点。

在唐代画坛，鞍马画成为一个专门的画科，涌现出曹

图3 三彩绞釉陶狩猎骑俑
唐
中国国家博物馆藏

○ **图 4 彩绘陶打马球女俑**
唐
中国国家博物馆藏

霸、韩幹、韦偃等画马高手。韩幹的名画《照夜白图》，描绘的便是唐玄宗心爱的坐骑。画面中，这匹雪白的骏马"照夜白"虽然由于天下承平而告别了战场，却昂首奋蹄，不甘于被束缚。

　　这匹同样诞生于盛唐时期的三彩釉陶马，也不禁让人想起"照夜白"。唐人在它肌体中倾注的深厚情感，使它虽然安静地站在那里，却充满力量，仿佛随时可以纵横驰骋，逐日追风。

唐人的流行运动——马球

马球是一种人骑在马上用杆击球的竞技运动,在唐代的宫廷、军营中都很流行,甚至女性也参与其中(图4)。马球之所以被唐代人钟爱,主要是因为"上之所好,下必甚焉"。唐朝不少皇帝都是马球运动的爱好者甚至高手,最著名的莫过于玄宗李隆基。"东西驱突,风回电激,所向无前",这是史书中对青年李隆基打马球英姿的描述,极具画面感。

● 葵口三足狮子纹鎏金银盘

时代　唐
材质　银、金
尺寸　口径 40 厘米，高 6.7 厘米

发现时间　1956 年
发现地点　陕西西安八府庄

盛行于唐代的金银器，体现着中华文明容纳外来文明并为我所用的包容力、创造力。这件"金花银盘"，让我们看到西亚和中原的文化元素在一件器物上巧妙结合、相得益彰。

葵口三足狮子纹鎏金银盘

金银器上的中西合璧

唐贞观年间，中亚的康国[①]向唐朝进献了一种异兽，唐太宗命大臣虞世南作一篇赋来纪念这件事情。在虞世南笔下，这种动物眼睛放着电光，踏足可以将山林荡平，咆哮可以让江河震荡，老虎、犀牛、大象都被它的利爪撕裂，连神兽貔貅也能被它吞下去。

这种似乎只存在于传说中的神奇动物，其实是今天常见的狮子。你也许会说：啊？狮子哪儿有唐代人形容的这么夸张？它还不一定打得过老虎呢。然而，在唐代人眼中，狮子之所以神乎其神，主要是因为它来自遥远的西方。试想，1000多年前，住得比"西天"还远的狮子来到"东土大唐"，可不是件寻常事。相比之下，老虎在中国广泛分布，人们早已屡见不鲜，自然不像狮子这样"远来的和尚会念经"。

尽管自汉代开始，狮子就曾作为贡品随西域使节来到中原，但这种进献毕竟屈指可数，大多数人终究难得一睹狮子的真容，于是便用独特的想象力来填充它的形象。东汉至南北朝时期，帝王墓葬的石阙门前流行安放一对昂首挺胸、头顶长角、身上还长着翅膀的神兽，一只名为"天禄"（图1），一只名为"辟邪"。它们的相貌、体态都与狮子十分相似，是以狮子为原型，加以"神化"的产物。

◐ 图1 石天禄
东汉
中国国家博物馆藏

◐ 图2 葵口三足狮子纹鎏金银盘
局部

① 康国为粟特人建立的政权之一，位于今天乌兹别克斯坦撒马尔罕一带。

进入唐代，特别是国力蒸蒸日上的唐前期，中外交往空前兴盛，狮子频频来华，人们对它日益熟悉，于是它在艺术品上的形象逐渐摆脱了浓厚的神话色彩，变得更加生动写实。比如这件葵口三足狮子纹鎏金银盘，三个支脚如卷曲的叶子，优雅地将盘面托起，盘面中心装饰着一头狮子（图2）。可以想到，这样准确的身体比例、栩栩如生的样貌、动感十足的动作，如果没有见过真正的狮子，是难以将细节表现出来的。

在采用异域题材的同时，银盘边沿却装饰着地道的中国元素——牡丹花。在唐代，牡丹被誉为"花王"，人们将其精心培育出不同的品种和颜色。每当牡丹开放的时节，京城就会迎来"车马若狂"的赏花盛况。文人墨客也纷纷吟咏牡丹，"国色天香""花中第一流""花开时节动京城"等，这些流传至今、脍炙人口的词句，都出自唐诗。

这种三足盘在唐代常用于宴席中盛放果品，虽然盘心很浅，盛不了多少，但可以垒得整齐又好看，令人赏心悦目。在各类材质中，用金银制成的最为高档，像这样在纹饰部分鎏金②的银盘，唐人称为"金花银盘"。这件银盘的出土地点位于唐大明宫东内苑遗址的范围内，与它一同出土的还有天宝年间的宠臣杨国忠进奉给唐玄宗的银铤。由此推测，这件银盘很可能是当时的宫廷用器。

金银之光交相辉映，西方"神兽"与中华"国色"刚柔相济。盛唐时期，金银器超越了对外来器物的直接模仿，进入一个创新发展的阶段。它呈现出的，是"昭昭有唐"的生命力，是容纳外来文明并能为我所用的包容力和创造力。

② 鎏金：将金和水银合成金汞剂，涂在铜器或银器表面，然后加热使水银蒸发，金附在器物表面不脱落。

金银器为什么在唐代迅速发展？

金银器以其华丽的外观、珍贵的价值，自古被人们所看重。在中国历史上，唐代是金银器迅速发展的第一个高峰期。皇室、贵族对金银器的喜爱，促进了金银矿的开采和器物产量的增加；朝廷专门设立金银器生产作坊，推动了金银器制作水平的提高；外来文化的大量输入，使金银器在造型、纹饰、工艺上有了更多的创新可能性。

● 花鸟人物螺钿青铜镜

时代 唐
材质 青铜、贝壳等
尺寸 直径 23.9 厘米

发现时间 1955 年
发现地点 河南洛阳涧西唐墓

铜镜是古人的生活必需品，也被古人赋予了深厚的文化内涵。唐代是中国古代铜镜工艺发展的一个高峰期，螺钿镶嵌、金银平脱等特种工艺镜的繁荣，实则反映出镜子在当时社会文化中的重要地位。

花鸟人物螺钿青铜镜

镜中观唐

在法国凡尔赛宫,有一座举世闻名的"镜厅",墙壁上镶嵌的483块镜片组成了17面巨大的镜子,将大厅映照得金碧辉煌。而在中国这片古老的东方大地上,在此之前也曾有镜子的"盛宴"。

唐高宗时期,掌管皇家工艺制造和宫廷建筑事务的官员裴匪舒为皇帝建造了一座"镜殿",四壁挂满铜镜,金光闪闪。落成之时,唐高宗带大臣刘仁轨去视察,刘仁轨看了看被吓得快步走出,还对高宗说:"天上没有两个太阳,地上也不能有两个君王。刚才看到四面墙上有好多个天子,简直没有比这更不吉利的了!"一语惊醒众人,高宗即刻下令,撤去铜镜,以免不祥。

唐代以铜镜装饰建筑,也会利用其背面丰富的纹饰。比如,文宗开成年间,五台山大华严寺的菩萨堂院就曾悬挂着不计其数的"宝装之镜",镜背饰以螺钿、玉石、珠宝等,展现了唐代工匠的卓越技艺。

玉石和珠宝大家都不陌生,那"螺钿"是什么呢?

螺钿是将贝类动物的壳加工成各种造型,镶嵌在

◐ 图1 花鸟人物螺钿青铜镜局部

器物表面上的薄片装饰。这种工艺在我国很早就有，在唐代格外盛行，这面花鸟人物螺钿青铜镜便是一件杰作，通过将南海的夜光贝切割、打磨、雕刻成相应图像，组成文人雅士在山林间宴饮奏乐的画面（图1）。其中植物的花心部位原本镶嵌的是来自云南的琥珀，螺钿片之间的空隙里残留着的碧蓝色的矿石碎粉，是产自阿富汗的青金石。虽历经千年岁月，但这面铜镜昔日的华美仍可想见。

螺钿器物不仅风靡唐朝，还随遣唐使漂洋过海，去往日本。如今，日本奈良正仓院仍然收藏着平螺钿背八角镜、螺钿紫檀五弦琵琶、螺钿紫檀阮咸等多件唐代螺钿器物，工艺之精美令人叹为观止。

与螺钿镜并驾齐驱的还有金银平脱镜（图2），它是唐代特种工艺镜的另一代表。这种工艺需要先将金银锤打成薄片并切割成各种图案，再用胶或漆将这些图案粘贴在器物表面，然后加几层漆覆盖住金银花纹，最后细细打磨，让金银花纹显露出来，与漆面平齐，这就是"平脱"。

◐ 图2 羽人花鸟纹金银平脱青铜镜
唐
中国国家博物馆藏

唐代特种工艺镜的繁荣，实则反映了镜子在当时社会文化中具有重要意义。在唐代，镜子不仅是日常生活的必需品，更被赋予了多重内涵：它是民间传说中驱邪避凶的"照妖镜"，也是"破镜重圆"幸福美满的见证者；它还是"千秋节"寄托君臣上下同心美好愿望的赠礼，更是自我审视与反省的象征。"以铜为镜，可以正衣冠；以古为镜，可以知兴替；以人为镜，可以明得失"，这句千古名言，便是唐太宗将忠心耿耿的大臣魏征比作一面镜子时，所抒发的感慨。

琳琅满目的唐代铜镜，映照过唐人的容颜，见证过唐人的悲欢，历经千年流传至今，依然映射出那个时代的灿烂光华。

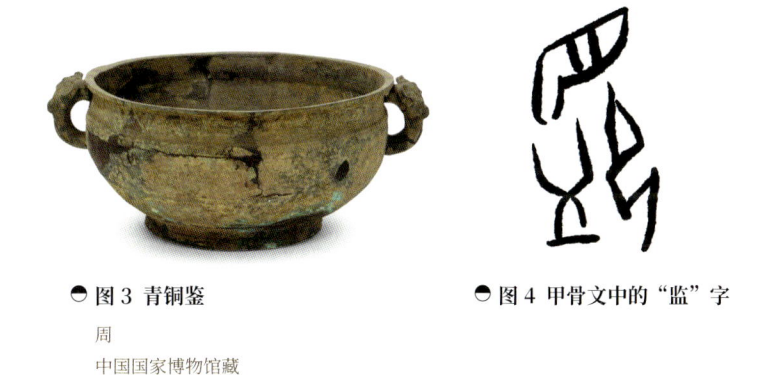

● 图 3 青铜鉴
周
中国国家博物馆藏

● 图 4 甲骨文中的"监"字

从"鉴"到"镜"

在铜镜还没有广泛应用的时代，人们常在一种大盆形的器物里盛上水，借助平静的水面来映照自己的容颜。这种器物名叫"鉴"（图 3）。"鉴"字在古代与"监"字相通，而甲骨文、金文中的"监"字（图 4），便是一个人探着身子、睁大眼睛在容器中观看自己面庞的样子。铜镜有可能是人们从光滑明亮的金属器物表面得到启示，对鉴进行"平面化"的产物。

● **鎏金银香囊**

时代 唐

材质 银、金

尺寸 直径 4.8 厘米

发现时间 1963 年

发现地点 陕西西安沙坡村

―――――――○―――――――

这件小巧玲珑的球形金属香囊中，隐藏着一套令人惊叹的机械平衡装置。它所蕴含的科技智慧被后人不断发扬光大，直到今天仍然在帮助人类探索星辰大海。

鎏金银香囊

秀外慧中的奇巧之器

飞机在天空中飞行的时候，如何把握机身倾斜角度，长时间维持飞行平稳？火箭在发射升空的过程中，又是怎样精准地控制方向的？这些问题的答案，都离不开一种名叫"陀螺仪"的导航装置。

陀螺仪的科学原理和结构，在1000多年前的唐代便已初现端倪，就隐藏于这件精美的鎏金银香囊中。

这件香囊外观小巧玲珑，只比乒乓球大一点儿，可以握在手心里。顶部有链条和挂钩，主体由两个半球组成，一端用轴相连，另一端装有锁扣，可以开合。银质球体上镂雕花卉纹，枝叶卷曲连绵，鎏金部分则錾刻[1]出鸟儿在花间或飞翔或栖息的姿态（图1）。

打开香囊，里面赫然出现一套精巧的机械装置，包括两个同心圆环和一个盛香料的小碗，用转轴连接（图2）。小碗连着内环，内环连着外环，外环连在球体的内壁上。使用的时候，无论香囊怎样滚

● 图1 鎏金银香囊局部

① 錾刻是用锤敲击錾刀，在金属表面雕刻纹饰，形成有凹凸感的装饰效果。

动，小碗都始终保持水平，里面的香料及香灰都不会撒出来。

形成这种现象的原因，在于三组转轴互相垂直、彼此制约。内外两个环构成了工程学上所说的"万向支架"。如果把中心的小碗替换成高速旋转的陀螺，就构成最基本的陀螺仪（图3）。虽然陀螺仪是近代欧洲科学家的发明，但它的必备装置"万向支架"，在中国唐代已经得到了娴熟的运用。

在人们的一般印象中，香囊是纺织品做的小口袋，只需把香料放进去，任其自然散发香气。与之相比，这类球形金银香囊不仅在结构上独具匠心，使用时还需要火来助力——中心的小碗相当于一个微型炭火盆，在底部垫上香灰和燃烧的炭粒，上面盖满香粉，便可以让香气袅袅散发。

自先秦以来，中国就有着佩戴或焚烧草本、木本芳香植物的传统习俗。汉唐时期，随着陆海丝绸之路的开辟和发展，产自西域、南海的各种香料传入中原，其中有很多属于树脂类，比如龙脑、乳香等，而且这些树脂类香料必须在燃烧的

● 图2 鎏金银香囊内部结构

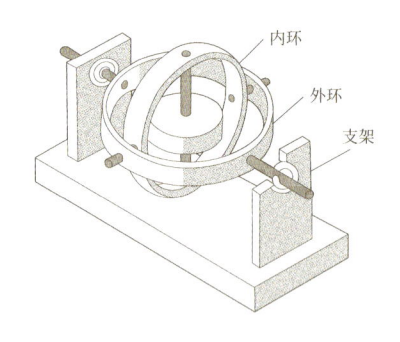

● 图3 双自由度陀螺仪结构图
有几个环就叫作有几个"自由度"。这个陀螺仪的双环结构与香囊内部的机械平衡装置几乎完全相同，只是中心的小碗替换成了陀螺。

木炭上熏烤才能释放香气。这不仅拓展了古人对香料的认识，也丰富了香具的类型。

　　唐代贵族阶层对异域香料尤为热衷，在各类香具中，精致便携的球形金银香囊（图4）备受青睐。而且，它使用起来可以由内而外地传热，寒冷之时最令人爱不释手，白居易亲切地称之为"暖手小香囊"。除了暖手，这种香囊也能随身佩挂，或悬挂在室内、车中，还可以用来熏被褥，让人在一片温馨中安然入梦。迄今已发现的十余件球形金银香囊，大多数和这件一样精巧，但也有直径十几厘米的"大家伙"，应该是用于居室和被褥熏香的。

　　然而，或许由于材质昂贵、工艺复杂，流行于唐代的球形金银香囊只是昙花一现，后世就难觅踪迹了。但它所蕴含的科技智慧被后人不断发扬光大，以另一种方式为人类探索星辰大海，开辟了更加壮阔的征程。

● 图4 鎏金银香囊

被中香炉

记录西汉轶事的古代笔记小说《西京杂记》中提到，西汉长安有一位叫丁缓的工匠，恢复前人失传的手艺，制作了"被中香炉"，特点是"为机环转运四周，而炉体常平"，与唐代的球形香囊原理相同。但汉代"被中香炉"的实物尚未发现，文献记载只能说明，这种带机械平衡装置的熏香器发明时间可能早于唐代。

■ "成都府成都县龙池坊卞家印卖咒本"陀罗尼经咒

时代	唐	发现时间	1944 年
材质	纸	发现地点	四川成都望江楼唐墓
尺寸	长 30.5 厘米,宽 34 厘米		

印刷术在人类文明史上的影响举足轻重。雕版印刷是中国古代印刷术的主流,而唐代正值其兴起阶段。从"大众爆款"到儒家经典,从民间到官方,雕版印刷带来了知识传播的飞跃。

"成都府成都县龙池坊卞家印卖咒本"陀罗尼经咒

见证雕版印刷的兴起

在图书以手抄形式传播的时代，想得到书可不是一件容易的事情。苏东坡对此就深有感触，他说：听老先生们讲，在他们小的时候，想要阅读《史记》《汉书》，是很难得到的。一旦借来，就得日夜不停地抄写、诵读，唯恐没抄完、没读完就要还回去。而近些年，市面上到处都在刻印诸子百家的书，甚至到了"日传万纸"的程度，现在想看书就容易多了[1]。

从日夜手抄的艰辛，到"日传万纸"的便捷，这样质的飞跃，必然要突破技术壁垒，这项技术正是印刷术。

中国古代印刷术以雕版印刷为主，也就是在木板上刻出凸起、反向的文字、图像，再在上面刷墨、铺纸进行印刷。唐代是雕版印刷术兴起的阶段，中国国家博物馆内珍藏的一件陀罗尼经咒便可作为见证。

在唐代流行的佛教密宗[2]信仰影响下，陀罗尼经咒类似"护身符"，人们相信，将其随身携带就会有好运相伴，戴在手臂上尤其灵验。也许正因如此，这件经咒出土时紧紧地卷着，藏在墓主人胳膊上的银镯子里面。经咒所用的纸张薄如蝉翼，却韧性极佳，历经千年黄土埋藏，仍未化为纸浆，不禁令人惊叹。

经咒右侧有一行汉字，可以辨认出"成都府成都县""龙池坊""近卞""印卖咒本"的字样。根据"成都府"之名不难推测出，这件经咒是在唐后期制成的。安史之乱中，唐玄宗曾到成都避难。战乱平息后，为彰显成都的重要地位与贡献，朝廷将成都原本的行政建置[3]"蜀郡"升级为"成都府"。

唐后期，成都的繁荣程度与扬州并驾齐驱，当时人们有"扬一益二[4]"的说法。此外，成都的造纸技术出类拔萃，质地细腻、韧性优良的纸张，恰为雕版印刷在这里蓬勃发展创造了良好的条件。

经咒上的"印卖咒本"四个字尤为关键，表明这是一件用于出售的印刷品。那么，当时是谁在刻印、售卖经咒呢？

在已发现的唐代雕版印刷品上，有一些关于家庭作坊字号的记载，如"樊赏家""过家""大刁家"等，它们都是集印刷与销售功能于一身的"私营出版机构"。经咒上的"龙池坊"相当于成都城内的一个街区，再结合"近卞"二字推断，这件经咒是由这里的"卞"家作坊刻印售卖的商品。

雕版印刷作为方便快捷的新兴技术，却没有一开始就用到儒家经典的印制中，而是先通过刻印大众喜闻乐见、销量爆棚的商品，在民间流传开来。比如佛教、道教的符咒、经书，再比如家家户户都离不开的历书（相当于现在的日历），以及阴阳五行、解梦、看风水、识字之类的畅销书，都被雕版印刷"占领"，并在唐朝末期的图书市场占有举足轻重的地位。

五代十国时期，后唐宰相冯道、李愚看到了雕版印刷的传播效能，在他们的建议下，由国家最高学府和教育管理机构国子监组织学者校订唐代《开成石经》，随后召集雕版印刷

---

[1] 苏轼《李氏山房藏书记》："余犹及见老儒先生，自言其少时，欲求《史记》《汉书》而不可得，幸而得之，皆手自书，日夜诵读，惟恐不及。近岁市人转相摹刻诸子百家之书，日传万纸。学者之于书，多且易致如此。"

[2] 密宗是唐代中期，由印度僧人善无畏、金刚智、不空（合称"开元三大士"）在中国创立的佛教宗派。

[3] 行政建置是指行政区划的设置、沿革、变迁。

[4] "扬一益二"是指安史之乱以后，经济重心转向长江流域，扬州（今江苏扬州）、益州（今四川成都）成为全国最繁华富庶的城市。

能手刻印了"九经"⑤。这是官方使用雕版印刷技术刻印儒家经典的开端。

也是在这一时期，四川地区的后蜀宰相毋昭裔，不仅主持刻立石经作为儒家经典的官方指定版本（图1），还充分发挥雕版印刷的优势，刻印了一批大部头的儒家经典、文学总集和类书等重要著作。

雕版印刷的诞生绝不仅仅是技术革命，更为知识传播开启了加速通道。它造就了图书刊刻、收藏的文化，留下了"典籍里的中国"，让今天的我们能在古人的海量著述中优游涵泳；以它为代表的印刷术在世界上流传、发展，推动了人类社会的进步，被誉为"文明之母"。

⑤ "九经"包括《易》《诗》《书》《春秋左氏传》《春秋公羊传》《春秋穀梁传》《仪礼》《周礼》《礼记》，刻印时间从后唐延续至后周，历经20余年。

◯ 图1 后蜀石经残石
五代十国·后蜀
中国国家博物馆藏

雕版印刷的诞生灵感来自哪里？

雕版印刷并非横空出世，长期沿用的印章捺印和碑石拓印技术都为它的诞生打下了基础，提供了灵感。印章实际上相当于一种小型雕版，将图文印在纸上便形成了一件小小的印刷品。本书前文讲过熹平石经，还记得读书人是多么需要它吗？正是这样的需求促成了拓印技术的发明，可以把文字一模一样地"复印"出来。

■ **钱镠铁券**

时代 唐
材质 铁、金
尺寸 长 52 厘米，宽 29.8 厘米，厚 0.4 厘米

五代十国是唐末藩镇割据局面的延续。从节度使到吴越王，主政东南沿海一带的钱镠，当数这段历史中的风云人物之一。他受赐的铁券，被人们比喻为现实版的"免死金牌"。

钱镠铁券
"免死金牌"的含金量

在诸多古装影视作品与历史小说中,关键时刻总会出现一件"神器",它能免除死罪,扭转乾坤,那便是传说中的"免死金牌"。即使是目不识丁之人,也能从中感受到它象征的皇权威严,拥有金牌之人,更是享受着无上的荣耀与特权!

那么,历史上真的存在"免死金牌"吗?它的功能到底是什么呢?

收藏在国家博物馆的这件"钱镠铁券",是唐朝末期唐昭宗颁赐给节度使[①]钱镠的信物,它可以说是现实版的"免死金牌"。乍一看,这弯成弧状的铁片锈迹斑斑,毫不起眼。但定睛细瞧,上面居然嵌有金字诏书,内容丰富,包括钱镠的官职、爵禄、功绩等(图1),尤其明文规定,钱镠本人可以免除九次死罪,他的子孙可以免除三次死罪,如果犯了"常刑",即国家规定的死刑以外的其他刑罚,有关官员也不得过问。

那么,钱镠究竟为唐王朝立下何等显赫的功勋,让皇帝如此慷慨呢?

钱镠生长于杭州,青年时代曾跟随董昌阻击黄巢农民军,屡立战功,势力逐渐壮大起来,与董昌分别掌管浙西、浙东。唐乾宁二年(895年),董昌叛唐称帝,钱镠劝阻无效,毅然发兵平叛,于次年击败了董昌。唐昭宗感念钱镠忠勇可嘉,任命其为镇海、镇东两镇节度使,还颁赐铁券,盛赞钱镠消除反叛势力、保全浙江的功劳,并信誓旦旦地称,给予钱镠的荣宠

● 图1 钱镠铁券局部

将绵延后世,与山河共久长。

　　钱镠平息董昌之乱,维护了朝廷权威的同时,也顺势掌控了整个浙江地区,扩大了自己的势力。因此,唐昭宗颁赐铁券的行为与其说是奖励,不如说是拉拢。唐朝末期,国运衰微,还有不少节度使像钱镠一样,让朝廷难以控制。为了稳住各地的"钱镠们",朝廷不惜大量颁赐铁券,授予他们免死特权。这一举措使得"免死金牌"的含金量大打折扣,面对现实的政治需要,铁券上的免死条款往往会被统治者抛之脑后,受赐铁券的"功臣"们,未能善终的也不乏其人。

　　钱镠受封十年后,唐朝就灭亡了。权臣朱温篡唐称帝,建立了后梁。为巩固势力,后梁皇帝先后封钱镠为吴越王和吴越国王。

　　钱镠在位期间,兴修水利、保境安民,使吴越国在当时的乱世之中免受战争侵扰。除此之外,他还非常重视修身齐家,

① 节度使为唐代设置的地方军政长官,以任职时朝廷赐旌节而得名。节度使最初只在边远地区设置,安史之乱以后遍布内地,权力日渐膨胀,形成藩镇割据的局面。

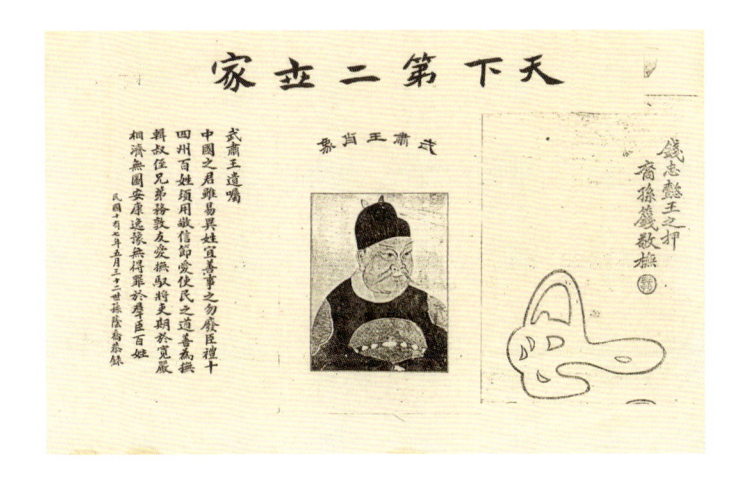

图2 钱锺书夫人杨绛捐赠的有武肃王遗嘱等的《天下第二世家》单页复印件
当代
中国国家博物馆藏

两次制定家训。以他的谥号"武肃王"命名的《武肃王八训》《武肃王遗训》（图2）被子孙后代奉为准则，并整理为《钱氏家训》。

宋朝建立后，吴越国纳土归降，钱氏家族又受到皇室的优待。1000多年来，钱氏家族子孙绵延、英才辈出，特别是近现代，涌现出历史学家钱穆，思想家钱玄同，文学家钱锺书，科学家钱学森、钱伟长和钱三强等众多巨匠。这件保存至今的铁券，记载着钱氏家族祖先的荣耀，却也发人深思——"免死金牌"的庇佑并不能永存，而世代传承的家教家风才是行稳致远的力量所在。

铁券是怎么来的？

铁券的历史可以追溯到汉代，汉高祖刘邦平定天下后论功行赏，特制了一种铁质信物，用丹砂在其上书写誓词，以作为君臣间的契约。而铁券最初并不能免死，只是许诺功臣世世代代永享爵禄，到南北朝时期才开始具备免死功能。

白瓷茶具及陆羽像

时代　五代
材质　瓷
尺寸　陆羽像高 10 厘米；汤瓶高 9.8 厘米；
　　　风炉、茶鍑通高 15.6 厘米；
　　　茶臼高 3.1 厘米，口径 12.2 厘米；
　　　渣斗高 9.5 厘米，口径 11.3 厘米

发现地点　传河北唐县

唐代，茶成为风靡大江南北的日常饮品。我国第一部关于茶的专著《茶经》就诞生于唐代，作者陆羽潜心钻研茶的方方面面，引导人们用考究的方法制茶、饮茶，使茶文化步入兴盛阶段。

白瓷茶具及陆羽像

茶文化的兴盛

10世纪上半叶,太行山东麓河北地区的一座城市里,一位老人抱着包袱,从街市上回到家中。一进门,他便招呼自己的小孙子:"快来看,我给你带什么好玩意儿了!"

一个十岁上下的小男孩应声而出,兴奋地向爷爷行礼,随即接过包袱。老人提醒着:"轻点儿放啊!别摔着东西。"

孩子小心地把包袱放在案上,轻轻打开——里面的每样东西都用几层粗纸包得严严实实,想必是瓷器了。瓷玩具在市面上很流行,有各种可爱的小动物,今天爷爷带回来的是小鸡还是小羊呢?

孩子连拆两三个纸包,却都不是小动物,而是小锅、小炉子之类的"微缩版"家什。直到发现一个内壁纹理粗糙的盘子,他才恍然大悟:"哦!这是茶臼(图1),用它可以把茶饼磨碎。这么说,这几样物件都是茶具?"

爷爷点头道:"没错。路

◉ 图1 茶臼

过茶肆的时候,你见过压好的茶饼用竹条穿在一起吗?准备烹茶的时候,要先用竹夹子夹着茶饼在火上烤一烤,等茶饼变得干燥疏松,在茶臼上磨一磨就碎了。"

孩子举一反三,摆弄着几件器物说:"那么,这个小锅是放在风炉上煎茶的鍑(图2)。这个大敞口、细脖子的物件是渣斗(图3),沉在茶汤底下的茶渣,就倒在这里面吧?可……这个汤瓶(图4)又是做什么用的呢?"

"大概是煎茶比较烦琐,近些年,也有人直接把茶叶末儿放在茶碗里,用烧开的水冲进去,称为'点茶',这就必须要用到汤瓶。"爷爷指着仅剩的一个纸包说,"这个还没拆开呢,快看看里面是什么?"

孩子拿过纸包,拆开一看,是个小瓷人。他双腿盘坐,头戴高冠,手里还捧着书卷,既不像佛,又不像菩萨,但也绝不是普通人。"他是谁?他和这些茶具有什么关系?"

爷爷笑了:"这个人姓陆名羽,字鸿渐,他大名鼎鼎,被人们尊为茶神、茶圣呢!去店铺买茶具的时候,如果一次买很多,店家便会赠送鸿渐的塑像;经营茶肆的人,会把鸿渐的塑像供在炉灶间,若是茶卖得不好,就用茶汤浇灌,求他保佑生意兴隆。"

"人们这么崇拜他?他是从哪儿来的,为什么和茶的关系这么密切呢?"孩子好奇起来,连声问道。

"他是唐朝的一位文人,"爷爷讲起了陆羽的故事,"他从小生活在江汉一带的竟陵(今湖北天门),是个孤儿,先被寺院禅师收养,得以识字、读书,后来又在戏班谋生,虽然生计艰难,却勤学不辍。安史之乱的时候,天下动荡,他流落到浙西的吴兴(今浙江湖州),隐居山林,当时很多文人雅士

◉ 图2 风炉、茶鍑

避乱来到这里，都与他成了朋友。吴兴出产好茶，鸿渐又对茶特别感兴趣，于是，他在这一带潜心钻研。在天下重新安定之后，他又到很多产茶的地方去寻访，终于写出了一部书，名叫《茶经》（图5）。"

孩子不禁有些惊讶："《茶经》？听这名字，是一部专门讲茶的书？人人司空见惯的茶，也能写出一部书？"

"是啊！要不是鸿渐的钻研，谁能想到茶有那么大的学问！"爷爷说，"这部书把茶的方方面面都琢磨透了——茶是怎么生长的、用什么器具加工、怎么煮、怎么饮、哪里产的茶好、古今名人有哪些关于茶的故事……真是洋洋大观！鸿渐很反对以往人们在茶汤里加葱、姜等佐料的饮用方式，认为茶有它自己的味道。如今煎茶的方法就是他发明的，每一步都很讲究。"

"都有什么讲究？"

"别的不说，且说这器物。鸿渐创造了20多种茶具，每

● 图3 渣斗　　　　● 图4 汤瓶

种他都详细描述。比如茶鍑，它的底部要有较长的凸起，便于火力集中，让茶汤在中心沸腾、茶末充分地翻滚，这样茶的味道才更醇厚。风炉的表面，刻有代表风、火、水的卦象，意思是风能助火势，火又让水沸腾。鸿渐还把天下瓷窑的茶碗做了个比较，说如冰似玉的越州青瓷最佳，能让茶汤颜色显得碧绿。你看，吃茶不仅是为了关注茶的味道，还能体会其中的哲理，并且过程赏心悦目呢。"

孩子赞叹道："真有意思，看来吃茶并不只是解渴这么简单，我都想读一读《茶经》了。"他恭敬地将这组器物摆在自己的书案上，祖孙俩继续娓娓谈论着关于茶、关于陆羽、关于《茶经》的一切……

图5 《茶经》明刊本（《百川学海》本）

故宫博物院藏

《百川学海》由南宋左圭辑录，是中国最早刻印的丛书，共10集、100种、177卷。《百川学海》本《茶经》是历代刊刻、传抄最多的《茶经》版本。

陆羽的"朋友圈"

陆羽（图6）在吴兴时，与僧人皎然成为莫逆之交。皎然是南朝诗人谢灵运的十世孙，精通禅、诗、茶，陆羽著《茶经》，离不开与他的切磋。陆羽一度移居延陵（今江苏丹阳）茅山，当时刘长卿曾经送他前往。担任过湖州刺史的颜真卿，也曾数次邀请陆羽参加他组织的作诗联句活动。

◐ 图6 陆羽像

1 对茶的早期栽培和利用

新石器时代
河姆渡文化
距今约 7000~5000 年

一般认为，中国是茶的原产地，我国西南地区至今仍存活着大量古老的野生茶树。中国也是世界上最早利用茶树和人工栽培茶树的国家。古人对茶的利用着眼于其药用价值，战国以至秦代之后，才进入饮用阶段。

浙江余姚田螺山遗址出土的茶树根

新石器时代·河姆渡文化
浙江省文物考古研究所藏

这些茶树根距今约 6000 年，它们埋在人类居住的房屋周边规则地排列，可以推测是人工栽培的。研究人员从其浸泡液中检测出了茶叶特有的茶氨酸成分。

2 羹饮法

汉 公元前 202—公元 220 年
三国两晋南北朝 220—589 年

汉景帝阳陵外藏坑出土的茶叶

西汉
汉景帝阳陵博物院藏

1998 年，汉景帝阳陵 15 号外藏坑出土了一些有机物，由一层一层的细长叶子组成，质地松散，当时还难以判断它是什么植物。随着科技检测的进步，2015 年，谜底终于揭晓，是距今 2100 多年的鲜嫩芽茶遗存。这反映出西汉时期，饮茶风俗已传入宫廷。

早期的饮茶法是将茶叶 "煮作羹饮"，通常会添加葱、姜等调料，做成类似菜汤、稀粥的饮品。从三国两晋到南北朝时期，饮茶逐渐流行起来。

3 煎茶法

唐 618—907 年

青瓷托盏

南朝
中国国家博物馆藏

要想了解这一时期的饮茶习俗，请阅读本书第 299 页《青瓷托盏 茶香自此传九州》一篇。

唐代，茶成为风靡大江南北的日常饮品，主要的饮茶方法是煎茶法：在茶釜中煮水，第一次沸腾时加盐调味；第二次沸腾时盛出少量水，将茶叶末儿投入釜中；第三次沸腾时，将之前盛出的水倒回，让茶汤表面形成丰厚的白色汤花，这是茶汤的精华。煮好后，将茶汤盛在盏中饮用。

唐后期开始征收茶税，宫廷和达官贵人家中已有专门的茶库。比如，这种茶托上錾刻的 "左策使"，可能与唐代的左神策军相关。

"左策使"茶库" 鎏金癸瓣银茶托

唐
中国国家博物馆藏

底部铭文

饮茶法的变迁

4 点茶法
宋 960—1279年

先将碾细的茶叶末儿放入茶盏，加少量水调成膏状，再用汤瓶冲入沸水，一面冲一面用竹子制成的茶筅击拂，使茶面泛起白色的汤花。

点茶讲究汤花纯白，由于黑色容器最能衬托汤花的白色，以建窑为代表的黑釉茶盏在宋元时期一直十分盛行。

妇女烹茶雕砖
北宋
中国国家博物馆藏

这名宋代女子正站在炉前拨动炭火，用汤瓶烧开水，这是点茶必不可少的准备。

黑釉茶盏
元
中国国家博物馆藏

5 泡饮法
明 1368—1644年
元 1271—1368年
清 1644—1911年

从元代起，团饼状的茶逐渐减少，用沸水冲泡散茶的"泡饮法"愈发常见。明代废除团茶，改用散茶，泡饮法成为主流，这和我们今天的饮茶法是一样的。

陈曼生题杨彭年制紫砂壶
清
中国国家博物馆藏

铭文：乳泉霏霏，沁我吟颐

紫砂壶风格古朴，且能保持茶香。清代书法、篆刻家陈曼生与紫砂工艺家杨彭年共同创作的紫砂壶极具文人气息，有"曼生壶"之称。

粉彩雨中烹茶图景题诗茶壶
清
中国国家博物馆藏

盖碗是清代茶具的一大特色，它集合了茶壶与茶杯的特点。早期的盖碗只有盖和碗两部分，到清代晚期，变成盖、碗、托三部分，寓意天、地、人"三才"。

泡饮法的兴起，使茶壶与茶杯成为最主要的茶具。清代宫廷茶具琳琅满目，这件茶壶一面是雨中烹茶图，另一面是乾隆皇帝御题诗和印章，集诗、书、画、印于一身。

青玉盖碗
清
中国国家博物馆藏

鎏金铜观音造像

时代　五代十国·吴越
材质　铜、金
尺寸　高 53 厘米

发现时间　1958 年
发现地点　浙江金华万佛塔塔基

佛教传入中国后，经过长期演化，"形成了具有中国特色的佛教文化，给中国人的宗教信仰、哲学观念、文学艺术、礼仪习俗等留下了深刻影响[1]"。诞生于唐代的水月观音，正是中国人创造的一种佛教造像。

[1] 2014 年习近平在联合国教科文组织总部的演讲。

鎏金铜观音造像

佛教文化的『中国创造』

人们常常会用"活菩萨""菩萨心肠"来形容一个人宽厚仁慈、乐善好施。无论是否信仰佛教，千百年来，"菩萨"这个词早已深深扎根于中国百姓的心田。而在众多菩萨中，观音菩萨最为家喻户晓。

观音在佛教经典中译为"观世音"，意思是观照众生的悲苦之音，闻念诵其名号便去解救。随着佛教传入中国，观音逐渐为中国人所熟知。特别是南北朝时期，观音"救苦救难"的特点，让动荡时世中的黎民百姓找到了心灵寄托，此时的观音信仰空前兴盛。

也许是出于对女性温柔秉性的赞赏、对母爱的眷恋，抑或是因为女性信徒的增加，古印度佛教中英俊的男相观音，逐渐在中华大地上演变成秀美的女性模样。这也意味着中国人开始用自己的理解去"改造"观音的形象。

不仅如此，观音在民间的化身形象也发生了入乡随俗的转变。古印度佛教经典中记载，观音在不同情况下可以变化出男女老少、贵族平民等三十三种形象。但这些形象的名称充满古印度文化特色，如"婆罗门""优婆塞""迦楼罗"等，对中国大众而

图1 甘肃瓜州榆林窟西夏水月观音壁画摹绘

言实在生疏。于是，中国式的"三十三观音"涌现出来，有杨柳观音、白衣观音、鱼篮观音……不仅名称通俗易懂，而且形象各异，水月观音也是其中影响深远的一种。

水月观音长什么样子呢？看看这尊五代十国时期吴越政权铸造的鎏金铜观音造像，你就明白了。她的坐姿轻松随意，一脚踏着山石，一脚踏在座位上，一手搭着高高屈起的膝盖，另一手撑着身体，像极了人们在忙碌一天后，找一个舒舒服服的姿势小憩。在巨大的圆形身光笼罩下，她凝神俯视，就像在静观水中的月影。结合绘画中的形象可以看出，水月观音通常与碧波、竹林、岩石相伴，情景交融，意境超然（图1）。

水月观音这洒脱不羁的形象，实则出自唐代画家周昉之笔。《华严经》中记载，观音的道场位于补怛洛迦山②，那里泉流萦带、花木葱茏，观音坐在金刚石上宣讲佛法。周昉结合这段描述，在长安胜光寺的墙壁上画出了一幅水月观音，但他并未拘泥于佛典，而是结合了中国文人的审美趣味，以竹林作为观音的景物衬托（图2）。唐代学者张彦远在《历代名画记》中，称赞周昉"妙创水月之体"。

水月观音问世后，很快深入人心。相传唐代晚期，有一个名叫蒋凝的官员，容貌俊美，朝中同僚就称他为"水月观音"。可见，水月观音不仅是宗教偶像，更是人们心目中美的象征。

这尊鎏金铜观音造像就格外注重"美"的表达。菩萨清秀娴雅、和蔼可亲，似乎高于人间而又接近人间。背光边缘的三簇火焰纹体现了典型的吴越造像风格，打破了规整的圆形，增添了灵动之美。

② 道场指修行成道的地方。根据玄奘在《大唐西域记》中的描述，补怛洛迦山位于印度南部。

◯ 图 2 四川安岳毗卢洞水月观音造像

宋

这尊水月观音像也以竹林为背景，因此又有"紫竹观音"之称。

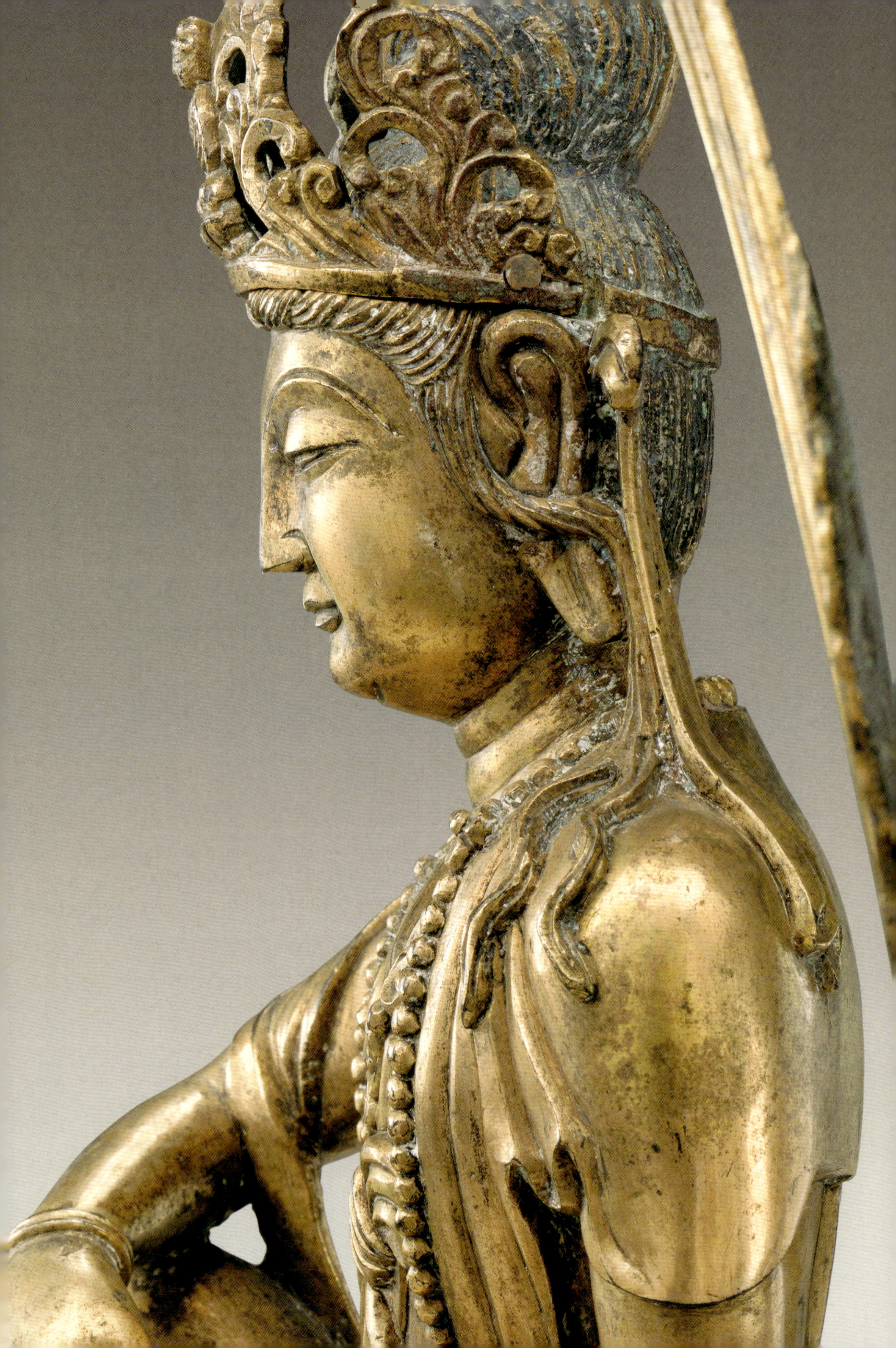

从异域传来的佛教，在华夏风土的浸润下，逐渐形成了具有中国特色的佛教文化。如"水月观音"中的"水月"二字，其实是中国人自古用来表达精神世界的重要意象。人们常将水月结合起来吟咏，如张若虚《春江花月夜》中的"春江潮水连海平，海上明月共潮生"，于良史《春山夜月》中的"掬水月在手，弄花香满衣"，都是千古名句。在佛教与中华文化融合发展的历程中，"水月"也成为阐释佛法常用的隐喻。比如，唐代高僧玄觉禅师在《证道歌》中写道："一月普现一切水，一切水月一月摄。"[③]中华传统文化与中国化的佛教义理，共同孕育了"水月观音"。

今天，取自佛教的"平等""觉悟""因果"等词已是"日用而不觉"，佛教与儒家、道家文化的融合已成为中国人思想的根脉，将始终与中华文化的传承发展一路相随。

③《证道歌》这一句大意是：天上的月亮映在一切有水的地方，而一切水中的月亮都是天上那一个月亮的倒影。

另一种典型的中国式造像——大肚弥勒佛

"大肚弥勒佛"（图3）颇具喜感的模样，启示人们宽容大度、笑口常开，很受老百姓欢迎。其实，弥勒形象从古印度传入中国之初，也是庄严而俊秀的。五代时期，有位僧人名叫契此，他大腹便便，据说总是携带着一个布袋，人称"布袋和尚"。他离世前念了一首关于弥勒的偈语（佛教中一种类似短诗的体裁），于是被人们看作弥勒的化身。从此，弥勒在中国就逐渐变成了布袋和尚的形象。

● **图3 寿山石持如意弥勒佛**
清
中国国家博物馆藏

916—1368 年

辽宋夏金元时期，
中国从多民族政权的并立走向统一。
这一时期，多元文化相互碰撞，
农业和手工业迎来了重大发展，
商品经济活跃，城市生活丰富多彩。
宋元时期海外贸易繁盛，与各国经济文化交流频繁，
开启"海上丝绸之路"的黄金时代。

辽宋夏金元时期

Glazed Pottery Chiwen roof Ornament

- 汝窑洗
- "济南刘家功夫针铺"广告青铜版
- 针灸铜人
- 磁州窑三色荷花瓷枕
- "丁都赛"戏曲雕砖
- 蹴鞠纹青铜镜
- 海船纹青铜镜
- 《吉祥遍至口和(合)本续》
- 绿釉鸱吻
- 《耕织图》刻石
- "行在会子库"青铜版
- 《洗冤集录》清刊本
- 乘驿银牌
- 《水竹居图》轴

● 汝窑洗

时代 北宋
材质 瓷
尺寸 高 5.2 厘米，口径 16.7 厘米，底径 13.1 厘米

宋元时期，瓷器制造业繁荣发展，形成了遍布全国的八大窑系。这些瓷窑产的瓷器品类璀璨夺目，共同构成异彩纷呈的瓷器百花园，也体现着不同地区的文化艺术特色。大美至简的汝窑瓷器，折射出文人对艺术理念的最高追求。

汝窑洗

东方绝色

宋代汝窑，被后世文人赞誉为"东方绝色""名窑之魁"。它将瓷之颜色具象于天地间，演绎了厚雨初霁、清风徐来时，云絮中那份明朗、通透的烟雨天青。

或许在很多人的印象里，提到汝窑，就会联想起喜好艺术的宋徽宗。传说徽宗为了追寻梦中的雨过天青色，命人将这种颜色烧制于瓷器之上。据明代典籍记载，曾御批"雨过天青云破处，这（诸）般颜色作将来"的，是五代时期后周世宗柴荣。在柴荣的敕命下，工匠们选用极佳的瓷土和釉料，烧制出了色泽温润、质地细腻、造型优美的柴窑瓷器。遗憾的是，柴窑既少见于历史记载，也未曾有传世器物，因此，到了清代，故事的主角摇身变成了徽宗和汝窑。无论民间如何演绎，都不可否认的是，北宋哲宗至徽宗年间，汝窑瓷器达到了其发展的鼎盛时期，更是被选为宫廷御用瓷器。

汝窑瓷器，不仅"移花接木"了柴窑的美誉，也将云雨缝隙里的颜色完美演绎。它的美，不是信手拈来，也并非唾手可得，而是中国瓷工在受命烧瓷中的极尽摸索与实践的硕果。

将釉料乳

◐ **图1 汝窑天青釉盘底部**
北宋
中国国家博物馆藏

[1] 开片是瓷器烧制中因胎和釉的膨胀系数不同而在釉面造成的自然开裂。开片原是瓷器烧制中的缺陷,但人们掌握了开裂的规律,制出了别具特色的装饰效果。

◐ **图2 官窑青釉贯耳瓶**
南宋
中国国家博物馆藏

浊,使微小的气泡和难以溶解的结晶体,通过漫反射原理达到如云似雾的柔和效果;把釉层厚涂,避开晶莹剔透的绿翠,去追求肥厚润泽的青雅。釉层下,香灰色的胎体在器物折沿、转角、足棱处等薄釉之处隐现,形成灰褐色优雅的线条;釉层中,犹如"蝉翼"与"蟹爪"的开片[1]层层叠叠(图1),成为单一釉色上唯一的装点。犹如一片碧空的汝窑,不浮不嚣、不靡不媚,大美至简。

中国国家博物馆所藏的这件汝窑洗与它的大家族有着一致的美学取向,简练的器型与优雅的线条相匹配,淡青的釉色与细密的开片相交融。没有缤纷之色,没有彩绘加点,形成纯净、素雅、冰凝的静谧之美。作为桌案上盛水洗笔的器皿,洗是文人雅士的心头所好。这件笔洗将深邃而清澈的

"天青"釉色，与内敛含蓄的造型相搭配，营造出宋瓷自然风韵的独特意境，也折射出崇尚儒雅内蕴的文人对艺术理念的最高追求。

宋瓷，在中国陶瓷工艺史上书写着浓墨重彩的一笔。宋代名窑迭出，犹如百花园般大放异彩。除却汝窑，还有端庄典雅、祭祀礼器与日常用器并重的官窑（图2）；有追求极致开片，以"金丝铁线"著称的哥窑（图3）；有兼烧白瓷、黑瓷，以刻花、划花、印花装饰瓷器的定窑（图4）；有以铜为着色剂，创造出烂漫云霞、万紫千红釉色的钧窑（图5）。这五大名窑之外，还有龙泉窑、磁州窑、建窑、耀州窑……数不胜数。

在多民族政权并立的时代，各民族把自己的审美传统体

● **图3 哥窑鱼耳炉**
南宋
中国国家博物馆藏

● **图4 定窑白釉划花莲瓣纹大碗**
北宋
中国国家博物馆藏

现在陶瓷的装饰上，各朝皆有典型瓷器问世。西夏的灵武窑发扬了剔花工艺，金朝的长治窑创新了红绿彩瓷，辽朝将马背民族常用的皮囊壶用瓷来展现（图6），元朝将游牧民族喜爱的蓝色与白色用瓷来表达（图7）……这些具有鲜明民族风格的瓷器，极大丰富了中国古代瓷器的文化内涵，也融汇了多元文化之美。

● 图5 钧窑玫瑰紫釉海棠式花盆
宋
中国国家博物馆藏

● 图6 褐釉鸡冠壶
辽
中国国家博物馆藏

● 图7 青花双凤穿缠枝莲纹玉壶春瓶
元
中国国家博物馆藏

◐ 图 8 龙泉窑粉青釉凸花葫芦瓶
宋
中国国家博物馆藏

宋代的窑系

宋代是我国瓷业发展史上的一个繁荣时期，在市场需求的推动下，经过激烈的竞争、淘汰、发展，逐渐形成了以一些名窑为中心的"八大窑系"，分别是定窑系、磁州窑系、耀州窑系、钧窑系、龙泉窑系（图8）、景德镇窑系、建窑系和越窑系。窑系的形成是各地技术交流的结果，也是商品经济繁荣的反映。

"济南刘家功夫针铺"广告青铜版

时代 宋
材质 青铜
尺寸 长13.2厘米,宽12.4厘米

政府对商业的政策变化促进了经济的发展,从普通百姓到士大夫阶层都热衷于经商,宋代的商业不再是为少数人服务,而成为供应广大人民需求的大规模经济活动。一枚小小的广告青铜版管窥社会经济发展的革命性的变化。

"济南刘家功夫针铺"广告青铜版

穿越千年的商标广告

日常生活中，广告和商标可以说是无处不在。它们可不是现代人的专利，早在宋代，人们便已精通这妙趣横生的"带货"技能。这件"济南刘家功夫针铺"广告青铜版，是现存世界上最早的商品宣传广告实物资料之一。将广告和商标印刷在商品包装上，彰显了宋人的商业智慧与营销妙思。

在北宋京东路济南府（今山东济南）城内一隅，刘家功夫针铺门前人潮涌动，这里售卖的钢针用精美的包装纸包裹着。"济南刘家功夫针铺"——店铺名号字字铿锵，印于包装纸的最上方。中间则是灵动的店铺商标"玉兔捣药图"。左右两侧写着"认门前白兔儿为记"，意思是我家店铺门前有白兔，各位客官别找错门儿，这简短几字颇有现代的防伪之意。商标下方，是广告语：收买上等钢条（突出了原料上乘），造功夫细针（说明了做工精细），不误宅院使用（承诺了按时交货），□□兴贩，别有加饶（是多件打折的优惠政策），请记白（进一步巩固白兔品牌的知名度）。短短28字，店铺特色、营销政策等信息一览无余（图1）。

一家针铺，用玉兔来做商标，体现着店主对目标消费者心思的悉心揣摩。玉兔是广为人知的神话角

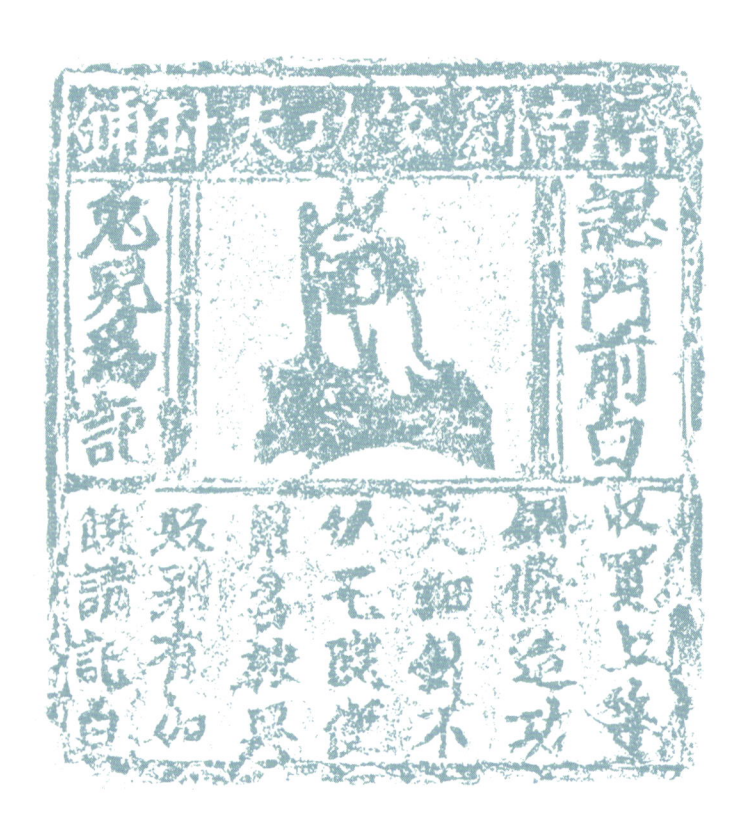

● **图 1 广告青铜版印样**

1. "□□兴贩，别有加饶"，其中□□由于磨损，二字不识，有学者认作"转卖"，有学者认作"若被"，学界没有定论。

2. "物勒工名"指器物的制造者把自己的名字刻于其上，以方便管理者检验产品质量的做法。

● **图 2 "湖州仪凤桥石家真正一色"青铜镜**
南宋
中国国家博物馆藏

色，常伴于嫦娥身侧。以它为商标，易于让持针的女子联想到月之柔美、嫦娥之韵，寄托"千里共婵娟"的美好感情；可能也暗示了七夕之夜对月穿针引线，乞求智巧的女子都能圆满如愿。"长安城中月如练，家家此夜持针线。"唐代诗人崔颢在《七夕》一诗中，也曾形象地描述了这一穿针乞巧的风俗。以此可见，店主洞悉女性心理，利用玉兔的"光环"，吸引顾客纷至沓来，生意自然兴旺隆盛。

宋代商人已经深谙"广告做得好，顾客少不了"的道理，为售卖自家产品，都各展所长、各出奇招，如这件宋代葵花铜镜镜背铸有"湖州仪凤桥石家真正一色青铜镜"（图 2），这种源于"物勒工名"的铭记形式，由被动的责任认定转变为主动的宣传造势，成为一种特殊的商标形式。繁荣的商品经济使得品牌意识在宋代初现端倪，这些优秀的广告、商标设计是宋代商人创新精神的最佳注脚，也是宋代商业空前发展的具象呈现。

在唐朝，人们因坊市制度而不得不穿过高高的坊墙，去东市、西市买"东西"，又时常因宵禁将至遗憾而归。宋人没有这些"时空"束缚，可以闲庭信步于繁华街巷，穿梭于鳞次栉比的店铺，挑选琳琅满目的商品。夜市直至三更尽，早市五更复开张，甚至有闹市通宵不绝。叫卖的"市声"声声入耳，抢眼的"招幌"幌幌映目，丰富的商业活动已成为宋人生活中不可或缺的一部分。

小小广告青铜版管窥社会商业发展大变革。它与《清明上河图》中呈现的摊贩连绵的闹市景象，以及《东京梦华录》《梦粱录》里记载的四时风俗的民间时尚，共同勾勒出两宋时期发达的经济和繁荣的城市生活。

宋代钱币的铸造和流通

因为商品经济活跃，所以宋代铸造的钱币数量巨大，其铸造量几乎是唐代的 20 倍。宋钱不仅是辽、金、西夏的重要流通货币，还通过贸易大量流入朝鲜半岛、日本列岛及东南亚，甚至远达波斯湾和东非。

针灸铜人

时代　清光绪时期仿
材质　铜
尺寸　高 213 厘米

以国家仁政的实施为基础，宋代的医学有了十足的发展。在将医学纳入国家官学体系的同时，于教学法研究和教学手段应用等方面也取得了突出成就，其中针灸铜人就是宋代医学形象化教学手段的重要成果之一。

针灸铜人
古代中医的教学智慧

日常生活中，人们会用一些熟知的中医保健技巧来缓解不适，比如疲劳时按压前额两侧的太阳穴，腹痛时按压拇指和食指连接处的合谷穴（也称虎口）等，这些穴位疗法简单实用，成为中医代表性的治疗手段之一。

传统中医认为，"人与天地相参，与日月相应"，作为自然的组成部分之一，人的身体也是和谐、平衡的系统，通贯全身的经络是运行气血、联系脏腑的枢机，是人体功能的调控系统。而作为外属部分的腧穴[1]则是经络系统的枢纽，是疾病的反应点。

于是，中医在经络腧穴基础理论上，结合"针刺""灸烤"等物理疗法，开创了针灸学体系。

有"按之快然""祛病迅速"功效的针灸学非一蹴而就，针灸学的发展已有数千年历史。战国至秦汉之际，中国最早的医学经典之一《黄帝内经》[2]编成了，其中的《灵枢》又称为《针经》，通过文字记载了针具和针灸疗法。汉代中

① 腧穴是穴位的学名，其中"腧"与"输"通，有转输的含义，"穴"即孔隙。

② 《黄帝内经》由《素问》与《灵枢》两部分组成，其中《素问》是病理病机、诊断治疗等原理性的概述，而《灵枢》则是通过枢机纽治疗疾病的具体操作指南。

山靖王刘胜墓中九根目前所见最早的金属医针（图1），以及汉画像石上人首鸟身的神医"扁鹊"一手执针、一手诊脉的医治图像（图2），都是早期针灸学发展更为直观的见证。至晋代，皇甫谧撰写的《针灸甲乙经》进一步丰富了经络腧穴知识，将《灵枢》中的穴位由340余个增至649个。一代代医师将实践经验进行总结和完善，使得针灸治疗学日趋成熟。

宋代，针灸学迎来了一个重要的里程碑。北宋政府推行仁政，统治者将医学视为实施"仁政"的核心手段之一，除了建立完备的医疗福利体系，践行"医乃仁术"的理念外，还不断推广与发展医学教育，并在太医局增设针灸专业，与

◯ 图1 金医针
西汉
中国国家博物馆藏

◯ 图2 东汉针灸画像石拓片

产科、眼科和口齿科等并列而置。

鉴于"针灸之法乃人命所系",天圣年间,宋仁宗诏敕太医纠正历代针灸典籍中图形描绘及文字叙述的错误和欠缺,以便针灸医家有所遵循。翰林医官院尚药奉御王惟一奉诏编著《新铸铜人腧穴针灸图经》(后人常简称为《铜人经》),他在《针灸甲乙经》基础上增加了青灵、厥阴俞、膏肓俞3个双穴和灵台、阳关2个单穴,并将平面的针灸图经转化为三维立体模型,铸成两具铜人,史称"天圣铜人"。《新铸铜人腧穴针灸图经》由医官院木书刊行,刻于石碑之上(图3、图4),而两具针灸铜人分别被置于医官院和大相国寺。

● 图3《新铸铜人腧穴针灸图经》刻石
北宋
中国国家博物馆藏

天圣铜人是针灸教学的直观模型,铜人身体凿穿小孔表示穴位,与中空的体腔相连。使用时,将铜人表面涂满黄蜡,盖住穴位的小孔和名称,体内灌满水(或水银),如果刺得准确,则"针入而水出"。著辞的详细描述与案形的标准展示皆备,使得学习者能够传心、会目。教科书与教学用具这两个"教学搭子"为针灸学习和临床治疗提供了极大的方便,理论与实践相结合,培养了一批批训练有素的医学人才。

历经战火的洗礼和岁月的剥蚀,"石刻漫灭而不完,铜像昏暗而难辨",后人将石刻劈砍填于明城墙中,又依据天圣铜人复刻新的医学教具。中国国家博物馆所藏针灸铜人沿用了天圣铜人的设计理念,他胸肩宽厚、体格健美、神态安详、面部俊朗,谦恭的表情透着儒雅睿智的气质,是清光绪时期铸造的官方穴位标准模型。

直到今天,标示经络与穴位的人体模型,仍然是针灸研习者的案头必备工具。针灸铜人承载着古代经脉医学的密码,是探寻中医发展的重要历史物证。2010年11月16日,中医针灸入选联合国教科文组织《人类非物质文化遗产代表作名录》,针灸不仅是中华文明的优秀遗产,也自此成了全人类的宝贵财富。

图4 《新铸铜人腧穴针灸图经》拓片

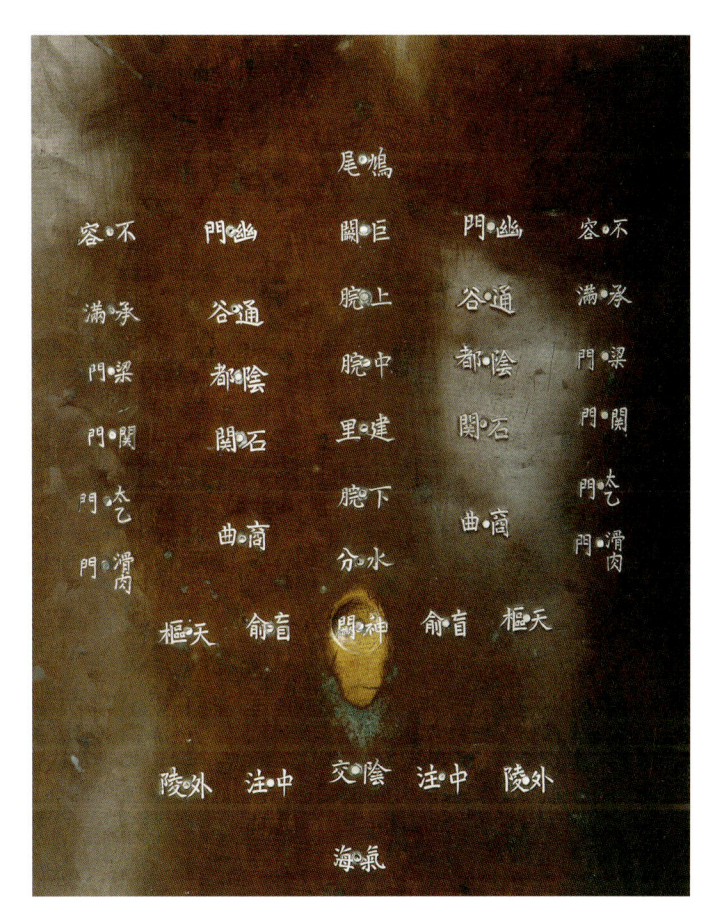

● 图 5 针灸铜人局部

穴位命名

"药王"孙思邈的经典著作《千金方》记载"凡诸孔穴,名不徒设,皆有深意",中医穴位(图 5)的命名是在参考其特点、功效的基础上,选择的最恰当、最形象的名称。例如,与天文星象和气候比拟命名的日月穴、上星穴,与地理山川相比拟命名的合谷穴、血海穴,与居处和社会形态比拟命名的紫宫穴、神堂穴等。

● **磁州窑三色荷花瓷枕**

时代　宋
材质　瓷
尺寸　长20厘米，宽29厘米，高10厘米

已经远离今人生活的硬枕是宋、元时期的流行商品之一，消暑纳凉的特性让陶瓷枕火爆各地。在宋代发达手工业的加持和旺盛购买力的影响下，陶瓷枕已经出现分众化设计，形式各样、纹饰万千的陶瓷枕吸引了不同受众群体。

磁州窑三色荷花瓷枕

梦的开始

昨夜的你，是安枕而卧一觉到天明，还是因失眠而捶床捣枕？

无论古今，舒适的枕头都是人们重要的睡眠用具。在明、清以布枕为代表的软枕成为主流之前，古人休憩时更加钟爱硬枕，且材质多样，竹、木、玉石乃至陶瓷、水晶，各有所好。

隋、唐以前，竹木枕因材料易得，又十分耐用，广泛流行于世，所以"枕"字以"木"为部首。隋代时期，陶瓷工艺的不断发展令陶瓷枕开始走入人们的生活。到了唐代，陶瓷枕迅速赢得了社会各阶层的青睐，可以说是"富贵贫贱，无不喜好"。至宋、元时期，陶瓷枕繁荣发展，产地遍及南北，烧造技术、装饰艺术更是登峰造极。

瓷枕的造型繁多，圆枕、方枕、肖形枕，形状各异；装饰手法齐备，刻画堆塑、诗书画印，多姿多彩。以这件宋代的磁州窑三色荷花瓷枕为例，匠人们灵活地运用直向和斜向下刀的技法，先深刻出图案的轮廓，再细腻地勾勒出点缀的花边，使其展现出流畅与动感；跳跃的颜色也是这件瓷枕装饰的点睛之笔，用白色平涂出背景，用绿、黄两色渲染出荷叶荷花，于是，一幅生机盎然的荷

① 婴戏图即描绘儿童游戏时的画作，又称"戏婴图"，是中国人物画的一种。因为以小孩为主要绘画对象，以表现童真为主要目的，所以画面丰富、形态有趣。

○ **图1 磁州窑李家造款白釉黑花诗句长方枕**
宋
中国国家博物馆藏

莲图，跃然于瓷枕之上。想必在炎炎夏日，人们看到这件瓷枕会顿感神清气爽，也许正因如此，它成为宋、金时期"最流行"的瓷枕的样式之一。

除了常见的花草动物纹饰枕，以婴戏[1]人物、诗文俚语作为装饰的枕头也不少（图1）。孩童是喜庆和吉祥的象征，是人们对未来的希望和憧憬。小巧精致的婴孩枕寓意多子多福，或许更受女性的喜爱；而诗文俚语是生活的感悟，是古人风雅和烟火气息的再现。方正硕大、装饰诗文的陶瓷枕则可能更多地流向了达官显贵之家，用来装点门面、寄托风雅。

人们为何曾经对质地坚硬的陶瓷枕青睐有加？这不仅在于陶瓷枕有着消暑纳凉、保持发髻、警醒束身的作用，更因装饰在上面的绘画、诗词、记事文字表达着人们祈求安定、追求美好生活的向往，不管是在睡梦中还是在清醒后，陶瓷枕成为承载人们精神寄托的重要物品之一。

"一枕梦初惊，人生光阴如电"，安放于卧榻之上，直径尺余的陶瓷枕凝聚着古人生活的趣味与情愫，是依靠，也是梦开始的地方。

古埃及人的枕头"魔法"

由于气候炎热，毒虫活动频繁，古埃及的人们通过枕头把头部高高地支起来，既可以通风保持凉爽，还可以避免毒虫叮咬。古埃及的枕头常用木头制作，也多见石质、陶质枕，以及象牙枕。枕头对古埃及人来说不仅是日常用具，其在社会中的作用远远超越了它的实用功能，是伴随死者去往冥界，并保佑其死后复活重生的重要丧葬用品。

"丁都赛"戏曲雕砖

时代　北宋	发现地点　传河南偃师酒流沟
材质　陶	
尺寸　长28.4厘米，宽9.3厘米，厚3厘米	

从娱神到娱百姓，从祭祀仪轨到文娱教化，中国古代戏曲萌芽于先秦至唐代的表演元素，并于宋、元时期走向成熟，成为普罗大众娱乐生活的重要组成部分之一。作为政治、经济发展的侧影，宋杂剧、元曲的发展是城市经济、文人创作与市民需求共同作用的结果。

"丁都赛"戏曲雕砖

大宋民间的名角掠影

如果让北宋徽宗年间的著名艺人丁都赛介绍自己,她可能会这样说"各位客官,我是丁都赛,生于大宋,出入于勾栏瓦舍[1]中,以表演杂剧为生,不敢说名冠京城,却也是戏曲界的当红艺人。正值清明节,官家御临西郊外金明池畔的宝津楼,百戏中的各类剧目于楼下竞演。在杂技队列、搏击格斗等演出之后,我与杨惣惜、凹敛儿、薛子小献艺杂剧。那日观众如云,在喧天的伴奏下,一番唱念,热闹非凡。我等将数十年磨炼之技艺呈现,博得官家赞许,是为露台弟子[2]今生之所幸。"

虽然是草根明星,但在职业巅峰时期,丁都赛于皇家戏台为皇帝演出,并在《东京梦华录》中留下这高光片段的记载,可见她在东京城中盛名之高、人气之旺。受到狂热追捧的丁都赛,被"粉丝"将这一身妆造绘作粉本,装饰于墓葬之中。雕砖上的丁都赛女扮男装,包着头巾,簪着花簇,身穿圆领小袖长袍,脚着短筒靴子,腰间系着帕带,身后别着一把团扇,侧身而立,双手呈作揖状,似在躬身施礼。丁都赛是有形象传世的最早的女艺人之一,千年之后,与她"相遇",实乃今人之幸。

宋代,商品经济高度发达,娱乐场所更加多元,

① 瓦舍又称瓦子、瓦肆，是固定的大型演艺场所。勾栏是用栏杆围出的一个个空间，是瓦舍中最基本的演出空间。

② 宋、元时对民间艺人的称呼，与官府的"教坊艺人"相对。

③ 诸宫调为说唱的一种形式，使用若干调式，多曲连缀，表现较为复杂的故事情节。

④ 宾白为传统戏曲剧本中的说白部分。

极大地丰富了人们的精神生活。除了以往的酒肆茶坊、寺院道观、公共园林外，城市中还兴起了专门的"演艺中心"——瓦舍。每家瓦舍中有多个"勾栏"，用于表演小说、讲史、诸宫调[3]、傀儡戏（相当于今天的木偶戏）和杂技等。在这里，各类艺人（图1）既互相竞争，又争相借鉴，综各家之长，为戏剧的成熟、发展提供了条件。

宋杂剧将歌曲、宾白[4]、舞蹈等多种艺术形式结合在一起，形成了自己独特的艺术风格。同时，也形成了明确的脚色设定，主要有末泥、引戏、副净、副末、装孤五种。其中，末泥是杂剧里的领导者，负责安排、调度整个演出，相当于舞台导演；引戏善舞，多为女性，借助舞蹈推动故事情节的展开；副净和副末则同为插科打诨、逗人发笑的角色；装孤假扮官员，依剧情设置而定是否出场。每种脚色都有不同的表演程式和大致固定的行头，人物不同的性别、年龄、身份、性格和气质，均可以通过脚色划分得到基本的体现。雕砖上留下的正是丁都赛的"定妆照"，从演出服看，她大抵是戏曲中的"引戏"。

宋杂剧的脚色制度，为今天戏曲中"生、旦、净、末、丑"的行当划分奠定了基础，这些脚色在后来的戏曲发展中不断演变和完善，最终形成了今天我们所看到的戏曲形态。作为中国戏曲成熟形态的早期代表，宋杂剧为元杂剧的璀璨发展奠定了基础，推动了中国戏曲的飞速发展。

在纷繁的戏曲舞台上，人们见识了绿林好汉的豪情万丈，感受了儿女英雄的壮志柔情。那些触动着中国人内心的戏曲，跨越地域的界限，衍生出不同的声腔、剧种，最终成为传承中华优秀传统文化最民族、最大众的重要载体之一。

○ 图1 击腰鼓散乐人物雕砖
　　金
　　中国国家博物馆藏

元曲

作为元代文学的主体，元曲与唐诗宋词鼎足并立，是我国文学史上的又一突出成就。元曲分为杂剧和散曲，其中杂剧的成就和影响远超散曲，因此也有人以"元曲"单指杂剧，认为元曲也即"元代戏曲"，但散曲也有自身独特的价值和地位，因此不能简单地一概而论。元曲在思想内容和艺术成就上都体现了独有的特色，是中华民族灿烂文化宝库中的一朵奇葩。

● **蹴鞠纹青铜镜**

时代　宋
材质　青铜
尺寸　直径 10.6 厘米，厚 0.6 厘米

体育运动和社会经济文化发展相互促进。由于城市的繁荣、市民阶层的崛起，宋代的体育活动已成为市井民俗、休闲娱乐的融合。作为全民运动的蹴鞠有着强身健体、情感交流的社会职能，是激荡的时代精神的照射。

蹴鞠纹青铜镜

足球也"出镜"

足球,是当今世界最受欢迎的运动之一。2004年,国际足联宣布,被称为"世界第一运动"的足球,实际上起源于2000多年前的中国,它的雏形,便是蹴鞠。

用脚踢为"蹴",皮质的球称"鞠",蹴鞠兴起于春秋战国时期的齐国,并在汉代迎来了第一个发展高峰。此时的蹴鞠,有着广泛的社会基础,人们以此作为能力的体现,并以此为乐,同时,还因其具有很强的对抗性和竞技性,被引入军队中,成为重要的训练手段。蹴鞠的训练内容包括身体对抗、队形转换,不但能强健士兵的体魄,还可以磨炼意志,增强团队意识。

两宋时期,随着手工业的发展,制球技术不断革新。鞠不仅由实心"进化"为空心,球壳也升级为十二片,官方还规定了球的标准重量,降至14两,约500克左右[1]。不论是形状还是重量,这一时期的鞠,已经与现代足球十分相近了。轻便且浑圆的特性,使得足球的弹性和稳定性不断提升,人们对球的操控性也得到了提高(图1)。或许正因如此,宋代蹴鞠在踢法上,更加注重技巧

○ 图1 白地剔花开光童子鞠球图八角形枕
金
万荣县博物馆藏

① 现代标准足球重量通常在410~450克。

与灵活性的展现。相较于前朝,其观赏性显著增强。虽然在对抗比赛中,两支队伍依然沿用战阵中"左军""右军"的称呼,但原先的左右对攻双球门踢法,逐渐被着重炫技的中央单球门踢法所替代。此外,还有一种注重花式的"白打"踢法,也颇为流行。无须分为两军对抗,也没有球门限制,参与者用头、肩、背、胸、膝、腿、脚等部位踢出成套技法,更像是一种"表演赛"。

名画《宋太祖蹴鞠图》(图2)就记录了世界足球史上最豪华的"白打"阵容:宋代开国皇帝赵匡胤、第二任皇帝赵光义、宰相赵普、开国功臣楚昭辅、大将党进和石守信。一众"业余高手"围绕小小蹴鞠玩得不亦乐乎。在皇帝、士大夫的加持下,蹴鞠再次进入繁荣时代。

中国国家博物馆所藏的这面青铜镜和《宋太祖蹴鞠图》有着相似的构图,镜背刻画了男女四人共同踢球的生动场景,

◐ 图2 钱选摹《宋太祖蹴鞠图》局部
元代
上海博物馆藏

一位身穿背子[2]的女子高髻笄发，勾脚颠球；一旁身着常服的男子戴幞头，半蹲膝接球，二人之间，小球起起落落，吸引着所有观众的注意。作为全民热衷的体育活动，越来越多的女性参与到蹴鞠中，正如镜中身手矫捷的女性，她们果敢大胆，踢出了气势，也踢出了巾帼不让须眉的女性力量。

在百戏竞相繁荣的宋代，勾栏瓦舍之内，蹴鞠表演频频引人驻足，大型宴会以及店铺促销也以蹴鞠表演助兴。当时的蹴鞠高手黄如意、范老儿、小孙、张明、蔡润等，还被文人周密载入《武林旧事》的"球星名单"中而名存千古。而原是苏东坡身边负责抄写工作的小史高俅也正是因为炫酷的球技被时为端王的徽宗招入府中，最后官至太尉，掌管禁军，完成了由草根向武臣的逆袭。

蹴鞠，作为竞技体育，其魅力在于不断地突破与超越，在于释放活力与激情，这跨越了社会阶层的界限，成为时代精神的激荡。

[2] 背子也称褙子，起于隋唐，兴于北宋，是宋代女子最为盛行的一种服装。背子直领对襟，多罩在其他衣服外穿着。

世界上最早的"足球俱乐部"

宋代蹴鞠行会"齐云社"的工作包括宣传蹴鞠文化、制定蹴鞠规则与礼仪、组织蹴鞠比赛、评定球员技术等级，相当于今日的足球俱乐部。作为有组织性的蹴鞠行会，齐云社每年都会组织全国性的比赛——"山岳正赛"，堪比现在的"足球超级联赛"。目前国际足联认证的世界上历史最悠久的足球俱乐部是创立于1857年的英国谢菲尔德足球俱乐部，这样说来，齐云社要比它早了700多年。

《东京梦华录》：北宋首都的旅行指南

《东京梦华录》堪称北宋都城的"旅行指南"，作者孟元老以沉浸式的城市记忆，为后人定格了北宋东京（又称汴京，今河南开封）的鲜活图景。

这位在东京生活二十余载的"老东京人"，历经靖康之变后，将对故都的思念凝成十卷文字，书中不仅记载了"曹婆婆肉饼""王楼梅花包子"等"网红"店铺，更复现了市民生活的细节：相国寺的"万姓交易"如何砍价，清明节出游该备哪些时令点心，甚至看傀儡戏时最佳观赏位在何处。从御街商铺到勾栏瓦舍，从州桥夜市到金明池争标，他将12世纪全球最繁华都市的"肌理"纤毫毕现，也让汴京的市声重归耳畔。

① 金明池

金明池，北宋著名别苑，又名西池，位于东京新郑门外，宋代政和年间，宋徽宗于池内建殿宇，为皇帝春游和观看水戏的地方。元代人绘制有《金明池龙舟图》，展现了宝津楼、临水殿、仙桥、水心五殿等建筑，其中最为恢宏的楼宇即是宝津楼。《东京梦华录》中记载了徽宗驾临宝津楼时，丁都赛和一众艺人在此献技表演的过程。

"丁都赛"戏曲雕砖
北宋
中国国家博物馆藏

清人摹《金明池龙舟图》局部
清
中国国家博物馆藏

- 外城：《东京梦华录》载"东都外城，方圆四十余里"，外城的主要作用是防御，同时也是皇家别宫园囿的所在地。如分布在新郑门外的琼林苑和金明池、固子门外的宜春苑和南薰门外的玉津园，时人谓之"四园"。

② 御街

御街，又称御路、天街，是东京城南北中轴线上的主干道。两侧设御廊。御廊下形成繁华商带，州桥以南夜市更聚集王楼梅花包子、曹婆婆肉饼等小吃摊，其中宣德门至州桥段多高端商铺，州桥至南薰门则以平民化夜市闻名。

"济南刘家功夫针铺"广告青铜版
北宋
中国国家博物馆藏

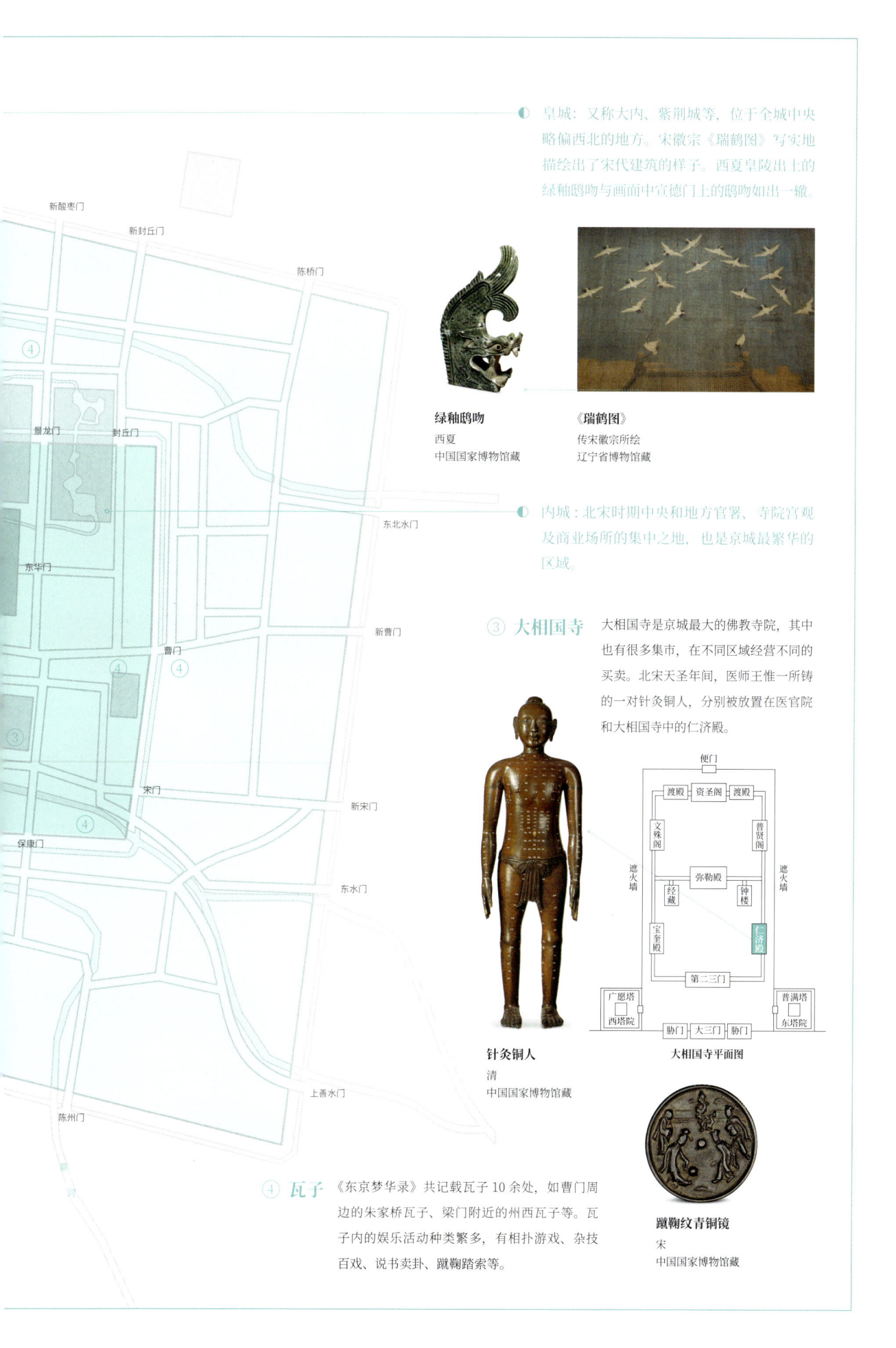

○ 皇城：又称大内、紫荆城等，位于全城中央略偏西北的地方。宋徽宗《瑞鹤图》写实地描绘出了宋代建筑的样子。西夏皇陵出土的绿釉鸱吻与画面中宣德门上的鸱吻如出一辙。

绿釉鸱吻
西夏
中国国家博物馆藏

《瑞鹤图》
传宋徽宗所绘
辽宁省博物馆藏

○ 内城：北宋时期中央和地方官署、寺院宫观及商业场所的集中之地，也是京城最繁华的区域。

③ **大相国寺** 大相国寺是京城最大的佛教寺院，其中也有很多集市，在不同区域经营不同的买卖。北宋天圣年间，医师王惟一所铸的一对针灸铜人，分别被放置在医官院和大相国寺中的仁济殿。

针灸铜人
清
中国国家博物馆藏

大相国寺平面图

④ **瓦子** 《东京梦华录》共记载瓦子10余处，如曹门周边的朱家桥瓦子、梁门附近的州西瓦子等。瓦子内的娱乐活动种类繁多，有相扑游戏、杂技百戏、说书卖卦、蹴鞠踏索等。

蹴鞠纹青铜镜
宋
中国国家博物馆藏

● **海船纹青铜镜**

时代　宋
材质　青铜
尺寸　直径 17.3 厘米，厚 0.6 厘米

两宋时期，随着海外陶瓷贸易的激增，海上丝绸之路崛起并取代陆上丝绸之路。一艘船就是一个流动的海上社会，既让人看到此时发达的商业经济、繁盛的科技文化，又能感受中国古代航海人的勇气与智慧。

海船纹青铜镜

海上丝绸之路的帆影

今天,"神舟"号载人飞船遨游太空,穿梭于星河。但你知道吗,早在1000年前,我国也有两艘"神舟"乘风破浪,扬帆远航。北宋元丰元年(1078年),宋神宗为遣使节出使邻国高丽,专门建造了两艘大型海船,命名为"神舟"。"神舟"寓意探索海洋的先锋,更是宋人开拓精神的象征。

中国国家博物馆收藏的这件海船纹青铜镜,生动再现了宋人驾驭海船在惊涛骇浪中前行的图景。

只见滔天巨浪汹涌起伏、沸乎暴怒,船头"海兽"若隐若现、炫耀四海;看那水中海船桅耸旗扬,若履通衢,船上海员掌舵持剑,斗志昂扬。铜镜上篆书铭文"煌丕昌天[1]"四字(图1),铁画银钩的笔触间表达着"上苍保佑,天下兴盛"的意涵,寄托着人们希望航行平安顺遂的祈愿。

航海人置身于浩瀚海洋的这份果敢和底气,皆来自宋代先进的造船术与航海术。首先是造船技术,其中"水密隔舱"技术至关重要,通过"防水壁[2]"将船体分隔成若干个独立舱室,既保证了船体的横向强度,又能使意外进舱的水不会在船舱之间流动,良好的水密性大大降低了船只进水沉没的危险。这

● 图1 海船纹青铜镜细节

① 也有学者认为应释读为"煌丕昌天"四字。
② 防水壁，即在隔板与船舱的结合处采用榫接、捻料填塞等方法予以密封。

● 图2 水浮法指南针模型
中国国家博物馆藏

项能够有效提高船只安全性的技术被认为产生于5世纪的晋代，至迟在唐代成熟完备，并于宋代成为大船的必备之选。而直到18世纪末，水密隔舱技术才被西方广泛应用。

另一项重要的造船技术是中式硬帆，遇上极端天气时，硬帆的优势更加明显，宋人用篾片、棕榈叶等原料编织帆，通过加固帆骨，使船帆可以抵御海上劲风，而且发生破损也易于修补。再搭配上滑轮、索具，船帆便可以自由旋转、自如收放，轻松驾驭八面来风，保证航行时的动力。

船又大又安全，动力也十足，可那时没有智能导航，宋人出海时，如何保证正确的行船方向呢？

宋代朱彧所著的《萍洲可谈》中记载："舟师识地理，夜则观星，昼则观日，阴晦则观指南针。"可见，当时除了观察北极星和太阳的位置，指南针（图2）也开始运用于航海之中。作为中国四大发明之一，指南针在南宋时经由阿拉伯传入欧洲，为15世纪欧洲航海家发现新大陆提供了重要的技术支持。

以优秀的造船技术作为"硬件"，以先进的导航定位技术作为"软件"，中国航海的全盛期由此造就。

海船纹青铜镜是实用的生活用具，也是人们期盼航行顺利平安的信物，更是"海上丝绸之路"黄金时代的映照。作为古代中国与周边国家开展贸易交往的通道，舟来帆往的海上丝绸之路将大量瓷器远销海外，不论是本土特色、内销转出口的瓷器，还是来样加工、高级定制的瓷器都体现着"大宋制造"的精致与细腻。宋神宗元丰年间颁布的世界上第一部"对外贸易法"——《元丰广州市舶条法》也从制度上规范了"番货、海舶、征榷、贸易之事"，助推了这些"大宋制造"走向世界。

海上丝绸之路，由无数拥有梦想、敢于拼搏的中国人开拓。他们怀揣着对未知世界的好奇与向往，一次次踏浪前行，以智慧为灯，勇气为剑，开辟出了一条条贸易航线，也成为追求开放与发展的中国的缩影，照亮了人类航海文明的征途。

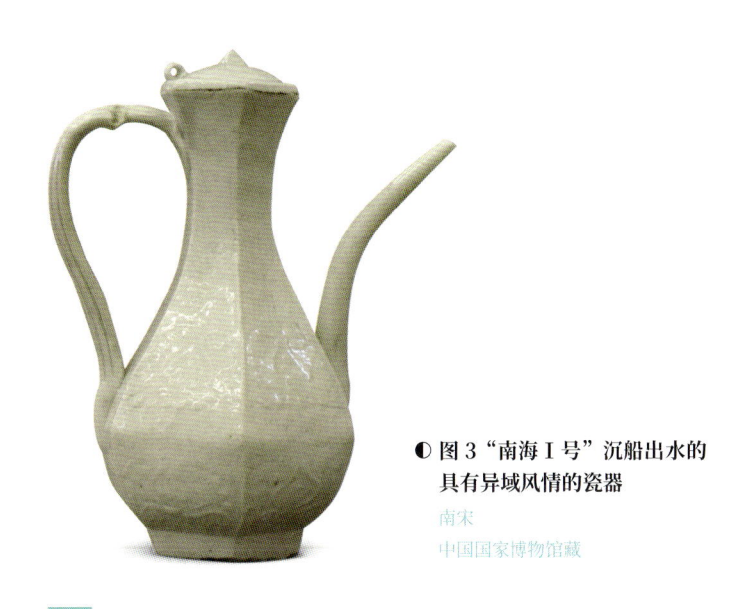

◉ 图3 "南海Ⅰ号"沉船出水的具有异域风情的瓷器
南宋
中国国家博物馆藏

"南海Ⅰ号"沉船

"南海Ⅰ号"沉船是迄今为止中国境内出水的保存较完整、文物储存较多的宋代远洋货船，1987年发现于广东阳江海域。同年，中国历史博物馆（今中国国家博物馆）成立水下考古学研究室，致力于保护、了解这些珍贵的水下文化遗产。经过20年的实践与探索，2007年沉船被整体打捞出水。除了大量瓷器外（图3），考古人员还在船址中发现了鸡、鹅、牛、猪、羊的骨骼，以及腌制的鸭蛋和大量酒坛。在漫长的航期中，这些美味佳肴既是物质保障，可提供充足的营养补给，也是精神慰藉，能缓解孤独与思乡之情。

■ 《吉祥遍至口和（合）本续》

时代 西夏
材质 纸
尺寸 纸幅长39厘米，宽30.5厘米

发现时间 1991年
发现地点 宁夏贺兰拜寺沟方塔

宋代是中国古代科技发展的高峰，中国古代四大发明中除造纸术外皆是在两宋时期成熟发展起来的。《吉祥遍至口和（合）本续》是西夏文的藏传佛教经典，作为目前所见最早的木活字印刷品，其发现将文献中记载的木活字出现时间提前了近百年。

《吉祥遍至口和(合)本续》

活字佛经传吉祥

大白高国大安二年（1076年），在被誉为"神山"的贺兰山拜寺沟山谷中，一座近30米高，遍身粉装彩绘的13层方塔被修葺一新，虔诚的诵经声与塔身风铃的法音相伴随，如织的礼佛人与佛塔的倒影相辉映，一幅万里佛国的盛景跃然眼前。大白高国，以宁夏平原为中心，辖今甘肃西北部、青海东北部、内蒙古西部以及陕西北部地区，坐拥东西方文明通道——丝绸之路，因为地处中原西北，史称西夏。

西夏的建立者是源于古羌人的党项族，他们于隋唐时期内迁至夏州（今陕西靖边）一带，其首领拓跋思恭因镇压唐末黄巢起义有功而受封夏国公，赐姓李。1038年，他的后人李元昊正式称帝，定国号为"白高大夏国"。此外，还有"大白高国""白上国"等自称，也都反映了党项族对国家的自豪与热爱。

文字作为传播信息与交流思想的重要工具，是一个民族成熟的标志。西夏在"仿中国官署，任中国贤才，读中国书籍，用中国车服，行中国法令"的基础上，还仿照汉字结构创制本朝文字，三年始成。西夏文字共有近6000个字，每个字的字形都是规整的方形，且笔画构造繁复，平均每个字多达25画，是世界上最典型的方块字，也是与汉字最接近的少数民族文字之一

● **图 1 西夏文刻石残片**
西夏
中国国家博物馆藏

① 引自《资治通鉴长编》,这里的中国指宋朝。

(图1)。李元昊将西夏文"尊为国字",成为上自官方佛经诏令,下至民间契约书信的通用文字。

西夏文字的普及,外加从中原传来的印刷术,为大量佛经的翻译奠定了坚实的基础。在自称"不儿罕"(意为佛)的历代西夏王的推动下,除中原地区的佛教经典以外,具有浓厚民族文化特色的藏传佛教经典,也被大量翻译成西夏文。其中,用西夏文字刻写,并以木活字印刷而成的佛经《吉祥遍至口和(合)本续》,展示了藏传佛教在西夏传播的深厚底蕴,是研究藏传佛教的重要资料。"吉祥遍至"意为佛光普照,"口合"是需口念心合,"本续"指藏传佛教密宗经典。由于藏文原本皆已失传,《吉祥遍至口和(合)本续》成为此经唯一幸存的绝世珍本。

地处丝路要道,扼守河西咽喉的西夏,对佛教的传播起到了重要推动作用。西夏最初接触的是汉传佛教,当密宗传入中原及吐蕃地区后,藏传佛教慢慢在西夏京畿一带流传、生根。经过了在西夏地区的流行和发展,藏传佛教继续传向东土,与汉传佛教开始了更为深远意义上的交汇。这种兼容并蓄,使得西夏佛教形成多来源、多宗派的特点,也是西夏与中原文化、藏地文化交流融合的见证。

西夏保义二年(1227年)西夏被蒙古所灭,西夏帝陵遭到严重损毁,众多西夏文书化为灰烬。但林立的佛塔、浩瀚的经典并未湮灭无闻,成为西夏历史上浓墨重彩的一笔。拜寺口方塔在屹立了900多年后,1990年11月,被不法分子炸毁,让人心痛万分。

文物工作者顾不得悲伤惋惜,迅速投入珍贵文物的抢救工作中,国之重宝《吉祥遍至口和(合)本续》就在这次清理发掘中现身于世。因为字行间有长短不一的线条，是木活字印刷特有的隔行加条痕迹，它被认为是至今发现的最早的木活字印刷品。文字、宗教、印刷术——《吉祥遍至口和（合）本续》汇聚了文明中耀眼的闪光点，是通往悠远西夏历史的见证。西夏的后裔也早已融入中华民族的血脉之中，是中华民族不可分割的一部分。

● 图 2 转轮排字盘模型
中国国家博物馆藏

木活字印刷术

北宋庆历年间，毕昇发明泥活字印刷术，后来又发展出锡活字、木活字、铅活字等。其中木活字对后世影响较大，仅次于雕版印刷。《吉祥遍至口和（合）本续》的发现，证明中国古代的活字印刷术要比荷兰人劳伦斯·科斯特发明的木活字和德国人谷登堡发明的铅活字印刷技术早300多年，确立了中国在世界上首创活字印刷的地位。元代的王祯是木活字印刷工艺的首位记录者，他发明的转轮排字盘（图2），通过轮轴带动轮盘捡字，大大提高了排字效率。

绿釉鸱吻

时代　西夏
尺寸　高152厘米，宽92厘米，厚32厘米

发现时间　1974年
发现地点　宁夏银川西夏皇陵西碑亭遗址

大屋顶是中国建筑特有的符号，充满了浓郁的文化特色。兼具实用性和美观性的屋脊兽使得屋顶更加雄健古朴。这件出土于西夏皇陵的鸱吻有着中原风格，是中原政治、艺术、文化符号在西夏延续的再现。

绿釉鸱吻

屋顶上的千年守望

如何让一座单体建筑更显庄重与威严？构建对称的布局、夯筑高大的台基、建造宽大的屋身，在这些选择之外，中国古代工匠还给出了一种独到方案——搭建宏大的屋顶。

中国古建筑的屋顶形式多样，但不论怎样变化，在最高等级的建筑中，屋顶正脊两端必定有一对鸱吻雕塑。它们犹如"冠冕"上的"珍珠"，是提高颜值、拿捏气质的关键因素。

别小瞧这对鸱吻，它们的作用可不仅仅是"凹造型"，更具有一定的实用功能。屋顶正脊两端，恰好是屋顶坡面与屋脊的交接、转折处，也是防水的薄弱环节。于是，心思奇巧的工匠们设计了两端起翘造型的构件，有意覆盖于正脊的两端。作为建筑最高点，鸱吻不单单让整体建筑显得气势恢宏，还起到了防水的作用，增强了建筑的结构稳定性。

随着历史进程的不断发展，鸱吻的造型经历了从朴素到繁复的演变，这也反映了古人对自然世界的理解和对建筑装饰美学的不断追求。鸱吻最初称为"鸱尾"，汉代时出现于北方中原地区的

建筑上（图1）。鸱在古代神话中是神鸟，《山海经》中记载，鸱有一首而三身。人们将鸱的尾巴作为屋顶装饰，或许是表达希望被神灵守护的想法。南北朝至隋唐时期，鸱尾造型简洁，多装饰有平行的弧线，象征鸟尾飘逸的羽毛，羽毛边还常布置有若干乳钉纹饰（图2）。"如翚斯飞"的屋檐，再加上弯曲上翘的鸱尾装饰，中国独有的、丰富而灵动的屋顶曲线便跃然眼前。

唐末至宋元，随着佛教文化的广泛传播，鸱吻的造型和象征意义发生了变化，从含蓄地展露出尾巴，变成直接张口吞咬屋脊兽头。于是，从称呼上，也从"尾"化作"吻"。尽管仍以鸱为名，但昔日的神鸟已幻化为异域而来又中国化了的摩羯。

摩羯是源于印度传说的水中神兽，在佛教经典中，摩羯力量强大，常在水中兴风作浪，但最终慑服于佛法。佛教东传来到中国后，在强大的鱼龙文化[1]的影响下，摩羯摇身变为龙首鱼身的形象，还一改"恶"的本性，拥有了内涵丰富的吉祥寓意。摩羯翻云覆雨的神力，恰好契合中国木结构建筑对镇火的企盼，于是，这种巨口獠牙、威猛生动的神兽成为屋脊上的精灵。

中国国家博物馆所藏的这件鸱吻便是以摩羯为型，它出土于西夏皇陵遗址，通体施绿釉，雄壮威武的龙头以及潇洒飘逸的鱼尾相搭配，显得气势磅礴且灵动雅致。皇陵埋藏着一个朝代最为核心的历史，这件瑰丽的鸱吻也彰显出这个曾经雄踞于丝绸之路，与两宋并立的西夏王朝恢宏的气势。

明、清时期，鸱吻的变化还在继续。由于这位守护神尽职尽责，它荣升至龙之九子行列，写法上也多以"螭吻"出

● 图1 绿釉陶楼
东汉
高144厘米

[1] 鱼与龙在中国传统文化中一直占据着重要地位。新石器时代，先民就已有鱼、龙崇拜的先河；隋唐时期演化出"鱼跃龙门"的传说，成为科举及第或仕途腾达的代名词；明、清时期，鱼龙形象从观念信仰转化为艺术象征，成为重要的装饰符号。

现。作为蹲在屋顶上的"龙子",它不仅喜好在险要处东张西望,还被赋予了避火的"技能"属性,形象也随着身份阶层的跨越,由龙首鱼身向龙首龙身转变,尾尖上翘且向内卷,造型显得更为方正、敦实。

由尾到吻,从鸱到螭,历经千年,这个屋顶正脊上的神兽克尽己任,也使整座建筑充盈着动态美感。它是中国古代建筑屋顶上的点睛之笔,传承着人们美好的愿景,它的形象及寓意不断演变,也体现着数千年中华民族文化中的连续性、包容性等丰富的内涵特征。

图2 琉璃鸱吻
唐
中国国家博物馆藏

屋顶上的小神兽

鸱吻是所有屋脊兽中体量最大的。除了正脊上的鸱吻以外,在垂脊和戗脊上也都有安放脊兽的习惯。垂脊上神兽的数量是建筑级别的体现,紫禁城的太和殿,俗称金銮宝殿,垂脊上有神兽十尊(图3),分别是龙、凤、狮、天马、海马、狻猊、押鱼、獬豸、斗牛、行什,这个数量在中国古代建筑中独一无二。

图3 太和殿屋脊神兽

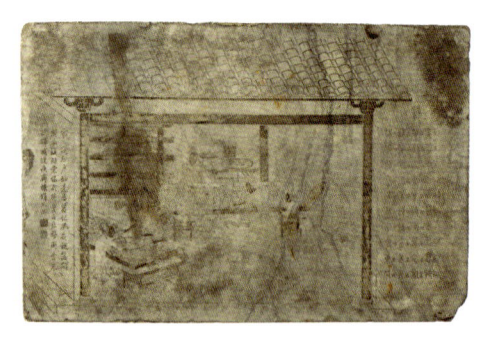

《织图·捉绩》刻石　　　　　　　《织图·捉绩》拓片

《耕图·持穗》拓片 　　　　　　　《耕图·持穗》刻石

■ 《耕织图》刻石

时代　南宋初绘，清乾隆三十四年（1769年）摹刻
材质　石
尺寸　长54.5厘米，宽36厘米
现存　23块

两宋时期，南方农业经济完成对北方农业的历史性超越。稻麦复种、灌溉选种等方面的进步使得农业生产进入集约式的发展阶段。《耕织图》刻石中展现的中国农业的精耕细作是古人对自然的深刻认识与尊敬。

《耕织图》刻石

古代农事科普绘本

南宋时期有这样一套画作，不同于宫廷画院的丹青妙笔、御苑花鸟，画中之人均为布衣百姓，画中之意皆是农桑豳风。这套"接地气"的画作深得宋高宗赞誉，一时朝野传诵，它便是《耕织图》。

《耕织图》由南宋临安一位心怀黎庶的县令楼璹所绘。作为百姓的父母官，楼璹常常出入农家田舍，与有经验的农夫、蚕妇讨论田耕、蚕桑的知识与技术，将其所闻所见绘成耕图21幅、织图24幅，并将所感所想作以五言律诗，图画与诗句相搭配，系统展现稻田耕作与家蚕丝织的过程。

耕图中，从浸种到入仓的画面依次展开，耕田者在山林间、田野中辛勤劳作，春天整地秧田、播下希望；夏天耕耘灌溉，去莠存良；秋天收割登场、持穗储藏。织图中，从浴蚕到剪帛的图像逐帧展示，蚕织人不分昼夜，育蚕采桑、捉绩择茧、缫丝经纬、剪帛织布。《耕织图》中如连环画一般的稼穑蚕桑画面细致入微又富有感染力，不仅向广大百姓普及农业生产知识，教导劳作规范，从宏观角度来看，也切实起到了促进农业生产力发展的作用。

农耕桑织在中华文明体系中占有重要的地位，

◉ 图1 东汉牛耕画像石拓片局部

1 "登场"是人们择一空地或者场院作为稻场，将稻捆堆积于此，暂时安置晾晒。

2 "持穗"是使用棍棒"连枷"，通过抽打稻穗使其脱粒的过程。

3 "捉绩"是把已经成熟将要营茧的蚕挑出来。

以此为主题的图像、著作层出不穷，既有可追溯到汉代，表现农耕蚕作场景的画像砖（图1）；又有完书于北魏末年，总结黄河中下游地区农业生产经验的《齐民要术》。而在这丰富的农业文化遗产中，《耕织图》以其独特的诗画结合形式独树一帜。也正是因此，其在之后的流传中，受到历代帝王的推崇和嘉许。

南宋时，《耕织图》已被勒石翻刻。元代，程棨依此摹绘，将南宋画风传续。明朝时，《耕织图》被编入《便民图纂》，使得传统农书有了丰富的图像资料。而清代更是《耕织图》传播的鼎盛时期，康熙皇帝命宫廷画家仿照南宋《耕织图》新绘《御制耕织图》，并根据当世风俗，对部分图像进行增补删除，形成耕图、织图各23幅的版本。此外，以《耕织图》图画为蓝本创作的陶瓷（图2、图3）、墨锭、扇面、屏风等不同载体的衍生品层出不穷，清漪园（慈禧太后时期改名为颐和园）甚至布置了耕织图实景，堪称大型沉浸式展示。

《耕织图》刻石为清漪园耕织图实景的配套陈设，是乾隆三十四年（1769年）清宫画院据元代程棨所绘版本摹刻而成，其上还有乾隆皇帝依据楼璹诗作原韵，新作的45首诗词。《耕织图》刻石线条明细刚劲，刻工气力兼到，人物顾盼如生，展现了很高的艺术价值。比起笔工秀丽的《御制耕织图》，此版本更加忠于简约直率的宋、元之作，真实地反映了农家的生活气息。

《耕织图》中深耕精纺、农桑并举的场景是勤劳中国人的缩影。两宋时期，稻麦复种制度的完善提高了土地利用率和亩产量，粮食生产能力不断增强。丝织物品种繁多，纱罗锦缎的纺造方法和提花工艺愈发精湛。这些经济繁荣的背后，是中国自古崇尚的人与自然和谐关系的展现。通过劳动和技术的转化，使有限的动物、植物资源，实现价值最大化，这种与自然共生共存、可持续发展的思想是古人的生存智慧，反映了中国人对脚下这片大地深深的尊重与守护。

● 图2 粉彩耕织图鹿头尊
清
中国国家博物馆藏

● 图3 粉彩耕织图碟
清
中国国家博物馆藏

宋代的粮食生产

有学者推算，两宋时期垦田面积达到了7.2亿亩，单位面积产量大幅度增长。南方高产地区亩产可达五六石，相当于六七百斤，平均亩产量比秦汉增长了近一倍，比唐代增长了25%。农业生产的发展也带来了人口的快速增长，北宋徽宗时期，人口数量已达1亿左右。

"行在会子库"青铜版

时代 南宋
材质 青铜
尺寸 长18.4厘米，宽12.4厘米

发达的商业贸易促使金融创新出现。宋代的交子、会子等纸币对诸多货币理论和实践问题有着深远的影响。纸币秉承着诚信文化、创新和开放的精神理念，是中国对世界货币史做出的重要贡献。

"行在会子库"青铜版

古代的点金"密码"

自古至今，人们一直在追求更便捷的交易媒介与更高效的支付方式。今日，数字货币逐渐兴起，而千百年前，纸币也曾一度代替金属铸币，开启了世界历史上信用货币的新纪元。

宋代，商品经济繁荣，勾栏瓦舍人流如织，夜市、早市灯火通明，商业活动日益频繁。与庞大的交易规模相比，货币的供给就显得远远不足了。铜钱作为当时的主流货币，其铸造成本较高，且具有一定的储藏价值。于是，宋人以保值为目的，窖存货币；又以升值为目的，化钱铸器。外加铜钱作为岁币与国际货币大量外流，货币供给严重不足，引发了"钱荒"。

在经济发达的四川地区，铜钱短缺的问题尤为突出。为缓解这一困境，蜀地专行铁钱。但铁钱购买力低且重量沉，在大额支付时极为不便。于是，四川地区的商人创造性地发明了纸币——交子，以适应商业发展的需要。这种源自民间的金融创新迅速得到了官方的认可与支持。

北宋天圣元年（1023年），四川设立了类似于"地方银行"的机构交子务，并于次年开始发行官方交子。靖康之难后，宋室为避金兵锋芒而渡江南迁，康王赵构称帝，建立南宋政权。南宋户部仿照交子的模式在统治区域的全境发行了会子，成为宋朝发行量最大的货币。

図1 行在会子库青铜版印样

由于流通的区域广、数量多，会子成为重要的国家信用货币。透过这枚世界上现存最古老的钞版之一，我们可以清晰地辨识出会子的货币特征（图1）：其大小类似于半张A4纸的体量；左上所刻"大壹贯文省"是面额，与1000文铜钱同价；右上刻"第壹佰拾料"是编号，代表发行批次；中间方框中"敕伪造会子犯人处斩"等56字是打击伪造会子行为的法律条文与政策；版面正中所书"行在会子库"指首都临安的发行机构。下方的凤凰与灵芝（一说是山泉花）图案不仅美观，其复杂的雕刻程度也一定程度上增加了防伪力度。

除了高超的制版技术之外，会子的另外两个防伪标识在于特殊的印造纸张和户部的官方盖印。各地精挑细选的楮树树皮，在临安和成都制造成经久耐用且具有一定防水性的纸张，印造后每批会子经户部监官分押盖印。据记载，南宋会子库共有二十五方印章，分别用于钤盖不同面额以及代表不同功能。

严格的印造管理制度保障了发行的权威性，而严谨的流通保障措施则维护了会子的支付能力。南宋朝廷实行会子与铜钱并用的"钱会中半"的赋税征收制度，规定三年一届的使用期限，届满后用府库内的实物、黄金等来兑换旧会子。这一系列的做法使得会子一度发行平稳，甚至有了"会子自贵""楮币[1]重于黄金"的说法。

两宋的纸币政策不仅影响了同时期北方的金朝，更为元朝的宝钞奠定了基础。元朝在继承并发展宋、金纸币制度的基础上，规定了以白银作为纸币发行准备金，并颁布了完备的纸币发行法律文件，允许一切赋税都可以用纸币缴纳，从而形成了相当完善的纸币制度。

[1] 因会子所用纸用楮树的树皮制造，因此会子也称为"楮币"。

13世纪，意大利著名旅行家马可·波罗在其游记中对元朝纸币（图2）的制造发出了惊叹："在此汗八里城（今北京）中，有大汗之造币局，观其制设，得谓大汗专有方士之点金术，缘其制造如下所言之一种货币也。"这不仅是对纸币制造技术，更是对宋元时期灵活的经济治理水平，以及蓬勃的社会创造力的赞叹。

◉ 图2 至元通行宝钞
元
中国国家博物馆藏

1959年发现于西藏自治区萨迦寺

◐ 图3 大明通行宝钞
明
中国国家博物馆藏

中国纸币面积之最

明朝发行的大明通行宝钞（图3）中面值一贯的宝钞长33.8厘米、宽22厘米，是我国历史上面幅最大的纸币。民国初年，浙江地方发行了一批长5厘米、宽2.5厘米，面值一分的纸币，面幅仅有大明通行宝钞一贯钞的六十分之一，是我国历史上面幅最小的纸币。

《洗冤集录》清刊本

时代 《洗冤集录》成书于南宋，该件文物为清道光二十三年（1843年）刊本
材质 纸

以"洗冤泽物"为目的，宋慈撰写了世界上法医学的开山之作。这部著作展现了中国古代法医学的科学性，同时也体现了司法人员恤刑慎狱、恪尽职守、公正至上的职业追求和人文关怀。

《洗冤集录》清刊本
世界最早的法医学指南

追求真相，是数千年司法史不懈努力的目标之一，它如同一盏明灯，照亮了探寻事实的漫长征途。"生民之司命，国家安危之主也"，司法的公正、公允自古以来就是维护社会稳定的重要基石。

传说中，法官鼻祖皋陶以神兽獬豸来断案，獬豸头上的独角能够辨别是非曲直。之后，随着中国文明走向理性成熟，反映儒家、法家学说精髓的"依法断罪"和"明德慎罚"原则，代替了诉诸神灵的"神判"法，成为中国古代司法的精神内核与基本宗旨（图1）。

在古代司法系统中，各级承审官扮演着至关重要的角色，他们负责侦检、听讼、审判等多项繁复工作，需要精通法律条文，了解全案证据和案件细节，以确保不枉不纵的公正判决。如何能够引导基层司法有序运转，让"事务寖繁，权势益重"的地方官吏理性运用一定标准和规则来断案？

在这样的背景下，长期躬耕于司法实践的南宋提刑官宋慈，总结宋代及以前的法医方面的经验成就和自己的检验心得，撰写了世界上公认的第一部法医学著作《洗冤集录》。

宋慈自幼就读于朱熹创办的考亭书院，深受朱子理学"格物致知"思想的影响，而格外求真务实。加之其父

● 图1《慎刑箴帖》明拓本
中国国家博物馆藏

《慎刑箴》为北宋仁宗天圣年间由礼部尚书晁迥撰文的法律文献。

① "提点刑狱司"即两宋时期地方诉讼案件的最高审理机构，隶属于刑部，其长官"提点刑狱公事"简称"提刑官"。

● 图2《洗冤集录》清刊本内页

宋巩曾任广州节度推官（掌管刑狱的官员），所以宋慈对刑案断狱之事耳濡目染。在20多年的官场生涯中，宋慈大部分时间都在和刑狱问题打交道，他认为"狱事莫重于大辟（死刑），大辟莫重于初情（案情原貌），初情莫重于检验（现场勘察）"。重证据、重调查的宋慈每逢要案，都亲临案发现场，即使是各种刑事杀害案件，他也从不避讳，与一线的尸检人员共同取证勘验。身居提刑官的他，不仅规定了承审官要亲临现场的司法检验职责，还通过《洗冤集录》这本极具实操性的标准工作手册，为承审官提供了洗刷被害者枉死之冤、负屈者无辜之冤的准则。

《洗冤集录》的内容包含对检验官的纪律规定和注意事项、检验程序和规范、尸检步骤和操作方法，以及各种急救处理等。其中关于尸检和死因鉴定的梳理突破前朝历代司法类书籍单纯记述刑狱故事的局限，创造性地从技术层面对不同死伤现象进行了分门别类的叙述考证，涉及服毒、自缢等数十类死因的鉴别和上百种复杂尸体表征现象的分析和判断。其中提到的红伞验尸、银钗验毒等技术方法，以及对尸体腐败进程差异、尸斑形成原因、生前伤与死后伤区别等原理的探讨，是中国古代科学常识在法证领域的创造性应用。令人赞叹的是，许多检验结论与现代法医学相契合。比如，红伞验尸需把尸骨洗净，埋入地窖中，约一个时辰后，取出尸骨，放在明亮处，于红油伞下检验。如果骨断处有红色，说明是生前被打断的；骨断处没有红色，则是死后的损折。这项技术的基本原理，便是凭借红油伞将红色之外的可见光全部过滤，利用红外线长波来检验尸骨伤损，这种光学原理与现代血迹荧光反应检测原理基本相同。

这部共五卷七万多字的《洗冤集录》问世不久后，便颁行全国。宋代之后，还成为元、明、清三朝刑法官员检验尸体、判断案情、论罪科刑的必备办案指南（图2、图3），直至民国仍在不断被翻印和补充（图4）。这部书还陆续被译成法语、英语等多国文字，对世界法医学的发展具有奠基开拓之功。

作为古代的法证先锋，宋慈撰写《洗冤集录》的初衷是提高承审官的勘验技术水平，但也更深层地反映出以他为代表的清官良吏，追求实事求是的严谨科学态度，履行洗冤泽物、安抚社稷的家国责任担当。

● 图3 《无冤录》民国刊本
中国国家博物馆藏

《无冤录》成书于元代，是在《洗冤集录》基础上撰写而成的。

● 图4 《宋提刑洗冤集录》民国刊本
中国国家博物馆藏

古代刑侦技术

中国古代在将科学技术应用在打击犯罪方面曾经遥遥领先，先秦竹简文献已有对非正常死亡的尸体进行司法检验的记载，比西方公认的最早的尸体检验案例——恺撒被刺案早200多年。元代文献中关于官吏根据指纹断案的记载，也是世界上最早将指掌纹、足印用于侦查案件的记录。

| 乘驿银牌

时代 元
材质 银
尺寸 约长21厘米，宽6厘米，厚0.3厘米

幅员辽阔的元代在前朝的基础上开辟和建立了大量驿道、驿站，既强化了中央集权，又促进了商业的发展。人们将邮驿系统比喻为血脉，把驿站拟称为神经元，正是这些沟通了政治、经济、文化的驿站，使得元代呈现"梯航毕达，海宇会同"的胜景。

乘驿银牌

古代"快递"系统的凭证

邮驿的历史究竟有多悠久?答案可能会让你感到惊讶,邮驿伴随着文明而来,并与人的联系愈加紧密。有人的地方就会有信息和物品的传递,而国家更需要信息的集中和政令的通达。古代中国的"邮"与"政"紧密相连,邮驿是政府传递文书、接待使客及转运物资的重要运输形式。

早在商周时期,邮驿系统已初具雏形,殷墟甲骨文中大量关于"来闻""来告"的卜辞,以及周幽王戏诸侯闹剧中的狼烟烽火都是边境军情奏报、传递的体现。秦汉统一后,邮驿制度得以健全。秦朝的直道、驰道等"高速公路"的修建,汉代河西走廊及西域诸国通道的开辟,大大提高了邮驿的效率。沿途配套的休息补给站设施齐备,五里设"邮",十里设"亭",三十里设"置";邮驿的工具和方式多种多样,步递、车传、马驿;从事邮驿的人群更是十分庞大,有负责其事的亭长、督邮,工作在一线的驿人、邮卒等。这些设施机构与人员

● 图1 西夏文"敕燃马牌"青铜敕牌
西夏
中国国家博物馆藏

规章都是邮驿网络中的重要一环。

魏晋南北朝之际,魏文帝命大臣陈群等人制订《邮驿令》,它的颁布标志着邮政法的体系逐渐形成,而最初指休息补给站的"邮"和传递用的车马的"驿"合并而称,成为更广义的用词。

宋元时期,邮驿系统进一步完善。宋太宗时,邮驿的凭证由易仿制的一纸证明"升级"为刻有飞凤和麒麟图案的牌符,之后又根据传驿信息的缓急不同,发展出金字牌、青字牌和红字牌。其中金字牌用来驿发敕书及御前军机要务,以朱漆为底,以金漆书字,光耀炫眼,传驿时鸣铃奔传,要求日行400里(宋代1里相当于530米)。

元朝时,邮驿制度发展到了极其成熟的阶段,既发扬了宋代、西夏、金代的优秀邮驿管理经验(图1),也传承了游牧民族为路过的牧人提供饮食和换乘马匹的古老生活传统。蒙古统治者在西征的过程中,便把中原旧有的邮驿系统延伸到西域。中国国家博物馆收藏的这件乘驿银牌,应是成吉思汗时期邮驿的凭证信物,银牌上部有一圆孔式环形纽,一面刻汉字,上部为"天赐"二字,中下部为"成吉思皇帝圣旨疾"八字;另一面上錾虎头,下刻与正面同意的蒙文(图2)。

元朝的邮驿系统称为"站赤",达到了领先世界的水平。为适应广大领域统治的需要,元代建立站赤约1500处,且陆站、水站并存,覆盖各个角落。"站赤"一词后传入日本,并沿用至今,我们使用的"驿站""车站"中的"站"字也源于此。四通八达的驿路成为元朝政府的"神经和血液网络",而乘驿符牌也更加精致,形状由长方形改为圆形,称为海青牌。这些符牌所代表的邮驿制度确保了行政管理的有效运行。史料记载"四方往来之使，止则有馆舍，顿则有供帐，饥渴则有饮食，而梯航毕达，海宇会同"，设置合理、效率突出的站赤是元朝极盛一时的重要写照之一。

明朝之前，邮驿系统主要服务于中央政府，乘持着"使命必达"的信念。明永乐时期，随着商品经济的进一步发展，为普通百姓服务的民信局终于崛起。曾经为维护国家统一立下汗马功劳的"驿站灯火"，开始为百姓而点燃。

○ 图2 乘驿银牌背面

十二道金牌

南宋绍兴十年（1140年）七月，岳飞在郾城、颍昌大败金军，进抵朱仙镇（隶属今河南开封）。为阻止岳飞北伐，高宗密集发送十二道金字牌命令撤军。后世诗人李东阳感慨道："金字牌，从天来，将军恸哭班师回，士气郁怒声如雷。"这一事件标志着南宋放弃收复中原的战略机遇，成为岳飞悲剧的核心情节。

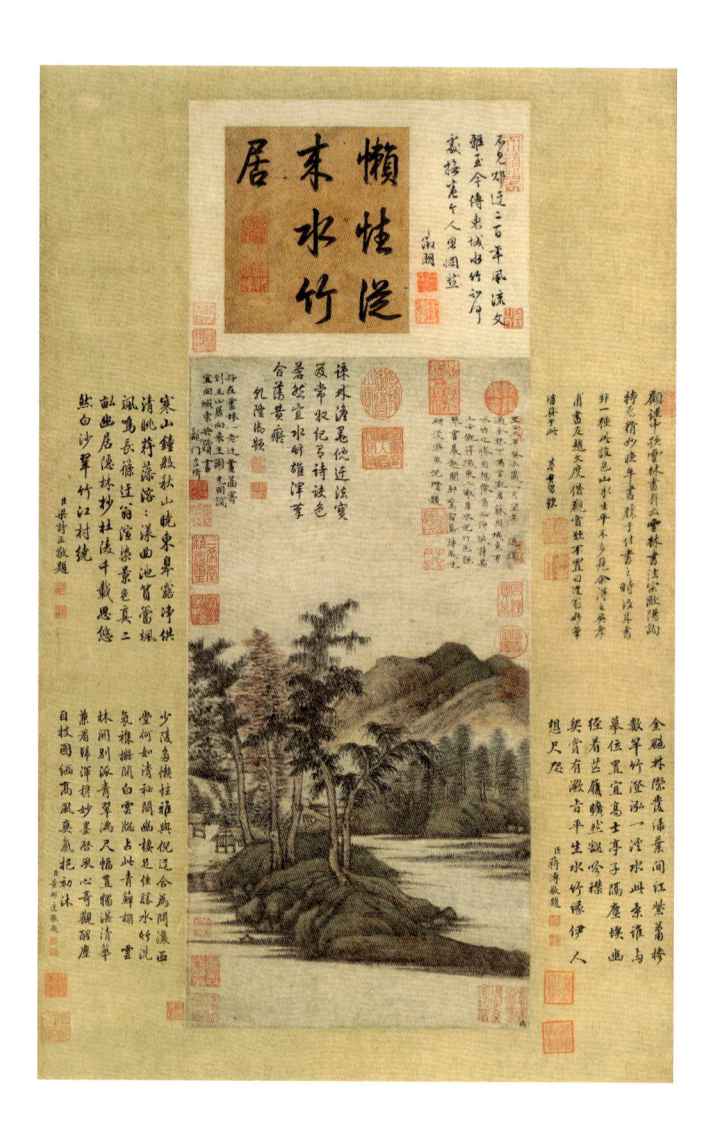

■ 《水竹居图》轴

时代 元
材质 纸
尺寸 纵55.5厘米，横28.2厘米本
由晚清重臣孙毓汶后人于1982年捐赠

宋、元时期，大量文人进入绘画领域，文人画家在山水画创作上脱离了北宋及以前从严、从实的束缚，从"重再现"变为"重表现"。作为"元四家"之一，倪瓒将"聊写胸中逸气"作为其艺术主张和追求，是对文人画中人文关怀情愫的总结，对后世影响深远。

《水竹居图》轴
文人绘画中的超然美学

元至正三年（1343年）八月，倪瓒的好友高进道前来拜访，向他讲述了自己所居住的苏州城东地区水竹丰茂，云林幽静。倪瓒听后，将一时所想所感汇于笔尖，凝固下一个永恒的瞬间：静水潺潺，坡石依水渚层累；疏木飒飒，繁叶攀虬枝葱茏；栏栅参参，小桥与茅舍相错；远山峦峦，修竹伴林木竞秀……这一幅表现仙居景致的《水竹居图》，成为后世文人所追寻的世外桃源的代表。

倪瓒是元代最负盛名的画家之一，他出身于无锡富商之家，家境优渥，著名的"清閟阁"便是他家的藏书楼。在丰厚家藏中成长的倪瓒，博学好古，是一方文人圈子的领袖。他与黄公望是忘年交，他们互相以画相赠，为对方的画作题诗作跋。中国国家博物馆藏黄公望所作的《溪山雨意图》上亦有倪瓒的题跋（图1），表达对画中空灵意境的推崇和称赞。

倪瓒有着出名的"洁癖"，他拿鹅毛铺厕所、让人擦洗梧桐树的行为，凸显出他

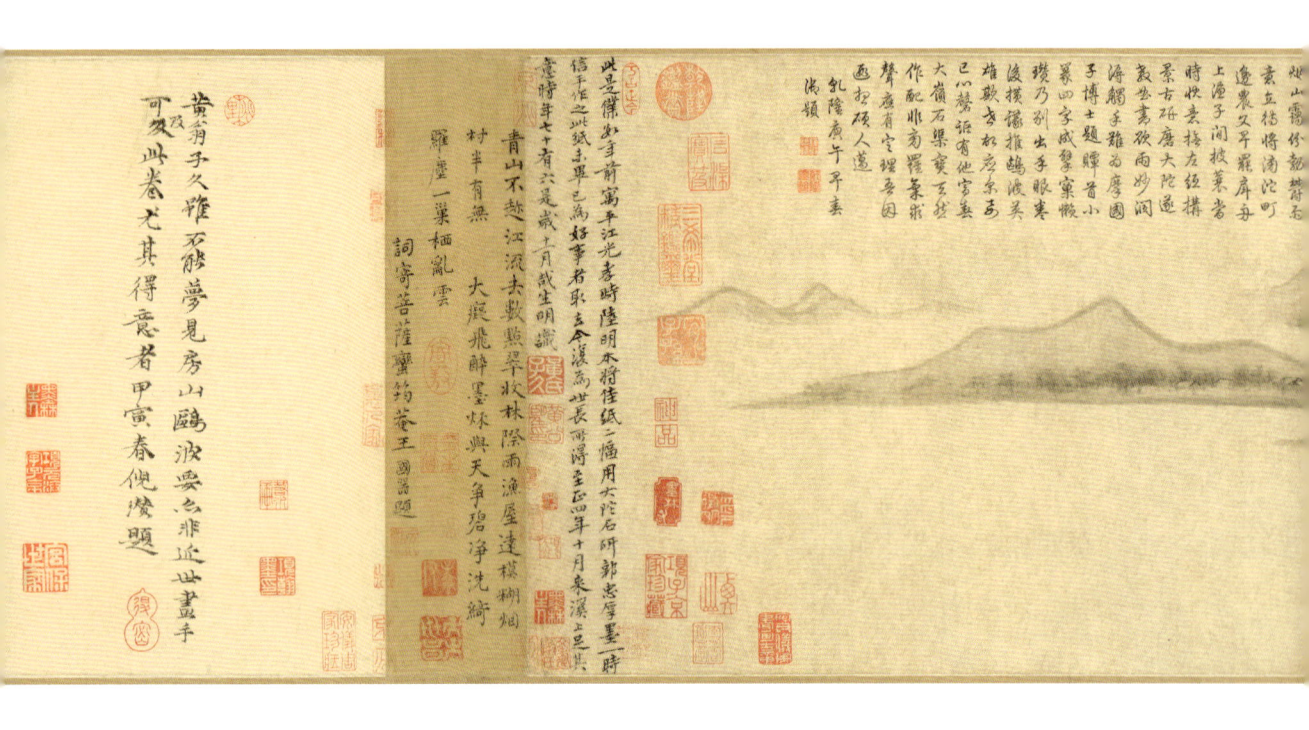

1 五湖三泖：泛指江南一带的湖泊。

2 皴擦是中国画的一种技法。"皴"的本义为受冻或风吹而皲裂的表皮。因和山水画中山石树木的表面纹理相似，所以用淡干墨涂染以表现山石纹理、峰峦折痕及树身表皮的脉络、形态。

任性、追求自我的性格。然而时局变迁，元朝末期，为躲避苛政及红巾军起义，倪瓒变卖田宅，将全部家财装于一艘屋船之上，开始了五湖三泖[1]之间渺无归期的漂泊。经历浩劫的倪瓒更加隐逸超然，他拒绝了明廷向他伸出的橄榄枝，并写下"只傍清水不染尘"的诗句，这也成为他终其一生的自白。

《水竹居图》虽然表现了与琴诗为伴的理想生活和不问世事的精神追求，但它属于倪瓒传世作品中纪年较早又有设色的山水画，画风还传承着五代时期画家董源、巨然的笔墨风格，以石绿和赭色表现山石树木，在云气和树叶间进行青绿敷染，笔力沉实、描绘具体。而在扁舟辞家后，倪瓒的画风气息进一步向苍润平淡转变，笔法由中锋逐渐改为侧锋，运用干笔的皴擦[2]表现荒寒、疏冷的世界。构图也多天际开阔、从松从虚，形成有意无意、若淡若疏的特殊意境，使得画作

图 1 《溪山雨意图》
元
中国国家博物馆藏

看上去干净如素描。这种遒逸清冷的画风反映着他内心最纯粹的感怀。

倪瓒个人风格嬗变的背后,实则是整个元代文人群体从热衷于政治作为向退却于尘世归隐的转变。元代是晋代之后又一个隐逸盛行的时代,无法"利其国",转而"善其身"的士人或被迫或主动,纷纷远离庙堂,在自然中寻求自我身境与心境的安适。他们将丰富的艺术修养、自身的社会经历,以及透彻的哲学思考等融入创作中去,于是,文人画家在山水画创作上脱离了北宋及以前从严、从实的束缚,从"重再现"变为"重表现",去追求意象上的自由创造,表达难以抒怀的主观情绪。

对于倪瓒来说,作画是"聊写胸中逸气",这不仅是他的艺术主张和追求,也是元代写意画开始步入画坛主导地位的时代转折的体现。所谓"逸气"是指超逸的精神气度，倪瓒将胸中之逸气，化为画中之逸笔，让文人的笔墨达到了古淡天真的新境界。"逸气"之说从此成为文人画家抒发情愫的代名词，也是文人画品评的最高标准，影响深远。

不论是宋人的笔墨画"形"（图2），还是元人的以笔墨写"心"，中国人的笔墨丹青是民族精神的极致表白，承载着几千年积淀下来的无比丰硕的人文精神。

图2《雪窗读书图》
宋
中国国家博物馆藏

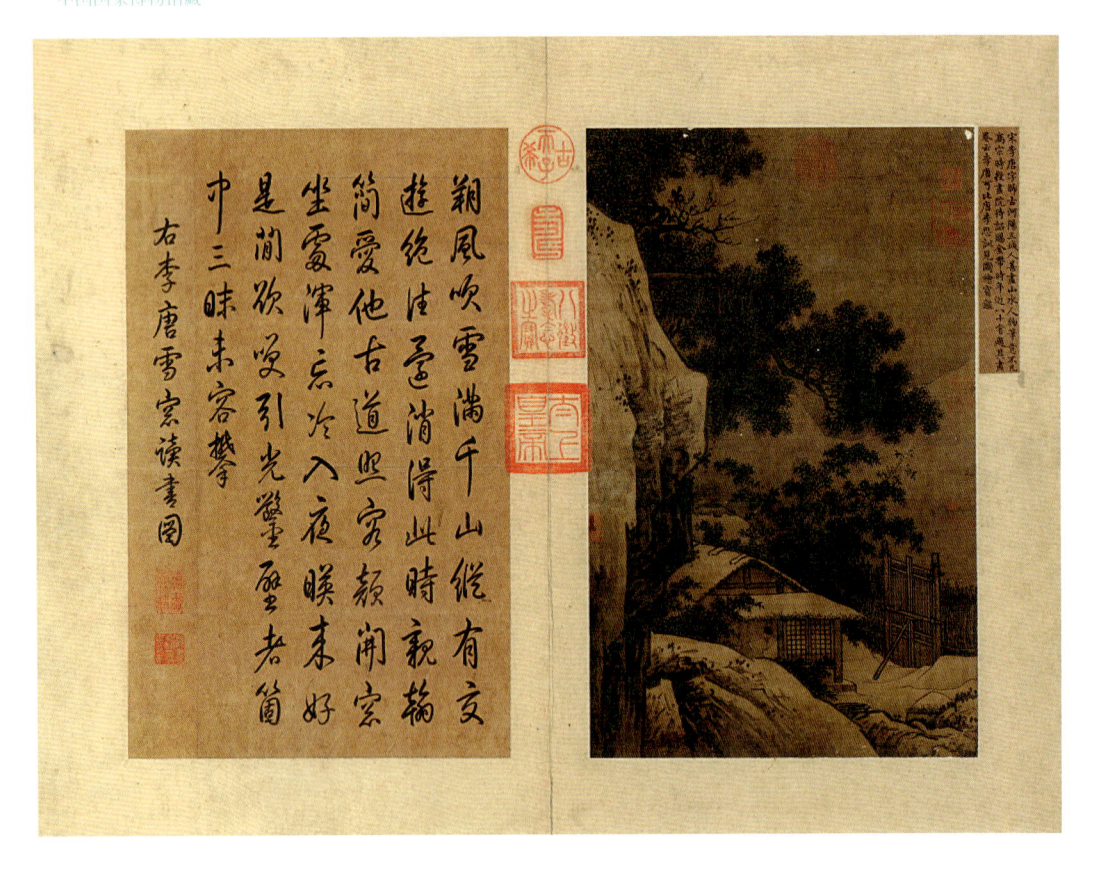

○ 图 3《水竹居图》局部

题跋

题跋是中国古代书画特有的文字记录形式，写在作品前面或空白处的称"题"，写在末尾的称为"跋"。题跋始于魏晋，兴于宋元，盛于明清。题跋内容与形式也愈见丰富，既有仅记姓名、创作时间的穷款，也有涵盖诗文、鉴赏评述的长题，是研究中国古代书画的珍贵资料。《水竹居图》自诞生之日起，就颇受文人墨客的追捧，在画作上可以看到文徵明（图3）、董其昌、乾隆皇帝、梁诗正、董邦达、蒋溥、释良琦等题跋共7则。

1368—1911 年

明清时期，是中国古代王朝体系的最后阶段。

统一多民族国家得到进一步巩固和发展，

社会经济和文化生活展现出繁荣景象。

此时的世界也正经历着剧烈变革，

古老的东方大国，

面临着数千年来未曾遇到的变局和挑战。

Porcelain *Zun* (vessel)
with Swallows and Gold-painted Design

明清时期

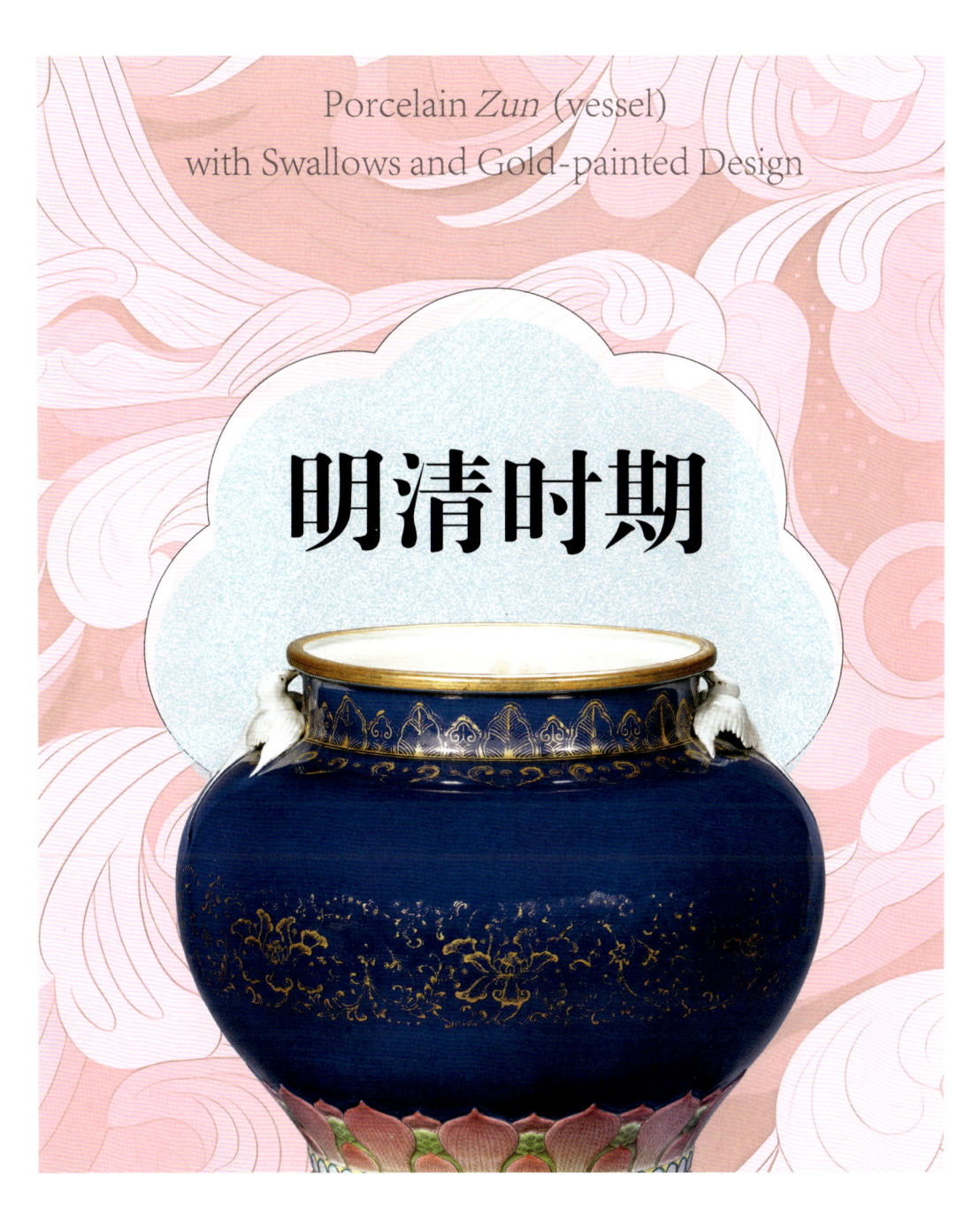

- 《北京宫城图》轴
- 郑和铸铜钟
- 青花海水云龙纹扁瓶
- 《宪宗元宵行乐图》卷
- "万历十年登州戚氏"军刀
- "金花银"银锭
- 《河防一览图》卷
- 孝端皇后凤冠
- 康熙御用石青实地纱片金边单朝衣
- 《乾隆南巡图》第六卷"驻跸姑苏"
- 黑绒嵌银花撒袋
- 霁青釉金彩海晏河清尊
- 《大观园图》横披
- 青玉嵌花把皮鞘腰刀

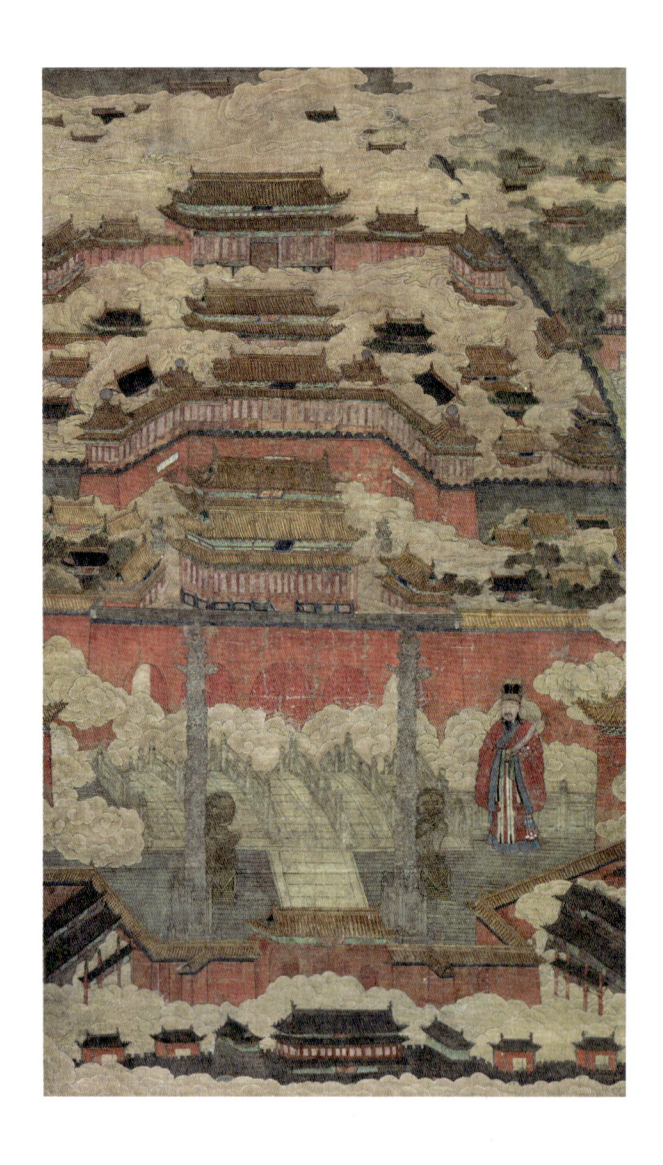

■ **《北京宫城图》轴**

时代　明
材质　绢
尺寸　纵 163 厘米，横 97 厘米

600 多年前的北京城长什么样？这幅《北京宫城图》揭开了北京城的神秘面纱，记录着明代初期迁都北京的壮举，更展现了明代人在城市规划建设方面的杰出智慧。

《北京宫城图》轴
绘出中国理想都城的秩序

北京，一座享誉世界的历史文化名城，曾先后有燕国、蓟国、辽、金、元、明、清等政权在此定都。600多年前的北京城是什么样呢？明初，一位没有留下姓名的画师以俯视的角度绘制了这幅《北京宫城图》，为后世揭开了明代北京城的神秘面纱。

明代北京城由宫城、皇城、内城和外城组成。宫城也称紫禁城，位于皇城中心，是皇帝和皇室成员居住、办公的地方。从下往上观赏这幅画作，可以依次看到明代北京城墙和正阳门，大明门（今已不存）、承天门（今天安门）、端门、午门、奉天门（今太和门），最上方是玄武门（今神武门）。其中，承天门是画作描绘重点。承天门外，金水桥、华表和石狮清晰可见，与今天天安门城楼前的布局颇为相似。画面右下角伫立着一位身穿红色朝服的男子，有专家推测，他或许是明初紫禁城的主要设计者——蒯祥。云雾缭绕中，他与这组恢宏的建筑群共同见证了北京成为明代都城的历程。

1368年，明太祖朱元璋建立明朝，定都南京。朱元璋去世后，他镇守北平的第四子朱棣发动了"靖难之役"，从侄子朱允炆手中夺取皇位，改年号为"永乐"。北平，作为朱棣的封地，在他登基后地

① 迁都北京后，南京的都城地位被保留下来，也保留了南京六部、国子监等留守机构。

● 图1 明代北京城平面图

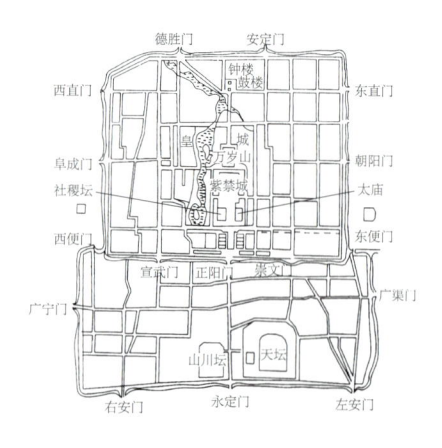

位骤升，并正式更名为北京，成为仅次于南京的重要都市。

为了抵御蒙古残余势力、巩固北部边防，朱棣做出了一个重要决定——从南京迁都北京。永乐四年（1406年），朱棣命人在全国各地采伐珍贵木料，烧造砖瓦，并调集全国最优秀的建筑工匠开赴北京，为建造北京宫殿做准备。伴随着贯通南北的京杭大运河恢复畅通，永乐十五年（1417年），大规模的营建工程正式动工。有学者认为，来自苏州、出身建筑世家的蒯祥是明代紫禁城的主要设计者，他以高超的营建技艺被誉为"蒯鲁班"。永乐十九年（1421年），朱棣下令正式迁都北京，以南京为留都①，并称南北二京。在元朝灭亡之后一度失落的北京，又重新恢复了京师的地位，成为全国的政治、军事、文化中心。

据《周礼·考工记》记载，理想都城应择中而建，左祖右社、对称布局。因此，元世祖忽必烈定都北京（当时称为大都）后，于积水潭（今什刹海水系）东岸设立全城建设基点，立中心台、建中心阁，由此向南至丽正门（今正阳门），设计了长约3.75千米的城市中轴线，初步确立了北京城中轴线的位置与基本形态。朱棣迁都北京后，对元代中轴线及两

侧的建筑进行了改扩建，将紫禁城准确地布局在中轴线上，体现了"以中为尊"的思想，凸显了至高无上的皇权。在紫禁城北门外建万岁山（今景山），使其成为中轴线上的制高点。并在紫禁城南门外东西两侧，分别修建太庙和社稷坛，前者祭祀祖先，后者祭祀土地神和谷神，实现了真正意义上的"左祖右社"。此后，伴随嘉靖年间修筑外城，北京中轴线扩展至7.8千米，向南延伸至外城永定门，向北可达钟鼓楼，形成我们今日所熟知的"凸"字形格局（图1），构建了一座规模宏大、布局合理的都城。

朱棣的迁都伟业，也促进了北京经济的迅速发展。迁都时，朱棣从南京带走了大批的官员和军队，以及数万户南京居民。北京地区难以供给短时激增的物质需求，而南京就发挥了巨大的经济支撑作用，沿着大运河，种类繁多的物资被源源不断地输送至北京，可谓"用东南之财赋，统西北之戎马，无敌于天下"。从《皇都积胜图》卷（图2）中可以看到，明代中后期的北京城，街道上车水马龙、店铺林立，一片欣欣向荣的繁华景象。

岁月悠悠，古都北京以其积淀数千年的文化底蕴，在新

◯ **图2《皇都积胜图》卷局部**
明
中国国家博物馆藏

图3 天坛航拍图

时代的浪潮中继续书写着不朽的传奇。2024 年 7 月 27 日，在印度首都新德里召开的联合国教科文组织第 46 届世界遗产大会通过决议，将"北京中轴线——中国理想都城秩序的杰作"列入《世界遗产名录》。当这一振奋人心的喜讯跨越千山万水，传回古都之时，金水桥畔伫立的这位红衣男子，这位有可能参与了擘画理想都城蓝图的明代设计师，已经默默等候了 600 多年。

北京中轴线上的 15 个遗产构成要素

北京中轴线由 15 处遗产构成要素组成。中轴线北端为钟鼓楼，向南经万宁桥、景山，过故宫、端门、天安门、外金水桥、天安门广场及建筑群（天安门广场、人民英雄纪念碑、毛主席纪念堂、国家博物馆和人民大会堂）、正阳门、中轴线南段道路遗存，至南端永定门，太庙和社稷坛、天坛（图 3）和先农坛分列中轴线东西两侧（太庙、天坛位于东侧，社稷坛、先农坛位于西侧），形成了前后起伏、左右均衡对称的景观韵律与壮美秩序。

郑和铸铜钟

时代	明	**发现时间**	1981 年
材质	铜	**发现地点**	福建南平
尺寸	通高 83 厘米，口径 49 厘米		

600 年前，在铜钟的护佑下，伟大的航海家郑和开启了他生命中的第七次远航。古老的铜钟，敲响了世界大航海时代的前奏，更向世人传递着中外和平友好往来的千古佳话。

郑和铸铜钟

敲响世界"大航海时代"的前奏

明宣德六年（1431年），在热闹繁忙的福建长乐太平港，一位六旬老者即将率领庞大的船队远航。这位老者就是明代伟大的航海家郑和。而这次，是他生命中的第七次远航。

出发前，他让人铸造了一口铜钟，祈求航行平安。铜钟腹上部铸有铭文"国泰民安，风调雨顺"，腹下部则铸有五十四字："大明宣德六年岁次辛亥仲夏吉日，太监郑和、王景弘等同官军人等，发心铸造铜钟一口，永远长生供养，祈保西洋回往平安吉祥如意者。"

明永乐三年（1405年），为了加强与亚洲、非洲各国的联系，宣扬明朝国威，明成祖朱棣派遣郑和出使西洋。1405—1433年，郑和率领船队七下西洋，历经亚非30多个国家和地区，最远达红海之滨与非洲东海岸。他用毕生精力书写了世界航海史上浓墨重彩的一笔。

为了顺利完成远航使命，郑和组建了举世无双的庞大船队。据文献记载，郑和船队的第一次远航，出航人数达到2.7万余人，船队最多时有200

图1 《榜葛剌进麒麟图》轴局部
清
中国国家博物馆藏

多艘船舶，少时也有60余艘。

"云帆高张，昼夜星驰，涉彼狂澜，若履通衢。"在七次伟大的航行中，郑和船队曾到达过占城（今越南中南部）、满剌加（今马来西亚马六甲）、榜葛剌（今孟加拉国和印度西孟加拉邦一带）、忽鲁谟斯（今伊朗阿巴斯附近）、祖法儿（今阿曼的佐法尔一带）、麻林地（今肯尼亚马林迪）等地，构建起横跨亚非的友谊桥梁。船队回国时，一些国家还派出使者随行。

船队满载着瓷器、茶叶、丝绸等中国物产出发，换回了亚非许多国家的象牙、香料、宝石等物产。每到一地，郑和就向其首领赠送中国礼物，表明建立友好关系的良好愿望，同时与各地商民和平交易。在爪哇，郑和还向当地百姓传授牛耕技法，以及水稻种植技术和烹饪方法。郑和的壮举，激发了亚非各国对明朝的向往与尊敬，纷纷派遣使者入明朝贡。永乐九年（1411年）与永乐十二年（1414年），榜葛剌国王两次派遣使臣，穿越千山万水来到中国，所献之麒麟（长颈鹿）（图1），姿态优雅，不仅震撼了明朝的朝堂，更成为两国友谊的象征。

郑和船队的第一次远航，比哥伦布发现新大陆早80多年，比达·伽马发现印度早90多年，比麦哲伦环球航行早百余年，开辟了连接西印度洋和太平洋的航线，为后继者们留下了丰富的航海知识与技术，可以视为世界"大航海时代"的前奏。

尤为难能可贵的是，与欧洲诸国具有掠夺性质的航行不同，郑和船队七下西洋，本着"厚往薄来，以德睦邻"的外交理念，未占一土，未掠一财，而是以和平为舟、友谊为帆，将中华文明的温暖与智慧播撒至沿途的每一个角落。时至今日，这份跨越时空的友谊与敬仰依旧熠熠生辉。在亚非各地，以郑和名字命名的地点比比皆是，如印度尼西亚的三宝（郑和小字）庙、索马里的郑和村等，成为当地人民对这位伟大航海家无尽怀念的象征。

1433 年，在第七次远航返回途中，郑和在古里（今属印度南部西海岸之科泽科德）病逝。古老的铜钟，虽然没有护佑主人平安返航，却穿越近 6 个世纪，继续见证着中外文化交流的新发展。

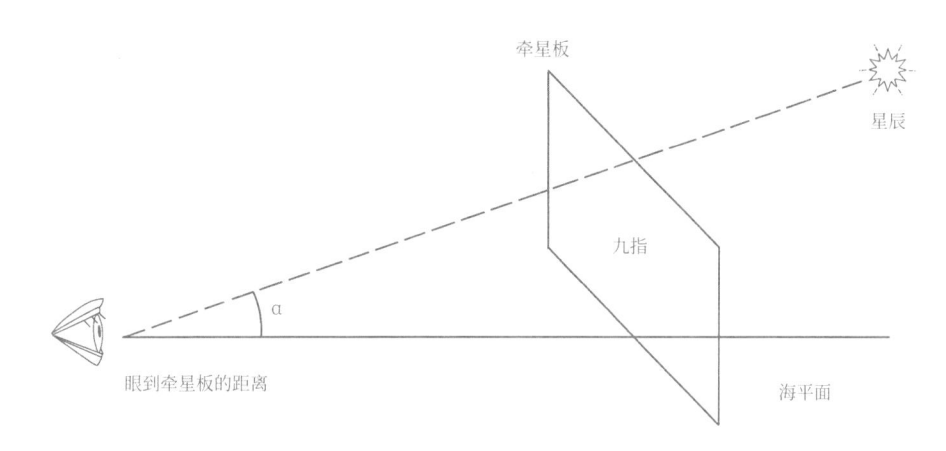

● **图 2 过洋牵星技术示意图**

郑和远航，不只依靠水罗盘

在茫茫大海中，郑和船队如何保持正确的航向？短距离航行时主要依靠水罗盘；而长距离跨洋航行时，则运用了过洋牵星技术（图 2），即通过牵星板来测定所在地的星辰高度，并计算出该地的地理纬度，以此确定船只的具体航向。收录于明朝人茅元仪所辑的百科全书《武备志》中的《郑和航海图》，以图文结合的方式记载了郑和下西洋时所经亚非各国的方位、航道里程等，也展示了过洋牵星技术在航行中的运用。

青花海水云龙纹扁瓶

时代 明
材质 瓷
尺寸 高 45.8 厘米，口径 8.1 厘米，足径 14.8 厘米

景德镇工匠的匠心与巧思，进口原料的独特魅力，共同成就了这件明代青花瓷的经典之作。而新航路的开辟，则让中国的青花瓷漂洋过海、远销欧美，成为享誉世界的"中国名片"。

青花海水云龙纹扁瓶

景德镇出品的『国货之光』

一望无际的海面上，波浪翻滚，卷起无数深蓝色的漩涡。两条白色的龙踏浪跃起，它们怒目圆睁、挥舞利爪，仿佛在昭告天下，它们才是这里的主人！

这动感十足的画面，既非画师笔下的丹青妙意，也非荧幕上虚拟的动画奇景，而是青花海水云龙纹扁瓶上的精美纹饰。明代景德镇工匠，以其炉火纯青的制瓷技艺，独具匠心的艺术灵感，在这件扁瓶的腹部两面勾勒出蓝中带黑的青花海水；分别在正中巧妙地运用留白塑造了龙的形象，再以宝石蓝为龙点睛，远看如同一幅中国传统水墨画，将东方美学展现得淋漓尽致。

在中国的瓷器大家族中，"青花瓷"是知名度最高的瓷器种类之一。它与古老的青瓷虽只一字之差，工艺上却大相径庭。青花瓷属于釉下彩瓷，它是用钴料[1]在瓷器素坯上绘制图案，然后将一层轻薄透明的釉料覆盖其上，入窑高温烧制。烧成后，氧化钴呈现出青蓝色泽，使得瓷器蓝白分明、相映成趣，尽显清雅脱俗之美，这就是驰名中外的"青花瓷"。

◯ 图1 青花海兽纹碗
明
中国国家博物馆藏

① 用含氧化钴的钴土矿制成的原料。

◯ 图2 青花镂空锦地开光山水亭榭图四方瓶
清
中国国家博物馆藏

近年研究揭示，青花瓷在唐代已经萌生，在元代发展成熟，明代达到炉火纯青。其中，永乐、宣德时期（后合称"永宣时期"）的青花瓷造型丰富、纹饰瑰丽，业界称其"发旷古之未有，开一代之奇葩"，被誉为"青花瓷之冠"，这与明初统治者对制瓷业的高度重视密不可分。

明朝初年，太祖朱元璋在景德镇设立了御窑瓷厂。永乐、宣德两朝，皇帝选派得力的官员督窑，汇聚了全国最优秀的工匠，开启了一场不惜工本、追求极致的御瓷烧制盛事，迎来了青花瓷历史上的黄金时代。到了宣德年间，景德镇御窑厂从原来的20余座猛增到58座，景德镇成为享誉世界的"瓷都"。

烧制青花瓷，钴料的选择至关重要。郑和下西洋时，从苏门答腊带回了进口钴料——苏麻离青，并被景德镇的工匠大量应用到青花瓷的制作中。相较于国产钴料呈色较为淡雅（图1）的特性，"苏麻离青"含铁量高、含锰量低，高温烧制时会呈现出宝石蓝一般的深蓝色，而且在深蓝的青花表面还会出现黑色的结晶釉斑点。这些黑斑与青蓝色交相辉映，展现了东西方文化的交流碰撞，也造就了永宣青花瓷无法被后世模仿的独特魅力。

永宣青花瓷，不仅在古代中国备受推崇，其美名更是远播海外，受到世界各国人民的青睐，成了古代当之无愧的"国货之光"。沿着郑和七下西洋的航行路线，大量的青花瓷被销往亚非各地。在今天的马来西亚、伊拉克、土耳其、索马里等地，相继出土了大量的永宣青花瓷，纵然时光相隔数百年，它们依旧雅致精妙，彰显了古代海上丝绸之路的繁荣与昌盛。

新航路的开辟，还将青花瓷远销欧洲（图2）。它们不仅是西方人餐桌上精致高雅的器皿，也是彰显身份与品位的艺术收藏品。17世纪末，英国女王玛丽二世作为青花瓷器的狂热粉丝，专门在王宫内装设了许多玻璃橱柜，用于陈列她的数百件藏品。她的这一举动，引领了英国上层社会的用瓷风尚。自那时起，在国外，青色与白色，便成了中国瓷器永恒的代表色。

"如传世的青花瓷自顾自美丽，你眼带笑意"，当周杰伦的《青花瓷》（歌曲）旋律在耳畔响起，我们不禁沉醉于青花瓷的美妙中。再回望这件技术与艺术完美融合的青花海水云龙纹扁瓶，你会发现，中国人对美的追求，跨越时空，一直未曾改变。

◐ 图3 景德镇窑青花湖石花卉图花口盘
清
中国国家博物馆藏

神秘的克拉克瓷

17世纪初，荷兰东印度公司在海上截获了一艘葡萄牙的克拉克商船，船上装载有大量来自中国的青花瓷器，因不明瓷器产地，欧洲人便把这类瓷器称为"克拉克瓷"（图3）。后来，整船瓷器在荷兰阿姆斯特丹进行拍卖，连法国国王亨利四世、英国国王詹姆斯一世也加入了抢购行列，中国青花瓷在欧洲一夜成名！

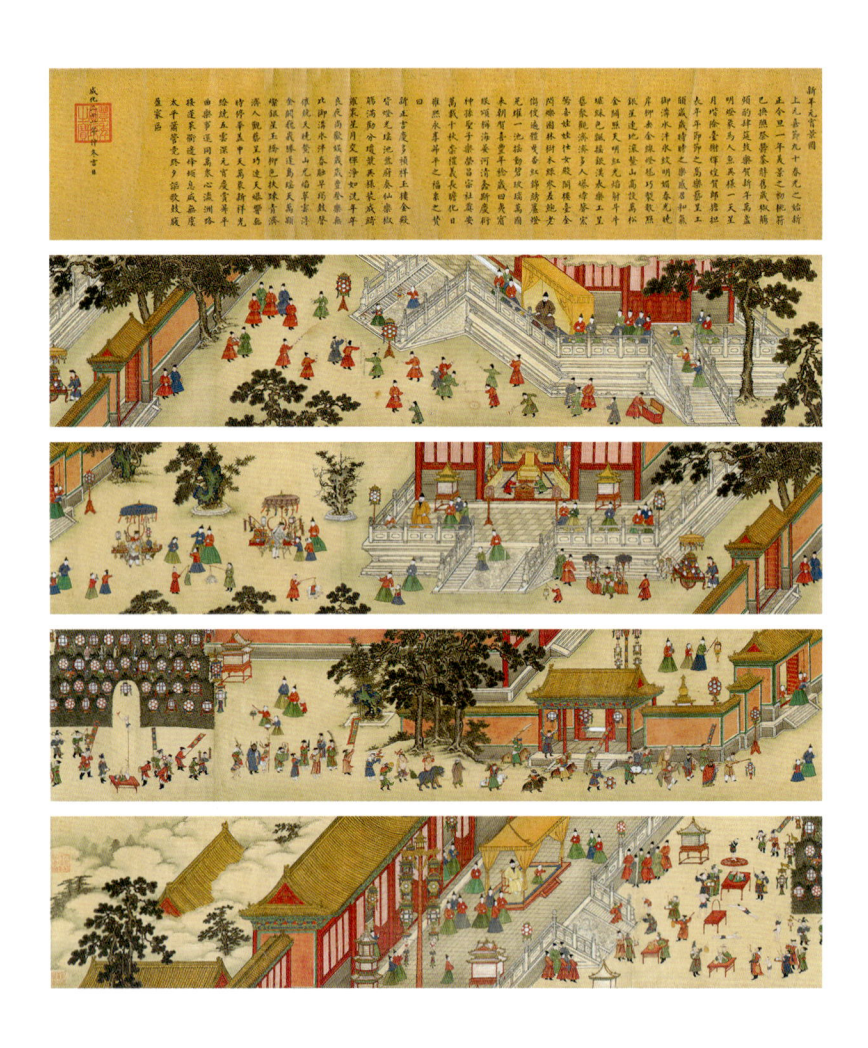

《宪宗元宵行乐图》卷

时代 明
材质 绢
尺寸 纵 37 厘米，横 624 厘米

古时元宵盛景如何？透过这幅《宪宗元宵行乐图》，让我们跟随明代第八位皇帝明宪宗朱见深，放鞭炮、点花灯、看杂耍，共享大明元宵盛景！

《宪宗元宵行乐图》卷

赏大明元宵盛景

"今年元夜时,月与灯依旧。"每逢正月十五元宵节,家家户户都会吃元宵、赏花灯。和现代人相比,古人对元宵节的重视则更胜一筹,尤其是在明代,上至宫廷、下至民间都会举办丰富多彩的活动"闹"元宵,明代官员甚至还享受过史上最长的"元宵十天假"!让我们跟随这幅《宪宗元宵行乐图》,穿越回500多年前的明代宫廷,和皇帝一起共赏大明元宵盛景吧!

《宪宗元宵行乐图》以细腻的笔触描绘了明成化二十一年(1485年),明宪宗朱见深在皇宫里与皇室成员欢度元宵节的场景。整幅画卷如同连环画一般,以宫廷红墙为分隔,分成三个场景。在每一个场景中,都有明宪宗的身影。他身着不同颜色的服装,时而站立,时而端坐,表情安详,聚精会神地欣赏着元宵节的各种活动。

展开画卷,最右侧的场景(图1)描绘的是宪宗坐在殿前石台上的黄色围帐下，头戴黑色便帽，身着曳撒，正在观看侍卫燃放烟花爆竹。看，石台之下，一个炮仗即将点燃，一名童子吓得捂住耳朵（图2），躲到两名侍卫中间。大殿的台阶上，小皇子和小皇女手持花灯正在嬉戏玩耍，皇子手提奔马灯，寓意马到成功，皇女则手提象征健康长寿的飞鹤灯。素日等级森严的皇宫内院，此刻洋溢着轻松愉悦的人间烟火气。

穿过一道红墙，画面进入了第二个场景（图3），换了一身衣服的宪宗，在后宫妃嫔的簇拥下，站在殿前石台一侧，兴致勃勃地看向侍从们精心筹备的"民间市集"。几名太监装扮成民间的卖货郎，推着货车在殿前叫卖吆喝。车上挂满了琳琅满目的小商品，有乐器、玩具、日用品和佛像等。从小长于深宫的皇室子女，难得体验民间过节的喜庆氛围，迫不及待地向"货郎"跑去。瞧，一名妇人领着两个孩子前来购买玩具（图4），"货郎"满面笑容，一手接过孩子递上的铜钱，一手正准备递上玩具。

目光一转，丰富的庆祝活动将宫廷中的元宵节推向了高潮（图5、图6）。靠近宫廷红墙处，几位侍从头戴面具（图7），正装扮成外国使节，生动再现了成化十九年（1483年）撒马尔罕向大明王朝进贡狮子的情景。继续向左看，映入眼帘的是一座由松柏搭建的巨大灯棚（图8），上面悬挂着各种制作精美的彩灯，流光溢彩、美不胜收，名为"鳌山灯棚"。相传，渤海之东漂浮着五座仙山，由巨鳌背负，称为鳌山。把灯棚扎成"鳌山"的形状，表示江山万代、天下太平及对美好生活的向往。但这种巨型灯景造价昂贵，动辄用银3万多两，在当时被视为"奢靡"的典型。

鳌山灯棚下，则是精彩绝伦的杂耍表演。看，在一张方桌上（图9），一名艺人仰卧吹笛，双脚朝天，撑住一根长杆，杆上有一个小男孩，赤裸上身，挥舞小旗。这一系列出神入化的表演深深吸引了看台上身穿浅黄色曳撒的皇帝。

明宪宗朱见深并不是一位励精图治的皇帝。他长期疏于政务，深居宫中，宠信宦官，设立西厂，导致政治风气日益败坏。他贪图享乐，追求新奇刺激，面对大臣们停止举办鳌山灯会以开源节流的谏言，他勃然大怒，把进谏大臣贬官并流放外地。但明宪宗喜爱艺术，并具有不凡的品位。他在位期间，鼎力支持景德镇的御窑厂，烧制出"成杯一双，值钱十万"的成化斗彩瓷器（图10）。他擅长绘画，并热衷于让宫廷画师将他的日常生活描绘下来，这幅《宪宗元宵行乐图》可能是他亲自监督宫廷画师绘制而成的。

◐ 图1

◐ 图2 捂住耳朵的童子

◐ 图3

◐ 图4 忙碌的货郎

货郎是挑担售卖杂货的小商贩，最迟诞生于宋代，到了明代，伴随着商品经济的进一步繁荣发展，走街串巷的货郎数量比前朝更多，以货郎为题材的画作大量出现，展现了当时社会物阜民丰的气象。

● 图 8 鳌山灯棚

搭建"鳌山灯棚"庆贺元宵佳节的习俗起源于宋代。到了明代，皇帝一般会在午门设宴招待高级官员，并搭建鳌山灯棚供百官和民众欣赏。

● 图 9 蹬杆表演

● 图 7 侍从装扮的外国使节

● 图 5

● 图 6

500多年过去了，透过略微泛黄的绢帛，在火树银花的映照下，我们依然可以身临其境地一睹大明节庆的喧嚣与欢腾，真切地感受一位沉湎享受的皇帝"与民同乐"的独特方式。

① 明代流行的一种交领长袍，其腰部有襞积，即横向的褶皱，腰部以上保留了袍服的结构，腰部以下打满竖褶（形制类似百褶裙）。

◐ 图10 斗彩花蝶纹罐
　　明
　　中国国家博物馆藏

元宵节的起源与发展

元宵节又称上元节、灯节，是中国民间的传统节日。关于元宵节的起源说法很多。一说元宵节起源于汉武帝在正月十五祭祀太一神的习俗。一说则认为元宵节的起源与佛教有关，汉明帝为弘扬佛法，下令正月十五夜在皇宫和寺庙里点灯敬佛，逐渐形成民间燃灯习俗。隋、唐是元宵灯会开始兴旺的时期，唐代曾规定正月十四到正月十六张灯三天，并取消宵禁以方便百姓观灯游乐。两宋时期，元宵节庆祝达到新的高峰，张灯时间由三天扩展到五天。

/ "万历十年登州戚氏"军刀

时代 明
材质 钢
尺寸 通长89厘米，柄长16厘米

"封侯非我意，但愿海波平"，一代名将戚继光和他组建的戚家军，在明代的抗倭战争中立下了不朽功勋。透过这把军刀刀尖闪耀的锋芒，明代军民保家卫国的英雄气概，将永远铭刻史册！

"万历十年登州戚氏"军刀

保家卫国的利器

明嘉靖三十四年（1555年），一小股海盗自浙江东部海岸登陆，一路经宁波、绍兴往西杀向杭州，又进犯徽州、南京和苏州等地。他们在中国最富庶的江南地区烧杀劫掠、大肆破坏，明军死伤甚众。这伙猖獗的海盗，便是长期祸乱大明海疆的倭寇。

元末明初，日本的一些武士和奸商，组成海盗武装集团，到我国东南沿海进行走私贸易和抢劫，被称为"倭寇"。到了明嘉靖年间，日本国内社会动荡加剧，许多武士和农民因生活所迫加入倭寇行列。同时，由于嘉靖初年实行严厉的海禁政策，一批以海外贸易为生的中国海盗、奸商也与日本倭寇相勾结，对沿海地区的武装抢劫日益猖獗。

就在这一小股倭寇肆意杀戮的危急时刻，一名青年军官风尘仆仆地向南奔去，他就是戚继光。出身军籍将门的他在山东整顿海防颇有成效，因此被紧急调往倭患最严重的浙江。为了抵御武器精良、凶狠残暴的倭寇，戚继光在浙江义乌招募了一批朴实强壮的农

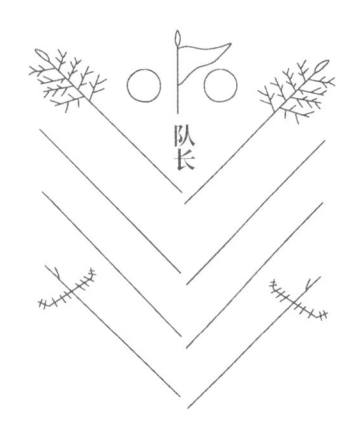

● 图 1 鸳鸯阵示意图

● 图 2 狼筅示意图

民和矿工，组成了一支 4000 多人的军队，严明军法、精心训练。

在与倭寇的多次交锋中，戚继光敏锐地发现他们近战时习惯使用一种特制的倭刀，其刀身细长，刀锋犀利。当倭寇使用倭刀大力劈斩时，明军的长矛、大刀等兵器往往难以招架。此外，浙江沿海地区多山丘林泽，道路崎岖，而倭寇喜欢分散作战，可以充分发挥单兵战斗力。针对于此，戚继光首创小规模集体作战的阵法——鸳鸯阵（图 1），它把不同兵器有机组合在一起，以瓦解倭寇分散作战的优势。

鸳鸯阵以 12 人为一队，队伍的最前面是队长，其后是并列的两牌手，配备了藤牌、腰刀和镖枪等兵器，往后依次是两名狼筅手、4 名长枪手和两名配备了短兵器镋钯的士兵，最后是一名负责伙食的士兵。其中，狼筅（图 2）比倭刀长一倍多，使得倭寇无法靠近明军士兵，而其表面锋利的铁质枝杈还能有效刺杀倭寇。鸳鸯阵充分发挥了长短兵器的不同优点，把防守和进攻融为一体，有效抵挡了锋利的倭刀，成为克敌制胜的一大"利器"。

在冷兵器大显神威的同时，戚继光还广泛推行火器。戚继光曾说"水战，火为第一"，"火"指的就是火器。他亲自督造了 44 艘战船，战船上配备了无敌神飞炮、佛郎机炮、鸟铳和火箭等先进火器，由此建立了一支具有较强海上作战能力的水军。一些战船上火器的配备率甚至达到了 50%，这支军队成为当时明军中火器配备比率最高的部队。

在戚继光的统率下，这支临时组建的军队迅速成长为明代抗倭的中坚力量（图 3）。1561 年，戚继光在浙江台州九战九捷，以寡击众，平定了浙江东部的倭寇，"戚家军"由此

名震天下。此后，他率部进援福建、广东等地，与其他抗倭将领并肩作战，至嘉靖四十四年（1565年），东南沿海的倭寇基本被消灭。

1568年，蒙古残余势力频频侵扰北部边境，平定完倭寇的戚继光又被任命为蓟镇总兵官，负责从山海关到京师的军政事务，这把弥足珍贵的军刀就是这一时期遗留下来的。军刀上刻有"万历十年登州戚氏"八字铭文。这一形制的军刀，可谓明式军刀"升级版"，它吸收了日本倭刀的优点，刀身又窄又长，刀尖弧度较大，可以有效对抗蒙古骑兵的短刀。戚继光正是从长期的抗倭战争中汲取了宝贵的经验，并因地制

● 图3 戚继光抗倭图

现代
中国国家博物馆藏

萬曆十年
登州戚氏

宜地运用到了新的作战环境中，其军事智慧让人由衷叹服！

"封侯非我意，但愿海波平。[1]"这是19岁的戚继光立下的伟大誓愿。从山东转战浙江、福建，从浙江换防北京，戚继光戎马一生，为大明王朝的和平稳定贡献了毕生心血。400多年过去了，透过这把军刀刀尖闪耀的锋芒，我们依然可以领略戚继光杰出的军事才华，也将永远铭记明代将士甘洒热血、抗击倭寇、保家卫国的爱国情怀！

[1] 诗句引自戚继光的五言律诗《韬钤深处》，收录于戚继光诗文集《止止堂集·横槊稿》中，表达了他保家卫国的坚定决心。

隆庆开关——迎来晚明开放的新时代

为了平定倭乱，明朝几乎动用了举国之力。在抗倭的过程中，一些有识之士逐渐认识到海禁政策的严重弊端，并向明政府发出了放开海禁的呼声。隆庆元年（1567年），隆庆皇帝宣布允许私人从福建漳州月港出发前往东洋、西洋进行贸易，史称"隆庆开关"。此后，民间海外贸易开始蓬勃发展。

● "金花银"银锭

时代 明
材质 银
尺寸 长15厘米，肩宽7.8厘米，腰宽6厘米

它貌不惊人，却见证了白银成为明代货币的不凡历程，展现了中国在400多年前早期全球化浪潮中发挥着举足轻重的作用。

"金花银"银锭

开启明代货币的新纪元

今天，白银被打造成璀璨夺目的银饰，装点着人们的生活。而在古代，白银不仅可以被制作成精美绝伦的饰品，还曾是市场广泛流通的货币。这件"金花银[1]"银锭，是明代万历十六年（1588年）福建建宁府上交给户部的折粮银，上面刻有地名、税别、重量、有关官员和银匠姓名等内容，它见证了白银成为货币的不凡历程。

秦始皇统一天下后，圆形方孔铜钱成为古代的一种主要货币形式。然而，想象一下，若带着一堆重量很沉的铜钱去谈笔大生意，或是穿越漫长的商路进行国际贸易，肯定极为不便。于是，以白银为代表的贵金属，开始登上了货币历史的舞台。

在唐代，虽然通行的货币是"开元通宝"铜钱，但白银开始具有一部分货币的职能，用于赏赐、进奉、对外贸易等大额支付场景。这一时期的银锭被称为"银铤"（图1），它们形制多样，有长条形、船形、圆饼形等。到了两宋时期，白银的使用量激增，并广泛用于政府征

● **图 1 杨国忠进奉银铤**
唐
中国国家博物馆藏

① "金花银",原意是指足色而有金花的上好银两。明代中后期,则特指折收税粮的银两,地方政府每年将收齐的散碎银两铸成银锭(多为五十两一锭),上交中央户部。

税、军费、赈济等,如在北宋与辽所签订的和约"澶渊之盟"中,便约定宋朝每年支付辽白银10万两。

明初,朝廷规定"大明通行宝钞"(图2)与"洪武通宝"铜钱为法定货币,禁止使用白银。但朱元璋统治后期,由于纸币严重贬值,一些地区的民间仍私下用白银交易。

明初的税收与官员俸禄,多以粮食为主。明成祖朱棣迁都北京后,江南税粮北运成本高昂,农民负担加重。同时,在京官员需远赴南京领取俸禄,极为不便。为了解决这个问题,宣德年间,江南巡抚周忱进行改革,准许把4石俸米折成1两白银,将白银运往京城充作官员俸禄。

正统元年(1436年),明廷废除了白银交易的禁令,南直隶、浙江、江西、湖广、福建、广东、广西等地400余万石税粮,折合成百万余两白银征收,被人们称为"金花银",又名折粮银。此后,工匠服役也逐渐以征收白银的形式代替。到万历年间,内阁首辅张居正在全国推广"一条鞭法",将各州县的田赋、徭役合为一体,按田亩征收白银。赋税和徭役改为征收白银,标志着白银货币化基本完成,白银逐步成为与铜钱并行的主要货币形式。

传世的明代小说中有大量使用白银的场景,反映出白银已普及到明代人衣食住行的各个方面。比如,在《西游记》中,黄狮精办宴会,派去采购猪羊的小妖在路上商议道:"把东西开个花帐(账)儿,落他二三两银子,买件绵(棉)衣过寒,却不是好?"万历年间张应俞所著的《杜骗新书》中,则记载了明代人买猪、买油用白银,乘船、乘轿也用白银。

作为贵金属的白银成为主要货币后,不但减轻了明代农民长途运输税粮的痛苦,还极大促进了明代商品经济的发展。

福建建寧府建陽縣徵解三十伍年分京庫金花銀伍拾兩正
萬曆拾捌年正月日金縣熊鴨頂銀承行麥徐雙頂鮮鑛匠定匠陳進戌

图 2 大明通行宝钞
明
中国国家博物馆藏

农民为了缴纳赋税，需要将农产品卖掉换成白银，成为商品经济的一环。各种徭役折银征收，使得百姓获得更多的人身自由，从而能够从事手工业生产和商业活动。随着大宗贸易和长途贸易日渐兴盛，徽商、晋商等一批商帮崭露头角，江南地区更是涌现出了一大批工商业市镇，如震泽（位于今苏州市吴江区）、乌镇等，商品经济的繁荣景象蔚为壮观。

然而，明代中国白银产量有限，难以满足市场的需求，于是人们将目光投向海外。隆庆开关之后，大批中国商人漂洋过海，前往日本、菲律宾甚至美洲从事海外贸易，其中生丝、纺织品和瓷器等商品深受国外市场的喜爱。与此同时，白银成为世界各地购买中国商品的主要货币，致使日本、美洲等盛产白银的地区，进一步加快了白银的开采与输出。据统计，从16世纪中期至明末，日本所产白银大多流入中国；而美洲所产白银也有近半数流向中国。巨额白银资本的流入，进一步促进了中国经济的腾飞；同时，也奠定了明清几百年间人们小额用铜钱、大额用银币的货币格局。

历史的车流滚滚向前，白银早已退出货币流通领域，中国货币的形式也经历了快速而深刻的变化。站在新的历史起点，回望这件银锭，我们可以自豪地认为，在400多年前的早期全球化浪潮中，曾经出现过一个以白银为国际贸易结算方式的世界市场体系，而这个体系的中心就在中国。

◐ 图3 戥子
明
中国国家博物馆藏

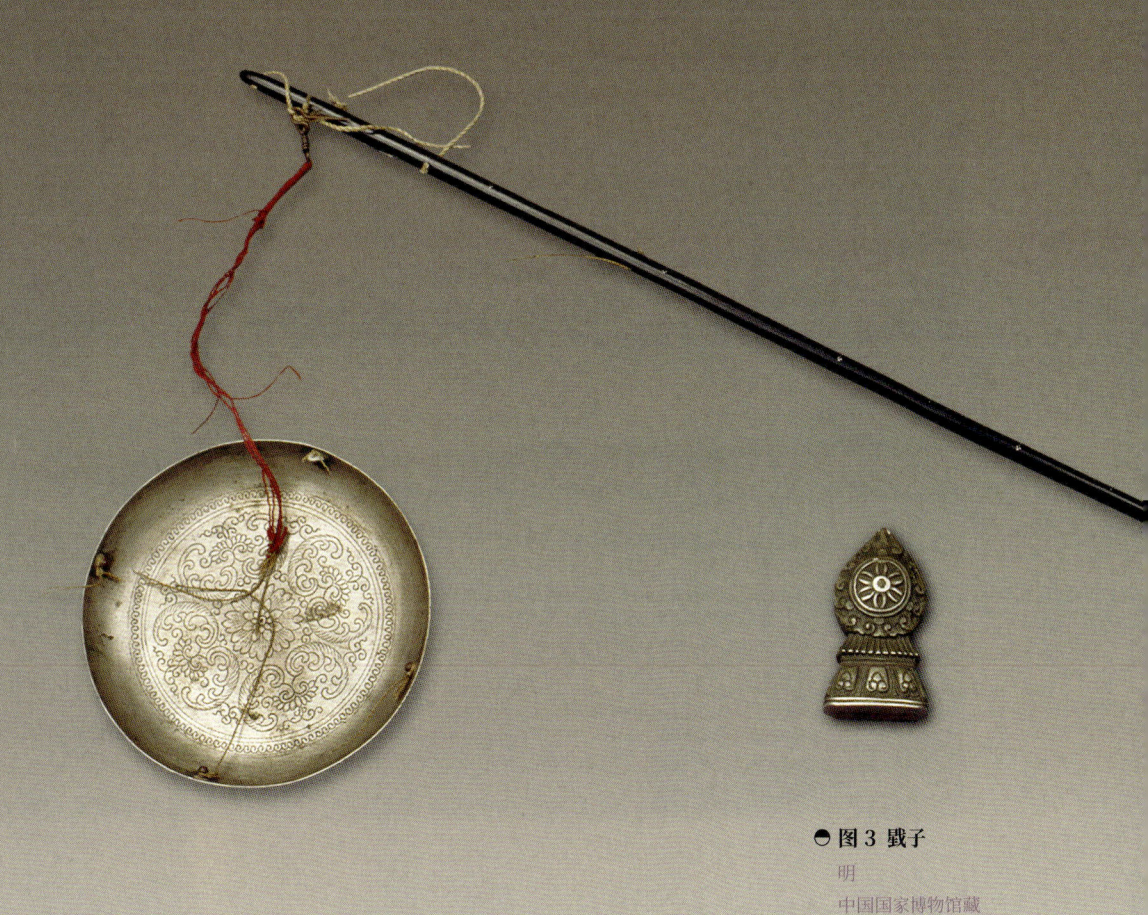

称量白银的"专用秤"——戥子

由于白银没有固定形制和重量,为了方便交易,不规则的碎银需要用秤来称重,而普通的秤往往不够精确。因此,刻度更精确的戥子(图3)成为明代人的首选,它可以称出两以下的钱和分的重量,实际上是古代的天平。除了称金银货币,明代人还用它来称量中药材。

■ 《河防一览图》卷

时代 明
材质 绢
尺寸 纵45.3厘米，横1834厘米

四次治理黄河，两次被罢官，他不屈不挠，创造性地运用"束水攻沙"的方法保障了黄河安澜、运河畅通。由他主持绘制的《河防一览图》，则成为后人治理黄河的教科书。

《河防一览图》卷

力挽狂澜的治河宝典

黄河，自古以来便是中华文明的摇篮之一。然而，黄河也是中国历史上泛滥最为频繁的河流。数千年来，面对洪水带来的灾难性挑战，中华民族进行了不屈不挠的斗争。4000多年前，大禹采用疏导的方法治理黄河，留下了"三过家门而不入"的千古佳话；400多年前的明代，著名的水利专家潘季驯曾先后四次治理黄河，开辟了古代治河的新途径，保障了黄河安澜、运河畅通。

这幅由潘季驯组织编绘的《河防一览图》，是他带领百姓治理黄河的经验与智慧的总结，堪称后世治河的教科书。全图创造性地将东西流向的黄河与南北流向的运河并排组合在一个画面上，并以不同的色彩进行区分，黄河用黄色表示，运河及其他自然河流、湖泊用绿色绘制，并以文字注明重要工程的长度、高度、功能及其修筑时间。

明代是黄河泛滥最严重的时期之一。当时黄河、京杭大运河、淮河在今江苏北部交汇，形成了三大河错综复杂而又互相影响的局面（图1）。更为严峻的是，从今江苏徐州到淮安的一段黄河长约250千米，既是黄河河道，又是大运河河道，一旦黄河泛滥、泥沙淤塞，南方物资就无法通过大运河

● 图1《河防一览图》局部

运抵北京。因此，朝廷一直把保证大运河畅通作为治理黄河的根本方针，采取了"北堵南疏""分流杀势"的治黄方略，即加固黄河北岸大堤，并在黄河南岸开挖多条新河，引导黄河水向南分流入淮河，一时颇有成效。然而好景不长，嘉靖四十四年（1565年），黄河在今江苏沛县大决口，京杭大运河又正好穿过沛县，导致附近的100余千米运河河道都被泥沙淤堵。危难之际，嘉靖皇帝任命潘季驯为总理河道，主持治河。

在治水时，潘季驯不辞辛苦地踏访了黄河下游的急流险段，与黄河沿岸的百姓和河工深入交流，倾听治河的经验与意见。通过长期艰苦的勘察，他敏锐地发现"黄流最浊，以斗计之，沙居其六"，即黄河水的特性是含沙量大。此前的治黄方法，虽然减轻了黄河水势，却使水中泥沙无法排入大海，反而在新开的河道中越积越厚，抬高河床，加剧黄河泛滥的

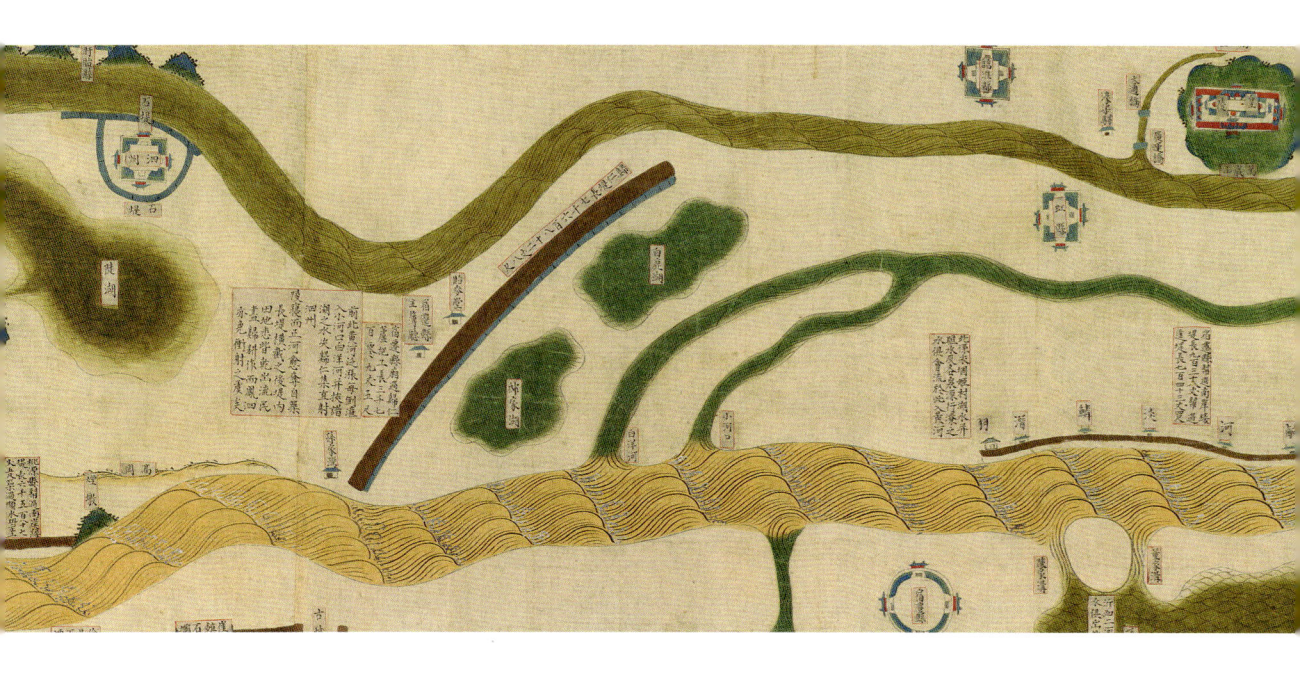

● 图2 缕堤遥堤示意图

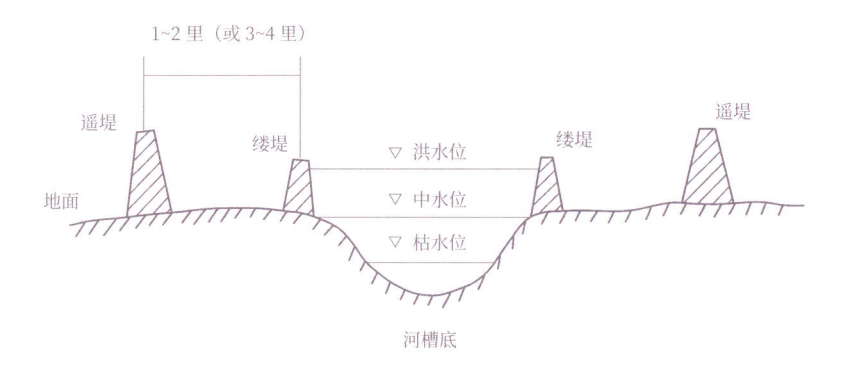

● 图3《河防一览图》中描绘的缕堤

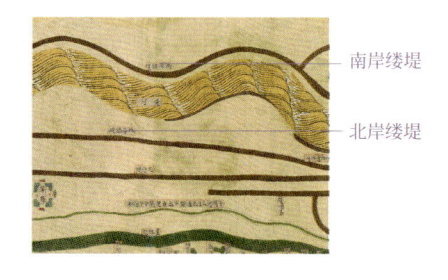

危害。因此，要根治黄河水患，"治沙"是关键。

潘季驯独辟蹊径，提出"筑堤束水，以水攻沙"的策略（图2），将黄河决口堵塞起来，使黄河水集中到干流，然后在紧逼干流的河道两岸修筑狭窄的堤坝——缕堤（图3），将河水束成一股急流，再利用湍急的流水裹挟泥沙奔腾向前，沙随水走，不致沉淀。同时，流水还可冲刷河床，水流越急，

● 图 4《黄河筑堤图》册页
清
中国国家博物馆藏

① 夺淮入海，指中国历史上发生的黄河主流侵占淮河河道并借助淮河水系入海的现象。

河床冲得越深，河水越不容易泛滥。在缕堤之外适当距离处，他还命人修建了宽阔的遥堤配套治理，防止缕堤溃坝后造成洪水泛滥，达到"双保险"的效果。

此外，潘季驯还提出了"蓄清刷黄，以清释浑"的策略。位于今江苏淮安市西的清口，在明代是黄河、淮河、大运河交汇之地，也是黄河夺淮入海[①]的重要通道。潘季驯把清口原有的高家堰堤坝增高加厚，把淮河水拦蓄在洪泽湖内，抬高淮河水位，以含沙量小的淮河水快速冲走黄河的泥沙，使黄河与淮河安然入海，同时减轻下游河道的淤堵，保证了运河畅通。

经过 20 多年的探索与实践，潘季驯的治河策略不仅结束了黄河分流的混乱局面，有效控制了黄河流域的洪水灾害，还保证了京杭大运河的畅通。他去世后，以靳辅为代表的清代治水专家继承了他的治水理念，推动了清代前期大规模的堤防建设（图 4），保障了黄河河道的稳定。因此，潘季驯被誉为"明代河工第一人"。

时至今日，潘季驯"束水攻沙"的思想仍具有前瞻性，引领着现代水利事业的新发展。21 世纪以来，国家启动了黄河"调水调沙"工程，显著改善了黄河流域的生态环境。跨越数千年，黄河自西向东奔流不息，而探索与创新精神，则推动着一代代中华儿女攻坚克难、砥砺前行。

"调水调沙"工程

黄河"调水调沙"工程始于 2002 年，利用黄河中游水库群适时蓄存或者泄放，形成人工洪水，冲刷和清洗黄河，把河道中的泥沙冲入大海，减轻下游河道淤积，使黄河"血脉疏通"。得益于这项工程，黄河下游主河槽得到全线冲刷，小浪底水利枢纽及黄河中游水库群的使用寿命大大延长，黄河口湿地面积不断增加，生态环境得到了有效改善。

孝端皇后凤冠

时代 明
材质 竹、毛、丝、宝玉石、金银等
尺寸 通高 48.5 厘米，冠高 27 厘米，口径 23.7 厘米
发现时间 1957 年
发现地点 北京明定陵

4000 多颗珍珠，百余块宝石，使其熠熠生辉；九龙九凤的装饰，则见证了它的主人母仪天下的尊贵身份。然而，孝端皇后虽独享凤冠的"权力之重"，却无法扭转明代由盛转衰的局面。

孝端皇后凤冠

欲享其尊，必承其重

今天，在一场隆重的中式婚礼中，一顶华丽的凤冠，是许多新娘的不二选择。而在明代，凤冠与霞帔[1]可是女子的"顶配"礼服，只有皇后和太子妃才能独享它的尊贵与荣耀。

400多年前，明神宗朱翊钧的皇后王氏（谥号孝端），就拥有一顶精美绝伦的凤冠，冠上镶嵌有4000多颗珍珠，100多块宝石，熠熠生辉，璀璨夺目。极具匠心巧思的明代工匠，以竹丝做出凤冠的基本框架，在表面覆盖上高级丝帛，而后于顶部装饰了9条金龙，并在它们口中嵌上绚丽的珠宝。金龙之下，装饰着8只同样口衔珠宝的凤，加上冠后部栖息的1只（图1），共有9只凤。因此，这顶凤冠也被称为九龙九凤冠。

● 图 1 凤冠背面细节

当你驻足凝望时，9条金龙仿佛奔腾在云朵之上，9只凤则似展翅翱翔于珠宝花丛之中。凤身鲜艳夺目的蓝色"羽毛"，如神来之笔，与金色龙鳞交相辉映，为这顶凤冠平添风采。不过，这抹蓝并非颜料涂抹所致，而是源自一种金属饰品加工工艺——点翠。工匠先用金银把凤的轮廓制作出来，再用胶一点一点把翠鸟的蓝色羽毛粘在上面，最终形成一只只巧夺天工、栩栩如生的翠凤。

凤作为象征吉祥的瑞鸟，其形象早在宋代以前就出现于贵族妇女的头饰上。到了宋代，凤冠才真正出现，并被正式确定为后妃的礼冠。至明代，凤冠的使用礼制则有了更加明确的规定，仅后妃可使用凤冠，其他等级的贵妇则使用"翟[2]冠"（图2）。凤冠往往满布着华美繁复的装饰，赋予了它尊贵气质的同时，却也增加了它的"体重"。如孝端皇后凤冠总重达2.32千克，因此皇后一般只在祭祀、接受册封或者参加重要朝会时才会佩戴。作为明神宗生前唯一的皇后，孝端皇后恪守本分、尽职尽责，稳坐后位长达42年。然而，虽然她独享凤冠的"权力之重"，却无法扭转明代由盛转衰的局面。

明神宗年号万历，在位48年，是明代在位时间最长的皇帝。神宗执政前十年，任用张居正进行了卓有成效的改革，一度出现中兴的局面。但自万历十四年（1586年）起，神宗便开启了不理朝政、肆意挥霍的怠政模式。他以身体不适为由，长期不上朝，对于大臣的奏疏也常常不予理睬。他日常生活极为奢侈、花销巨大。从万历二十七年（1599年）到万历二十九年（1601年），明廷分九次进行了珠宝采购，共花费250万两白银。为了满足奢华的生活，神宗还派出矿监税使，打着开矿和收税的名义到各地巧取豪夺，严重扰乱了社

● 图2 曹国公李景隆夫人袁氏像
清
中国国家博物馆藏

袁氏头戴翟冠，身着霞帔，展现了明代贵妇的形象。

① 霞帔是中国古代女子的配饰，宋代以后开始流行，看起来美如彩霞，因此得名"霞帔"。其形制类似现代的长披巾，两条细长带子垂在身前，底端合并，最下面装饰坠子。

② 翟指一种长尾巴的山鸡。

528

会治安。

到了万历中后期，各种社会矛盾日益激化。在苛捐杂税与灾荒的压迫下，各地民众开始举起反抗的旗帜。东北的女真族迅速崛起，并在萨尔浒大战中大败明军，给明朝造成了沉重打击。大明王朝灭亡的丧钟已清晰可闻，这件极尽奢华、尊贵无比的凤冠，也成为"明之亡，实亡于神宗"的历史见证！

◉ 图 3 点翠嵌珠石金龙凤冠
明
故宫博物院藏

明代绝美凤冠不止一顶！

目前一共发现了 4 件明代凤冠，均出土于明定陵。它们分别是明神宗孝端皇后的九龙九凤冠、六龙三凤冠，孝靖皇后的十二龙九凤冠及三龙两凤冠（图3）。孝靖皇后是明神宗的妃子王氏、明光宗朱常洛的生母，其孙明熹宗继位后，追封她为"孝靖皇太后"，然而其生前并未享受过佩戴凤冠、母仪天下的荣耀。

康熙御用石青实地纱片金边单朝衣

时代　清
材质　纱
尺寸　身长146厘米，袖长101厘米

这件康熙皇帝的朝服，华美异常。它既凝聚了满汉民族服饰文化的特色，也见证了明清易代的曲折历史，记录了清初统治者为统一多民族国家的巩固与发展做出的卓越贡献。

康熙御用石青实地纱片金边单朝衣

满汉一体的华服

1644年，注定是中国历史上一个风云突变、波涛迭起的年份。这一年，李自成农民军攻克北京，明崇祯帝自缢身死，明朝灭亡。清摄政王多尔衮联合驻守山海关的原明军将领吴三桂击败李自成，进占北京城。年仅6岁的顺治皇帝在北京举行登基典礼。古老的北京城两次易主，由满洲贵族建立的清王朝，则成为明末多方势力角逐的最大赢家，中国历史进入了长达268年的清朝统治时期。

明朝末年，建州女真在东北地区崛起。在首领努尔哈赤的带领下，他们于1616年在赫图阿拉（今辽宁新宾西老城）建立了后金政权。后来，努尔哈赤之子皇太极改国号为清，并把族名改为"满洲"。

作为一个从东北一隅迅速崛起的少数民族政权，要想统治全中国，需要积极学习吸收中国传统的制度与文化。清朝统治者除基本继承了明朝的政治制度外，在服饰上，既保留了本民族服装便于骑射的基本特征，也融入了汉族服饰的大量元

图 1 康熙御用石青实地纱片金边单朝衣的"马蹄袖"

图 2 康熙皇帝像
清
中国国家博物馆藏

素。比如康熙皇帝的朝服,就生动地展现了满汉服饰文化的交融。

朝服是皇帝参加重要礼仪活动时的礼服,它的款式采用了上衣和下裳相连的深衣形制,织有象征皇权的龙纹,展现了中原传统服饰的特点。而其领部和袖口,沿用了满族服饰的元素:"披肩领"的设计,源自生活在东北严寒地区的满族祖先冬季御寒保暖的需求;而又紧又窄的"马蹄袖(图1)",则具有鲜明的狩猎民族特色,既可防止手背冻伤,又便于拉弓射箭,故也称"箭袖"。

这件朝服的主人康熙皇帝(图2)是清朝入关后的第二位皇帝。他继位之初,清朝统治还不稳固。在南方,镇守云南的吴三桂、镇守福建的耿精忠以及镇守广东的尚之信,三个藩王各拥重兵,于康熙十二年(1673年)起兵反叛。千钧一发之际,年仅二十岁的康熙帝展现出英明决断、高瞻远瞩的雄才大略。他运筹帷幄、指挥若定、调兵遣将、赏罚分明,最终用八年时间平定了"三藩之乱"。此后,他还平定了割据台湾的郑氏政权,把台湾归入清朝的版图,后设置台湾府,隶属福建省。

在清朝南征无暇北顾之时,沙俄趁机侵占了黑龙江流域的大片土地,康熙皇帝两次派兵击败了沙俄侵略者,并签订了遏制沙俄扩张的《尼布楚条约》。随后,康熙皇帝御驾亲征,击败了割据西北的蒙古准噶尔部首领噶尔丹,维护了西北边疆的安定(图3)。

作为清朝历史上最贤明的君主之一,康熙皇帝深知,军事战争固然是一个新政权维护统一的重要方式,但若想维持国家长治久安,民心所向最为关键。他曾指出明朝灭亡的一

◐ **图 3《北征督运图》册**
清
中国国家博物馆

该图册描绘了康熙年间，清军在平定准噶尔部首领噶尔丹的叛乱中，西路军粮督运官范承烈向前线两次运输军粮的情景。

个重要原因是万历以后"赋敛日繁而民心涣散"，因此多次下令减免百姓赋税，鼓励农民开垦荒地，并大幅度减少宫廷开支。这些举措极大地促进了农民生产的积极性，使得耕地面积和人口迅速增长，为后继的雍正和乾隆两位皇帝的统治奠定了良好的基础，推动清朝走上了统治的顶峰——"康乾盛世"。

服饰既是古代文化的重要载体，也是历史变迁的鲜活见证。这件华美的朝服，展现了满汉人民的文化特色，记录了明、清易代的曲折历程。300多年的时光转瞬即逝，而以康熙皇帝为代表的清初统治者为统一多民族国家的巩固与发展做出的卓越贡献，则彪炳千古、永载史册。

皇帝的夏装与冬装

清代皇帝的服装用料丰富、珍贵奢华，不同季节的服装一般选用不同材料制作。以朝服为例，夏季朝服一般为纱质，质地轻薄，穿着时透气凉爽；冬季朝服则用锦绣绸缎及皮毛制成，其保暖性能极佳。第530页图中所示的朝服，是康熙皇帝的夏季朝服。

■ 《乾隆南巡图》第六卷"驻跸姑苏"

时代 清
材质 纸
尺寸 纵 68.6 厘米，横 2170 厘米

1751 年，乾隆皇帝开启了一场与众不同的"旅行"，在 3 个多月的南巡旅程中，繁华的姑苏（今江苏苏州）是其中的重要一站。展开画卷，沿着皇帝的足迹，让我们一起领略盛世之下苏州城的风采吧！

《乾隆南巡图》第六卷"驻跸姑苏"
盛世之下的"城市漫步"

外出旅行时，你打开一座城市的方式，是日行3万步的特种兵模式，还是随心所欲的漫步模式？200多年前，乾隆皇帝首次下江南，从北京出发一路向南行至绍兴，于盛世之下开启了一场为期3个多月的"城市漫步"。此次出巡，苏州籍宫廷画师徐扬，受命随行并绘制《乾隆南巡图》。

作为《乾隆南巡图》十二卷中最长的一卷，"驻跸姑苏"以21.7米的画幅长度，如同广角镜头一般，记录了乾隆十六年（1751年）皇帝巡视苏州府的盛况。画卷卷首（右端开卷）描绘了苏州郊外的运河风光，苏州之行正是从此展开。

大运河两岸，36名纤夫正在合力拉动御舟（图1），里面端坐的便是乾隆皇帝的母亲——崇庆皇太后。穿过一座拱桥，映入眼帘的则是苏州西北郊的著名税关古镇——浒墅关镇（图2），古镇店铺林立、街巷纵横、古风今韵，交相辉映。

继续前行，一座单孔石拱桥像月牙一样悬挂在大运河支流之上，这便是大名鼎鼎的枫桥（图3）。漫步枫桥之上，似乎能感受到唐代诗人张继的千古名句"姑苏城外寒山寺，夜半钟声到客船"的意境。枫桥不仅是历代文人吟咏抒怀的胜地，更是苏州城的水陆交通要道。漕粮向北运输经过枫桥，南北舟船也在此汇聚，南方民谚"苏州过后无艇搭"，说明此地的位置重要。

穿过枫桥，映入眼帘的就是被誉为"吴中（苏州府别称）第一名胜"的虎丘。相传，春秋时期，吴国的国君阖闾在吴越之战中负伤后死去，便葬于此处。

距虎丘不远，可以看到苏州城内最繁华的街区——山塘街（图4）。山塘街是唐代白居易任苏州刺史时修建的，它沿河而建，地理位置优越，明、清时期成为中国商业最为发达的街区之一，其地位堪比今天上海的外滩。

山塘街人流如织，招幌林立，服装店、首饰店、书画店、家具店、花店、南北杂货店、洋行等应有尽有，让南来北往的购物达人流连忘返。其中，最不容错过的伴手礼当数华美的服饰。苏州的纺织业天下闻名，"绸缎与布，皆列字号，而布业最巨"。"大成广记"和"日升隆记"（图5）专营棉布，实力雄厚，可以为顾客提供质量上乘的产品。逛累了，沿河鳞次栉比的饭馆，则可以满足吃货的不同口味需求：喜欢面食的，不妨试试这家"三鲜大面"；而旁边这家"五簋大菜"能做四菜一汤，也是宴请宾朋的绝佳选择（图6）。

从山塘街出来后，行至苏州的西门——胥门附近，乾隆皇帝终于"行装"登场（图7）。他骑着白马，英姿飒爽，不怒自威，地方官员跪地接驾，场面庄重肃穆。看来，乾隆皇帝的首次苏州之行也是公务在身，并非世人想象的游山玩水、休闲惬意。

循着祖父康熙皇帝的足迹，乾隆开启了他的第一次江南巡游。在往返112天、近3000千米的旅程中，他不仅祭祀

图1 纤夫拉纤

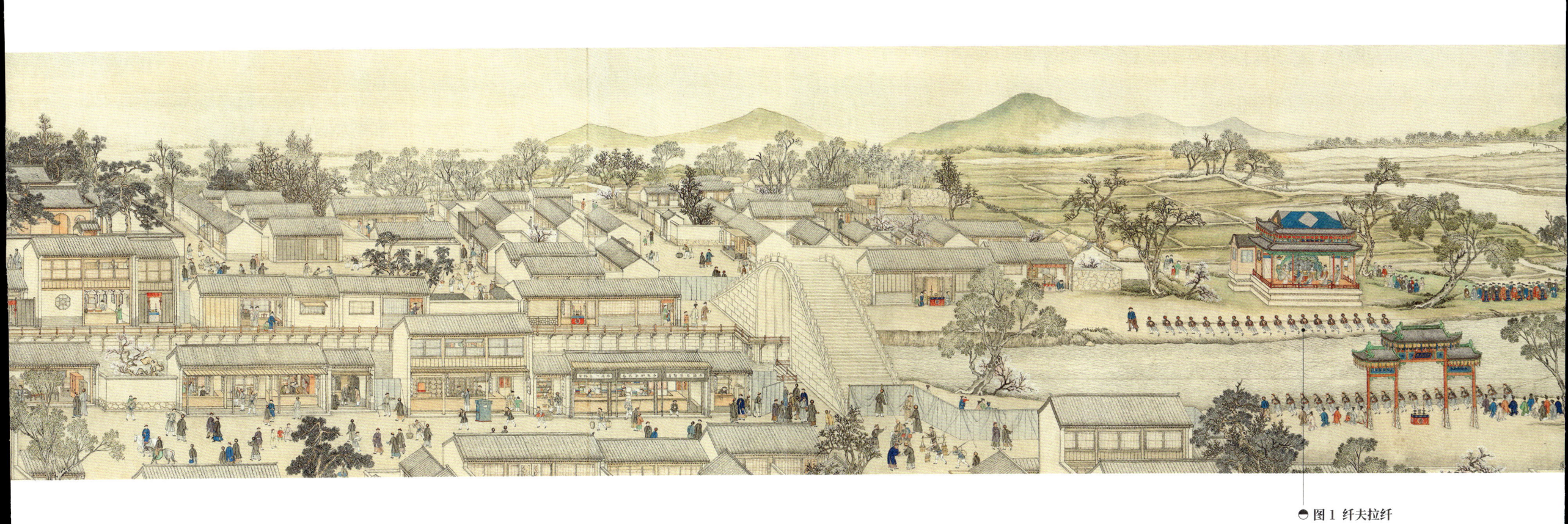

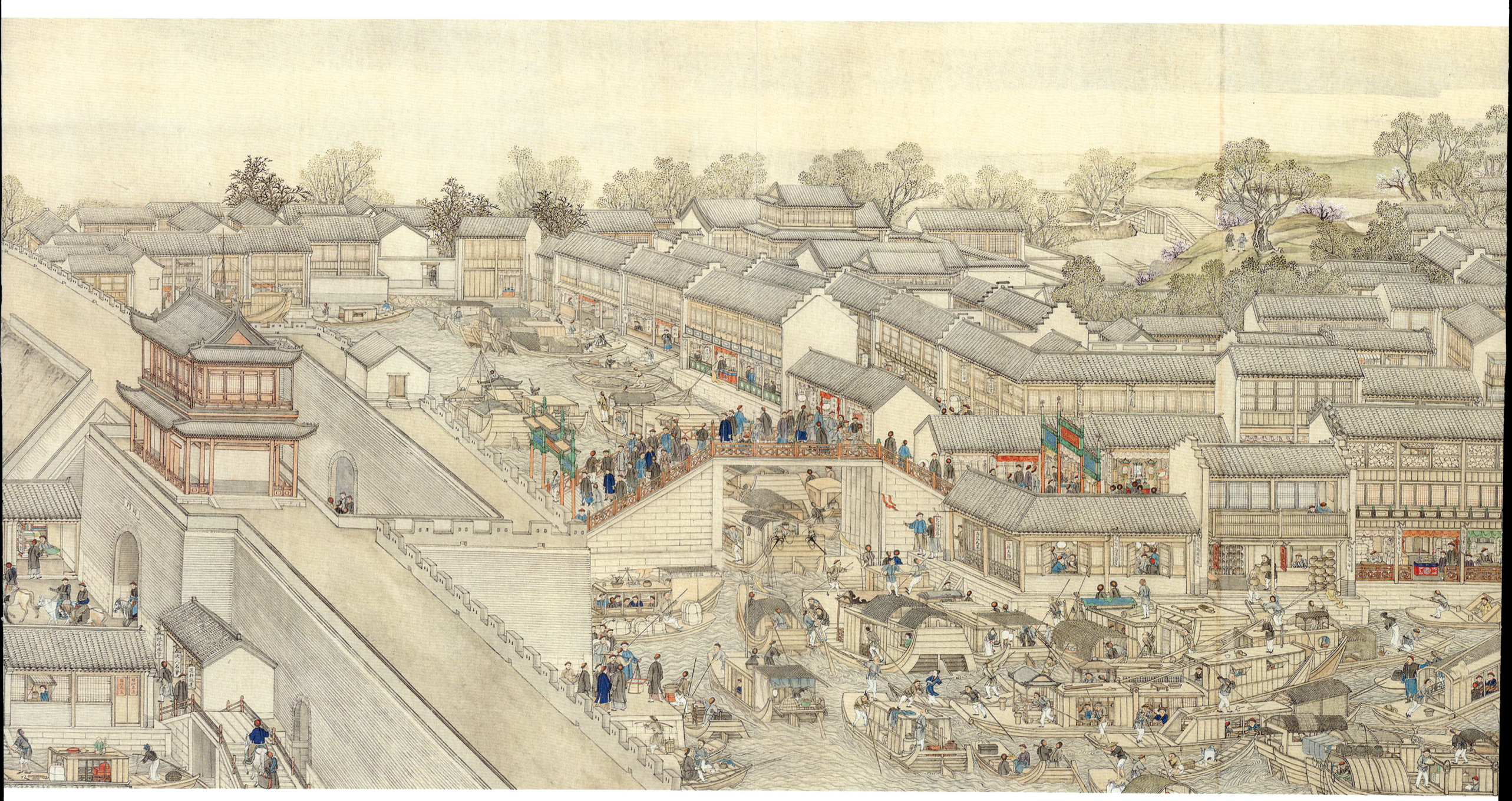

图 4 山塘街街景局部

◐ 图 5 棉布店

◐ 图 6 "三鲜大面""五簋大菜"

◐ 图 7 胥门附近的乾隆皇帝

● 图 3 枫桥　　　　　　　　● 图 2 浒墅关镇局部

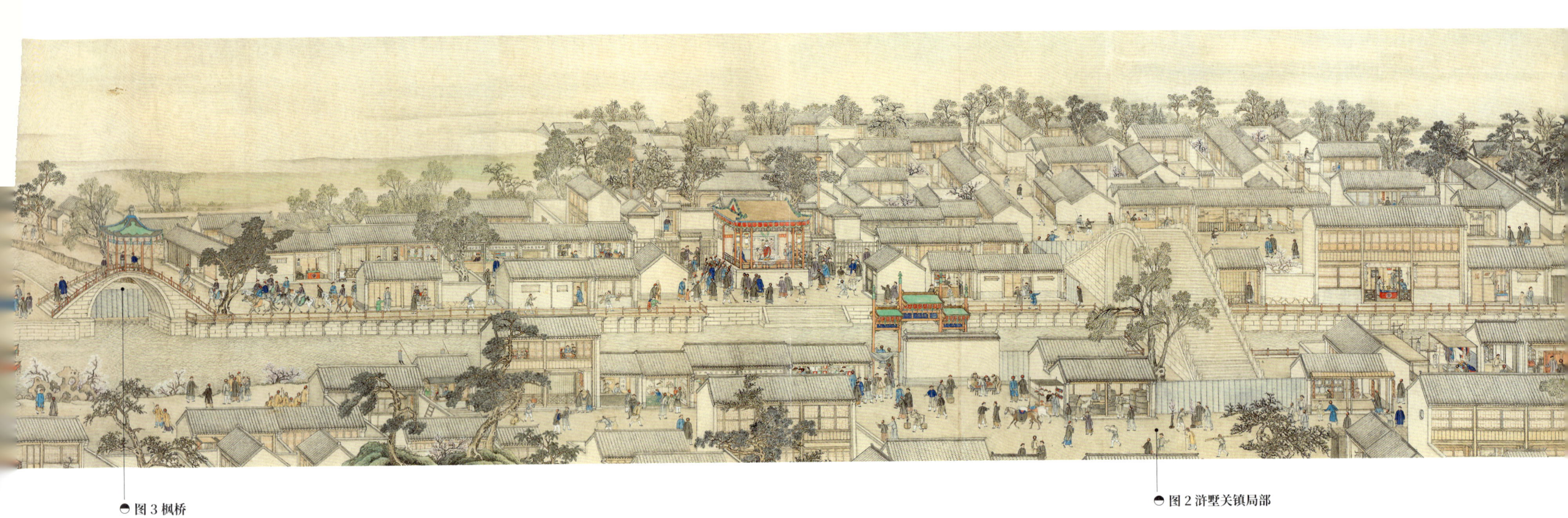

山川神灵，考察官员政绩，了解民风民情，阅视河工建设，还陪伴母后游览名胜。以苏州府为代表的江南地区，是清代经济和文化最繁荣的地区，也是清朝入关以后汉族群体抵抗最激烈的地区，因此南巡在一定程度上也体现出清政府控制与安抚并用的政治策略。

在那个没有手机和摄像机的时代，画师徐扬以"摄影师"般的写实技法，不仅记录了清代官员服饰、皇帝仪仗气势，也满怀对家乡的热爱，生动描绘了苏州的自然地理、风俗民情与繁华气象，为"康乾盛世"留下了珍贵的图像记忆。

今天，当你惬意地漫步枫桥，远眺虎丘，穿行于繁华依旧的山塘街时，可会想到，你所到之处，也是一位帝王曾经行至之地。他也如你一般，于繁华街市，看着这锦绣江南。

乾隆的苏州之行，住在哪里？

苏州织造署，这是清代内务府下属机构，负责为宫廷织造御用绸缎并采办丝料。织造署的织造虽为五品官，但一般由皇帝亲信担任，实际地位更高。清代著名文学家曹雪芹的祖父曹寅，是康熙皇帝的心腹重臣，曾任苏州织造署织造。

乾隆皇帝第一次下江南——"皇家旅行团"的112天

南巡是清代康熙、乾隆时期举行的一种省方巡视活动。1751—1784年，乾隆皇帝曾经六次南巡，到达江浙地区。当他在七十五岁之时回顾自己的一生，更是将六下江南（南巡）与平定天山南北（西师）视为毕生的两大壮举。

乾隆十六年（1751年）正月十三日，在北京城内，乾隆皇帝率领规模庞大的朝廷巡视团队与皇家随行人员，踏上了第一次南巡的征程，成员包括皇太后及朝中文武大臣。这次行程（图1）历时112天，总里程达2900余千米，先走陆路沿直隶（今河北）、山东，到江苏清口（今淮安境内），后转水路沿京杭大运河南下，相继到达扬州、苏州、杭州、绍兴等地，回程绕道江宁（今江苏南京），再经扬州沿运河北上，在顺河集舍舟登陆，回銮京师。现在，展开宫廷画师徐扬的十二卷《乾隆南巡图》，打卡乾隆皇帝第一次南巡行经的重要城市，重温"康乾盛世"的高光时刻吧！

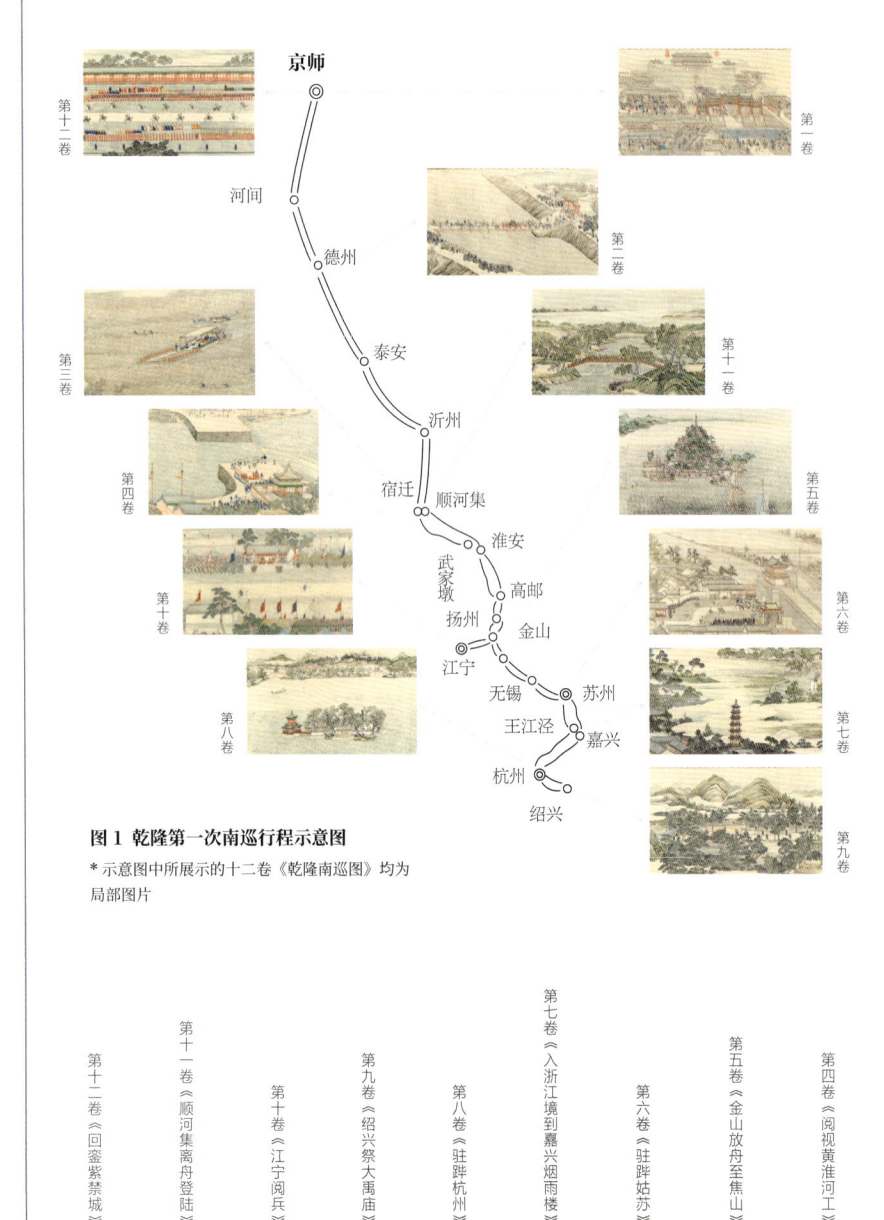

图1 乾隆第一次南巡行程示意图
*示意图中所展示的十二卷《乾隆南巡图》均为局部图片

打卡城市 1 —— 山东德州

乾隆十三年（1748年），山东西北部的德州曾遭受水灾，为此，乾隆皇帝曾下旨免除德州当年的赋税。此次南巡德州，乾隆皇帝意在考察德州农业生产的恢复情况。徐扬画笔下的德州城（图2），守城士兵整齐列队，道路两侧商铺林立，可见经过休养生息后，德州的经济活力逐渐恢复。

附录：《乾隆南巡图》十二卷分别为第一卷《启跸京师》、第二卷《过德州》、第三卷《渡黄河》、第四卷《阅视黄淮河工》、第五卷《金山放舟至焦山》、第六卷《驻跸姑苏》、第七卷《入浙江境到嘉兴烟雨楼》、第八卷《驻跸杭州》、第九卷《绍兴祭大禹庙》、第十卷《江宁阅兵》、第十一卷《顺河集离舟登陆》、第十二卷《回銮紫禁城》

图2《乾隆南巡图》第二卷"过德州"局部

图3《乾隆南巡图》第四卷"阅视黄淮河工"局部

打卡城市 2
江苏淮安

淮安是清代治河的关键地段。"河工关系国计民生，最为紧要"，乾隆南巡的重要任务就是勘察黄淮水患与运河堤防。《乾隆南巡图》第四卷（图3）以细腻笔触描绘了皇帝在江苏淮安天妃闸视察水利建设，并对江南河道总督高斌进行指示的场景。

打卡城市 3
浙江杭州

除了繁忙的公务，游览江南锦绣河山也是乾隆南巡的重要内容。乾隆皇帝来到"人间天堂"杭州，泛舟西湖，赋诗多首。他尤其钟爱苏堤美景，返京后把它复制到皇家园林清漪园中，这就是今天颐和园的西堤。《乾隆南巡图》第八卷（图4），生动记录了乾隆皇帝与侍从们游览苏堤的身影。

打卡城市 4
江苏江宁

强大的军事实力是帝王治国安邦的根本。江宁是江南中心城市，在此举行阅兵具有一定耀武扬威的作用。乾隆皇帝到达江宁后，先是祭拜了明孝陵，之后检阅驻防八旗和绿营兵。第十卷"江宁阅兵"（图5）以恢宏画面展现了乾隆皇帝检阅驻军的盛况。

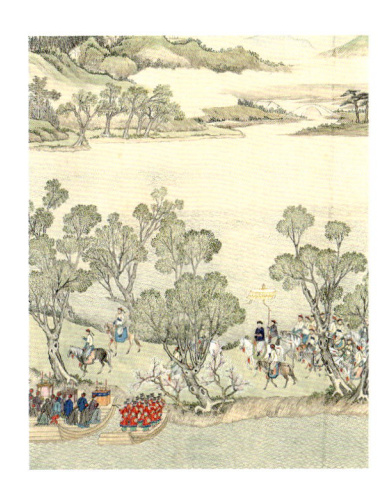

图4《乾隆南巡图》第八卷"驻跸杭州"局部

图5《乾隆南巡图》第十卷"江宁阅兵"局部

十二卷丹青史诗随乾隆皇帝的御舟溯流而下，勾勒出18世纪中国的政治地理风貌。其行程中既有治水阅兵的务实之举，也有游山玩水的奢靡之风，在历史长河中投下一道璀璨而斑驳的影子。康乾盛世之下的雄心与隐忧，皆藏于这112天的江南烟雨之中。

黑绒嵌银花撒袋（弓箭袋）

时代 清

材质 丝、棉麻纤维、铜、银

尺寸 弓袋长 62 厘米，宽 29 厘米；箭袋长 42 厘米，宽 21 厘米

近 17 万土尔扈特人，历时半年，跨越两个多世纪的回家梦……这副撒袋，见证了土尔扈特人民东归的壮举。今天，以爱国主义为核心的伟大民族精神，仍在中华大地发扬光大。

黑绒嵌银花撒袋
土尔扈特部东归的见证

1771年1月，正是隆冬时节，在伏尔加河下游的草原（在今俄罗斯境内）上，土尔扈特部的首领渥巴锡率先点燃了自己的营帐。刹那之间，无数村落燃起了熊熊大火，成千上万的土尔扈特人异口同声地高呼："我们的子孙永远不当奴隶，让我们回到太阳升起的地方去！"之后，他们迈着坚定的步伐走向远方的故乡。横跨欧亚大陆、震撼中外的土尔扈特人东归的壮举，在血与火的搏击中拉开了序幕。

土尔扈特部是我国西北地区的卫拉特蒙古四大部落之一，原本游牧于新疆塔城西北的雅尔地区。17世纪前期，由于卫拉特各部之间纷争不断，土尔扈特部被迫西迁到伏尔加河下游地区，并建立了新的游牧政权——"土尔扈特汗国"。但好景不长，17—18世纪正值沙皇俄国崛起、大肆扩张之时，身处异乡的土尔扈特人开始遭受沙俄统治

● 图 1 弓袋

● 图 2 箭袋

者的剥削和压迫，他们将哥萨克人从顿河草原迁到伏尔加河下游草原，使得土尔扈特人的可用牧场越来越少。此外，叶卡捷琳娜二世登上沙皇宝座后，不断发动对外战争，英勇善战的土尔扈特人自然是征兵的重要对象。在渥巴锡执政的10年间，沙俄向土尔扈特部征兵达32次，直接影响到了土尔扈特人的正常生活。

纵然处于水深火热的境地，土尔扈特部始终与万里之遥的清朝保持着友好关系。早在1646年，土尔扈特第二代首领书库尔岱青就派弟弟前往北京，向刚建立不久的清王朝朝贡。康熙年间，第四代首领阿玉奇曾派兵千骑，参加了平定准噶尔部叛乱的战争，之后还派出使臣到北京觐见康熙皇帝，表达了希望回归的意愿。康熙皇帝深为感动，于1712年派遣使团出发前往土尔扈特部慰问。

1756年，渥巴锡的父亲台吉敦多布达什，曾派使者到承德避暑山庄觐见乾隆皇帝，并献上一副盛装弓箭的撒袋，较大的是弓袋（图1），较小的是箭袋（图2），上面用金属装饰了精美的花纹。它们见证了土尔扈特部与故土的密切联系，也为十五年后渥巴锡率部东归埋下了伏笔。

18世纪60年代，沙俄政府蛮横要求渥巴锡交出一个儿子做人质，同时还决定把他们最高门第的300个青年带走，渥巴锡再也无法忍受沙俄的高压政策，毅然于1771年率部东迁，回归故土。东归的消息传到彼得堡后，叶卡捷琳娜女皇勃然大怒，派出大量军队追击。土尔扈特人浴血奋战，甩掉尾随的俄军，进入哈萨克草原，却面临着重重挑战。一方面，曾经与土尔扈特部争夺过草原和牲畜的哈萨克小玉兹首领率军袭击，使得土尔扈特人伤亡惨重。此外，狂暴的风雪、

● 图3《清人西域图册》之土尔扈特

清
中国国家博物馆藏

画面细致描绘了东归而来的土尔扈特部及部分和硕特部众到达伊犁河流域的场景。

食物的匮乏、疫病的流行，让土尔扈特部的处境雪上加霜。为了避开袭击，他们被迫绕道巴尔喀什湖西南的戈壁前进。1771年7月，渥巴锡带领东归主力部队和家属，冲破千难万阻，终于抵达伊犁河畔（图3），历时半年，行程近万里的东归征程胜利落下了帷幕，土尔扈特人跨越两个世纪的回家梦也得以实现。令人痛心的是，离开伏尔加河的近17万土尔扈特人，最终到达伊犁的仅有一半，另一半人在归途中失去了生命。

面对远方归来的游子，清政府高度重视并予以妥善安置。乾隆皇帝热情接见渥巴锡一行，对土尔扈特部的大小首领予以封赐（图4），并从全国各地调拨物资解决土尔扈特部众的温饱问题。此外，清政府还派人勘查水草丰美之地，划出一些土地给土尔扈特人作为牧场。回归故土后，土尔扈特人与各族人民一起积极开展农牧业生产，多次参加清政府的平叛斗争，为维护和巩固国家统一做出了重大贡献。

今天，这场横跨亚欧大陆的壮举已经成为历史，但东归的精神火种仍在延续。2004年，新疆维吾尔自治区巴音郭楞蒙古自治州将渥巴锡率领部众到达巴音布鲁克草原的日子6月23日，定为"东归节"，并举办各种纪念活动，大力弘扬以爱国主义为核心的伟大民族精神。这副褡袋，作为土尔扈特部东归的重要见证物，跨越时空，向世人传递着一个坚定的信念：无论路途多么遥远，回家，是中华民族成员共同的心愿。

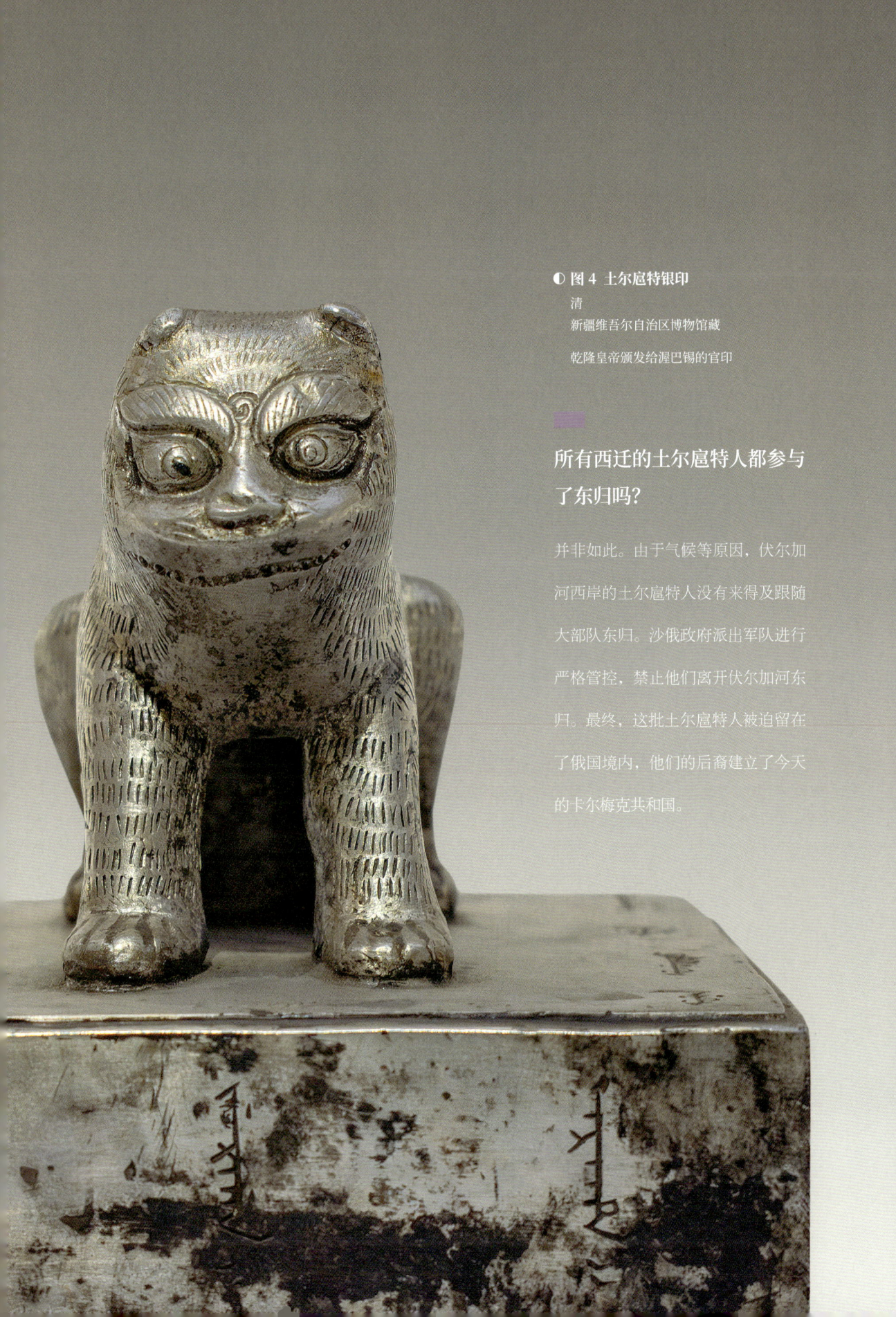

◐ 图4 土尔扈特银印
清
新疆维吾尔自治区博物馆藏
乾隆皇帝颁发给渥巴锡的官印

所有西迁的土尔扈特人都参与了东归吗?

并非如此。由于气候等原因,伏尔加河西岸的土尔扈特人没有来得及跟随大部队东归。沙俄政府派出军队进行严格管控,禁止他们离开伏尔加河东归。最终,这批土尔扈特人被迫留在了俄国境内,他们的后裔建立了今天的卡尔梅克共和国。

霁青釉金彩海晏河清尊

时代 清
材质 瓷
尺寸 高 31.3 厘米,口径 25.1 厘米

它诞生于景德镇御窑的火光中,寄托了乾隆皇帝渴望天下太平的美好祈愿。岁月的流逝,并未带走它璀璨的光芒,时至今日,"海晏河清"依然是人们共同的期盼。

霁青釉金彩海晏河清尊

四海升平的美好祈愿

清代乾隆年间，景德镇御窑厂内，工匠们正在呕心沥血、夜以继日地制作两件瓷器。他们将纯金研磨成粉后在瓷器上作画，经过低温烧制后，再用玛瑙棒、石英砂进行打磨，使得腹部图案焕发出闪亮的光泽；并运用粉彩[1]工艺在足部绘制荷花，使其呈现出浓淡凹凸的立体效果。经过反复烧制，历经多次失败，数日之后，两件清代彩瓷艺术的巅峰之作在熊熊窑火中诞生，并被进献给乾隆皇帝。

这两件瓷器如今都藏于中国国家博物馆，图中这件霁青釉金彩海晏河清尊就是其中一件。瓷器外形端庄华丽，通体流淌着深海般静谧的霁青色，腹部的金彩纹饰如星河般璀璨，一对白色海燕（图1）栖息于肩部两侧，展翅欲飞，足部的荷花（图2），则如同一幅清新淡雅的水彩画。飞舞的海燕与"海晏"同音，足部的荷花、通体闪亮的霁青色代表"河清"，这三者巧妙结合，象征"海晏河清"，寄托了乾隆皇帝渴望天下太平的美好祈愿。

"海晏河清"是中国传统文化中极具象征意义的词语，它起源于

● 图1 霁青釉金彩海晏河清尊 海燕局部　　● 图2 霁青釉金彩海晏河清尊 荷花局部

① 粉彩也称"软彩",其釉料中加入了一种特殊的金属砷,使得釉料变得乳浊不透明,俗称"玻璃白"。用这种釉料描绘的图案,在烧成之后会呈现出明显的浓淡过渡的色彩。

古人对自然界的细致观察。黄河因泥沙含量大而常年浑浊,大海波涛汹涌也是常态,因此古人将河水清澈、海波平静视为罕见吉兆,并赋予其特殊的政治寓意。唐代郑锡的《日中有王字赋》中记载"河清海晏,时和岁丰",意思是黄河流水澄清,大海风平浪静,天下就太平安定了。元代洪希文的《朱千户自京归》则有"海晏河清予日望,与君同作太平人"的诗句,表达了诗人对国家和平稳定的美好愿望。

除了瓷器,在乾隆时期的其他工艺品上,我们也可以一睹清代君臣对太平盛世的期盼。这件烛台(图3)采用铜胎掐丝珐琅的工艺制作,塑造了一只体态优美、展翅欲飞的海鸟形象。海鸟头顶烛台,脚踩龟背,站立在圆形的底盘中,底盘内壁装饰海水纹饰,盘外装饰莲瓣纹,寓意"海晏河清"。

而这件金杯(图4)整体呈鼎形,设计精巧、流光溢彩,乃是乾隆皇帝的专用酒杯,上有"金瓯永固"四字铭文。金瓯一词,自古被视作"江山社稷"的代称。金瓯永固,寓意国家疆域完整、牢不可破,与"海晏河清"有异曲同工之妙,直抒乾隆皇帝的江山永固之志。

乾隆皇帝在位前期,励精图治,以"宽严并济"的方针调整雍正帝"为政苛严"的政策。他重视农业生产,鼓励垦荒,并多次免除百姓欠缴赋税,至乾隆末年,全国人口约为3亿,耕地面积约达10亿亩。在文化上,他组织编纂《四库全书》,对存世文献进行了集中整理。此外,他平定准噶尔部叛乱、回部叛乱,加强对西藏的管理,巩固了统一多民族国家的疆域,将"康乾盛世"推向了顶峰。但到了乾隆帝统治晚期,其生活奢靡无度,吏治日益败坏,社会矛盾日趋激化,清朝逐渐由盛转衰。

200多年过去了,见证了"康乾盛世"的辉煌,两件海晏河清尊依然绚丽夺目,向人们展示着清代工匠炉火纯青的制瓷技艺,娓娓诉说着清代君王对太平盛世的美好期盼。今天,当你在展厅与它们不期而遇时,你会发现,海晏河清,不只是古代帝王的宏愿,能工巧匠的匠心,更是几千年来中华民族的共同期盼。

● 图3 铜胎掐丝珐琅"海晏河清"烛台
清
中国国家博物馆藏

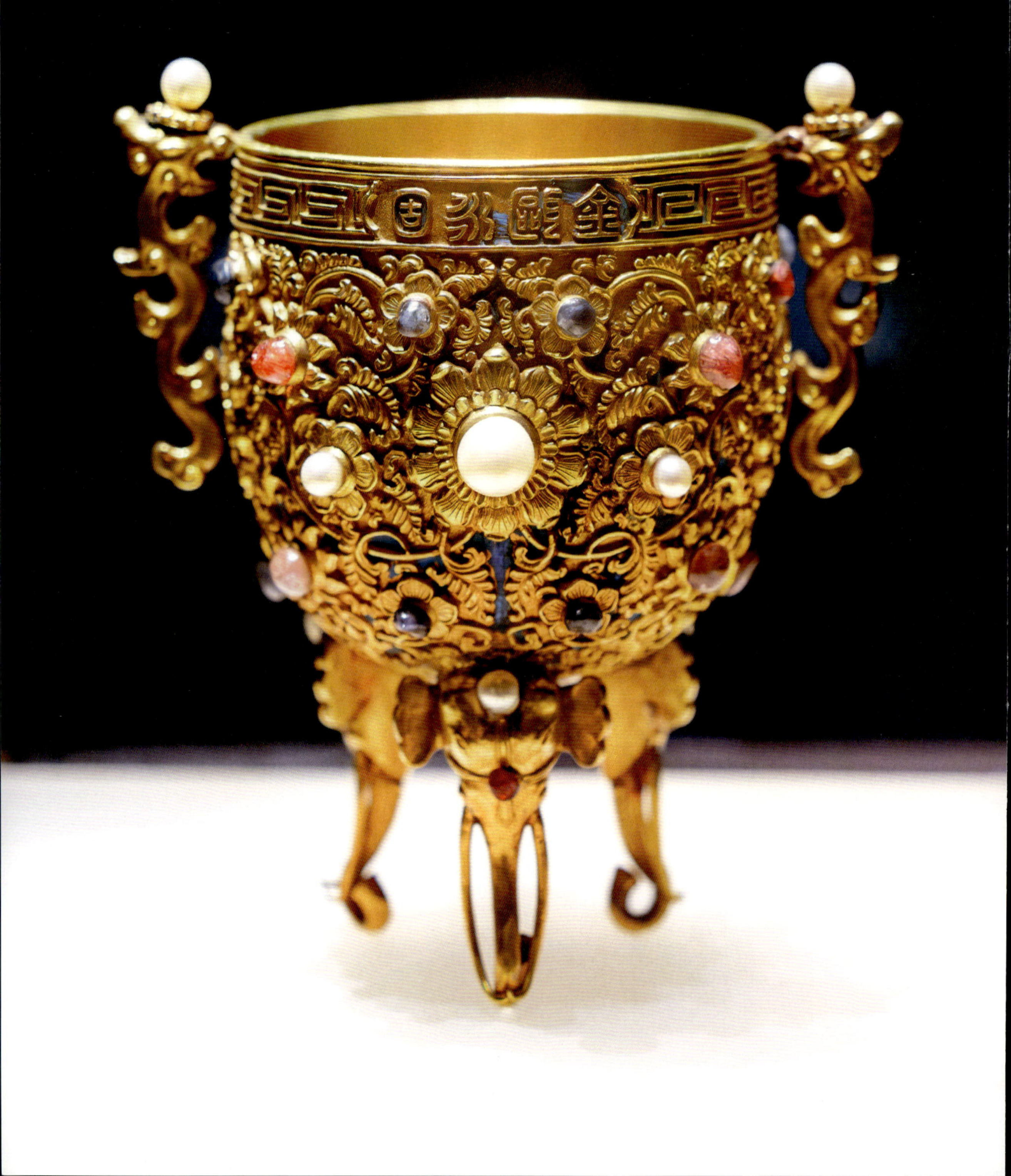
金甌永固

○ 图 5 五彩鱼藻纹盖罐
明
中国国家博物馆藏

图必有意，意必吉祥！

明清时期的瓷器上，常会出现动物、植物、山水或人物等各种各样的图案，许多图案包含了吉祥寓意，表达了帝王贵族、平民百姓对美好生活的共同向往。比如，鱼与"余"同音（图5），象征"连年有余"；牡丹的图案象征荣华富贵；鹿与"禄"同音，寓意"官运亨通"。

■ **《大观园图》横披**

时代　清
材质　纸
尺寸　纵137厘米，横362厘米

一位没有留下姓名的清代画家，以小说《红楼梦》中的大观园为题材，以高超的时空重构能力和绘画技巧，展示了清代贵族既雅又奢的生活。

《大观园图》横披

大观园里有大观

"开谈不说《红楼梦》，读尽诗书也枉然"。作为中国文坛的一座丰碑，《红楼梦》以贾、史、王、薛四大家族的兴衰和贾宝玉、林黛玉的爱情悲剧为线索，广泛而深入地反映了中国18世纪中叶的社会百态，向世人展示了一幅丰富多彩的时代画卷。

在《红楼梦》中，大观园是贾府为贾政长女、皇妃贾元春省亲而修建的别墅，省亲结束后成为贾宝玉与林黛玉、薛宝钗等众姐妹的居所。它是故事情节展开的重要场所，与贾府的兴衰紧密相连。

这幅《大观园图》横披，就是对大观园一次精彩的展示。它是目前已发现尺幅最大、所绘人物最多的以《红楼梦》为题材的单幅绘画，全长超过3米，共描绘了173个人物。画作以《红楼梦》中的海棠诗社、螃蟹宴、蘅芜苑诗酒文会等经典故事为创作背景，以蘅芜苑、凸碧山庄、蓼风轩、凹晶馆和牡丹亭等建筑为中心，生动展现了清代贵族雅致而奢侈的日常生活。画家没有留下姓名，但其高超的绘画技法和时空重构能力，让人惊叹。

明清时期，文人追求风雅，盛行结社聚会、吟咏诗文，明末的复社天下闻名，清代诗社发展更为广泛，不仅男子结社，还出现了很多女性诗社，如

◉ 图1 镶绦缂丝百蝶女夹坎肩
清
中国国家博物馆藏

杭州"蕉园诗社"。从《大观园图》中，我们可以一窥清代文人的结社活动。画面中部偏左描绘了蓼风轩和秋爽斋两处建筑，以艺术的手法再现了《红楼梦》第三十七回"秋爽斋偶结海棠社"的场景：探春作为发起者，与宝玉、宝钗、黛玉、李纨、迎春、惜春等人在秋爽斋结海棠诗社，众人各自取了雅号（如探春名为"蕉下客"，黛玉因为居住在潇湘馆被称为"潇湘妃子"），并吟诗作赋、各显才情。这也是贾府处于兴盛之时最有名的一次结社活动。

大观园里众人的吃穿用度更是不菲，折射出清代贵族饮食和服饰的独特风貌。画面左侧描绘了《红楼梦》第三十八回薛宝钗在藕香榭宴请贾府众人吃螃蟹的场景。中国人吃蟹的历史悠久，有蜜蟹、糖蟹、盐水煮蟹、炒蟹等不同吃法，还发明了专门的吃蟹工具。《红楼梦》中的刘姥姥曾估算过贾府的"螃蟹账"，当时一斤螃蟹值五分银子，一顿螃蟹加上酒菜需要二十多两银子，几乎相当于普通百姓之家一年的开销。清代富贵人家的奢靡生活可见一斑。

缂丝（图1）是古代的一种顶级丝织品，一个熟练工人一天也只能织一两寸素地缂丝，有"一寸缂丝一寸金"之说。这样名贵的衣料，贾府却有不少。王熙凤第一次见刘姥姥时身着石青缂丝灰鼠披风；袭人回娘家时，王夫人赏了她一件桃红百子缂丝银鼠袄。

种种奢华无度的细节在大观园和贾府随处可见。贾府的子孙后代大都追求骄奢淫逸的生活，加上政治靠山的失势，贾家终于无可避免地走向败落。在《大观园图》画面中部，描绘了探春、李纨、李绮、邢岫烟等人垂钓的场景，这次垂钓是贾府开始走向衰败后众人难得的休闲活动，寥寥几人，与结海棠诗社时的热闹景象形成了鲜明对比。

《红楼梦》的作者曹雪芹，出身于贵族世家，少年时代曾享受过荣华富贵的生活。但到了雍正年间，曹家彻底败落，曹雪芹移居到北京西郊，穷困潦倒。正是在目睹其家族兴衰的过程中，他积累了对世事变迁的深刻洞察力，并以惊人的毅力"披阅十载，增删五次"，创作出了《红楼梦》（图2）。时至今日，这部被誉为"18世纪中国社会的一面镜子"的不朽巨作，依然散发着跨越时空的恒久艺术魅力，吸引着世界千百万读者求索的目光。

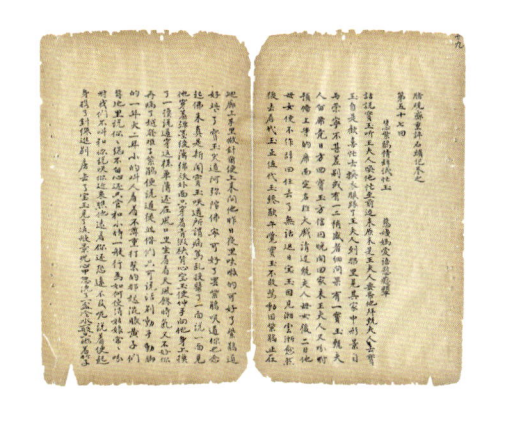

● 图2 乾隆己卯本《红楼梦》
清
中国国家博物馆藏

《红楼梦》是中国的，也是世界的！

《红楼梦》最初刊刻于清乾隆五十六年（1791年），两年后漂洋过海传播到日本，随后又传入亚洲其他国家。19世纪初，《红楼梦》首先由传教士传入英国，此后在德国、法国等西方国家广泛流传。1981年，法国《快报》周刊将其誉为"宇宙性的杰作"。目前，《红楼梦》共有100多种译本，成为世界各国人民共同的精神财富。

欢迎走进清代古典园林的奇观——大观园。当你第一眼看到这幅画面，是不是感觉每个场景就像是同时发生的？每个人物都在共同庆祝一个盛大的节日？其实，画面中的主要场景来源于《红楼梦》中的不同章节，画家把书中不同时间、不同地点的场景抽离出来，并将它们重新和谐地组织在同一个画面上。准备好了吗？让我们一起去打卡其中最具代表性的地点吧！

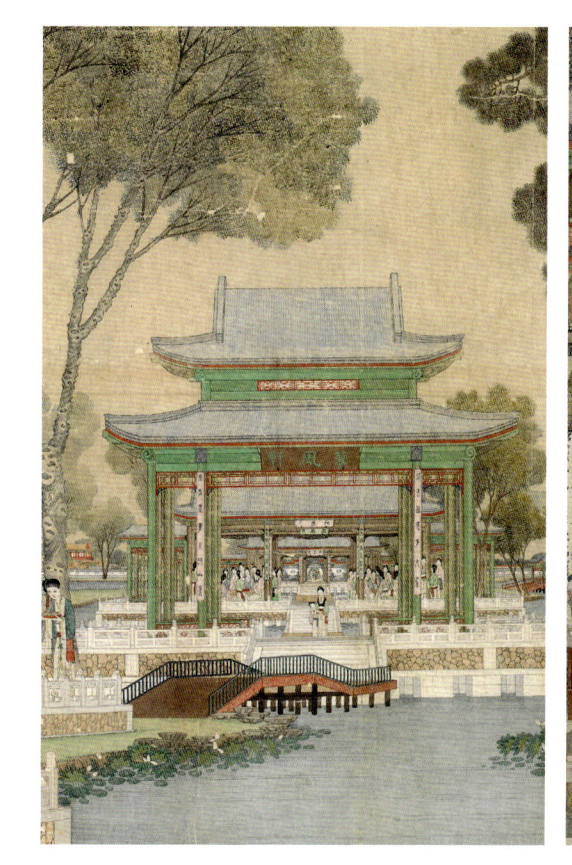

● 打卡点1 秋爽斋与蓼风轩
秋爽斋是贾探春的住所，蓼风轩是贾惜春的居所。画家把秋爽斋与蓼风轩画于一处，组成里外套院，艺术再现了《红楼梦》第三十七回探春与宝玉、黛玉等人在秋爽斋结海棠诗社的场景。

● 打卡点2 藕香榭
藕香榭是惜春的住所之一。画面中设有三桌宴席，宾朋满座，表现了《红楼梦》第三十八回薛宝钗宴请贾母等人吃螃蟹的场景。

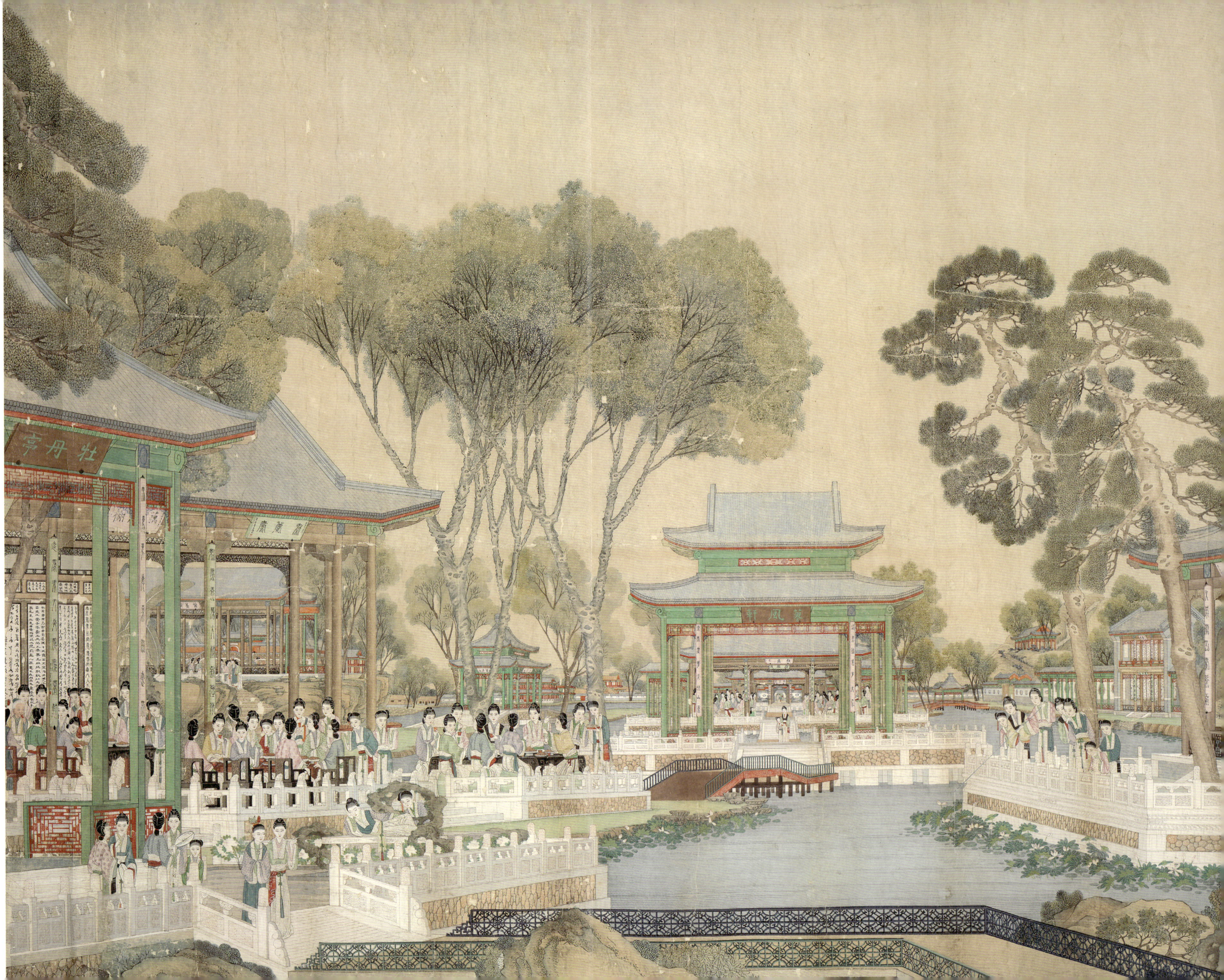
牡丹亭

衡蕪院
巴晶館

● 打卡点3 蘅芜苑

蘅芜苑是薛宝钗的住所。可以看到一女子提笔从容书写，宝玉在旁边凝神注视，再现了《红楼梦》第三十八回宝玉和众姐妹举行诗酒文会的场景。

● 打卡点4 凸碧山庄

凸碧山庄是大观园的一处赏月场所，位于山脊高处。画中贾母率众人围坐于桌前，一女子坐在树下吹奏笛子，再现了《红楼梦》第七十六回中秋来临前贾母在此举行家宴的场景。

↘ 青玉嵌花把皮鞘腰刀

时代　清
材质　刀身钢质，手柄青玉质
尺寸　长 97.7 厘米

为了扩大与中国的贸易往来，远道而来的英国使团为年过八旬的乾隆皇帝送上了包括腰刀在内的大量礼物。可是英国使团的愿望并没有实现，而中国近代史的大幕则在数十年后伴随着轰隆的枪炮声徐徐拉开。

青玉嵌花把皮鞘腰刀

英国使团的礼物

1793年9月，在热河行宫（今河北承德避暑山庄），年过八旬的清乾隆皇帝接见了远道而来的英国使节马戛尔尼。为了表示诚意，马戛尔尼和随行人员为乾隆皇帝精心准备了大量的"英国礼物"，种类包括天文与地理仪器、刀剑枪炮、机械钟表、乐器、船只模型等。这把制作精美的青玉嵌花把皮鞘腰刀（图1）就是其中的一件珍贵礼物。腰刀刀身以特殊的钢材制作而成，显示出当时英国在特种钢制造方面的优势。

马戛尔尼一行不远万里来到中国，并非只为乾隆皇帝送上厚礼，还另有企图。17世纪，英国发生了资产阶级革命，18世纪又开展了工业革命。到19世纪，各主要工业部门

● 图1 青玉嵌花把皮鞘腰刀

都采用了机器生产，极大提高了生产力，英国由此成为世界头号资本主义强国。随着资本主义的发展，开辟新的更广阔的世界市场，成为英国资产阶级的迫切需求。在控制了印度等地后，地大物博、资源丰富的中国成为英国殖民者的重要目标。

而此时的中国，仍然做着"天朝上国"的迷梦，对西方世界发生的重大变革茫然不知。1757年，乾隆皇帝下令关闭其他港口，只开放广州一处作为西方商船来华的口岸，并规定由朝廷特许的广州"十三行"（图2）统一经营对外贸易。

清代中国是农业和家庭手工业密切结合的社会。广大农民不仅生产粮食，日常生活用品也能自给自足，对外来商品需求很小，而且也无力购买。因此，英国销往中国的毛织品、金属和印度棉花等销路不佳。与之相反，中国的茶叶、生丝和陶瓷制品等在英国需求较大，使得大量的白银从英国流向中国。1781—1790年的十年间，中国销往英国的商品，仅茶叶一项就达9600多万银元，而英国输往中国的商品（包括毛织品、棉布、金属等）总共才约1600多万银元。[1]

为了改变这种状况，进一步扩大与中国的贸易往来，1792年，英王乔治三世以为乾隆皇帝补贺八十大寿为名，派出以马戛尔尼伯爵为正使、斯当东为副使的使团前往中国。

经过漫长的航行，使团一行数百人于1793年夏到达渤海湾的大沽海口（位于今天津）。初抵时，清廷颇为重视，然而，随着交往加深，双方的礼仪与文化冲突逐渐显现。当马戛尔尼到达承德避暑山庄时（图3），他拒绝遵循清朝的跪拜礼，坚持要求按英国觐见礼仪行事，即单膝跪地，轻握君主之手亲吻。经过双方一番争议与权衡，最终马戛尔尼以单膝

[1] 数据参考樊树志《国史概要》，复旦大学出版社，2005年3月第3版，第415页。

下跪，向乾隆皇帝行礼。

此次出使，马戛尔尼代表英王提出了如下要求：允许英国派遣代表常驻北京，办理商务事宜；允许英国商人到宁波、舟山、天津等地贸易；在舟山群岛附近割一小岛供英国商人居住和存放货物；将广州附近的一处地方拨给英国商人并允许其在广州自由出入；减免英商在广州、澳门的内河运输税；允许英国人传教。

这些要求展现了英国人侵略性的意图，但也不乏合理请求。乾隆皇帝拒绝了英国使团的请求。他在回复英王乔治三世的诏书中强调："天朝物产丰盈，无所不有，原不藉外夷货物以通有无。"表示中国无须与英国扩大贸易。针对英国妄

● 图 2《广州十三行》油画
清
中国国家博物馆藏

● 图3 马戛尔尼使团画师威廉·亚历山大绘制的乾隆皇帝接见英国使团的场面

图染指中国领土的请求,他则严正指出:"天朝尺土,俱归版籍,疆址森然,即岛屿河州,亦必划界分疆,各有专属。"英国人最终没有实现开拓东方最大市场的愿望,乘着舰船回国了。

虽然没有完成英王的重托,但马戛尔尼一行在旅途中搜集到不少中国政治、经济和军事方面的重要情报。马戛尔尼敏锐地发现清军装备落后、军纪松散的问题。比如,抵达天津后,使团看到中国军队使用的仍是刀箭而非火器;而在通州,他们发现壁垒上面没有炮台,只在城门附近安有几座旋转炮。经过几个月的详细考察,马戛尔尼在日记中写了这样一段文字:"中华帝国是一艘破旧的摇摇晃晃的巨大战船,一系列有能耐的警醒的值班军官有幸在过去150年间设法使其浮于水面,并仅以其巨大的身躯和外表吓住邻居。"

1840年,英国人再次抵达中国,但他们带来的不再是精美的"英国礼物",而是残酷的鸦片战争。站在历史转折的十字路口,中国这个拥有5000多年文明史的泱泱大国,在西方坚船利炮的压迫下,徐徐拉开了近代百年历史的大幕。

"广州十三行"是十三家商行吗?

"广州十三行"是清廷在广州口岸设立的特许经营进出口贸易的商行,主要负责承销外商货物,代外商收购中国商品,并管理外国商人的贸易活动。其实际数量并非13家,最多时有26家,最少时则只有4家。1757—1842年,"广州十三行"成为清王朝唯一合法的外贸代理机构。

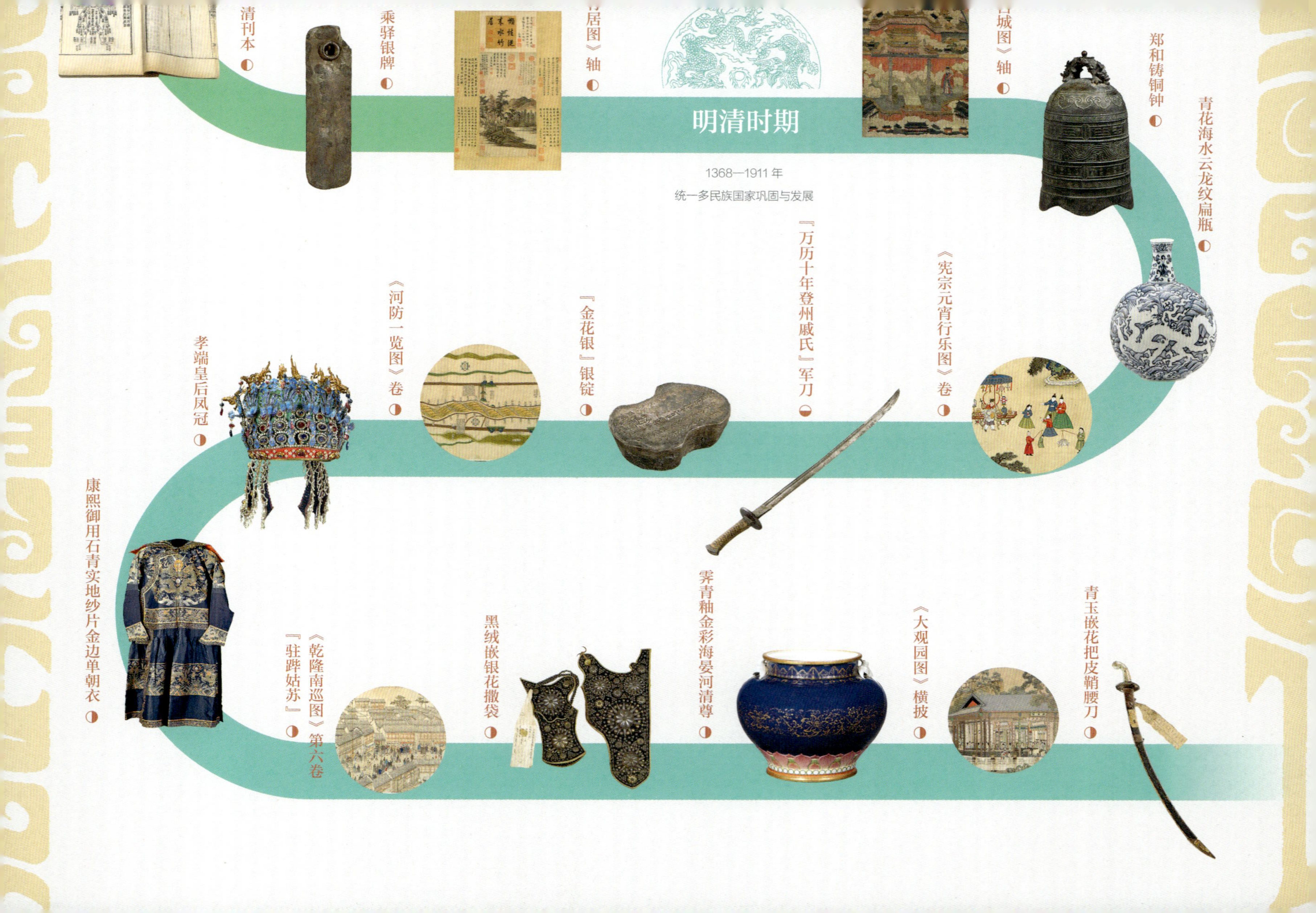

明清时期

1368—1911年
统一多民族国家巩固与发展

- 清刊本《起居图轴》
- 乘驿银牌
- 《紫禁城元宵行乐图》卷
- 郑和铸铜钟
- 青花海水云龙扁瓶
- 青玉嵌花把皮鞘腰刀
- 《大观园图》屏挑
- 青釉金彩蟠夔河清尊
- "万历十年登州威氏军刀"
- "金花银锭"
- 《河防一览图》卷
- 孝端皇后凤冠
- 康熙御用石青实地纱地金片边单朝衣
- 《乾隆南巡图》"驻跸姑苏"第六卷
- 黑缎钉银饰花撒袋

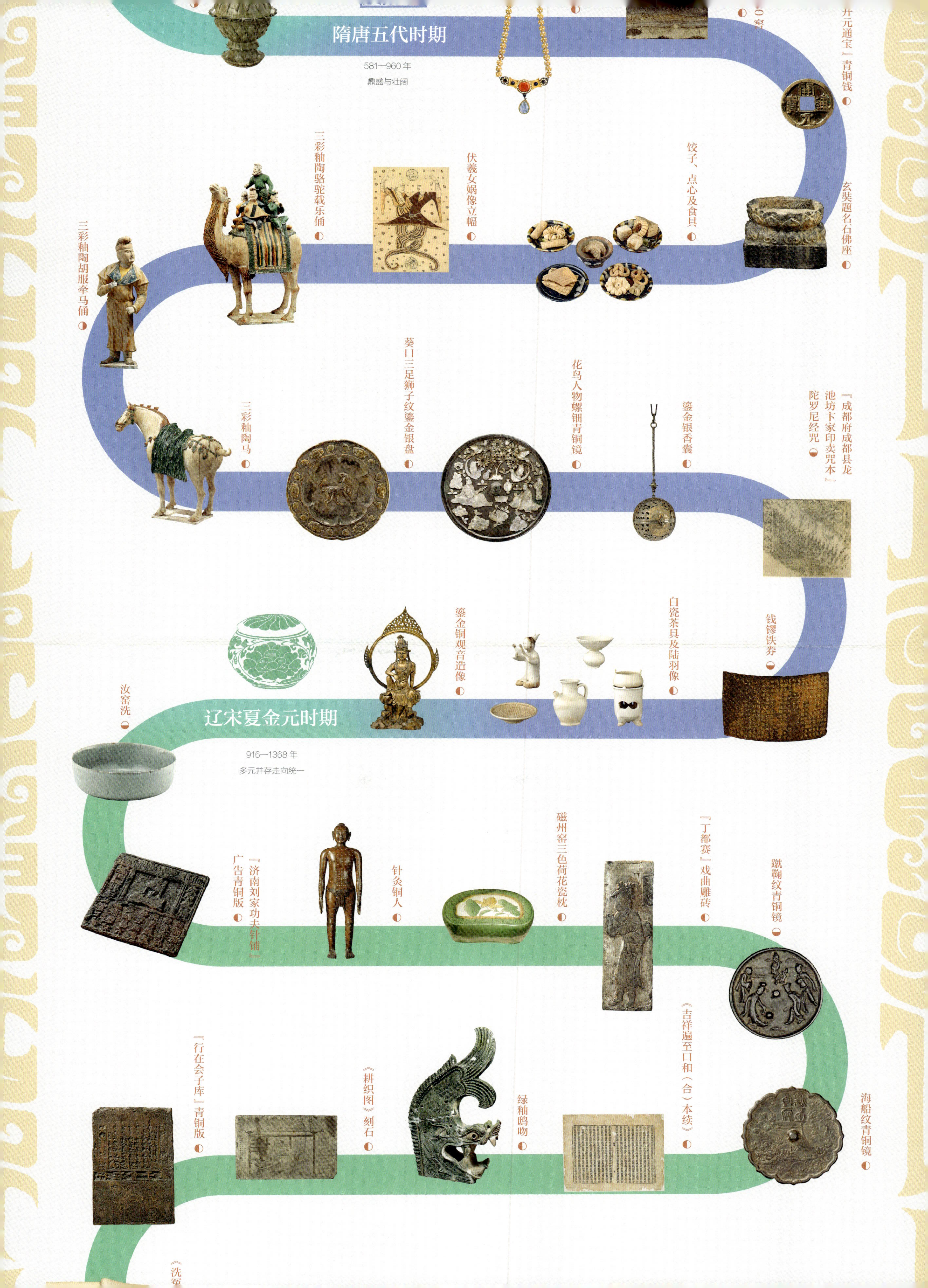

隋唐五代时期

581—960年
鼎盛与壮阔

辽宋夏金元时期

916—1368年
多元并存走向统一

公元前221—公元220年
大一统王朝时代的开启

三国两晋南北朝时期

220—589年
变化与交融

- 楼车模型
- 祖望场青铜贮贝器
- 鎏金银云纹青铜犀尊
- 金缕玉衣
- 青铜染器
- 旱滩坡带字纸
- "熹平石经"残石
- 封泥
- 衍黄菱纹绣"信期绣"
- 古城唱俑
- 宅院画像砖
- 顾恺之《女史箴图》卷(北宋摹本)
- 邓县画像砖
- "河内太守"青铜虎符
- 元显嶲墓志
- 青瓷莲花尊
- 青瓷香薰
- 网纹玻璃杯
- 青瓷托盏
- 骑马陶俑
- "王阿善造"石像
- 《齐民要术》明刊本
- 三体石经
- 黑釉褐斑陶佛像瓶
- 黄釉乐舞图瓷扁壶
- 青瓷莲花尊
- 镶嵌宝石金币
- 洛阳谷仓
- 存钱罐底墨书

春秋战国时期

公元前770—前221年

争霸与争鸣

古代中国历史长卷

远古时期
约200万年前—约公元前21世纪
中华文明的起源

- 饰珠
- 石锤 石砧
- 陶罐
- 舞蹈纹彩陶盆
- 玉琮
- 小口尖底陶瓶
- 鹰形陶鼎
- 骨笛
- 骨耜
- 人面鱼纹彩陶盆
- 陶水管

夏商西周时期
公元前21世纪—前771年
早期国家的形成与初步发展

- 青铜爵
- "亚启"青铜钺
- "妇好"青铜鸮尊

扫码免费观看
中国国家博物馆"古代中国"基本陈列部分文物的三维模型数据